David Dambitsch
Im Schatten der Shoah

Der Autor:

David Dambitsch, geboren 1959 in Berlin, arbeitet seit 1981 für das Fernsehprogramm des Senders Freies Berlin sowie als Journalist für die Rundfunkanstalten RIAS-Berlin, DeutschlandRadio und weitere Sender in der ARD.

Die engagierte und kritische Auseinandersetzung mit dem NS-Regime und dessen Folgen sowie der jüdisch-christliche Dialog beschäftigen ihn in besonderem Maße: Sein Vater überlebte versteckt – schwer traumatisiert – die Shoah; sein Großvater erhielt als Landgerichtsrat aufgrund seiner „nichtarischen Herkunft" bereits im März 1933 Berufsverbot infolge des berüchtigten „Gesetzes zur Wiederherstellung des Berufsbeamtentums". Er, Verfasser des 1910 erschienenen Standardwerkes *Die Verfassung des Deutschen Reiches* und überzeugter Deutscher und Preuße, wählte im März 1937 wahrscheinlich den Freitod, in der trügerischen Hoffnung, dadurch die Gefährdung seiner sechs Kinder durch das nationalsozialistische Deutschland zu minimieren.

Seit nahezu zwanzig Jahren hat der Autor mit Geretteten und deren Nachkommen Gespräche für den Rundfunk aufgezeichnet, um die Erinnerung an die Shoah zu bewahren. Dieses Buch dokumentiert ihre Erfahrungen und Erinnerungen.

David Dambitsch

Im Schatten der Shoah
Gespräche mit Überlebenden und deren Nachkommen

Mit einem Vorwort von
Wolfgang Benz

PHILO

Meinem Vater Wilhelm Dambitsch (1926-2000),
der die Shoah überlebte,
und meinem Großvater Ludwig Dambitsch (1876-1937),
der die Shoah nicht überlebte,
gewidmet.

Die Deutsche Bibliothek – CIP-Einheitsaufnahme
Ein Titeldatensatz für diese Publikation ist bei
Der Deutschen Bibliothek erhältlich. (http://www.ddb.de)

© 2002 Philo Verlagsgesellschaft mbH, Berlin/Wien
Alle Rechte, insbesondere das Recht der Übersetzung, Vervielfältigung (auch fotomechanisch) und Verbreitung, der elektronischen Speicherung auf Datenträgern oder in Datenbanken, der körperlichen und unkörperlichen Wiedergabe (auch am Bildschirm, auch auf dem Weg der Datenübertragung) vorbehalten.
Umschlaggestaltung:
Gwendolin Butter nach Entwürfen von Gunter Rambow, Berlin
Satz und Producing:
IBA · INTERNATIONAL MEDIA & BOOK AGENCY, Berlin
Druck und Bindung: Druckplan GmbH MaXxprint, Leipzig
ISBN 3-8257-0246-4

INHALT

Vorwort 7
Einleitende Bemerkung 10

1. Teil – Vom Pflichtgefühl nach dem Überleben

W. Michael Blumenthal 13
Simon Wiesenthal 25
Arno Lustiger 30
Imre Kertész 43
Ruth Elias 57
Liana Millu 67
Janina Bauman 78
Gad Beck 86
Fritz Teppich 102
Kurt Julius Goldstein 108
Rudolf Vrba 124
Lenka Reinerová 137
Saul Friedländer 145
Robert M. W. Kempner 153
Hans Sahl 167
Leo Glueckselig 182
Ruth Arons / Howard Heinz Wisla 199
Zvi Kolitz 225
Eveline Goodman-Thau 231

2. Teil – Von Generation zu Generation

Gila Lustiger / Arno Lustiger 249
Zofia Gottlieb-Jasinska / Jacek Joav Schäfer-Jasinski 254
Tom L. Freudenheim 270
David Grossman 279
Marcel Möring 285
Leon de Winter 292
Peter Finkelgruen 300
Hanno Loewy 309
Daniel Jonah Goldhagen 318
Tom Segev 328
Edward van Voolen 333

Danksagung 345

Wolfgang Benz

Vorwort

Für das Verständnis der menschlichen Dimension historischer Ereignisse gibt es nichts Wichtigeres als den authentischen Bericht des Zeitzeugen, der seine persönliche Erfahrung öffentlich macht. Für den Holocaust gilt das in mehrfacher Beziehung ganz besonders. Die Einzelheiten des millionenfachen Völkermords sind den Unbeteiligten nicht vorstellbar, das Individuelle ist aus den Akten auch nicht zu rekonstruieren. Daraus ergibt sich für Wissenschaftler und Publizisten die Notwendigkeit, das Gespräch zu suchen mit denen, die nationalsozialistische Verfolgung und existentielle Bedrohung in letzter Konsequenz erlebt haben, die bereit sind, darüber Zeugnis abzulegen.

Die Gefühle und Schmerzen der Opfer, die Bürde des Überlebens, die Qualen der Erinnerung entziehen sich der Wahrnehmungs- und Darstellungsfähigkeit des nicht daran Beteiligten, und bei allem Fleiß im Studium der Details, bei aller Empathie bleiben auch Historiker und Publizisten Unbeteiligte, ja, sie müssen es bleiben, müssen kritische Distanz halten, um ein objektives, ein möglichst richtiges Bild der Sache ihrem Publikum vor Augen führen zu können. Das heißt nicht, daß sie nicht Partei nehmen dürfen, sie müssen es sogar, denn bei der Betrachtung und Beschreibung des Völkermords und seiner Folgen ist die Wissenschaft und der Auftrag des Journalisten als Berichterstatter, als Mittler zwischen Zeugen und Publikum, nicht von der Moral zu trennen; und es ist nicht möglich, sozusagen zweckfrei und nur um der Argumentation willen so zu tun, als habe es Auschwitz nicht gegeben oder es sei nicht so gewesen, wie es war. Deshalb ist es auch nicht legitim, die Katastrophe der Shoah lediglich als geistesgeschichtliches Phänomen zu untersuchen, bei dem die Opfer außer acht bleiben und wo alle Aufmerksamkeit der Originalität des Vernichtungswahns gilt, etwa durch die Fragestellung, ob Hitler und seine Gefolgschaft ein Vorbild brauchten, und wenn es das gab, ob sie dadurch entlastet wären.

Daß Nachgeborene im Umgang mit Zeugen die Pflicht zur Sensibilität haben, ist so selbstverständlich, daß man es eigentlich nicht betonen muß; zur Sensibilität gehört auch, daß man Holocaust-Überlebende nicht nur als Opfer sieht und sie deshalb aus der einmal fixierten Opferrolle nicht entläßt, weil man sie als „Opfer" braucht und deshalb als Individuen nicht gelten läßt.

Was den Historiker vom Zeitzeugen unterscheidet, ist seine Pflicht zur Erforschung der Details, zur Interpretation und zur Einfügung des individuellen Berichtes in das Ganze, in die Historiographie des Völkermords. Aber Historiker und Zeitzeugen sind aufeinander angewiesen, was nicht immer allen Beteiligten klar ist. Der Erlebende bringt sein Zeugnis als Quelle ein, der Historiker schafft den Rahmen für das Erinnerungsbild, hilft als Interpret oder durch die Bestätigung von faktischen Sachverhalten und gibt dem Zeugnis seinen Platz in der kollektiven Erinnerung.

Die Zeugnisse der Verfolgung sind uns also unentbehrliche Quellen, nicht, weil sie erst die Verfolgung beweisen würden und müßten (dazu gibt es hinlängliches Material, das von den Tätern selber erzeugt wurde und das Gegenstand der Arbeit der Historiker ist), aber weil sie die Dimension der Katastrophe deutlich und in Ansätzen auch nachvollziehbar machen können. Zwar gibt es viele schriftliche Aufzeichnungen und mündliche Darstellungen von Überlebenden, aber wir sind für jede neue Erinnerung dankbar, und wir sind dankbar, daß die Autorinnen und Autoren sich der schmerzhaften Mühe unterzogen haben, sie zu fixieren zum Nutzen der Mitlebenden und der Nachgeborenen.

An einem Beispiel soll deutlich werden, um welche Probleme es geht, um Traumatisierung und Individualität, um Erinnerung und Individualität, um die vielen Aspekte der Folgen des Holocaust. Das Beispiel stammt aus den Erinnerungen einer Frau an Theresienstadt, Auschwitz, Bergen-Belsen. Die Autorin lebt heute in Israel, und ihr Bericht schließt mit folgender Passage: „Nur wir, die es überlebten, wir wissen und wir müssen wissen lassen. Es ist unsere Pflicht, den Millionen von Toten gegenüber. […] Das Schreiben dieses Buches hatte nicht nur positive, sondern auch negative Seiten. Ich hatte, nach dem Wiedersehen mit meiner Mutter, großes Glück. Ich saß Wochen und Wochen mit ihr ganze Nächte und redete und redete. Meine Mutter schlief all die Nächte mit mir nicht, hörte geduldig zu und ließ mich reden. Das half enorm, irgendwie habe ich mich von allem befreit. Nicht, wie die meisten von uns, ich konnte wieder schlafen, litt nicht mehr an Alpträumen, schrie nicht mehr nächtelang auf, mußte nicht mehr übertrieben viel essen und Nahrungsmittel verstecken. Damit aufzuhören, hat am längsten gedauert. Überall in den Schränken, in den Schubladen, stapelte ich Konserven auf und schleppte immer eine Tasche mit – mit den nötigsten Lebensmitteln. Apropos Lebensmittel, ich muß immer, bis heute, eine Reserve an Brot zu Hause haben, das blieb mir noch zurück. Mein Mann schimpft oft, daß ich schon wieder Brot kaufte, wo genug Brot zu Hause wäre. ‚Das muß ich eben tun.' Aber langsam wurde ich ein normales, menschliches Wesen. Nun, und das ist das Negative? Es kommt alles wieder zurück. Ich sehe alles plastisch vor mir wieder, und es wird lebendig. Spuren fürs ganze Leben.

„Heute träumte ich wieder meinen alten Alptraum. Immer gleich, immer dasselbe. Ich bin im Lager, und man sagt mir: ‚Heute ist Selektion.' Ich fürchte schrecklich um meine zwei Kinder. Was soll ich tun? So nehme ich beide, gehe mit ihnen in die Wüste, die haben wir in Wirklichkeit ganz nahe, hinterm Haus, grabe zwei Löcher, und in jedes Loch stecke ich ein Kind. Damit ich den Platz auch wieder finde, mache ich einen kleinen Sandberg darauf. Ich laufe zurück ins Lager, und nach der Selektion renne ich zurück in die Wüste, um meine Kinder auszugraben. Aber, was sehe ich, die Wüste ist voller Dünen, Tausende kleine Sandberge sehe ich vor mir, alle gleich. Ich fange an, wie verrückt, mit den Händen zu graben und brülle ‚Raffi, Joly, wo seid ihr?' und ich wache auf."

Als diese Aufzeichnungen zum Druck vorbereitet wurden, schlug ein junger Wissenschaftler, der im Rahmen seines Praktikums das Manuskript durchsah und den Auftrag hatte, die sprachliche Korrektheit des Textes zu prüfen, diese Passage zur Kürzung vor. Das sei doch nicht weiter wichtig und interessant, meinte er. Für das Verständnis des Überlebens, für lebenslange Traumatisierung ist es aber das Paradigma schlechthin und nicht nur dafür, sondern auch für das, was wir alle immer wieder lernen müssen, wenn wir mit den Erinnerungen von Zeitzeugen umgehen, weil wir oft faktenselig und datenorientiert in der Fixierung auf das scheinbar Reale in der Gefahr sind, das Wesentliche zu übersehen, Journalisten ebenso wie Historiker und Pädagogen.

Sensibilität und Professionalität sind unerläßliche Voraussetzungen für den schwierigen Zugang zur Erinnerung. Gespräche „im Schatten der Shoah", wie sie David Dambitsch als engagierter Rundfunkjournalist über anderthalb Jahrzehnte geführt hat mit dem Interesse, Dokumente zu bewahren, Gespräche mit Überlebenden, Nachkommen, Erben, Nachlaßverwaltern, sind Quellen zum Verständnis des Unvorstellbaren. Es sind authentische Zeugnisse von einzigartigem Wert.

Einleitende Bemerkung

Die Gespräche mit den Davongekommenen und deren Kindern, die in diesem Buch dokumentiert sind, sind in den Jahren zwischen 1985 und 2001 für den Rundfunk geführt worden. Fast immer fanden nur einzelne Ausschnitte aus diesen Gesprächen Verwendung in den Sendungen. Denn mein Interesse an dem, was ich von den Menschen erfuhr, hätte den Rahmen des dort möglichen „Infotainments" gesprengt. So wuchs im Lauf der Jahre eine Sammlung von Interviews heran, die in ganz unterschiedlichen Zusammenhängen und zu ganz unterschiedlichen Anlässen entstanden sind. Und doch kreisen sie immer um das allen Gesprächspartnerinnen und Gesprächspartnern gemeinsame Lebensthema: die Shoah.

Die Überlebenden und ihre Kinder nennen immer wieder ein Motiv für ihr Handeln: das Pflichtgefühl nach dem Überleben – von den Ermordeten zu sprechen, über die Strukturen des NS-Regimes nachzudenken, auch wenn es jedesmal viel Kraft kostet.

Die jüngsten Überlebenden sind Anfang und Mitte der zwanziger Jahre des vergangenen Jahrhunderts geboren worden, die zweite Generation nach der Shoah nach 1945. Daß wir alle – nicht nur historisch gesehen, sondern auch ganz individuell betrachtet – noch ganz im Schatten der Shoah leben, erkennt, wer davon liest, wie das Trauma der Eltern für deren Kinder zum Bestandteil ihrer Erziehung wurde, wie sich das Trauma und die Einsamkeit, die wir mit dem Begriff Auschwitz verbinden, von Generation zu Generation in den Familien der Davongekommenen als schweres Erbe erweist – eine Hypothek, die lebenslang geschultert werden muß.

Die Gedanken der Überlebenden und deren Nachkommen erschienen mir wichtig und bewahrenswert. Sie ergänzten einander wie ein gemeinsames Gespräch. So entstand die Idee zu diesem Buch. Es wäre nicht zustande gekommen ohne das große Vertrauen meiner Gesprächspartnerinnen und Gesprächspartner aus aller Welt, das mir alle freimütig und großzügig entgegenbrachten.

1. Teil

Vom Pflichtgefühl nach dem Überleben

W. Michael Blumenthal

(geb. 1926 in Oranienburg, Deutschland)

„Ich bin als deutscher Jude zur Welt gekommen und blieb deutscher Bürger, bis die Nazis 1941 eines Tages verfügten, daß ich es nicht mehr sei." Ihm als Fünfzehnjährigem sei das reichlich egal gewesen, doch seine Eltern waren vollkommen fassungslos und entsetzt, erinnert sich W. Michael Blumenthal in seinem familiengeschichtlichen Erinnerungsbuch *Die unsichtbare Mauer*[1]. Bis 1939 hatte er mit seiner Familie in Berlin gelebt. Er entstammte einem Elternhaus, in dem etwas von dem zu spüren war, was viel zu grundsätzlich dann deutsch-jüdische Kultursymbiose genannt wurde: Großbürgerlich, aufgeklärt, im Hause Blumenthal war man der deutschen Kultur zutiefst verbunden. Vater Ewald Blumenthal, Träger des Eisernen Kreuzes, kaisertreu und Teilnehmer am Ersten Weltkrieg, mußte schließlich während seiner Inhaftierung im KZ Buchenwald schmerzlich das Ende des Traums von der Anerkennung in Deutschland erfahren. Nach seiner Entlassung floh die Familie 1939 nach Schanghai, wo sie auf Geheiß der Deutschen im Ghetto leben mußte.

1947, nachdem Hitlers Deutschland besiegt war, emigrierte W. Michael Blumenthal mit seinem Vater in die Vereinigten Staaten. Voller Stolz stellt er sich heute als Amerikaner vor. Nach dem Studium an Amerikas Eliteuniversitäten Berkeley und Princeton lehrte er von 1954 bis 1957 Ökonomie. Danach ging Blumenthal als Manager in die Wirtschaft und wurde berühmt für seine progressive Sozialpolitik. John F. Kennedy berief ihn 1961 als Wirtschaftsberater ins US-State Departement und bestellte ihn zwei Jahre später zum Chefunterhändler bei den Zollkonferenzen in Genf; auch unter US-Präsident Johnson war er für die „GATT"-Verhandlungen zuständig. Blumenthal führte 1979/80 die Verhandlungen seines Landes über die Normalisierung der Wirtschaftsbeziehungen zu China in Peking; in den Verhandlungspausen zeigte er seiner Delegation in Schanghai, unter welchen Umständen er im Exil gelebt hatte. Der Höhepunkt seiner politischen Karriere kam 1977, als Jimmy Carter ihn zum 64. Finanzminister der USA berief. Damals bemerkte Blumenthals Vater mit bitterer Ironie: „In Deutschland, dem Land deiner Geburt, hättest du das als Jude nie geschafft."

1981 kehrte Blumenthal in die Privatwirtschaft zurück und führte die Computerfirmen „Burroughs" und „Unisys" zu eindrucksvollen Erfolgen.

---

1 W. Michael Blumenthal, *Die unsichtbare Mauer – Die dreihundertjährige Geschichte einer deutschjüdischen Familie*, München 1999.

Es folgten Tätigkeiten in vielen Aufsichtsräten und Vorständen der Wirtschaft. Weil er glaubt, daß es sich gehört, kam W. Michael Blumenthal 1997 nach Berlin, um als Direktor das neue Jüdische Museum zu leiten. Dort kam es zu der Begegnung mit dem *elder statesman*.

David Dambitsch: *In Ihrem Buch* Die unsichtbare Mauer *erzählen Sie deutsch-jüdische Geschichte ganz persönlich, fast ausschließlich am Beispiel Ihrer eigenen Vorfahren. Sieben Lebensläufe skizzieren Sie im historischen Umfeld vom 17. Jahrhundert bis in die Gegenwart. Was hat das Besondere der deutsch-jüdischen Geschichte ausgemacht – einmal abgesehen davon, daß diese mit der Shoah zerbrach?*

W. Michael Blumenthal: Das Besondere ist einerseits der schnelle Aufstieg der deutschen Juden in diesem Land seit der Zeit der Aufklärung, der große Einfluß, den deutsche Juden auf die deutsche Kultur und das deutsche Gesellschaftsleben hatten, obwohl die Anzahl der Juden in Deutschland immer sehr beschränkt war – nie mehr als ein Prozent der Bevölkerung. Das deutsche Leben wurde auf vielen Gebieten – ob in der Wirtschaft, der Wissenschaft, den Künsten, wo auch immer – durch die Anwesenheit der Juden sehr bereichert. Sie brauchen nur an die Nobelpreisträger zu denken: Vierzig Prozent deutscher Nobelpreisträger vor dem Ersten Weltkrieg waren deutsche Juden. Gleichzeitig, und dies ist die Kehrseite der Medaille, war die deutsche Gesellschaft so starr und die Vorurteile gegenüber Juden so groß, daß die deutschen Juden trotz aller guten Leistungen nie richtig akzeptiert worden sind. Sie galten immer irgendwie als etwas Besonderes, als Außenseiter; und das ist das Tragische, denn letztlich führte es zu diesem schrecklichen Ende des Holocausts.

Die unsichtbare Mauer, so schreiben Sie in Ihrem Buch, bestand ursprünglich von christlicher und jüdischer Seite her gleichermaßen. Welche Geschichte der Vorurteile gegen die christlichen Deutschen haben Sie auf Seiten der Juden ausgemacht?

Ich habe in dem Buch davon gesprochen, daß die jahrhundertelange Abgrenzung und Absonderung der Juden natürlich zu einer geistigen Trennung zwischen beiden Gruppen geführt hat und sich – was aus psychologischen Gründen vielleicht leicht erklärbar ist – auch Juden dann nach innen wandten und sagten: „Ihr wollt uns nicht? Na schön, dann bleiben wir unter uns, ihr seid uns auch unsympathisch." Im Mittelalter war das gewissermaßen eine defensive Reaktion. Im Laufe der Jahrhunderte entwickelten sowohl Christen von den Juden ein Zerrbild wie umgekehrt die Juden von den Christen dachten: „Das sind Menschen, die sind unkultiviert, die sind engstirnig, die sind gemein, die sind brutal." Denn das hatten die Juden doch am eigenen Leib erfahren. Ein Beispiel: Weil viele von den Juden zu jener Zeit ja schon lesen und schreiben konnten, im Gegensatz zum größten Teil der Bevölkerung, äußerten sie sich abfällig über die Christen. „Das sind Analphabeten. Die wollen uns nicht, na schön, wir wollen sie auch nicht, weil sie nicht so kultiviert sind wie wir." Das war das Zerrbild. Was hat sich davon erhalten? Gewisse letzte Reste davon bis in die Neuzeit hinein. Ich meine nicht bis heute, sondern – sagen wir– bis mein Vater groß geworden ist. Da gab es immer noch bestimmte Ressentiments und diejenigen, die gesagt haben: „Ein Nichtjude, ein ‚goi‘, der hat nicht so eine Kultur wie wir, der hat Manieren und Angewohnheiten, die wir nicht schön finden" usw. Das gab es auch, einerseits. Andererseits hat man natürlich die Nichtjuden bewundert und versucht, sie nachzumachen. Das Nachahmen, auch das Nachäffen von nichtjüdischen Deutschen, war sehr weit verbreitet. Wenn etwa die preußischen Offiziere mit einem Monokel herumgelaufen sind, dann gab es auch alle möglichen Juden, die sich ein Monokel gekauft haben und so getan haben, als ob. Man hat also nicht nur Vorurteile gehabt, man hat auch versucht, die anderen nachzumachen.

Die neuzeitliche Geschichte der Juden in Deutschland beginnt für Sie im Jahre 1671 mit der „Magna Charta für Juden" des Großen Kurfürsten Friedrich Wilhelm von Brandenburg. Über die deutsch-jüdische Geschichte davor, seit den Kreuzzügen, schreiben Sie: „Es geschah hier ein wirklicher Holocaust." Was ist Ihrer Meinung nach dafür kennzeichnend?

Dafür ist kennzeichnend, daß in der Zeit von den Kreuzzügen bis zur Schwarzen Pest – also über zwei-, dreihundert Jahre – das blühende Leben der Juden in Deutschland vollkommen zerstört wurde, das es beispielsweise zur Zeit von Karl dem Großen oder auch davor als römische Bürger gegeben hat. Und dafür ist kennzeichnend, daß die Juden bis auf wenige – verstreut in den kleinen Städtchen und auf dem Land – entweder ermordet oder ausgestoßen wurden. Das ist der Grund dafür, daß es im Osten Europas – in Polen, in Rußland, in den baltischen Ländern – eine solch große Ansammlung von Juden gab. Denn diese Überreste sind die sogenannten Aschkenasi-Juden. „Aschkenai" bedeutet ja „deutsch". Die Aschkenasim flüchteten dorthin und vermehrten sich sehr schnell, denn sie hatten alle sehr große Familien. Im Laufe von wenigen Jahrhunderten wuchs die Zahl beträchtlich, bis sie in die Millionen ging. Das ist die Reserve, aus der dann wieder das Judentum in anderen Teilen der Welt genährt wurde; so stammt etwa der größte Teil der amerikanischen Juden aus diesem Teil Europas. Die Rückwanderung nach Deutschland begann erst nach der Zeit des Großen Kurfürsten. Das Holocaust-Ähnliche – bei allen großen Unterschieden zum Hitler-Holocaust – liegt sicherlich in der vollkommenen Zerstörung des wirklich blühenden jüdischen Lebens in Deutschland vor dieser Zeit.

Jede der Personen, die Sie beschreiben, spielt in der deutsch-jüdischen Historie nach 1671 eine besondere Rolle. Da ist der Urahn Jost Liebmann als Gründervater des neuzeitlichen Judentums; Rahel Varnhagen, die den Weg aus dem Judenviertel in bürgerliche Intellektuellenkreise suchte; Giacomo Meyerbeer, den als Komponist eine Haßliebe mit seinem deutschen Publikum verband; Louis Blumenthal – Ihr Urgroßvater – erinnert an die erste Generation bürgerlicher deutscher Juden; Arthur Eloesser, erster Akademiker der Familie, war vollkommen assimiliert; Ihr Vater schließlich, der Flüchtling; Sie, im Ghetto aufgewachsen, fanden ein neues Zuhause in Amerika. Als Gründe für die Durchlässigkeit der unsichtbaren Mauer zwischen Juden und Nichtjuden über die Zeitläufte hinweg im Deutschland bis zum Ersten Weltkrieg haben Sie immer wieder einzig finanzielle Erwägungen der preußischen, später deutschen Obrigkeit ausgemacht. Wieso blieb Lessings Nathan von 1779 im Bewußtsein des deutschen Adels, der doch bis zum Ersten Weltkrieg in Deutschland herrschte, so ohne Folgen?

Das liegt, glaube ich, zum Teil in der Gesamtentwicklung der deutschen Gesellschaft begründet, die innerhalb Europas eine besondere war. Das versuche ich auch, in meinem Buch hervorzuheben. Deutschland war eines der wenigen Länder – von Rußland abgesehen –, in dem es keine populäre demokratische Revolution gab. Es gab 1848 einen Versuch, aber einen mißlungenen. Es gab also keine allgemein akzeptierten Normen von Gerechtigkeit, von sozialer Gerechtigkeit, von demokratischen Prinzipien. In Deutschland war es immer dieselbe kleine Gruppe von Aristokraten, die die Bürokratie und das Militär dominierten. Das waren die Machtzentren. Und das blieben die Machtzentren. In Deutschland regierten absolute Herrscher bis zum Ersten Weltkrieg. Die Parlamente hatten nur sehr beschränkte Befugnisse, immer konnten sie vom Herrscher überstimmt werden. Leider hatten auch die Deutschen das Pech, sehr, sehr schlechte Herrscher zu haben. Bis auf ein oder zwei – nämlich Friedrich der Große und Bismarck – waren fast alle anderen ziemlich miserabel. Daraus ergab sich ein politisches und soziales Umfeld, das den Juden zwar einerseits auf gewissen Gebieten die Möglichkeit gab, sich zu entfalten – was sie auch sehr kräftig taten –, das sie aber andererseits politisch völlig isolierte. Sie besaßen keine Machtposition: Kein Jude konnte Richter sein, kein Jude konnte ein ordentlicher Professor an einer Universität sein usw. Dadurch waren sie in einer sehr exponierten, gefährlichen Situation. Wenn man noch die sehr späte, aber dann sehr schnelle industrielle Entwicklung in Deutschland bedenkt, die notwendigerweise Verzerrungen und Schwierigkeiten mit sich brachte in der Übergangsperiode, die immer eine schwierige Zeit ist; wenn man dazu noch den verlorenen Ersten Weltkrieg berücksichtigt und diese furchtbare Inflation, die schlimmste der Welt, die wir bis jetzt gehabt haben, als der Preis für ein Brot in die Milliarden ging; wenn man an die nachfolgende Depression denkt –, wenn man dies alles zusammennimmt als ein Ganzes, dann haben Sie die besonderen Umstände, die es einem Demagogen wie Hitler ermöglichten, dieses schreckliche Unheil über die Juden und über sein eigenes Land zu bringen.

Im Grunde schätzte auch zur Blütezeit der sogenannten deutsch-jüdischen Kultursymbiose Anfang des 20. Jahrhunderts nur ein kleinerer Teil der Nichtjuden den Anteil, den die jüdische Bevölkerung für das deutsche Gemeinwesen einbrachte, wirklich positiv ein. Warum bemerkten die Juden das nicht, sondern verehrten statt dessen noch einen Mann wie Richard Wagner?

Zunächst, von Wagner abgesehen: Ich glaube, das wurde von den Juden relativiert. Erst einmal ist der Wunsch Vater des Gedankens. Die Juden waren so darauf konzentriert, akzeptiert zu werden, daß sie alle Anzeichen, die sie nur irgendwie positiv deuten konnten, auch positiv deuteten und höher und unkritischer bewerteten, als sie es hätten tun sollen. Weil sie akzeptiert werden wollten, suchten sie nach Anzeichen dafür, daß das auch der Fall war oder werde. Die Juden – seit Jahrhunderten an Diskriminierung gewöhnt – konnten zudem immer auf andere Teile Europas verweisen, besonders auf den Osten, wo der Antisemitismus unter der Bevölkerung viel größer war, wo sie in Lebensgefahr waren. Die Kosaken, die in Pogromen Juden erschlagen haben, waren ihnen ein Beispiel dafür, daß es ihnen in Deutschland schon seit Hunderten von Jahren besser ging. Denn in Deutschland herrschte Ordnung, da war so etwas nicht erlaubt, da mußte man gehorchen. Und die Juden gehörten dem König. Der König brauchte sie als Steuerzahler, da durfte sich keiner an sie heranwagen. Man konnte sie zwar alles Möglichen beschuldigen, man konnte auch so viel Geld aus ihnen herausquetschen, wie man wollte, aber anfassen durfte man sie nicht. Das durfte nur der König! Das hat viele dazu verleitet, zu sagen: „Es ist gar nicht so schlimm hier im Vergleich zu anderen Ländern und früheren Zeiten." Selbst wenn man sich eingestand, daß es den Antisemitismus immer noch gab, konnte man sich leicht die Hoffnung machen: „Was noch übrig ist an Antisemitismus, das gehört der Vergangenheit an, das wird im Laufe der Zeit verblassen und schließlich wegfallen. Wir müssen jetzt beweisen, daß wir wirklich gute Deutsche sind." Und so geschah es: Man setzte sich Scheuklappen auf, blickte nur nach vorne und wurde immer deutscher. Man bildete sich ein – nachdem man in der Kultur liberal sei, nachdem man in einem Kulturland lebte und man auch noch sehr stolz auf die Kultur war und sie selbst hatte –, nun würde man auch liberal denken, und die Bevölkerung würde es früher oder später auch tun. Und das war ein großer Fehler! In einer Kultur zu leben und liberal zu sein, ist nicht dasselbe!

Ihr Vorfahr Arthur Eloesser, Jahrgang 1870, seinerzeit Vorsitzender des Schutzverbandes deutscher Schriftsteller in der Weimarer Republik, erkannte die Zeichen der Zeit nicht – so schreiben Sie. Inwieweit träfe auf ihn Hannah Arendts pauschaler Vorwurf zu, die Juden hätten sich wie „Schafe zur Schlachtbank" führen lassen? Was hätte er anders machen können?

Was er hätte anders machen können? Erst einmal: Arthur Eloesser ist 1938 gestorben; seine Witwe, seine Frau Margarethe, ist ermordet worden. Natürlich, da war es zu spät. Da war nichts mehr zu tun. Was mich interessiert hat an Arthur Eloesser, meinem Großonkel, ist, daß er sich als hochgebildeter Mensch, der in den Medien einen großen Einfluß hatte und ein bekannter Journalist war, mit der jüdischen Frage überhaupt nicht beschäftigt hat. Als man ihn in einer Diskussion gefragt hat, warum es anläßlich von Arthur Schnitzlers Werk *Der Reigen* Krawalle gegeben hat, hat er mit keinem Wort erwähnt, daß diese Krawalle von antisemitischen Nazis angezettelt worden waren. Er hat sich nur mit dem *Reigen*, mit dem Film und dem Buch selbst, befaßt. Er wollte also einfach nichts darüber sagen und nicht darüber nachdenken. Hätte er es getan, hätten die Juden ihre Lage besser und klarer erkannt, so hätten sie wahrscheinlich etwas mehr daran arbeiten können, sich dagegen zu wehren, sich dagegen zu stemmen. Unter den Juden war die Idee sehr weit verbreitet, daß man nicht zu laut auftreten soll, daß man schön still und artig sein soll. Auffallen? Man soll nicht zu sehr auffallen, die Juden sollen nicht auffallen. Und wenn man laut gegen etwas kämpft, dann macht man sich nur noch unbeliebter. Dieses „Sich-nicht-Mucksen", das war meiner Meinung nach ein großer Fehler. Man hätte sich mehr mucksen sollen. Dann hätte man auch die Lage kritischer betrachten und vielleicht realistischer denken können. Aber das war alles zu einer früheren Zeit. Als die Nazis erst einmal am Ruder waren, konnte man nicht mehr viel machen. Das Tragische für das deutsche Judentum war wohl, daß es zu blind war, um zu erkennen, wie gefährlich und prekär seine Lage war. Die Dinge realistischer zu sehen und sich dagegen zu wehren, das wäre für das Judentum wohl eine bessere Politik gewesen.

Welche Rolle spielte der letzte deutsche Kaiser bei der Ausprägung jener Deutschen, die nachher begeistert „Heil Hitler!" schrien?

Wilhelm II. war wohl einer der unglücklichsten deutschen Kaiser. Unglücklich insofern, als er für sein Amt vollkommen ungeeignet war, aber leider absolute Macht besaß. Dieser Wilhelm II. war ein schrecklicher Kerl: er war verhältnismäßig dumm, er war voller Komplexe, er war unvorsichtig, er hat viel Unheil angerichtet. Ich denke, für Historiker ist es eine interessante Frage, ob es den Zweiten Weltkrieg auch ohne diesen Wilhelm gegeben hätte.

Ich glaube nicht. Natürlich hatte er, was die Juden angeht, dieselben Vorurteile wie seine Klasse, wie die Junker überhaupt. Er war selbstverständlich antisemitisch, obwohl er einen sogenannten „Kaiserjuden" hatte. Das waren Leute, mit denen er ab und zu mal Tee getrunken hat, aber im Grunde genommen wollte er mit Juden sehr wenig zu tun haben. Er hat sie wohl benutzt, aber nicht sehr geschätzt. Aber weil er diese Gesellschaft bis zum Ersten Weltkrieg verkörpert und bewahrt hat und weil seine Berater um ihn herum, die er sich ausgesucht hat, zum einen schwach waren und zum zweiten dieselben Ressentiments und Vorurteile hatten, ist er natürlich dafür verantwortlich, daß sich die Lage der Juden de facto nicht verbesserte – auch unter ihm konnte kein Jude Professor werden oder in die höhere Bürokratie aufsteigen oder Offizier werden usw.

Was wäre geschehen, wenn sein Vater Friedrich III. nicht nach neunzig Tagen Regierungszeit gestorben wäre? Das war der einzige von den Hohenzollern, von dem man dachte, daß er ein liberalerer war, und er war auch etwas liberaler. Nun, wie viel liberaler seine Politik jedoch tatsächlich gewesen wäre, ist noch fraglich. Aber er hatte andere Ansichten, er kam von woanders her, er war mit der Tochter von Queen Victoria verheiratet. Ich glaube, die Historiker sind sich darüber einig, daß es einer der tragischen Zufälle der Geschichte war, daß eben dieser Hohenzollern-König Friedrich III. nicht länger gelebt hat. Hätte er länger gelebt, dann hätte sich vielleicht die Lage der Juden verbessert. So ist sie weiter so erstarrt geblieben, wie sie es unter Wilhelm I. war.

Und was begeisterte die deutschen Juden derart am letzten Kaiser?

Die deutschen Juden waren nicht direkt vom letzten Kaiser begeistert, sie waren stolze und treue Bürger des Kaiserreichs. Damit meine ich, sie hatten Respekt vor jedem, der Kaiser war. Mein Vater hat – selbst noch in San Francisco[2] – mit Ehrfurcht vom deutschen Kaiserhaus erzählt und wußte noch genau, wer mit wem verheiratet war und warum, kannte alle möglichen Einzelheiten über die Geschichte des Kaisers. Wahrscheinlich ebenso, wie ein Engländer heute alles Mögliche über die englische Königsfamilie weiß und letztlich stolz auf diese Familie ist, obwohl in den letzten Jahren vielleicht auch das ein wenig fragwürdiger geworden ist; bis vor kurzem jedenfalls war das so. Ich glaube, alle Deutschen haben Witze über Wilhelm II. erzählt. Einerseits haben sie ihn gerne gehabt, andererseits haben sie genau gewußt, daß er ein bißchen lächerlich, ein bißchen merkwürdig war. Und mein Vater war derselben Ansicht. Er war stolz darauf, daß er im 2. Garde-Regi-

---

2 In San Francisco lebte Ewald Blumenthal nach der Emigration in die USA bis zu seinem Tod im Jahr 1990.

ment gedient hat; er war stolz darauf, daß er strammgestanden hat, als der Kaiser an ihm vorbeigegangen ist oder der Kronprinz oder weiß ich noch, wer. Es war weniger Wilhelm II. als Person, sondern es war Wilhelm II. als Repräsentant des Kaiserreichs.

Sie setzen sich in Ihrem Buch direkt mit Daniel J. Goldhagens Arbeit Hitlers willige Vollstrecker[3] *auseinander. Sie geben Goldhagen darin recht, daß die Zahl der Täter wahrscheinlich in die Hunderttausende ging. Der These von einem spezifisch deutschen „eliminatorischen Antisemitismus", die Goldhagen vertritt, widersprechen Sie. Was war es statt dessen?*

Ich widerspreche dieser Beschuldigung, mehr oder weniger, nichtjüdische Deutsche seien so – wie Goldhagen sich ausdrückt – „programmiert" gewesen, daß sie die Ermordung von Juden gutgeheißen haben oder zumindest nicht dagegen waren. Sie hätten daher mit Absicht weggeschaut – und also gewußt, daß das passiert – und hätten das auch befürwortet. Das finde ich vollkommen unbewiesen, im Gegenteil: Die Beweise gehen – jedenfalls kann man das aus meinem Buch ersehen – in die entgegengesetzte Richtung. Meiner Meinung nach war der Antisemitismus, anders als Goldhagen behauptet, nicht „eliminatorisch". Das Entscheidende war die Spezifik des gesellschaftlichen und politischen Gerüsts, in dem sich deutsche Geschichte abgespielt hat: die starre Gesellschaft, das Fehlen der Demokratie, die Tatsache, daß dieselbe kleine Gruppe des Adels das Land geführt hat, und der Umstand, daß hier so viele Schwierigkeiten vorhanden waren: die Inflation, danach die große Depression, danach die hohe Arbeitslosigkeit, die enorme Enttäuschung des Weltkriegs. Alles das zusammengenommen hat eine Situation ergeben, in der ein Demagoge wie Hitler die Möglichkeit hatte, nicht nur an die Macht zu kommen – wieder durch eine schwache Politik und eine wackelige, kurze Demokratie von 1919 bis 1933. Macht und Demagogie: Erst die Leute verführen und ihnen dann so viel Angst machen, daß sie nichts mehr tun konnten. Und natürlich hat es eine Rolle gespielt, daß die Deutschen gewohnt waren, zu gehorchen und wegzugucken. Zivilcourage hat es in Deutschland nie zu viel gegeben, leider. Dieses Manko an Zivilcourage – das feine Schweigen, das Wegschauen, das Akzeptieren, das Gehorchen –, das war das Klima, in dem so etwas Schreckliches passieren konnte. Das Eigentümliche ist nicht die Tatsache, daß Deutsche nichts gegen die Ermordung der Juden getan hätten – das hat man ja gar nicht gewußt. Es gibt absolut keinen Beweis dafür, daß der Großteil der Deutschen es gewußt hat;

---

3 Daniel J. Goldhagen, *Hitlers willige Vollstrecker. Ganz gewöhnliche Deutsche und der Holocaust*, Berlin 1996.

vielleicht haben sie mehr gewußt, als sie heute zugeben wollen oder damals nach dem Krieg zugegeben haben. Aber der Großteil der Leute hat es nicht gewußt. Der Großteil der Juden hat es ja auch nicht gewußt. Die Nazis haben alles versucht, um das zu verschleiern. Und selbst die Leute, die weggebracht worden sind: Noch als sie zur Bahn gegangen sind mit ihren Köfferchen, haben sie ja auch nicht gewußt, daß man sie am Ziel schließlich ermorden wird.

Aus der Sicht eines ehemaligen Finanzministers: Was hat den Mann von der Straße auf Hitlers Seite gezogen und dort auch gehalten?

Ich war noch zu klein, um eine persönliche Meinung zu haben, das Folgende schließe ich also nur aus dem, was ich gelernt habe. Ich glaube, der Großteil der Deutschen war der Unruhen, der Unsicherheit und des Durcheinanders der Weimarer Zeit und der Kriegszeit so müde, hatte so viel mitgemacht und war von dem Zerfall nach dem Ersten Weltkrieg so enttäuscht, dachte immer noch „deutschnational" und verstand nicht den Unterschied zwischen Nationalismus und Patriotismus. Man kann Patriot sein, ohne rabiater Nationalist zu sein. Das wurde nicht verstanden. Und dieser rabiate Nationalismus wurde auch weiter vom Adel und von den rechtsstehenden Kreisen geschürt. Man war also so enttäuscht, und die Lage war derart schwierig in Deutschland, daß die einfachen Floskeln von Hitler den Leuten irgendwie einleuchteten. Der hat doch – wenn man seine Reden liest und anhört – wenig Konkretes gesagt. Er hat nur geschimpft, er hat nur gedroht, und er hat versprochen. Er hat versprochen, es würde alles wieder ruhig werden. Es würde wieder Recht und Ordnung geben – law and order heißt das auf englisch –, und man würde wieder auf Deutschland stolz sein können. Die Deutschen waren auf ihr Land nicht mehr stolz, aber sie wollten es wieder sein können. Hitler hat immer mehr oder weniger gesagt: „Ich werde schon alles machen; bei mir könnt ihr stolz sein; wir werden wieder stark sein; der Erste Weltkrieg, den werden wir überwinden; und es wird wieder Arbeit geben." Nichts zur konkreten Umsetzung, nur Versprechen. Aber zum größten Teil hat er geschimpft und nicht zuletzt auf die Juden. „Die Juden sind daran schuld." Er hat viel von „den Juden" gesprochen, sein Antisemitismus war von Anfang an ganz klar.

Irgendwie hat das Kritisieren der schwachen Weimarer Republik und das Zeigen auf all die Schwächen dieser Gesellschaft dem Durchschnittsdeutschen, der vom ständigen Wechsel der Regierungen müde war, eingeleuchtet. Darum haben ihn so viele gewählt, obwohl es nie eine Mehrheit war.

Welchen Anteil, welche Interessen hatte die nichtjüdische Wirtschaft in Deutschland am Holocaust?

Leider sind uns die Tatsachen bekannt. Nicht nur die großen Unternehmen, deren Namen wir alle kennen, sondern Tausende von kleineren haben dabei mitgemacht. Das heißt, sie haben auch mit Hilfe von Zwangsarbeitern und oft Sklavenarbeitern produziert und gearbeitet, weil es ihnen an Hilfskräften während des Krieges gefehlt hat. Das geschah oft unter den schlimmsten Bedingungen, besonders wenn es KZ-Häftlinge waren; es gab manche, die in Ketten gearbeitet haben. Auch das ist wieder ein Zeichen des Wegschauens, des Nicht-sehen-Wollens, des Tolerierens dieser Ungerechtigkeiten und dieser Unmenschlichkeiten.

Ebenso die Banken: Die eine hat gesagt: „Schön, wir nehmen das Gold und tauschen es gegen Valuta, gegen ausländische Währungen", die die Regierung brauchte; dann hat die zweite Bank gesagt: „Oh, das ist ja Konkurrenz, wenn die das machen, müssen wir es auch machen." So haben die Banken mitgemacht.

Und wenn der Staat den Versicherungen gesagt hat: „Ihr dürft den Juden nichts bezahlen, wenn die Fensterscheiben eingeschlagen worden sind" oder: „Ihr könnt euch drücken, wenn irgendwelche Versicherungspolicen fällig geworden sind", dann haben sie das auch mit Vergnügen getan. Und sie haben dem Staat, der dann das Geld haben wollte, so wenig wie möglich dafür bezahlt. Jeder hat sich irgendwie daran bereichert.

Und schließlich die vielen Menschen, die durch unsere Wohnung gelaufen sind – Anfang 1939, als wir auswandern mußten mit zehn Mark pro Person in der Tasche – und an zwei oder drei Wochenenden alle unsere Sachen aufgekauft haben: Dinge, die meine Eltern seit Generationen bei sich hatten, die sehr viel für sie bedeuteten, die wir alle nicht mitnehmen durften, ob es das Geschirr war, ob es die Bettwäsche war, ob es die Tische oder die Stühle waren und der Spiegel und die Gemälde an den Wänden. Was auch immer es war – die haben das für einen Bruchteil dessen, was es wert war, aufgekauft. Sie haben alle genau gewußt, was für ein Unrecht den Juden passierte. Bestenfalls haben sie gesagt: „Tut mir leid, aber was kann man schon machen." Es waren nicht nur Unternehmen, die ihren Anteil an diesem Unrecht hatten, es waren auch viele einzelne Bürger, die dabei mitgemacht haben. Wie gesagt, das bedeutet nicht, daß sie gewußt haben oder daß sie befürworteten, daß man die Menschen umbringt. Aber daß man ihnen Unrecht tut – nun, das haben sie hingenommen.

Sie haben jeweils drei Vorfahren aus Wirtschaft und Finanzwesen und drei aus der Kultur porträtiert. Wer war Ihnen sympathischer?

Ich habe diesbezüglich an und für sich keine besonderen Präferenzen. Ich habe ja auch beides in meinem eigenen Leben gemacht, sowohl Wirtschaft wie Kultur. Obwohl ich damit nicht sagen will, daß Wirtschaft und Kultur sich ausschließen. Meine Ursprünge sind akademisch, ich war Professor an einer Universität und habe bis heute immer wieder dort gearbeitet; aber ich war eben auch lange Zeit in der Wirtschaft. Weder das eine noch das andere ziehe ich also vor.

Ich glaube, in vielerlei Beziehung waren die Intellektuellen für mich interessanter, weil sie mehr zu sagen hatten: Natürlich sind Rahel Varnhagen, Giacomo Meyerbeer und auch mein Großonkel Arthur Eloesser interessante Figuren, weil man aus dieser großen Literatur ein besseres Bild ihrer Personen, ihrer Persönlichkeiten bekommt. Und auch, weil alle drei auf irgendeine Art kompliziert waren. Mein Vater und mein Urgroßvater, nun, die waren vielleicht für mich interessant, aber für den Durchschnittsbürger? Sie waren typisch – typische und ganz normale Bürger –, trotzdem aber waren sie jüdisch, das durften sie nie vergessen und haben es auch nie vergessen. Eben das wollte ich beschreiben: Daß sie es einerseits nie vergessen durften und man sie immer daran erinnert hat. Und andererseits, daß sie es auch nie ganz vergessen haben, obwohl sie es ab und zu gar nicht zugeben wollten. Sie gefielen mir also alle, aber – sagen wir mal – die drei Intellektuellen sind interessanter, und darum ist es schöner und aufregender, über sie zu schreiben.

Geschichte anhand von Lebensgeschichten zu erzählen, das erinnert an biblische Vorbilder. Abraham zum Beispiel war der erste, der vor Jahrtausenden nach Kanaan fand und seine Religion mitbrachte. Ruth trat zum Judentum über. Inwieweit haben die alten Geschichten Pate gestanden bei der Arbeit für Die unsichtbare Mauer*?*

In gewissem Sinne haben sie das schon, weil ich mir – angeregt durch andere Lektüre – von Anfang an im klaren darüber war, daß man, wenn man Geschichte lebendig machen will, dies durch die Schilderung des Lebens von gewissen Schlüsselfiguren tun kann. Wenn man sie sich richtig aussucht, wenn man das Glück hat, sie zu finden, können sie dann Paradigmen sein für eine Zeit, für gewisse Strömungen im Denken und im Leben der Menschen. Aufgrund meines Stammbaums, in dem ich Namen wie Jost Liebmann, Rahel Varnhagen, Giacomo Meyerbeer und andere fand, habe ich dann bald entdeckt, daß sie wirklich paradigmatisch für ihre Zeit waren – jeder auf seine Art. Ich wollte anhand ihrer Biographie auch ein Stück Zeitgeschichte schreiben, so wie man in einer Darstellung des Lebens von Leonardo da Vinci auch das Leben seiner Zeit sieht. Beides miteinander zu verflechten, war von Anfang an meine Absicht, und hoffentlich ist es mir gelungen. Mein Buch heißt im Untertitel „Eine Familiengeschichte", und das ist es in gewissem Sinne auch; aber es ist zugleich deutsche Geschichte, das war der Sinn, deutsch-jüdische Geschichte.

Ich wollte zeigen, wie es war, als Jude in Deutschland im 17. Jahrhundert zu leben. Nun, dazu mußte ich erst einmal schauen, wie die Verhältnisse in Deutschland zu dieser Zeit waren. Und dann konnte ich fragen: Wie hat sich mein Vorfahr im 17. Jahrhundert benommen, was hat er geleistet, was ist ihm widerfahren, und wie war er in das Leben seiner Zeit eingebettet? In der Literatur habe ich natürlich Beispiele für ein solches Vorgehen gefunden und versucht, es in meinem Buch anzuwenden.

Simon Wiesenthal

(geb. 1908 in Buczacz, Galizien)

„Ich bin mir bewußt geworden, wie meine Generation in den Untergang hineingeschlittert ist. Wir hatten zu Hause eine ganze Bücherwand mit deutschen Klassikern. Ich habe zu Hause mit meiner Mutter Deutsch gesprochen. Wenn meine Mutter mich zurechtweisen wollte, zog sie einen Band von Goethe oder Schiller heraus und las mir einen passenden Spruch vor. Ich meine, wr haben alle an dieses Jahrhundert des Fortschritts, der Freundschaft und der Verständigung geglaubt. Und später habe ich mir gesagt, so einer wie der Hitler, ein Halbgebildeter, ein Phantast mit idiotischen Ideen, hat doch überhaupt keine Chance bei einem Volk von Dichtern und Denkern, Erfindern und großen Ärzten. Nein. Und das hat uns gelähmt. Was habe ich getan? Ich habe Karikaturen gegen Hitler gezeichnet. Ich habe ihn als Idioten dargestellt und lächerlich gemacht. Und genau das ist in der ganzen Welt geschehen. Hitler hat gesagt: ‚Den Juden wird das Lachen noch vergehen.' Wir haben die Zeichen der Zeit nicht erkannt. [...] Heute sage ich mir, das Allerwichtigste ist, die Leute aufzuklären, wohin es führt, wenn der Haß zum Programm einer Nation und eines Staates wird."[4]

Simon Wiesenthal arbeitete in Lemberg als junger Architekt, bevor der 33jährige 1941 von den Nazis in Prag verhaftet wurde. Bis zu seiner Befreiung durch die Amerikaner im Mai 1945 im KZ Mauthausen mußte er zwölf Konzentrationslager erleiden. Er überlebte als einziger seiner Familie. Nach dem Krieg half er den Amerikanern bei der Aufdeckung von Nazi-Verbrechen, eröffnete 1947 in Linz zusammen mit anderen Nazi-Verfolgten ein Zentrum zur Sammlung von Unterlagen über die Verfolger der Juden, spürte später mit seinem „Jüdischen Dokumentationszentrum" in Wien den Nazi-Tätern in ihren Schlupfwinkeln in aller Welt nach. So wurde er zum legendären „Nazi-Jäger", der durch seine unermüdliche Suche etwa Josef Mengele auf die Spur kam. Doch die Legende des „Nazi-Jägers" und Rächers, die sich damit um ihn aufbaute, entsprach nicht seinen tatsächlichen Motiven – dem „Prinzip, die Verbrecher vor Gericht zu stellen, um einer Wiederholung der Katastrophe vorzubeugen." Es gelang es ihm, über 1 600 Nazimörder vor Gericht zu bringen. Sein spektakulärster Fall war Adolf Eichmann, der 1960 unter Simon Wiesenthals maßgeblicher Mitwirkung in Argentinien gefaßt und später in Israel zum Tode verurteilt wurde. Seine 1988 erschienenen

---

4 Zit. nach *Jüdische Porträts. Photographien und Interviews von Herlinde Koelbl*, Frankfurt/M. 1989, S. 270.

Erinnerungen *Recht, nicht Rache*[5] wurden 1989 mit Ben Kingsley in der Hauptrolle verfilmt; Wiesenthal akzeptiert den Film als sein Vermächtnis. „Recht, nicht Rache" – der Titel seiner Lebenserinnerungen bildete stets den Maßstab seines Handelns.

Anläßlich eines Vortrages von Simon Wiesenthal am 19. Januar 1992, gehalten in der Jüdischen Volkshochschule der Jüdischen Gemeinde zu Berlin, führte ich mit ihm folgendes Gespräch.

David Dambitsch: *Simon Wiesenthal, Sie sind hier in Berlin aus Anlaß des 50. Jahrestages der sogenannten „Wannseekonferenz". Heute ist die Gedenk- und Bildungsstätte eröffnet worden. Wie kann es Nachgeborenen am ehesten gelingen, das Geschehen von damals annähernd zu begreifen bzw. sich überhaupt eine Vorstellung davon zu machen? Ist so eine Gedenkstätte ein Mittel dafür?*

Simon Wiesenthal: Ich will Ihnen ganz offen sagen: Mir wäre lieber gewesen, wenn diese Gedenkstätte im Zentrum von Berlin und nicht so weit draußen am Wannsee läge. Denn wenn jemand etwas wissen und studieren will, dann muß er mit einem Taxi fahren, muß fünfzig Mark ausgeben und verliert Zeit. Ich glaube, Sachen solcher Art gehören ins Zentrum, wo sie allen zugänglich sind. Ich weiß nicht, wie viele Leute bei der Eröffnung der Ausstellung waren, aber ich bin überzeugt, hätte man sie im Zentrum von Berlin gemacht, wären fünfzigmal so viele gekommen.

Noch einmal, aus Ihrer Erfahrung: Wie können Nachgeborene das begreifen?

Um die Sache zu begreifen – dazu gehören drei Faktoren: Elternhaus, Kirche und Schule. Nur mit Hilfe dieser drei Faktoren können junge Menschen das begreifen. Aber sehr oft sagen die Eltern: „Ach, was brauche ich ihm das immer zu erzählen" – Auch unter Juden habe ich erlebt, daß sie ihren Kindern nichts davon erzählen. Warum? „Ach, ich habe selber genug gelitten, ich will nicht, daß mein Kind leidet." Und das ist falsch! Absolut falsch! Und es hängt davon ab, wo man davon erfährt. In den Schulen haben wir ein Defizit, weil das dort in den Rahmen des Geschichtsunterrichts gehört. Wer selber einmal studiert hat und im Gymnasium war, weiß, daß das Unterrichtsfach Geschichte niemals bis in die Gegenwart behandelt wird. Als ich Student war, hörte der Unterricht mit dem Ende des 19. Jahrhunderts auf. Und bei anderen – ich weiß nicht, wie es bei Ihnen in der Schule war – vielleicht mit den zwanziger Jahren oder noch früher. Sehen Sie! Weil das also so ist, müssen die Schulen von sich aus die Sache anpacken und sagen: Jene Ereignisse sind zwar historisch, aber die Generation, die das erlebt und

---

5   Simon Wiesenthal, *Recht, nicht Rache*, Berlin 1988.

erlitten hat, lebt ja noch, und davon sollt Ihr wissen. Auf jeden Fall sind diese drei genannten Faktoren sehr wichtig.

"Recht, nicht Rache" war immer Ihr erklärter Grundsatz. Die Opfer wie die Täter sind mittlerweile gemeinsam alt geworden. Inwieweit hat es bis jetzt Gerechtigkeit bzw. Recht gegeben?

Schauen Sie, Gerechtigkeit ist ein sehr fernes Ziel. Man soll sie anstreben, aber man kann nicht alles erreichen. Bei allem, was ich mache, war mir von vornherein bewußt, daß die ungeheuren Verbrechen, die geschehen sind, nicht bestraft werden können. Das geht einfach nicht. Bestraft werden kann einer, der jemanden erschossen hat. Aber einer, der verantwortlich ist für 50 000 Ermordete und der dann eine Strafe erhält und nach einiger Zeit nach Hause geht – soll man das dann für ein Strafmaß umrechnen in Tage oder Stunden pro Opfer? Aber eines ist wichtig – auch und gerade, wenn soviel Zeit vergangen ist: die Warnung an die Mörder von morgen, die vielleicht heute geboren werden. Sie müssen wissen, daß sie niemals ruhen können!

Denn was ist meine Stärke? Meine Stärke ist wahrscheinlich, daß viele Leute in Südamerika oder in anderen Ländern überzeugt sind, daß ich viel mehr weiß, als ich weiß. Und ich werde niemals zugeben, wie wenig ich weiß. Warum? Ich möchte sie nicht von ihrem schlechten Schlaf befreien, denn dieser ist ein Teil der Strafe. Das soll man wissen. Ein Beispiel: Ich habe jetzt einen Fall, der in Stuttgart vor Gericht ist. Der Mann wurde 47 Jahre nach der Tat verhaftet, 11 000 Kilometer vom Ort der Tat entfernt. Der Mann ist jetzt 79 und muß sich für dreieinhalbtausend Fälle verantworten, in denen er etwa dreißig Menschen persönlich tötete. Er ist pensioniert, und was wollte er? Er wollte in Ruhe sterben. Aber ich sage: Wer in solche Verbrechen verstrickt war, hat das Recht verloren, in Ruhe zu sterben. Denn das ist das einzige, was wir für die Zukunft tun können: Daß die anderen sich beim nächsten Massenmord überlegen: Und was wird sein, wenn wir nicht gewinnen? Dann muß ich flüchten und mich verstecken bis zum Ende meines Lebens.

Der ehemalige Staatsratsvorsitzende der DDR, Honecker, beruft sich im Blick auf seine Verantwortung für die Verbrechen im DDR-Regime auf sein Alter. Er will sogar seine Rente beim deutschen Staat einklagen. Wo liegt für Sie die Grenze, wo wird es für Sie sinnlos, jemanden aufgrund seines Alters oder seiner Gesundheit zur Verantwortung zu ziehen? Gibt es so etwas aus Ihrer Erfahrung mit Naziverbrechern?

Moment – Alter hat keine Grenze, ganz gleich, ob einer Befehlsgeber oder Ausführender war. Wenn das Alter jemanden so sehr beeinträchtigt, daß er überhaupt nicht einer Verhandlung folgen kann, dann werden ihn die Mediziner davon befreien. Und dasselbe gilt bei Krankheiten. Nur die Nazis haben mit allen gemacht, was sie wollten – egal, ob sie krank waren oder nicht. In einer Demokratie geschieht dies nicht. Allerdings ist es vorgekommen, daß man hier in der Bundesrepublik Leute verschont hat, weil sie nicht fähig waren, einer Verhandlung beizuwohnen, und dann stellte es sich heraus, daß manche von ihnen Ärzte waren, die noch jahrelang praktiziert haben. Sehen Sie, das sind die Tücken der Demokratie – wenn man einem oder zwei Ärzten glaubt und einen Fall schließt –, aber die Demokratie hat diese eine Fähigkeit: Wir haben das Recht, noch dazuzulernen.

Wenn man vergleicht, wie im Deutschland der Nachkriegszeit mit den Verbrechen der Nazis umgegangen wurde und wie jetzt mit der DDR-Vergangenheit verfahren wird: Welche Unterschiede und welche Gemeinsamkeiten haben Sie festgestellt?

Die meisten Verbrechen der Nazis sind während des Krieges begangen worden. Wir wissen nicht, wie sich die Stasi verhalten hätte während eines Krieges. Ich meine, die Leute, die unter Kontrolle waren – das war ja der perfekteste Polizeistaat. Man hat nicht alle Parteigenossen vor Gericht gestellt – nur die, die in Verbrechen verwickelt waren. Wenn einer Mitglied der SED war und nichts sonst gemacht hat, geschieht ihm nichts. Das ist es.

Im Moment ergießt sich über Deutschland wieder eine Welle des Fremdenhasses – wie bewerten Sie diese Erscheinung?

Sehr negativ, denn wer sind die Fremden hier? Das sind einige Millionen, die man geholt hat, als man dem millionsten Türken eine goldene Uhr am Flughafen überreicht hat. Warum hat man das getan? Weil auf diesen Fremden zum größten Teil das Wirtschaftswunder aufgebaut war. Als man dann später im Zuge der Automation nicht mehr so viele Leute gebraucht hat, da wurde eine Milchmädchenrechnung aufgemacht: Schmeißen wir die Fremden raus, dann haben unsere Leute Arbeit. Aber das hat sich überall als falsch herausgestellt, denn viele dieser Arbeiten, die die Fremden verrichten, wird kein Deutscher selber tun.

Vor dreißig Jahren, im Mai 1962, ist Adolf Eichmann in Jerusalem hingerichtet worden – welche historische Bedeutung hat dieser Prozeß?

Ich denke, es war gut, daß der Eichmann noch fünfzehn Jahre nach dem Krieg gelebt hat. Er hätte ja in Nürnberg verurteilt und hingerichtet werden können, und schon wäre der ganze Fall abgeschlossen gewesen. Es war wichtig, daß er so lange Zeit nach dem Ende des Krieges gefaßt wurde. In der Zwischenzeit haben Millionen Menschen und auch Millionen Deutsche durch viele Bücher erkannt, was da geschehen ist. Und das hat eine kolossale Auswirkung gehabt in aller Welt und auch in Deutschland zur Festigung der Demokratie und der Justiz beigetragen. Die Leute haben begonnen, mehr an Recht zu glauben.

Sie haben sich immer für eine Wahrheitsfindung jenseits der Ideologien, jenseits der Pauschalurteile eingesetzt. Woran haben Sie sich bei der Frage nach Schuld orientiert, was war für Sie dabei die Meßlatte?

Wenn jemand sich darauf beruft, daß er einen Befehl erhalten hat, Kinder oder Frauen zu erschießen, muß ihm vorgehalten werden, daß im Militärstrafgesetzbuch der Nazis der Paragraph 47 – genau wie er noch zu Kaisers Zeit existiert hat – unverändert geblieben ist. Und dieser Paragraph besagt: Ein Befehl, der ein Verbrechen beinhaltet, darf nicht ausgeführt werden. Es gab genügend Offiziere und auch einzelne, die sich darauf berufen haben. Nichts ist ihnen geschehen. Das heißt, es gab eine Möglichkeit der Weigerung; und Unkenntnis des Gesetzes schützt ja bekanntlich nicht vor Strafe. Die Verteidiger der Angeklagten – viele Verteidiger – haben herumgesucht, um wenigstens ein oder zwei Fälle zu finden, in denen einer, der die Ausführung eines solchen Befehls verweigert hat, selber erschossen wurde. Er wurde aber nicht erschossen, er wurde an die Front geschickt. Na, an der Front waren Millionen anderer, Millionen Soldaten.

Arno Lustiger

(geb. 1924 in Bedzin, Polen)

Arno Lustiger wuchs in einem kleinen, damals oberschlesischen Städtchen auf. Seine Kindheit endete in der Nacht zum 9. September 1939. Nazis hatten in seiner Heimatstadt die Juden in die Synagoge getrieben und sie angezündet. Zweihundert Menschen verbrannten bei lebendigem Leib. Mit dieser „Feuertaufe" der SS war aus dem polnischen Bedzin das deutsche Bendsburg geworden. Arno Lustiger war neunzehn Jahre alt, als er 1943 in einem Außenlager des KZ Auschwitz inhaftiert wurde. Nach der Internierung in den Konzentrationslagern Auschwitz und Buchenwald konnte er im April 1945 vom Todesmarsch des KZ Langenstein im Südharz flüchten; halbtot wurde er von amerikanischen Soldaten gefunden. Später diente Arno Lustiger freiwillig in der amerikanischen Armee als Übersetzer. Im August 1945 reiste er nach Frankfurt, noch in amerikanischer Uniform, weil er keine Zivilkleidung besaß. Er blätterte im Jüdischen Komitee in den Listen der Überlebenden und fuhr dann per Autostopp nach Süddeutschland und von dort nach Schlesien, wo er seine Mutter und seine Schwestern fand, die mehrere KZs überlebt hatten. Mit ihnen kehrte er nach Frankfurt am Main zurück, wo sie von 1945 bis 1948 im Lager für „displaced persons" in Frankfurt-Zeilsheim lebten. 1950 machte sich Arno Lustiger als Bekleidungsfabrikant in Frankfurt selbständig und gehörte später zu den Mitbegründern der Frankfurter Jüdischen Gemeinde. Er ist das einzige noch lebende Mitglied des ersten Gemeinderates und war Gründungsmitglied der Jüdischen Darlehenskasse, der Zionistischen Organisation in Deutschland und anderer Institutionen.

Neben seinen beruflichen und ehrenamtlichen Tätigkeiten hat Arno Lustiger viele Jahre über bis dahin nicht bearbeitete Themen geforscht und geschrieben: Sein Interesse galt vor allem dem fast unbekannten jüdischen Widerstand gegen das NS-Regime. Er war der erste in Deutschland, der diesem Kapitel mit seinem Standardwerk *Zum Kampf auf Leben und Tod – Vom Widerstand der Juden 1933– 1945*[6] ein Denkmal setzte. Von Historikern zwar nicht unwidersprochen, konnte sich dennoch keiner von ihnen der Kraft von Arno Lustigers Argumenten entziehen. Als Herausgeber hat er 1994 den deutschen Lesern Wassili Grossmans und Ilja Ehrenburgs *Das Schwarzbuch: Der Genozid an den sowjetischen Juden*[7] vollständig, das heißt einschließlich der

---

6 Arno Lustiger, *Zum Kampf auf Leben und Tod – Vom Widerstand der Juden 1933–1945*, Köln 1994.
7 Ilja Ehrenburg, Wassili Grossman, *Das Schwarzbuch: Der Genozid an den sowjetischen Ju-*

durch die sowjetische Zensur nach 1945 entfernten Textpassagen, zugänglich gemacht. Mit seinem *Rotbuch: Stalin und die Juden*[8] begab er sich nochmals in den Ring zeitgeschichtlicher Auseinandersetzung: Zog Stalin im Hinblick auf die Verfolgung der jüdischen Minderheit in seinem Herrschaftsgebiet mit Hitler gleich? Arno Lustiger verneinte und zeigte stattdessen die eigenständige Systematik der Judenverfolgung in der UdSSR auf.

Das folgende Gespräch wurde aus zwei Interviews zusammengesetzt, die ich mit Arno Lustiger geführt habe: Das erste fand 1995 im Rahmen der Ausstellung „Berlin–Moskau / Moskau–Berlin" statt, das zweite im Oktober 1998 in Frankfurt am Main anläßlich der Veröffentlichung seines Werkes *Rotbuch: Stalin und die Juden*.

David Dambitsch: *Noch während zwischen der Deutschen Wehrmacht und der Roten Armee der Krieg tobte, bildete sich in Moskau ein „Jüdisches Antifaschistisches Komitee". Dieses Komitee, dem Schriftsteller, Künstler und Intellektuelle angehörten, hatte sich das Ziel gesteckt, die Welt über den geplanten Massenmord an den sowjetischen Juden aufzuklären. Wie waren die Nachrichten über die akribisch geplante Mordmaschinerie der Nazis aus den von Deutschland besetzten Gebieten nach Moskau gelangt?*

Arno Lustiger: Zunächst mal gab es Berichte von Kriegskorrespondenten und dann die von der Bevölkerung über die Massenmorde der Einsatzgruppen. Aus der Art, wie das organisiert worden ist, konnte man schon ersehen, daß dort geplant war, die gesamte jüdische Bevölkerung der Sowjetunion zu ermorden. Übrigens sind diese Nachrichten auch in „Radio Moskau" gesendet worden – auch in jiddischer Sprache – und vom jüdischen Widerstand in Frankreich gehört worden. Bereits drei Tage nach der Deklaration in „Radio Moskau" hat die illegale Widerstandspresse diese Nachricht schon in jiddischer und in französischer Sprache verbreitet.

In Amerika wurde den Berichten von der Existenz der Konzentrationslager vielfach nicht geglaubt. Wie war das in Moskau?

Moskau lag natürlich dem Geschehen viel näher – schon geographisch – als New York, obzwar auch in New York schon 1943 Berichte gedruckt worden sind über das Geschehen in Europa und den Massenmord an den Juden.

Die Berichte der Augenzeugen und Überlebenden sind von Wassili Grossman und Ilja Ehrenburg in einem Schwarzbuch *gesammelt worden. Wie groß war der Bekanntheitsgrad, den dieses* Schwarzbuch *in der Sowjetunion erlangte?*

    den, hrsg. von A. Lustiger, Reinbek 1994.
8   Arno Lustiger, *Rotbuch – Stalin und die Juden*, Berlin 1998.

Als es konzipiert wurde, war es ein offizielles Projekt des „Jüdischen Antifaschistischen Komitees", einer anerkannten, auch von den Behörden unterstützten Organisation, deren andere Aufgabe natürlich in der Kriegspropaganda für die Sowjetunion bestand. In dieser Phase war das also allgemein bekannt, es war überhaupt kein Geheimnis. Aber später, nach Ende des Krieges, hat man diesem Projekt große Schwierigkeiten gemacht – es wurden dauernd Zensureingriffe angeordnet. Endlich gab es dann eine Fassung, die schon gesetzt war und in Druck gegangen ist, also genehmigt von der Hauptzensurbehörde „Glawlit", aber am Ende wurde es auch von Stalin verboten, und das, was schon gedruckt war, wurde eingestampft.

Welche Gründe führten dazu, daß die Mitarbeiter an diesem Schwarzbuch *schließlich in Moskau politisch in Ungnade fielen und das ganze* Schwarzbuch *von der Zensur vollständig unterdrückt wurde?*

Es gab eine Phase in der sowjetischen Ideologie und Politik, in der während des Krieges die nationalen oder nationalistischen Tendenzen stark unterstützt wurden, weil man damit die Bevölkerung mobilisieren konnte für die größten Kriegsanstrengungen – das galt sowohl der russischen Bevölkerung als auch den Juden. Als aber der Krieg zu Ende war und die Sowjetunion große Siege erzielt hatte, unter schrecklichen Opfern natürlich, gab es eine totale Wende in dieser Einstellung, was die Juden betrifft. Die nationalen Äußerungen der Juden, die während des Krieges sehr willkommen waren, wurden auf einmal als nationalistisch-chauvinistische Abweichungen gebrandmarkt, auch nach der Gründung des Staates Israel 1948 – wobei die Sowjetunion eine wichtige Rolle gespielt hat beim Beschluß der Vereinten Nationen zur Teilung Palästinas und Gründung des Staates Israel. In der Vollversammlung der UNO im November 1947 hielt Gromyko[9] eine großartige Rede – eine zionistische Rede, die von Ben Gurion[10] auch nicht anders, besser hätte geschrieben werden können –, und die sowjetischen Juden gaben sich der Hoffnung hin, daß damit eine ständige Politik der Unterstützung des neuen Staates Israel verbunden sein würde. Es sollte sich als eine Illusion herausstellen, denn einige Monate nach diesem Beschluß der UNO und der Gründung des Staates Israel hat sich Stalin von Israel abgewandt und spielte dann bis zum Schluß die proarabische Karte.

---

9 Andrej Gromyko, damals ständiger Vertreter der UdSSR beim Sicherheitsrat der Vereinten Nationen, später deren Außenminister.
10 David Ben Gurion (1886–1972) rief am 14. August 1948 den Staat Israel aus und war dessen erster Ministerpräsident von 1948 bis 1953; Verteidigungsminister von 1955 bis 1963.

Ich will mit Ihnen über die Gegenwart sprechen, darüber, wie heute mit Erinnerung umgegangen wird. Die Initiatorin des Holocaust-Mahnmals, Lea Rosh, hat Bundeskanzler Kohl aufgefordert, das Gespräch über das Denkmal hier in Berlin wieder aufzunehmen. Helmut Kohl hatte sich im Sommer kritisch über den Entwurf von Christine Jakob-Marks geäußert, wonach eine gigantische Grabplatte mit den Namen von rund vier Millionen ermordeter Juden und Jüdinnen entstehen soll. Inwiefern kann ein Künstler Ihrer Meinung nach überhaupt einem solchen Auftrag gerecht werden – zwischen seinen Ambitionen und dem, was historisch unvorstellbar ist?

Ich weiß selbst nicht, wie man dieser gewaltigen Aufgabe gerecht werden kann. Auf jeden Fall: Das, was ich an Entwürfen gesehen habe, entsprach nicht meinen Erwartungen. Ich hatte gehofft, daß ein genialer Wurf dabei sein würde – wenn man nur das Gigantische dabei beabsichtigt, dann ist das der falsche Weg. Ich habe in einem Zeitungsaufsatz geschrieben, daß ich für die Errichtung einer Gedenkstätte plädiere, in der dem wirklichen Gedenken der Menschen Gerechtigkeit zuteil wird und sie dem Vergessen entrissen werden, indem man ihre biographischen Daten sammelt, archiviert, aufzeichnet, und die man dann später vielleicht auch einsehen oder abrufen kann. Diese Art des persönlichen Gedenkens an Menschen und einzelne Menschen halte ich für wichtiger als gigantische Projekte.

Mit Ihrem Buch Zum Kampf auf Leben und Tod – Vom Widerstand der Juden 1933–1945 *haben Sie selbst ein Um-Denk-Mal gesetzt, nämlich eine Aufforderung dazu verfaßt, sich von der Mär zu verabschieden, die Juden hätten sich von Ihren Schergen wie die „Lämmer zur Schlachtbank" führen lassen. Nach Abschluß Ihrer Arbeit: Wie würden Sie denn nun unter Berücksichtigung Ihrer neuen Erkenntnisse die Haltung der jüdischen Minderheit im Angesicht von Verfolgung, Folter und Mord stattdessen beschreiben?*

Wo es nur möglich war, Widerstand zu leisten, wurde Widerstand geleistet. Natürlich kann man von wehrlosen Menschen, die von niemandem unterstützt werden, von einer Exilregierung, die den ganzen Krieg über im Stich gelassen worden ist – auch von den Alliierten –, nicht verlangen, daß sie sich unter diesen schrecklichen Bedingungen der Besatzung auf große militärische Abenteuer einlassen. Übrigens muß ich dazu Folgendes sagen: Der gesamte europäische Widerstand spielte militärisch gesehen eine eher marginale Rolle – vielleicht mit Ausnahme von Jugoslawien, Weißrußland und Südfrankreich. Woanders hat der Widerstand den Krieg um keinen Tag verkürzt. Es waren über zwanzig Millionen alliierter Soldaten erforderlich, um Nazi-Deutschland in die Knie zu zwingen, nicht der Widerstand war es. Der Widerstand, den es gab, war eine Frage der Selbstbehauptung der Juden. Und selbst unter diesen schrecklichen Umständen hat es diesen Widerstand gegeben. Ich habe es dokumentiert: In jedem besetzten europäischen Land gab es Widerstand. Die Formen des Widerstands hingen natürlich von den dortigen Bedingungen ab: Die Lage der jüdischen Bevölkerung, das Verhältnis der Nichtjuden zu den Juden in dem betreffenden Lande, topographische Bedingungen, ideologische Motivationen und viele andere Umstände waren maßgebend dafür, wann und in welcher Form Widerstand geleistet worden ist. Aber in jedem besetzten Land gab es jüdischen Widerstand oder Widerstand der Juden! Es gab auch Länder, wo die Juden so gut integriert waren in die Gesellschaft des betreffenden Landes wie zum Beispiel in Italien, Jugoslawien oder Bulgarien, wo ein spezifischer jüdischer Widerstand absolut keinen Sinn machte. Die Juden waren Teil dieses Landes, Bürger dieses Landes und haben Schulter an Schulter mit ihren nichtjüdischen Waffenbrüdern den Kampf geführt.

Viele Opfer des Nazi-Terrors konnten nur überleben, weil sie kollaboriert haben oder – wie Primo Levi beschreibt[11] *– einfach im KZ den Forderungen entsprechend mitgearbeitet haben. Wie haben diese Menschen, die auch im Hinblick auf ihre Bedrängnis völlig legitim gehandelt haben, Ihre Arbeit aufgenommen, gab es da Reaktionen?*

Es gab noch keine Reaktionen von dieser Seite. Aber die Behauptungen von Primo Levi sind falsch. Das darf nicht verallgemeinert werden. Es gab einige Funktionshäftlinge, darunter auch wenige Juden, aber die absolute Mehrheit der Häftlinge hatte – wie Primo Levi und ich auch – überhaupt keine Funktion. Das Überleben war nicht davon abhängig, daß man kollaboriert hat. Es war reiner Zufall. Zufällig wurden Leute in Transporte gesteckt und direkt ohne Selektion ins Gas geschickt, und sie hatten praktisch überhaupt keine Chance zu überleben. Die haben auch keine Chance zum Widerstehen, zum Widerstand gehabt. Andere wieder hatten das Glück, in Lager gesteckt zu werden, wo der Hauptakzent nicht auf der Vernichtung lag, sondern auf der Arbeitsleistung. Und ich hatte das Glück, mehr in solchen Lagern zu sein. Ich habe nicht überlebt, weil ich kollaboriert habe, sondern weil ich Glück hatte und meine physische Konstitution eine gute war – ich überlebte zwei Todesmärsche, den von Auschwitz-Blechhammer und den von Langenstein-Buchenwald –, aber das hat nichts zu tun mit Kollaboration. Diese Auslegung des Überlebens halte ich für eine schwere Beleidigung der wenigen Tausend Überlebenden. Aber jeder, der drin war, weiß, daß das nicht wahr ist.

Nach dem Ende der Sowjetunion stehen in zunehmendem Maße auch osteuropäische Archive für die Forschung über die Shoah zur Verfügung. Für die Ausstellung „Im

---

11 Primo Levi, *Ist das ein Mensch?*, München, Wien 1988.

Kampf gegen Besatzung und sogenannte ‚Endlösung': Widerstand der Juden in Europa 1939–1945" im Jüdischen Museum in Frankfurt am Main im Sommer 1995 konnte erstmals Material aus Osteuropa verwendet werden. Inwiefern verändern diese Erkenntnisse die bestehende Sicht der Historiker?

Sie verstärken die Tendenzen, die ich schon in meinem Buch dargestellt habe. Jetzt werden zum Beispiel die Aktenbestände in Minsk durchgearbeitet. In der Sowjetunion wirkte eine phantastische Bürokratie, eine sehr effektive Bürokratie – effektiv in dem Sinne, daß alles, aber auch alles archiviert worden ist. Dieser Tatsache verdanken wir Tausende von Akten. Über jeden sowjetischen Soldaten, aber auch jeden Partisanen, gibt es eine Personalakte. Die Weißrußland betreffenden Akten, die jetzt von Historikern durchgearbeitet werden, zeigen eine viel stärkere Beteiligung der Juden am Partisanenkampf in Weißrußland. Es gab viele Tausende von jüdischen Partisanen. Und das wird erst jetzt richtig bekannt. Also, was man früher schon gewußt und angenommen hat: Jetzt kann es genau belegt werden.

Vom Verlag ist Ihr Rotbuch – Stalin und die Juden als notwendige Ergänzung der Debatte um Stéphane Courtois' Schwarzbuch des Kommunismus[12] angekündigt worden. Dem Schwarzbuch des Kommunismus wurde – meiner Ansicht nach zu Recht – vorgeworfen, daß die Arbeit in deutscher Übersetzung viel zu oberflächlich und pauschal gestaltet ist, um wirklich eine Debatte in Gang zu bringen über die Frage der Entsprechungen zwischen rotem und braunem Totalitarismus. Welche Position haben Sie dazu?

Ich stehe dafür ein, daß man einen langen historischen Vorgang dieses Jahrhunderts nicht mit einem einzigen Werturteil belegen kann. Es gab ein Auf und Ab in allen sozialen Bewegungen, auch im Kommunismus. Und die Behauptung, der Kommunismus wäre von sich aus schon von Beginn an kriminell, halte ich für unhaltbar. Das betrifft auch die Geschichte der russischen Juden und den Anteil der Juden an den sozialen Bewegungen im allgemeinen und an der Russischen Revolution im Besonderen.

Sie stehen ja dem Schwarzbuch auch sehr kritisch gegenüber ...

Ich stehe dem *Schwarzbuch* äußerst kritisch gegenüber, wenn auch die Ergebnisse der Forscher sehr respektabel sind. Die Einführung von Courtois ist jedoch ein einziger Skandal.

Wo würden Sie Ihr Rotbuch in diesem Zusammenhang einordnen?

---

12 Stéphane Courtois (Hrsg.), *Das Schwarzbuch des Kommunismus. Unterdrückung, Verbrechen und Terror*, München, Zürich 1998.

Ich kann ein kleines Beispiel geben: Die Juden spielten doch in der Geschichte der Russischen Revolution eine bedeutende Rolle, wenn sie auch überbewertet wird. Das *Schwarzbuch des Kommunismus* behandelt die Juden auf ganzen fünf Seiten, und das ist schon an sich ein Indiz dafür, daß dort die Geschichte des Kommunismus in Rußland nicht wirklich gründlich erforscht worden ist.

In Ihrer Dokumentation erwähnen Sie mehrfach den tief verwurzelten Antisemitismus in Rußland. Die russische und die deutsche Gesellschaft am Anfang des 20. Jahrhunderts unterschieden sich doch in so vielem. Welche Gründe liegen dafür vor, daß beide sich so anfällig für den modernen Antisemitismus zeigten?

Die kleine Anzahl der Führer des Kommunismus jüdischer Abstammung diente seit Anfang des Jahrhunderts schon fast zur Begründung des Antisemitismus. Man sprach später von „Judeobolschewismus", aber die Wahrheit ist, daß die meisten jüdischen Revolutionäre aller Schattierungen – und ich möchte nur einige aufzählen: Sozialrevolutionäre, Menschewiki, Sozialzionisten, Anarchisten – zahlreich in diesen Parteien vertreten waren. Bei den Bolschewiki dagegen waren die Juden bis auf die wenigen Führungspersönlichkeiten, die ja alle bekannt sind, eine quantité négligeable, es gab fast keine Juden bei den Bolschewiki. Aber die Antisemiten haben das umgedreht. Wenn man mein Buch genau liest, kann man eigentlich zu der Feststellung kommen, daß es eher einen jüdischen Antibolschewismus gegeben hat als einen „Judeobolschewismus".

Immer wieder beschreiben Sie, wie die Angehörigen der jüdischen Minderheit in der Sowjetunion – im Grunde ähnlich wie im Deutschland des NS-Regimes – versuchten, Chancen zu nutzen, die gar nicht vorhanden waren. Wie erklären Sie sich, daß sowohl der braune als auch der rote Totalitarismus die jüdische Minderheit so sehr ins Visier nahm?

Das war doch nicht immer so! Es gab in den zwanziger Jahren und auch in den dreißiger Jahren gute Aufstiegspositionen für Juden. Sie haben sich bewährt. Auch das Regime war ja angewiesen auf die jüdischen, geschulten und idealistisch eingestellten Kader. Die Juden hatten zum ersten Mal seit Jahrhunderten Zugang zu Organisationen und Strukturen, die ihnen früher total verschlossen waren: die Verwaltung und auch die Armee. Dort haben sie Großes geleistet für den sowjetischen Staat. Übrigens gab es für die Juden überhaupt keine Alternative, als sich im Staat zu betätigen und ihm zu helfen, denn schon im Bürgerkrieg war ja die Alternative: entweder untergehen, ermordet werden von den Weißgardisten und den Aufständischen, oder sich zu verteidigen. Verteidigung war nur möglich zusammen mit der Sowjetmacht.

Stalin soll Hitler insgeheim bewundert haben. Haben Sie dafür Indizien bei Ihren Forschungen in der ehemaligen Sowjetunion gefunden?

Nein. Es gibt zwar verschiedene Äußerungen, zum Beispiel den Trinkspruch beim Besuch von Ribbentrop, als Stalin auf den geliebten Führer des deutschen Volkes getrunken hat und ihn als einen „Molodiez" bezeichnet, einen tollen Kerl. Da gibt es gewisse Ähnlichkeiten. Bereits in der Frühzeit des Kommunismus und des Bolschewismus hat Stalin scherzhafte Bemerkungen gemacht, daß es ganz gut täte, wenn man in der Partei einen „kleinen Pogrom veranstalten" würde. Dieser Antisemitismus war schon damals – wenn auch als Scherz ausgesprochen – bei Stalin vorhanden. Er war aber ein pragmatisch eingestellter Politiker und wußte, daß er auf die Juden – auf die jüdischen Kader, Funktionäre in Verwaltung, Partei und Armee, Wirtschaft, Wissenschaft und Kultur – angewiesen war, und so lange hielt er still.

In den dreißiger Jahren hat er versucht, über die Volksfront auch den Westen zu gewinnen, und da wäre natürlich diesem Bestreben jede antisemitische Äußerung oder Tendenz sehr schädlich gewesen. Später aber, im Jahre 1939 – schon vor Abschluß des Hitler-Stalin-Paktes – zeigte er sein wahres Gesicht: Die Juden wurden aus den führenden Stellungen entfernt, die jüdischen Botschafter, deren es viele gab, weil sie polyglott waren und sich in der Welt gut auskannten, wurden alle entlassen, mitsamt dem Außenminister an der Spitze.

Inwieweit war in den fünfziger Jahren die Diskriminierung, sogar Verfolgung der jüdischen Minderheit, zumindest jedoch die Betonung des Nationalen durch Stalin vom Erfolg Hitlers bei den Deutschen inspiriert?

Ob das von Hitler inspiriert war, das kann ich nicht so glatt sagen. Auf jeden Fall: Stalin waren die Juden schon immer aufgrund ihrer verwandtschaftlichen, weitläufigen Verbindungen sehr suspekt, aber auch dadurch, daß viele von ihnen nach der Entstehung der Sowjetunion vom Ausland aus der Emigration zurückkamen. Sie bildeten eigentlich ein Element des Fortschritts und des wahren Sozialismus und vor allem: Alle russischen Bolschewiki, Sozialisten und Revolutionäre wußten in ihrem Inneren, wenn sie es auch nicht artikuliert haben, daß sie in der Schuld der jüdischen Revolutionäre standen, der Generationen, die für die Revolution, für den Umsturz des verhaßten Regimes der Zaren, gekämpft und dafür viele Opfer gebracht haben. Sibirien war damals bevölkert von bekannten jüdischen Revolutionären. Das haben sie geleistet für die Revolution. Aber ihre Idee des Staates nach der Revolution war eine völlig andere. Das, was dann geschah, war eine furchtbare Desillusionierung für alle diese jüdischen Revolutionäre, die zu Tausenden nach Sibirien verbannt worden sind oder getötet wurden.

Der Historiker Saul Friedländer hat in seinem Werk Das Dritte Reich und die Juden[13] *versucht, die Strukturen des nationalsozialistischen Erfolgs in Deutschland nachzuzeichnen. Über den Partisanenkampf in den besetzten Gebieten schreibt er, dies sei eine Propagandalüge für die Wehrmachtssoldaten gewesen, um sie zur Verfolgung von jüdischen Zivilisten zu motivieren. Sie, Herr Lustiger, erwähnen in Ihrem Rotbuch den Befehl Stalins zum Partisanenkampf und die Tatsache, daß viele Tausende jüdische Partisanen kämpften. Welche Bedeutung hatte der Partisanenkampf im Zusammenhang mit der Shoah?*

Der Kampf der jüdischen Partisanen war sehr wichtig für das jüdische Selbstbewußtsein, und es war ein wirklicher militärischer Kampf. Dieser spielte sich hauptsächlich im Bereich der Armeegruppe Süd ab. Diese wurde praktisch total aufgerieben dank der großen Partisanentätigkeit, insbesondere des sogenannten Schienenkrieges. In einer einzigen Nacht wurden Hunderte von Schienenverbindungen in die Luft gesprengt. Das hat der Armeegruppe Süd das Rückgrat gebrochen. Daran nahmen 30 000 jüdische Partisanen teil. Es stimmt also, daß die Juden Partisanen waren; es stimmt aber auch, daß die Nazis und die Propagandakompanien und die Millionen, wenn nicht Milliarden Flugblätter behaupten, daß die Vernichtung der Juden als Strafe für die Partisanen erfolgte. Aber das muß man ganz streng auseinanderhalten – die Fakten und die deutsche Propaganda.

Der Krieg gegen die Sowjetunion sei – so schreiben Sie – durch die sogenannte „Endlösung der Judenfrage" motiviert gewesen. Wie ist das zu verstehen?

Es ist ja bekannt, daß Hitler, schon als er noch ganz klein und unbekannt war, vom „Judeobolschewismus" gesprochen hat. Er hatte ein Treffen mit Dietrich Eckart[14], der ihn in dieser Sache motiviert und das auch niedergeschrieben hat. Hitler erkannte als großer Demagoge den phantastischen Wert des Antisemitismus und zwar auch des Boschewismus, der als jüdische Macht für seine Bewegung dargestellt worden ist; er hat das instrumentalisiert bis zum Ende, wahrscheinlich hat er daran auch geglaubt.

Inwieweit war der Überfall auf die Sowjetunion gewissermaßen pseudoreligiös, im Sinne der NS-Ideologie als letzte Schlacht Gut gegen Böse zu verstehen – Saul Friedländer deutet dies ja so?

---

13 Saul Friedländer, Das Dritte Reich und die Juden, München 1998.
14 Dietrich Eckart, Hitlers Berater zu Beginn von dessen Karriere in München, verkündete, kein Volk hätte die Juden am Leben gelassen, wenn „Natur und Ziel der Juden" bekannt gewesen wären. „Dank Dietrich Eckart erlangte Hitler Zugang zu den Salons der Aristokratie und Finanzwelt und erlernte die Umgangsformen, die man kennen mußte, wenn man sich in derartigen Kreisen bewegen wollte." (Leni Yahil, *Die Shoah*, München 1998, S. 86).

Ich bin auch der Meinung, daß der Überfall auf die Sowjetunion unter anderem, vielleicht sogar in erster oder zweiter oder dritter Linie, der Erfüllung des Traumes von der Vernichtung der Juden diente. Im Schatten des Krieges konnte das geschehen, aber es war alles hervorragend organisiert in jeglicher Form: durch die Einsatzgruppen oder spontan durch Massaker; durch Todeslager; durch Tötungen sozusagen in „Handarbeit" wie in Babijar oder in den Gaskammern der verschiedenen KZs, meistens in Polen; durch Vernichtung Hunderter jüdischer Ortschaften, auch der weißrussischen; durch die Zusammenarbeit mit der einheimischen Bevölkerung – was ein Tabuthema war und bis heute ist in der ehemaligen Sowjetunion: daß zahlreiche Völker der Sowjetunion aktiv an der Vernichtung der Juden teilgenommen haben. Das ist ja alles genau geschildert im *Schwarzbuch* von Ilja Ehrenburg und Wassili Grossman, dessen einzige, integrale Ausgabe ich 1994 herausgegeben habe.

Lassen Sie uns noch kurz bei Saul Friedländer verweilen: Er hat ja in Bezug auf das NS-Regime den Begriff des „Erlösungsantisemitismus" geprägt. Ihre Arbeit versucht nun wirklich zwischen dem Antisemitismus Stalins und dem Hitlers zu differenzieren. Was würden Sie sagen: Kann man den Begriff „Erlösungsantisemitismus" auch in bezug auf Stalin anwenden? Ist er überhaupt anwendbar?

Absolut nicht. Unmöglich. Stalins Haß gegen die Juden richtete sich gegen ganz bestimmte Schichten der Juden – nämlich jüdische Juden – die jiddischen Schriftsteller, Dichter, Journalisten, Wissenschaftler. Es war eine Art „Kulturozid". Von manchen Historikern und Publizisten wird der Versuch gemacht, den Nazi-Mord an den Juden und die Verfolgung der Juden durch Stalin in der Sowjetunion zu vergleichen oder sogar zu relativieren. Das ist ein Skandal. Es gab nie Vernichtungsfabriken in Rußland. Die Juden wurden verfolgt – und zwar erst gegen Ende von Stalins Leben – aus verschiedenen komplexen Gründen, die in meinem Buch genau beschrieben sind. Es gab auch Gerüchte, daß Stalin angeblich Tausende von Juden deportieren wollte. In meinem Buch habe ich bewiesen, daß es keinerlei Beweise oder Dokumente dafür gibt. Das ist zum ersten Mal in meinem Buch geschehen. Was Stalin jedoch versucht hat, war, die Juden ihrer nationalen Identität zu berauben, indem er die früher von der Sowjetunion gehegte und gepflegte jiddische Kultur, Literatur, Theater, Publizistik – die von der UdSSR damals als einzigem Staat der Welt und auch eigentlich bis zum heutigen Tag gefördert worden sind – zu vernichten trachtete. Die Träger dieser jiddischen Kultur und die Führer des „Jüdischen Antifaschistischen Komitees" wurden zugleich eingekerkert, dreieinhalb Jahre lang gefoltert und ihre Aussagen zu einem 42bändigen Konvolut zusammengefaßt. Es gab keinen einzigen Beweis für eine wirkliche Schuld. Spionagevorwürfe und allerlei Unsinn – wie die versuchte Abtrennung der Krim von der Sowjetunion und ihr Anschluß an Amerika –, all dies konnte nur in einem Geheimprozeß vorgelegt werden, da die Anklagebehörde und Stalin selbst erkannt hatten, daß diese Angeklagten aus anderem Holz geschnitzt waren als die in den Moskauer Prozessen der dreißiger Jahre. Die hätten in einem öffentlichen Prozeß die Wahrheit gesagt und die Sowjetunion blamiert. Deshalb fand dieser Prozeß als Geheimprozeß statt – fast alle, bis auf eine Frau, Mitglied der Akademie der Wissenschaften, Nina Stern, wurden zum Tode verurteilt und am 12. August 1952 hingerichtet. Das war der Höhepunkt der Verfolgung durch Stalin. Es wurden dann noch mehrere hundert Menschen aus der Industrie und der Wissenschaft entlassen; einige von ihnen wurden auch hingerichtet.

Das alles ist – angesichts der schrecklichen Massenmorde der Nazis an den sowjetischen Juden – nicht wirklich vergleichbar. Und ich halte diese Vergleiche und dadurch den Versuch, diese Verbrechen der beiden totalitären Regime dieses Jahrhunderts relativieren zu wollen, schlicht und einfach für einen großen Skandal.

Welche Bedeutung hatte eigentlich der Kalte Krieg für die Verfolgung der Juden in der Sowjetunion?

Der Kalte Krieg hatte eine beschränkte Auswirkung auf Juden. Es war einfach so: Die Juden waren familiär verzweigt, sie hatten Verwandte, meistens in den USA, denn mehrere Millionen Juden wanderten Ende des letzten Jahrhunderts nach Amerika aus. Die verwandtschaftlichen Beziehungen sind geblieben, und das galt schon als suspekt. Wer Beziehungen zum Ausland hatte, unterlag bereits der Vermutung, daß eine Spionagetätigkeit vorhanden sein könnte. Was übrigens die ganzen Spionagevorwürfe betrifft, daß angeblich Materialien ins Ausland geschickt wurden: Das war während des Krieges das „Jüdische Antifaschistische Komitee", dessen Funktion darin bestand, Kriegspropaganda nach Amerika zu schicken, um Amerika und die Juden Amerikas zu motivieren, der Sowjetunion zu helfen. Sämtliches Material, das geschickt worden ist und das später als Beweis dafür dienen sollte, daß es sich um Spionagematerial handelte, war x-mal zensiert von „Glawlit", der Hauptzensurbehörde. Es ist eine Absurdität, denn alles, was gesagt und berichtet worden ist, war zugunsten der Sowjetunion: Es war eine riesige, erfundene Verschwörung, um im nachhinein die Todesurteile zu rechtfertigen, die schon feststanden, bevor der Geheimprozeß überhaupt begann. Erstaunlich ist auch folgendes: Dichter, Poeten, Schriftsteller – vor welchem Gericht standen sie, wer hat sie angeklagt? Das Militärkollegium des Obersten Gerichts der Sowjetunion. Richter waren Generäle der Militärjustiz. Man muß sich vorstellen, daß Dichter – darunter zum Beispiel Leib Kwitko, ein Dichter von Hunderten von Kindergedichten und -liedern – vor einem Militärgericht standen, angeklagt als Spione und konfrontiert mit dem Vorwurf, daß sie irgendwie die Sicherheit des Landes hätten gefährden können. Eine größere Absurdität kann man sich gar nicht vorstellen. Nach dem Krieg, als der „Eiserne Vorhang" – das war ein Ausspruch von Winston Churchill in Fulton – fiel, versuchten natürlich auch die Amerikaner, mit allen ihnen damals zur Verfügung stehenden Mitteln – etwa Propagandasendern – in die Sowjetunion hineinzuwirken und diese in gewissem Maße auch zu destabilisieren. Stalins Furcht vor der Infiltration durch den Westen war natürlich stark paranoid, war aber nicht ganz ohne Grund.

In der Geschichtsschreibung wird – bis zum heutigen Tage – die starke Rolle der Juden in der Führung des Bolschewismus in der Sowjetunion herausgestellt. Meine These ist: Man kann eher von einem jüdischen Antibolschewismus sprechen. Ich erwähnte bereits die vielen jüdischen und auch die sonstigen russischen revolutionären Parteien, die gegen die Kommunisten waren, gegen die Bolschewiki, und die dafür auch stark verfolgt und ermordet worden sind, wie zum Beispiel Sozialrevolutionäre, Bundisten, Anarchisten. Ich habe in einer kleinen, eigentlich einer großen Fußnote etwas versteckt, was den aufmerksamen Leser vielleicht dazu motivieren könnte, der Sache nachzugehen. Ich wollte es im vollen Text nicht so plakativ machen.

Also: Seit dem Jahre 1918 gab es bereits Berichte jüdischer Revolutionäre, Reisender, Schriftsteller, Publizisten, auch von vielen deutschen – und ich meine jetzt nur Juden –, die Bücher geschrieben haben. Ich habe eine kleine Auswahl in dieser Fußnote versteckt, eine Bibliographie der kritischen Anmerkungen und Beschreibungen des kriminellen Charakters des bolschewistischen Staates. Deshalb spreche ich in meinem Buch – wer es genau liest, wird mir das bestätigen – davon, daß es einen jüdischen Antibolschewismus gab. Ein kleines Beispiel: Joseph Roth war im Auftrage der *Frankfurter Zeitung* zwei Jahre lang in Sowjetrußland und schrieb darüber Berichte, die sowohl in dieser Zeitung erschienen sind wie auch als Sammlung in einem Buch. In seinem Tagebuch schreibt er – er traf übrigens in Moskau auch mit Walter Benjamin zusammen, eine sehr interessante Begegnung, die Benjamin seinerseits in seinem Tagebuch festhielt und schrieb, daß Joseph Roth nach Moskau gekommen ist als „glühender Bolschewik" und Moskau verlassen hat als „Royalist" – Joseph Roth schreibt in seinem Tagebuch also Folgendes: „Die erloschene Revolution (ist) ein Brand, der ausglüht, glimmende Überreste und sehr viel Feuerwehr." Das ist eine geniale poetische Darstellung des Zustandes der Sowjetunion in den zwanziger Jahren. Eine schönere und richtigere Darstellung kann ich mir nicht vorstellen. In meiner kleinen Bibliographie, in der Fußnote, finden sich mehrere solcher Werke. Emma Goldman hat schon im Jahre 1923 ihre Enttäuschung über die Entwicklung in der Sowjetunion beschrieben, so auch Alexander Bergman – beide Anarchisten, die aus Amerika kamen und am Kronstadt-Aufstand teilgenommen haben. Sie haben alle detaillierte Berichte über die Wirklichkeit in der Sowjetunion geschrieben. Das war reiner jüdischer Antibolschewismus – so sehe ich auch das Buch, obzwar man nicht verschweigen kann, daß sich sehr viele Juden am Aufbau der Sowjetunion beteiligt haben, insbesondere an dem der Armee. Aber sie hatten am Anfang sehr, sehr gute Gründe, die Sowjetunion zu verteidigen, denn das war der einzige Schutz vor den Pogromen durch die Weißgardistischen Armeen.

Imre Kertész

(geb. 1929 in Budapest, Ungarn)

Seit dem Erfolg seines Buches *Roman eines Schicksallosen*[15] gilt der ungarische Autor als einer der großen europäischen Schriftsteller. Vor seinem Erfolg lebte und arbeitete Imre Kertész jahrzehntelang im Verborgenen. Bereits 1960 hatte er das Buch *Sorstalanság* [Schicksallosigkeit], über ein Kind in Auschwitz und Buchenwald geschrieben. Dieses Kind könnte Imre Kertész selbst gewesen sein.

Geboren ausgerechnet am deutschen Schicksalsdatum 9. November, Sohn aus jüdischer Bürgerfamilie, deportiert 1944 mit einer Million ungarischer Juden nach Auschwitz und befreit 1945 in Buchenwald: Imre Kertész' zentrales Anliegen als Schriftsteller nach der Shoah ist es, den Zivilisationsbruch, für den der Name Auschwitz steht, als selbstverständlichen Bestandteil in die kollektive Menschheitserinnerung zu integrieren. Für ihn steht und fällt die Zukunft unserer europäischen Gesellschaften mit dieser Einsicht.

Die grausame Wucht totalitärer Zwangsherrschaft hat Imre Kertész gleich zweimal zu spüren bekommen: Nach dem Krieg wurden seine Schriften im sozialistischen Ungarn verboten, er rettete sich mit Übersetzungsarbeiten (unter anderem von Hofmannsthal, Canetti, Freud, Nietzsche und Wittgenstein); die Arbeit an seinen Romanen finanzierte er durch Unterhaltungsstücke fürs Theater und Musicals. Vor diesem Hintergrund hat er seine Bücher *Kaddisch für ein nicht geborenes Kind*, *Galeerentagebuch* und *Fiasko*[16] geschrieben.

Ohne ethische Werte – davon ist Kertész überzeugt – sind wir alle von einer Katastrophe bedroht, die seelisches und geistiges Leben durch Ideologie ersetzt. Deshalb muß nach der Shoah rückhaltlos alles, was der Menschheit nach zweitausend Jahren Christentum lieb und teuer ist, auf den Prüfstand.

Noch bevor Kertész mit seinem *Roman eines Schicksallosen* der internationalen Durchbruch als Schriftsteller im Oktober 1992 gelang, sprach ich erstmals mit dem seinerzeit hierzulande noch völlig Unbekannten in der „Literaturwerkstatt" in Berlin. In den folgenden Jahren schlossen sich viele Begegnungen und Gespräche an – das nachfolgende ist eine Zusammenstellung daraus.

---

15 Imre Kertész, *Roman eines Schicksallosen*, Berlin 1996.
16 Imre Kertész, *Kaddisch für ein nicht geborenes Kind*, Berlin 1992; ders., *Galeerentagebuch*, Berlin 1993; ders., *Fiasko*, Berlin 1999.

David Dambitsch: *Nach dem* Roman eines Schicksallosen, *in dem Sie die Deportation eines Fünfzehnjährigen nach Auschwitz schildern, beschäftigen Sie sich in dem Roman* Kaddisch für ein nicht geborenes Kind *mit der Haltung eines Auschwitz-Überlebenden zum Leben. Die Inhalte Ihrer „Romane" sind geprägt durch Ihre eigenen Lebenserinnerungen. Kann man Ihre Werke überhaupt als „Romane" bezeichnen, bzw. was verstehen Sie unter diesem literarischen Gattungsbegriff?*

Imre Kertész: Ich glaube, daß man das nicht trennen kann, bei mir nicht. Goethe hat gesagt: Alles, was ich schreibe, ist Autobiographie. Und was ich schreibe, ist auch in gewisser Weise Autobiographie, natürlich nicht in einem strenggenommenen Sinne, aber ich kann von meinem Schicksal ausgehen. Ich war in der glücklichen – kann ich sagen – oder unglücklichen Lage, daß ich die entscheidendsten Ereignisse unseres Jahrhunderts durchlebt habe. Es begann in den dreißiger Jahren; dann war ich in deutschen Konzentrationslagern; später habe ich vierzig Jahre in Ungarn im Sozialismus gelebt und sehr viele „Wenden" gesehen – von Anfang an –, vom Stalinismus über die Auflehnung 1956 bis zur Anpassung einer Gesellschaft an ein gegebenes Leben. Und das war für mich genug an Erfahrung. So kann ich meine Fiktionen nicht strikt von meinem Leben trennen.

Sie nehmen in Ihrem Werk Bezug auf die Todesfuge *von Paul Celan[17]. Immer wieder denken Sie insbesondere über seine Metapher vom „Grab über den Wolken da liegt man nicht eng" nach. In welcher Beziehung steht Ihre Arbeit als Schriftsteller zu dem, was Sie in Auschwitz überlebten?*

Das ist für mich eine entscheidende Erfahrung. Langsam halte ich Auschwitz für ein Symbol unseres Lebens. Ich kann über Auschwitz derart sprechen, daß es viele Erscheinungen in unserem Leben erklärt oder daran anknüpft. Ich glaube, es ist das schwerste Erlebnis in unserem Jahrhundert, und es wird noch Jahrzehnte, Jahrhunderte dauern, solange wir im Schatten von Auschwitz leben werden.

In Ihrem Buch Kaddisch für ein nicht geborenes Kind *geben Sie der verzweifelten, liebevollen Trauer um ein nicht geborenes Kind Ausdruck, dessen Existenz von einem Überlebenden des KZ Auschwitz abgelehnt wird. Inwieweit ist die Ablehnung des Kindes auch eine Ablehnung der Schöpfung, ein Hadern mit dem abwesenden Gott?*

Das haben Sie sehr gut erkannt. Es ist mehr als nur ein Überlebender; also nicht nur eine Antwort auf Auschwitz. Das ist wirklich eine totale Antwort – können wir sagen – aufs Leben. Ich würde das alles nicht gerne erklären.

---

17 Paul Celan (1920-1970), deutsch-jüdischer Dichter, der die NS-Zeit überlebte und den in der Shoah ermordeten Juden mit seinem lyrischen Werk, vor allem der *Todesfuge*, Wien 1948, ein Denkmal setzte.

Im Buch spricht eine Figur, ein Mensch, der – außer dem, was er gelebt, überlebt und durchlebt hat – wie alle Romanhelden sein Geheimnis hat. Er lehnt das Leben ab, wie es scheint; das hängt sehr zusammen mit dem Zustand der Welt, in der er schreibt. Und das ist Ungarn in der Mitte der achtziger Jahre, wo schon am Horizont der Verfall, das Zerbrochene war. Das Buch gibt diese Stimmung von 1985 wider, als sich eine Beklemmung ausbreitete.

Primo Levi[18] schrieb über das „Schuldig-Fühlen" auch der Opfer von Auschwitz, weil diese ebenfalls Teil der Mordmaschinerie von Auschwitz gewesen wären. Simon Wiesenthal nennt als Antrieb für seine Arbeit als „Nazi-Jäger" sein Pflichtgefühl den Ermordeten gegenüber. Welchen Weg haben Sie für sich gefunden, mit der Erinnerung Auschwitz zu leben?

Zu deuten! Mir hat bei meinem Überleben paradoxerweise der Stalinismus, der Bolschewismus geholfen. Da gab es für mich keine Zweifel. Bei dem, was ich durchlebt habe, war das nur folgerichtig und ist später auch bestätigt worden. Sie haben Primo Levi erwähnt. Primo Levi hat sich gegen Jean Améry[19] gestellt und eine Streitschrift[20] geschrieben gegen einen Radikalismus, der das Leben ablehnt. Und er hat doch Selbstmord begangen. Das ist sehr interessant. Es muß ein sehr starkes Urteil sein, das diese Überlebenden auch Jahrzehnte später fühlten und das sie Selbstmord begehen ließ. Ob es ein Schuldgefühl ist oder etwas Tieferes, das man nicht mehr ertragen kann, das durch Jahrzehnte wirkt und unüberwindlich ist, weiß ich nicht. Ich bin als Kind im Konzentrationslager gewesen – vielleicht bin ich flexibel gewesen und war nicht überrascht über das folgende Konzentrationslager-System. So habe ich – vielleicht unbewußt – meine Rettung in Deutungen, im Schreiben, in einer Selbstheilung gesucht.

Gibt es denn für Sie persönlich nach Auschwitz ein „Dennoch" oder ein „Danach"?

Ich glaube, das ist sehr schwer zu unterscheiden. Beide Begriffe müssen vorhanden sein. Eben davon handelt dieses Buch: Eine junge Frau will dieses „Dennoch", und der Mann will kein „Dennoch", er lebt tief im „Danach". Das sind zwei Figuren, die zusammenstoßen, aber im realen Leben

---

18 Primo Levi (1919–1987), jüdisch-italienischer Schriftsteller und Chemiker, überlebte das KZ Auschwitz und schrieb mit seinem Buch *Ist das ein Mensch?*, München, Wien 1998, eines der bedeutendsten Zeugnisse über die Vernichtung der Juden.
19 Jean Améry (1912-1978), jüdisch-österreichischer Schriftsteller, 1943 bis 1945 Häftling in den KZ Auschwitz, Buchenwald und Bergen-Belsen, brach mit seinem Buch *Diskurs über den Freitod*, Stuttgart 1976, ein Tabu.
20 Primo Levi, „Der Intellektuelle in Auschwitz", in: ders., *Die Untergegangenen und die Geretteten*, München, Wien 1990.

kann ein Mann alle beide ertragen und leben – das „Dennoch" und auch das „Danach". Ich bin sowieso die letzte Generation, die eine lebendige Erfahrung von Auschwitz hat. Mit mir wird diese lebendige Erfahrung aussterben. Es bleibt die Erinnerung.

Inwieweit ist die Ablehnung des Kindes Teil des Verurteiltseins zum Überleben nach Auschwitz?

Ein Kind bedeutet natürlich auch Zukunft. Und die Zukunft ist, in dieser Situation betrachtet, das Jahr 1984 in Ungarn: eine hoffnungslose Situation. Etwas ist unwiderruflich zu Ende gegangen, und eine Zukunft war am Horizont nicht auszumachen. Vielleicht hat mich das beeinflußt; aber der Schreibende im Roman, der ist beeinflußt von dieser Situation, unbedingt. Außerdem ist er kaputtgegangen in Auschwitz, er ist – wie man lesen kann – ein Geschädigter, ein Kranker. Diese Ehe ist ein Versuch eines „Dennoch", wie Sie gesagt haben, aber es gelingt ihm einfach nicht. Was dieses Buch schildert, ist ein Prozeß für den Schreibenden, denn er erlebt beim Schreiben alles wieder. Er sieht sein Schicksal ganz klarsichtig, er sieht durch es hindurch. Und das ist schon eine Tröstung, obwohl man fragen muß, ob man das ertragen kann. Das ist eine offene Frage am Ende des Buches.

„Antisemitismus in Europa" war das Thema einer Konferenz, die 1992 in Berlin stattfand. Es wurde dort berichtet, daß die jüdische Gemeinde in Ungarn – die größte im Europa von heute – sich zwar nach wie vor in der ungarischen Gesellschaft akzeptiert und integriert fühlt, daß sich aber die Zeichen für einen stärkeren Einfluß der Antisemiten auf die ungarische Gesellschaft mehren bis hinein in den Staat, in das Parlament. Wie sehen Sie diese Entwicklung?

Ich habe nicht einmal geahnt, daß ich mich wieder mit lebendigem Antisemitismus konfrontieren muß. Aber jetzt[21] passiert es in Ungarn wirklich. Sie wissen nicht, daß ich schon 1990 einen Artikel gegen eine antisemitische Veröffentlichung von Sándor Csoóri, dem damaligen Vize-Präsidenten des ungarischen Schriftstellerverbandes, publiziert habe. Ich bin aus dem Schriftstellerverband ausgetreten und habe das in einem großen Artikel begründet: wie die Lage ist; was falsch ist bei ihm; warum sein Antisemitismus nicht nur gegen die Juden gerichtet ist, sondern gegen Ungarn zielt; warum es selbstzerstörerisch ist; warum er seine Heimat – wenn er sie liebt – schlecht liebt; warum das alles unmöglich ist, was er sagt usw. Das hat ein sehr gro-

---

21 Vor den Wahlen in Ungarn 1994, als Istvan Csurka, Schriftsteller, Volkspoet und Vize-Vorsitzender von Ungarns damals stärkster Regierungspartei, dem rechtskonservativen Ungarischen Demokratischen Forum MDF, sein antisemitisches Programm veröffentlicht hatte.

ßes Echo gefunden – damals haben 99 ungarische Intellektuelle protestiert – und ist sozusagen zu einem Ereignis geworden. Was jetzt geschieht, ist von anderer Qualität als damals. Damals schien es nur eine intellektuelle Offenbarung zu sein, heute aber habe ich meine eigene Ansicht darüber ...

Erläutern Sie diese bitte.

Das ist keine Juden-Frage in Ungarn, sondern eine Ungarn-Frage. Ob nämlich Ungarn eine offene Gesellschaft sein und zu Europa gehören wird oder ob Ungarn im Balkan versinken wird wie Jugoslawien oder Rumänien, wofür der Antisemitismus natürlich ein Mittel ist. Das ist sehr gefährlich, weil schon Jahre vergangen sind seit der – sagen wir einmal – Befreiung Ungarns. Und nun stellt sich heraus, daß es einige Leute gibt, für die es eine vitale Frage ist, ob Ungarn kein freies Land mehr sein wird. Warum? Sie fühlen so eine Leere, weil der Raum größer geworden ist und sie darin nicht ihre wichtige Rolle finden. Die Ideologie, die bis jetzt Ungarn beherrschte, wird verschwinden. Ungarn braucht keine Ideologie, ein freies Land braucht Begabung, Dynamik usw. Und das haben diese Leute nicht. Sie sind verloren in diesem großen Raum. Prophet kann man nur in einem kleinen Raum sein, in einer geschlossenen Gesellschaft, in einem kleinen Land. Daher steht zu befürchten, daß die heute in Ungarn herrschende große Verarmung, die Arbeitslosigkeit und die Ratlosigkeit eine Hilfe für solche Demagogen ist, die nichts anderes wollen als die Macht für sich selbst.

Nicht nur die Beschreibung des Fremdheitsgefühls gegenüber der Welt erinnert bei Ihnen an Franz Kafka. An anderer Stelle in Ihrem Roman nennen Sie Kafka, Joseph Roth und Marcel Proust als Ihnen verwandte Seelen. Welche Bedeutung haben diese Schriftsteller für Sie?

Franz Kafka hat eine sehr große Bedeutung für mich. Ich fühle mich ihm ganz nahe. Meine Lebenserfahrung, meine Weltsicht ist ähnlich. Aber Kafka ist solch ein Genie, daß ich ihn nur von ferne bewundere. Wissen Sie, es war gar nicht leicht, in Ungarn zu Kafka zu kommen, denn er war nicht übersetzt. Als ich die deutsche Ausgabe der Tagebücher von Kafka in Ungarn erwerben konnte – es gibt da ein Geschäft für Fremdsprachen, und Ende der sechziger, Anfang der siebziger Jahre konnte ich die Tagebücher von Kafka bestellen – waren sie sehr teuer. Ich habe das Buch mit nach Hause gebracht und konnte es nicht lesen, weil ich nicht so gut Deutsch las [lacht] – also, durch Kafka habe ich Deutsch gelernt.

Joseph Roth bedeutet auf der einen Seite für mich nicht so viel wie Kafka und auf der anderen viel mehr, weil ich Joseph Roth dann später übersetzt habe. Ich wollte unbedingt den *Radetzkymarsch* übersetzen, aber das war schon geschehen; dann wollte ich die *Kapuzinergruft* übersetzen, auch die war bereits übersetzt; und dann bekam ich den *Hiob*. Das ist ein wunderschönes Buch – würden Sie Ungarisch sprechen, dann würden Sie auch die Schwierigkeiten verstehen, denn das Ungarische ist eine dem Deutschen ganz entgegengesetzte Sprache –, und es war eine wunderschöne Aufgabe für mich, Joseph Roth zu übersetzen. Daß die Fülle seiner Sätze geblieben und hinübergerettet wurde, daß das gelungen ist, haben mir sehr viele Leute gesagt. Das Buch wurde sehr populär in Ungarn.

Proust ist, glaube ich, nach Flaubert der erste, der nicht nur den Verfall, sondern auch diesen Schmerz in der modernen Welt gefühlt und formuliert hat. Verstehen Sie das nicht chauvinistisch, wenn ich sage: Marcel Proust ist „Halb-Jude", und bei ihm gibt es schon diese Schwere, dieses Vor-Gefühl, diesen prophetischen Schmerz, der später bei Kafka, in der Musik von Gustav Mahler und Arnold Schönberg und auch bei den großen jüdischen Malern zu finden ist. In Ungarn gibt es einen meiner Meinung nach großen Maler, István Farkas. Er hat in Auschwitz sofort Selbstmord begangen. Bis dahin hatte er in der Provinz gelebt und schmerzvolle Bilder gemalt, obwohl deren Thematik, die Frauen und die Landschaften, gar nicht so schmerzvoll waren. Aber es war darin schon ein Vor-Gefühl, eine Angst vor der Zukunft, vor einem Schrecken, vor einem fürchterlichen Etwas, das er natürlich nicht kannte, aber das er ahnte. So hat auch Proust eine Form gewählt, die sonst nur Auschwitz-Überlebende wählen: Die Erinnerungen und die Wichtigkeit von Erinnerungen.

Die Ablehnung, ein Kind in die Welt zu setzen, hat in Ihrem Buch viel mit der Ablehnung zu tun, selbst Herrschaft auszuüben. Denn Auschwitz – so schreiben Sie – erschiene Ihnen später bloß als Übertreibung jener Tugenden, zu denen Sie von frühester Kindheit an erzogen worden seien. Welche Tugenden sind das?

Die „Tugenden" sind natürlich in Anführungszeichen gemeint. Diese Tugenden, die dann zum Nationalsozialismus führten, sind in den dreißiger Jahren: Dummheit, Anpassung, Unselbständigkeit, Gehorsam, Vertrauen in Behörden – alles das, was sich später als mörderisch erwies.

In Ihrem Galeerentagebuch wird das Dilemma des künstlerischen Menschen im totalitären Regime über dreißig Jahre hinweg immer wieder thematisiert: Sie beschreiben einerseits die Probleme, die der Künstler mit der Darstellung seiner totalitären Umgebung hat, und andererseits den Druck, dem er wegen seiner Darstellungsbemühungen von Seiten des Totalitarismus ausgesetzt ist. Sie beenden Ihr Werk mit einer Bejahung des Todes. Ist in der Zwangswelt des Totalitarismus der Tod zum Tröster geworden, zum Zeugen dafür, daß die Lebenswahrheiten noch existieren?

Tod ist überhaupt eine Sache, mit der man sich existentiell auseinandersetzen muß, eine Auseinandersetzung, die einem durch den Totalitarismus nahegelegt wird. Wenn man mit vierzehn Jahren schon dem Tod gegenübergestellt wird, dann wird man sich mit dieser Frage natürlich lebenslang beschäftigen. Vielleicht nicht nur aufgrund des Totalitarismus. Ich denke, man muß im Pascalschen Sinne dem Tod gegenüber leben. Ob der Tod im Totalitarismus eine Tröstung ist? Mag sein, aber ich glaube, daß man sich gedanklich auf ihn vorbereitet. Und in einem Klima wie im Totalitarismus – wo immer Depression, Repression, also innerer und äußerer Druck herrschen – ist es ganz natürlich, daß man sich sehr viel mit dem Tod beschäftigt. Auch deshalb, weil es dazu gehört, daß man, wenn man eine Lebensaufgabe, etwas über sich selbst zu schreiben, aufgibt, das radikal macht. Zu allen Künsten gehört Radikalismus, ohne ihn kann man keine Kunst machen. Schönberg hat einmal gesagt: „Die Kunst bedeutet immer neue Kunst", also Radikalismus. Aber im Totalitarismus muß man damit rechnen, daß man totgeschwiegen, wenn nicht sogar bestraft wird für seine Gedanken.

Erst einmal muß man sich, wie es das *Galeerentagebuch* tut, mit der Wirklichkeit auseinandersetzen. Einfach deshalb, weil die Wirklichkeit, was jetzt bei mir Erfahrung bedeutet, die suspekteste Sache in einem Totalitarismus ist, in dem eine Ideologie herrscht. Die Ideologie beschreibt eine Welt, beschreibt sie gewaltsam und ganz begrenzt. Das ist eine geschlossene Gesellschaft, auch gedanklich. Das ist eine abgeschlossene, eng begrenzte Gedankenwelt, die ganz existentiell und materiell die Welt in dieser Gesellschaft beherrscht. Wenn man da hinaus will, dann muß man wirklich hinaus. Das heißt in der Praxis, daß man sowohl am Rand einer Gesellschaft leben als auch gedanklich hinaus muß. Das Ergebnis ist dann Unabhängigkeit und natürlich Einsamkeit.

Nur aus einer solchen Situation konnte ich ermessen, was meine schriftstellerische Aufgabe ist. Das ist bei mir nicht vorher entschieden worden. Ich habe einfach angefangen zu schreiben. Und je mehr ich schrieb und je mehr ich mich in das Schreiben vertiefte, desto mehr habe ich mich von dieser Gesellschaft entfernt. Und dann fand ich mich in einer einsamen Situation – nicht politisch, sondern einfach gedanklich, also praktisch. Aus dieser Situation heraus habe ich schließlich eine Unabhängigkeit erreicht, die aber immer gefährdet war und mir ganz hoffnungslos erschien. Das war ambivalent: einerseits existentiell hoffnungsvoll, daß ich eine gedankliche Freiheit erreichen konnte, aber andererseits hoffnungslos, daß ich mit diesen Gedanken und mit dem, was ich schreibe, nie im praktischen Sinne weiterkommen werde.

Sie haben von Ihrer Einsamkeit gesprochen – das Galeerentagebuch *erzählt die Einsamkeit des Künstlers und auch die des Philosophen, angekettet ganz unten im Bauch der Galeere Zwangsherrschaft. Doch es dringen Nachrichten zu ihm: Kafka, Sartre, Camus, Adorno, Nietzsche, Proust – um nur einige zu nennen – kommen ihm zu Ohren. Wie stark empfinden Sie heute die Unterschiede in dem, was Schriftsteller und Philosophen in Ost und West als wahr und wichtig erkannt haben? Hat der Eiserne Vorhang die Denker Europas in Ost und West gespalten?*

Ich habe diese philosophischen Entwicklungen nicht im Einzelnen verfolgt, aber ich glaube, existentielle Philosophie ist im Westen immer viel heimischer als im Osten. Im Osten hat die Philosophie praktische Ziele und Aufgaben. Im Westen ist es vielleicht schwerer, den Sinn zu erfassen, weil dort nicht diese Bedingungen herrschten, die im Osten Philosophen zum praktischen Sinne drängten und zu einer Sprache zwangen, mit der – und jetzt spreche ich über wirkliche Philosophen – sie sich durchsetzen konnten gegen eine herrschende Ideologie. Es war immer schwerer, die Wahrheit in einer Sprache zu sagen, die immer ganz streng kontrolliert wurde. Im Westen läuft es anders, glaube ich, wobei ich die neue philosophische Strömung im Westen auch nicht ganz verstehe. Aber ich glaube, jetzt werden sich diese beiden Welten einander nähern.

Es gibt vielleicht ein neues, wirkliches Existenzproblem, und zwar ist das ganz einfach: Das alte Existenzproblem, das sich mit der ganz schlichten Frage verknüpft, ob man in Europa ein normales Leben führen kann mit normalen Erkenntnissen, mit normalen Erfahrungen, die erörtert werden können, ohne daß dadurch eine Gesellschaft gefährdet wird. Es ist die Frage, ob in Europa eine vitale Lebenskraft herrscht, die Wahrheiten ertragen kann, oder einfach: ob wir mit den neuen Wahrheiten leben können oder nicht. Ich glaube, die Philosophie ist in dieser Hinsicht ein Lackmuspapier. Wenn die Philosophie wirklich auf die Wahrheit, auf die Wirklichkeit, auf die Erfahrung zielt und eine Gesellschaft das ertragen kann, bedeutet das eine große vitale Kraft. Trotzdem hat die Philosophie manchmal mit ganz schlimmen Sachen zu tun, also mit Tod und Gewalt. Aber wenn die Philosophie zu schön ist und zu lügen beginnt, bedeutet das immer eine Dekadenz, wie man es bei Nietzsche nachlesen kann.

Wie stark hat Kafkas Erbe über die Jahrzehnte hinweg sozusagen die unterschiedlichen Lebenserfahrungen getragen?

Für mich ist Kafka ein ganz zentrales Beispiel und ein ganz wichtiges Vorbild. Meine Erfahrungen mit Kafka habe ich erst sehr spät machen können, Mitte der sechziger Jahre, als ich schon 35 oder 36 Jahre alt war. Da Kafka in Ungarn verboten war, mußte ich mir die deutsche Ausgabe mit dem Wörterbuch mühsam entschlüsseln, und doch fühlte ich mich in dieser Welt ganz heimisch. Das Prag, in dem er gelebt hat, und das Budapest, in dem ich lebte, waren sozusagen dasselbe. Meine Kindheit hat sich in derselben Gegend abgespielt, und die Erfahrungen von Kafka habe ich gelesen als die eines älteren Bruders. Ich glaube, dieses Erbe ist ganz stark. Es ist ein bleibendes, ein lebendiges Erbe.

Trotzdem wird Kafka im Osten mit anderen Augen gelesen als im Westen. Im Westen ist Kafka eine Philosophie; er wird als transzendentaler Schriftsteller angesehen, den man aus seiner Welt herauslöst und den man fast ganz abstrakt nimmt. Im Osten sehe ich im Gegenteil zumindest Kafka viel realistischer – sein Surrealismus ist aber auch ein Realismus. Es wird nur selten erwähnt, daß Kafka ein sehr guter Schriftsteller war. Seine Prosa ist einfach wunderbar. Die Einzelheiten, das Wichtigste in einem schriftstellerischen Werk, sind so stark, so phantastisch, so künstlerisch, daß da eine ganze Welt beschrieben ist, und diese Welt ist im Osten, im Totalitarismus, nur zu gut bekannt. Man findet in einem Buch wie zum Beispiel *Das Schloß* eine präzise Beschreibung der Verhältnisse in einer Ost-Diktatur. Ich habe auch im *Galeerentagebuch* geschildert, wie ich das meine.

Das Schloß, das von Kafka ganz genau beschrieben worden ist, ist gar nicht abstrakt, und die Verhältnisse, die Beziehungen zwischen dem Schloß und dem Dorf, sind ganz genau so, wie wir das im Osten in einer Diktatur erfahren haben: Man kann nicht in das Schloß hineingehen. Es ist wie eine Verschwörung unter der Bevölkerung. Denn man könnte natürlich, schließlich ist das Schloß nicht geschützt durch Gewehre, Polizei usw., aber man geht nicht einfach hinein in Gebäude, die wir im Osten sehr gut kennen. Die denkenden Leute im Osten wissen auch, warum man es nicht darf, nicht kann, nicht wagt. Für einen westlichen Leser erscheint Kafkas Schilderung eher als eine Beschreibung einer transzendentalen Welt, wo im Schloß eine Art von Gott wohnt, der sich mit nebligen Äußerungen offenbart usw. Daß es zwei Betrachtungsweisen – vom Osten und vom Westen her – gibt, beweist die Größe von Kafka, und vielleicht kommt ja noch eine dritte oder vierte hinzu.

Im April 1991 – nach dem Ende des Totalitarismus in Ungarn – schreiben Sie, daß dem Künstler mit der Erfahrung Auschwitz, mit seinem Wissen darum, was Totalitarismus in seiner extremsten Form für die Persönlichkeit bedeutet, in den freien Gesellschaften oft nur der Selbstmord blieb. Sie erinnern an Primo Levi und Jean Améry. Welche Erkenntnis oder welche Irrtümer, die dem Künstler im Sozialismus sozusagen erspart blieben, führten Ihrer Meinung nach dazu, daß diese Denker ihre Arbeits- und Lebensgrundlage als zerstört ansahen?

Den Stalinismus betrachte ich in einem gewissen Sinne als Fortsetzung der Welt von Auschwitz, vom Totalitarismus. Und in dieser Welt wird einem die

Frage des Überlebens ganz anders aufgezwungen als in einer freieren Gesellschaft. Warum? Weil der Konsens, der uns umgibt, in einem Totalitarismus ganz offensichtlich die Lüge ist. Man lebt also in einer Gesellschaft, in der das Leben selbst fragwürdig gemacht wird – ich meine das persönliche Leben, die persönliche Freiheit –, und wenn man einfach ein persönliches, ein existentielles Leben führen will oder überhaupt nur im Leben bleiben will, ist das fast schon eine Auflehnung gegen die Umstände. Und das ist eine ganz andere Erfahrung als in der westlichen Gesellschaft, in der man erfahren mußte, daß man über Auschwitz reden konnte; aber es bedeutete überhaupt nichts, es war offensichtlich keine Katharsis zu spüren. Das kann einen in die Verzweiflung treiben. Ich kann mir vorstellen, daß das für Leute, die gesprochen und geschrieben haben, wie ein großer Raum war, der immer leerer wurde – die Erfahrung in einer freien Gesellschaft, daß man reden und schreiben konnte, aber ohne Effekt, daß nichts wirklich eine Verarbeitung oder eine wirkliche Auseinandersetzung mit diesen Problemen war.

Im Totalitarismus war ganz klar: Dieses oder jenes Thema ist verboten, und wenn man es dennoch aufgreift, ist das eine Auflehnung, ist das eine Art Opposition, eine Art Lebensaufgabe, weil man allen Widerstand als offiziellen Widerstand erlebt hat. Das ermutigte einen in einer paradoxen Weise. Es ermutigte, weil man einfach fühlte, daß es hinter diesen Verboten und Widerständen ein lebendiges Interesse ist, und man schrieb – glaube ich – dorthin, nach hinten, also hinter diese herrschende Umgebung. Das ist das Paradox: Je mehr man sich „verinselt" fühlte, desto stärker fühlte man, daß man etwas Wichtiges tat. Und dieses Gefühl war, meine ich, für Primo Levi und für Jean Améry im Westen nicht vorhanden.

Sie haben die totalitäre Zwangsherrschaft zweimal in Ihren Leben zu spüren bekommen. Sie waren in nationalsozialistischer Zeit im KZ, Ihre Arbeit als Schriftsteller wurde im Ungarn der sozialistischen Herrschaft über Jahre hinweg totgeschwiegen. Wieviel Kraft geht Ihrer Meinung nach von den Systemen der Zwangsherrschaft heute in Europa noch aus?

Ich glaube, diese Kraft ist geblieben und ist jetzt, wo sie sich nur versteckt zeigt, viel stärker als in den Zeiten, da sie offen zutage trat. Totalitarismus ist, glaube ich, ein allgemeines Phänomen, und findet sich selbst in einer Demokratie. Nehmen Sie etwa Westdeutschland: Das ist unbestritten ein demokratisches Land. Aber es gibt dort auch Keime geistiger Verallgemeinerungen, und diese drängen zu einem versteckten geistigen Totalitarismus – Sie sollen mich nicht mißverstehen, ich sage nicht, daß dieser schon vorhanden ist. Aber er ist eine Möglichkeit, eine bestimmte Art und Weise des Denkens, eine Mode, die aufkommen kann. Die Marktverhältnisse zum

Beispiel können totalitär werden – wenn auch nicht im klassischen Sinn – und eine Denkweise hervorbringen, die alle anderen unterdrückt. Das kann man mit den heutigen Medien und ihren Möglichkeiten, die Menschen zu beeinflussen, ganz gut erreichen, ohne einen wirklichen Totalitarismus herzustellen.

Führt diese Geisteshaltung, die Sie gerade beschrieben haben, dazu, daß in Deutschland eine Verklärung sowohl des braunen als auch des roten Totalitarismus gerade unter Jugendlichen viele Anhänger findet?

Vielleicht, ja, und es ist „interessant", was ich heute bei dieser neuen Neonazi-Welle spüre: Das ist die Wiederholung einer veralteten und ziellosen Ideologie, die eigentlich heute keine Ideologie mehr ist, sondern nackte Zerstörungssucht. Und die findet sich nicht nur in Deutschland, sondern sie ist auch in Ungarn zu betrachten wie auch in Frankreich, Italien und den anderen Ländern Europas. Das ist eine neue, traurige Erscheinung, um so trauriger, weil sie auftritt, nachdem der Totalitarismus zusammengebrochen ist. Es scheint, als ob die Widerstandskräfte gegen den Totalitarismus, die die westliche Welt besaß, zerfallen sind, zerbrochen. Jetzt grassiert eine Unsicherheit, die bei denjenigen in eine gewalttätige Gedankenwelt führt, die keine klaren Ziele vor sich sehen und von der „Wende" enttäuscht sind. Sie haben von ihr etwas erwartet, natürlich etwas Phantastisches, etwas Irreales, das nicht kommen konnte, und sind darum enttäuscht worden. Nun ist es eine sehr interessante Frage, warum heutzutage alle Enttäuschungen sofort in die Gewalt münden und nicht, beispielsweise, in eine konstruktive, aktive Toleranz. Vielleicht sollte man noch einmal auf Ortéga y Gassets Buch[22] zurückgreifen, in dem er die Masse „das verwöhnte Kind der Gesellschaft" genannt hat und in dem er schon diese gewalttätige Intoleranz vorhergesagt hat.

Der Mensch der Moderne – so konstatieren Sie – hat als Lebensinhalt die Anpassung an die Funktion gewählt. Er strebt nicht mehr wie der Held der Tragödie dem selbst gewählten Lebensideal entgegen. Inwieweit zieht diese Entfremdung zwangsläufig die Unfähigkeit zu trauern nach sich?

Vielleicht ist das kein statisches Bild. Dieses Bild für den Menschen, der in einem Totalitarismus lebt, trifft zu, wenn sich ein Totalitarismus zuspitzt zu einer Situation wie in Auschwitz oder den Lagern in der Sowjetunion, wenn also der Totalitarismus wirklich funktioniert und dynamisch ist. Dennoch glaube ich, daß die großen Strukturen in der Welt dazu neigen, den Menschen als Stoff zu betrachten; es gibt etwa auch in der Industriewelt, wo es

---

22 José Ortega y Gasset, *Der Aufstand der Massen* (1930), Reinbek 1956.

um Effektivität, Nummern usw. geht, eine Dynamik, in der der Mensch nur als ein Bestandteil dieses Prozesses angesehen wird. Und man paßt sich dann an – dort mit Gewalt, hier seinen Vorteil suchend. Ich finde, Osteuropa hat sich heute etwas geöffnet, die Verhältnisse werden lockerer, und ein Pluralismus ist möglich. Vielleicht werden sich auch die Menschen ändern, aber das ist sehr schwer. Eine Menge Leute, auch Intellektuelle – das ist meine Erfahrung in Osteuropa –, suchen noch heute eine Ideologie, der sie sich unterordnen können, damit man das alte Leben, an das man in der geschlossenen Gesellschaft gewöhnt ist, fortsetzen kann. Ich meine, daß mit der Freiheit ein neues, ganz praktisches Problem an Osteuropa herangetreten ist.

Und bedingt die Funktion die Unfähigkeit zum Trauern ...?

Ich glaube, ja. Die Funktion verstümmelt in einer gewissen Weise den Menschen. Aber das ist wirklich eine schwere Frage. Trauern kann eine Gesellschaft nicht jahrzehntelang, das ist ganz klar – auch die Betroffenen nicht. Was fehlt, ist die Ursache, warum wir trauern müssen. Ich meine nicht nur Auschwitz, sondern es ist in der Gesellschaft etwas geschehen, was man Zivilisationsbruch nennt, was da ist, was existiert. Das wahrzunehmen – das ist eine andere Frage. Ich glaube, heute, fünfzig Jahre nach Auschwitz, angesichts von Bosnien-Herzegowina, gibt es auch die Tendenz der Entfremdung von den Taten, die man selbst verübt hat. Es sind eine Menge von Ideologien und Erklärungen dafür vorhanden – von der „Banalität des Bösen"[23] bis hin zu neuen Erklärungen –, daß man entfremdet ganz fürchterliche Sachen machen kann und macht. Die entscheidende Frage ist, ob man alle Greueltaten dieses Jahrhunderts als – verkürzt gesagt – etwas Menschliches ansieht oder als eine Serie von Ausnahmen, die eigentlich unmenschlich sind, die nicht zur Natur des Menschen gehören und solche Bestien erst hervorgebracht haben wie einen Eichmann, der nicht vergleichbar ist mit anderen Leuten usw.

Die Frage ist, ob man diese fürchterlichen Taten als eine Möglichkeit des Menschen betrachet, mit der man immer lebt und leben muß, oder ob man darin ein entfremdetes Handeln in einer Ausnahmesituation sieht, die sich aber dann immer wiederholt und immer wiederholen muß. Ich glaube, das ist eine existentielle Frage der Moderne. Wenn der Mensch fähig ist, diese fürchterlichen Dinge anzunehmen, also zu akzeptieren – sagen wir einmal symbolisch den Namen Auschwitz, der in sich alles das trägt, was in diesem Jahrhundert passiert ist –, wenn man mit Auschwitz leben kann und Ausch-

---

[23] Hannah Arendt, *Eichmann in Jerusalem – Ein Bericht von der Banalität des Bösen*, München 1964. Die Politikwissenschaftlerin wurde für diesen von ihr geprägten Begriff heftig kritisiert – vor allem innerjüdisch.

witz auch bewußt erleben und es nicht als etwas Fremdes aus dem menschlichen Bewußtsein ausgrenzen will – dann ist, glaube ich, eine Möglichkeit vorhanden, im Leben alle geistigen Schichten mit diesem Bewußtsein zu bereichern. Dann kann man das mit dem griechischen Zeitalter vergleichen, als – und das ist sehr schön bei Nietzsche beschrieben – die Griechen sich in den Persischen Kriegen der Lebensgefahr gegenüber sahen. Im Verlauf der Perserkriege entstand die Tragödie. Das zeigt ganz klar, daß – wenn man Mut genug hat, bewußt mit Gefahren, dem Tod und der Trauer zu leben – man sehr große Dinge vollbringen kann, und daß diese großen Dinge – nämlich Kunst und Philosophie – die ganze Gesellschaft bereichern. Wenn man das aber verdrängt, dann bleibt es als Gefahr immer vorhanden und bewirkt eine Dekadenz. Warum? Ich glaube, eine Demokratie muß sich ihrer eigenen Bedingungen ganz bewußt sein. Und zu diesen Bedingungen gehört, daß man mit diesen Gefahren klar leben muß und leben soll, die immer vorhanden sein werden: Was hat man vor sich, wenn man in Dekadenz fällt, in ein Vergessen, in ein gedankenloses Leben fällt; und was hat man dagegen vor sich, wenn man mit einer Aufgabe bewußt lebt? Ich meine, daß ist eine ganz vitale Frage. So theoretisch sich das anhören mag, so vital ist es wirklich.

1961 beginnt das Galeerentagebuch *mit Ihrer Entscheidung zum Schreiben. Welche biographischen Impulse haben dazu geführt?*

Ich könnte darauf eine ganz kluge Antwort geben, aber das wäre eine Lüge. Das war eher ein Augenblick, ein Moment, in dem ich auf einmal wirklich, nach vielen Erfahrungen im Konzentrationslager und im Stalinismus – das kann ich heute sagen – der Ansicht war, daß ich bereits alles über die mir wichtigen Werte niedergeschrieben habe. Das war wirklich ein existentieller Moment, das hat mich erschüttert. Wie das kam, das weiß ich nicht mehr genau. Ich erinnere mich nur daran, daß ich mich damals dahingehend geäußert habe, niemals in der Zukunft etwas zu schreiben, das mich nichts angeht. Ich hatte damals als Journalist gearbeitet und einige Unterhaltungsstücke fürs Theater geschrieben; das habe ich dann auch weiterhin gemacht, aber nur um meinen Roman zu finanzieren, damit ich frei bleibe und nicht eine Stelle annehmen muß. So kam das. Dann begann eine Reihe von Jahren und Jahrzehnten, in denen dieser Moment ganz hinter mir lag, ich mich nicht mehr lebendig daran erinnern konnte; aber die Aufgabe blieb, und ich habe drei, vier Romane geschrieben.

Kafka ist für Sie der bedeutendste Schriftsteller der Moderne. Immer wieder durchziehen die Gedanken an Kafkas Werk Ihre Arbeiten. Was verbindet Sie mit ihm?

Wenn ich mich in die Nähe eines Genies wagen, ja drängen darf, dann würde ich sagen: Es besteht eine große Verwandtschaft – verwandte Gedanken und auch eine verwandte Lebensweise. Ich bedauere sehr, daß Kafka so jung gestorben ist. Sicher kann man heute darüber spekulieren: Was wäre, wenn Kafka länger gelebt hätte, wohin wäre er gegangen, wäre er vielleicht nach Amerika geflüchtet, was würde dort von ihm geblieben sein? So gibt es beispielsweise eine ganz kurze Geschichte von Philip Roth, der Kafka in Amerika als einen Deutschlehrer beschreibt. Aber was mich wirklich interessiert, ist die Tatsache, daß Kafka bis zu seinen vierzigsten Lebensjahr kein Profi-Schriftsteller sein wollte. Im *Brief an den Vater*, diesem erschütternden Kunstwerk, schreibt er ihm: „Du kannst mich fragen, warum ich nicht von der Literatur lebe", und er gibt gleich die Antwort, „weil ich nicht fähig dazu bin." Als er im Alter von 41 Jahren nach Berlin kam, wollte er dann doch ein professioneller Schriftsteller sein, und nur die Krankheit hat ihn leider daran gehindert. Was ich damit sagen will: Ich glaube, nach dem Ablauf einer gewissen Zeit muß man sich entscheiden. Bis man vierzig ist, kann man immer noch mit dem Gedanken des Selbstmordes spielen und natürlich nicht nur spielen. Aber wenn man dieses Alter einmal überschritten hat, dann muß man sich entscheiden: Wenn man im Leben bleibt, dann muß man mit den Erfahrungen, die man in all den Jahren gemacht hat, etwas anfangen. Und mich würde sehr interessieren, was Kafka später gemacht hätte, denn auch für mich war diese Lebensphase entscheidend – dazu finden Sie einige Dokumente im *Galeerentagebuch*. Am Ende habe ich mich für das Leben entschieden, und das bedeutet etwas, denn damit sind natürlich Konsequenzen verbunden: Man nimmt einige Sachen ernster und sieht andere gelassener. Aber das ist ein Entwicklungsprozeß, der zu einem Leben gehört, daß man über das Leben entscheiden soll. Und Kafka ist es leider nicht vergönnt gewesen, über ein längeres Leben zu entscheiden.

Sie gehen hart ins Gericht mit jenen, die Erklärungsmodelle für die Wirkung Adolf Hitlers auf die Gesellschaft entwickelt haben, aber der Ansicht sind, für Auschwitz gebe es keine Erklärung. Was stört Sie?

Eben: Daß man entfremdet wird von seinen eigenen Taten. Und das kann man nicht akzeptieren. Das ist ein Prozeß. Man hört immer wieder aufs neue: Es gibt keine Erklärung. Natürlich gibt es in gewissem Sinne keine Erklärung, aber das ist zu leicht. Man hat mit Auschwitz zu tun, weil in jedem von uns ein bißchen Auschwitz steckt. Darum kann man nicht sagen, daß es keine Erklärungen gibt – es gibt Erklärungen, unser Leben ist die Erklärung dafür, glaube ich.

Ruth Elias

(geb. 1922 in Mährisch-Ostrau, Tschechoslowakei)

Aufgewachsen in einer tschechisch-jüdischen Großfamilie, wurden sie und ihre Schwester von der Großmutter erzogen. Damals war Ruth Elias sechs Jahre alt. Ihr Vater, ihr Onkel und alle weiteren Geschwister stammten von einer Priester-Familie ab, genannt Cohanim. Von allen ihren Verwandten überlebte nur Ruth Elias. Mit zwanzig Jahren deportierte man sie 1942 nach Theresienstadt. Dort verliebte sie sich in ihren ersten Ehemann, heiratete und wurde schwanger. Obwohl die Nazis so viele Menschen aufgrund ihrer Herkunft verfolgten und ermordeten, war es unter Androhung der Deportation nach Osten aufs strengste verboten, Schwangerschaftsabbrüche durchzuführen. Ruth Elias hielt sich an dieses Verbot. Doch 1943 wurde die werdende Mutter dennoch nach Auschwitz gebracht – auf die Krankenstation des berüchtigten KZ-Arztes Josef Mengele: Um zu studieren, wie lange ein Säugling ohne Nahrung auskommt, ließ er den Müttern der Neugeborenen nach der Niederkunft die Brüste bandagieren. Kurz vor dem Hungertod ihrer kleinen Tochter gelang es Ruth Elias schließlich, mit Hilfe einer Mitgefangenen das Kind von seinen Qualen zu erlösen. Mengele, der am anderen Morgen Mutter und Kind ins Gas schicken wollte, ließ sie daraufhin zur Zwangsarbeit in das KZ Buchenwald bringen, von 1944 bis 1945 war sie im Arbeitslager in Taucha bei Leipzig inhaftiert. Nach der Befreiung kehrte sie zunächst in die Tschechoslowakei zurück.

Nach dem Pogrom von Kielce 1946 erlebte sie, wie viele polnische Juden in die Tschechoslowakei flohen. So wanderte Ruth Elias mit ihrem zweiten Ehemann Kurt 1949 in den jungen Staat Israel aus. Dort gehörte sie zu den Pionieren, die das Land aufbauten, war Sprechstundenhilfe, Leiterin einer Krebs-Untersuchungsstation, übernahm eine pharmazeutische Vertretung, bekam zwei Kinder. Obwohl sie sich gelobt hatte, nie wieder deutschen Boden zu betreten, engagierte sie sich im deutsch-israelischen Jugendaustausch und trat als Zeugin in israelischen NS-Prozessen auf.

Heute gehört Ruth Elias zu den wenigen überlebenden Zeitzeugen, die über die Verbrechen Mengeles noch aussagen können. Ihre Erinnerungen *Die Hoffnung erhielt mich am Leben – Mein Weg von Theresienstadt nach Auschwitz*[24] hat sie erst über vierzig Jahre nach Kriegsende für ihre Enkelkinder schreiben können. Das nachstehend abgedruckte Gespräch setzt sich aus zwei

---

24 Ruth Elias, *Die Hoffnung erhielt mich am Leben – Mein Weg von Theresienstadt nach Auschwitz*, München, Zürich 1988.

Teilen zusammen, die während zweier Besuche von Ruth Elias in Berlin entstanden: Im September 1990, kurz vor der Vereinigung Deutschlands; im September 1992 fand sie nochmals die Kraft, mit einer israelisch-deutschen Schülergruppe zu den Stätten ihres persönlichen Leidens zu reisen, um über die Shoah aufzuklären.

David Dambitsch: *1988 erschien Ihr Buch* Die Hoffnung erhielt mich am Leben *in Deutschland. Welche Reaktionen hat es auf Ihre Autobiographie seitdem gegeben?*

Ruth Elias: In der Taschenbuch-Ausgabe, die herausgekommen ist, werden einige der Briefe, die ich von jungen Deutschen bekommen habe, zitiert; die haben von ihren Eltern – nachdem sie das Buch gelesen hatten – verlangt, mehr über diese Zeit zu erfahren, über die ihre Eltern nicht sprechen wollten. Einige von den Reaktionen lauteten ungefähr: „Ich schäme mich Deutscher zu sein", „Was mein Volk angerichtet hat", „Habe ich die Gene meiner Vorfahren in mir, wäre ich imstande dasselbe zu tun".

Was haben Sie den jungen Leuten geantwortet, die zum Beispiel geschrieben haben „Habe ich die Gene in mir, trägt sich die Schuld fort"?

Ich kann den Leuten keinen Trost geben, absolut nicht, denn wer bin ich, daß ich Trost geben kann? Sie müssen die Wahrheit und den Trost in ihrem eigenen Volke suchen. Wenn man mich fragt: Vergeben, kann ich nicht; vergessen, werde ich nicht. Ich kann nur gerade mit der jungen Generation sprechen und ihnen – als Israelin, als sehr stolze Israelin – zeigen, wer Israel ist und wie Israeli aussehen, und klarmachen, daß die ganze Vorstellung, die sie haben von dem „Juden mit der Hakennase", nicht auf Wahrheit beruht, kurz: ihnen zeigen, daß wir Menschen sind.

Sie haben sich nach der Befreiung aus dem KZ geschworen, nie wieder deutschen Boden zu betreten. Jetzt sind Sie sogar hier in Berlin. Was hat Sie dazu bewogen, das Land der Täter doch wieder zu besuchen, mehr noch, den Menschen in diesem Land bei der Beschäftigung mit ihrer Vergangenheit zu helfen?

Dieses Gelübde habe ich zum ersten Mal im Jahre 1975 gebrochen, als ich aufgefordert wurde, mit einer israelischen Jugendgruppe nach Deutschland zu kommen. Ich habe das zunächst des Gelübdes wegen strikt abgelehnt, aber dann hat man mich überzeugt, daß es eine Pflicht ist, als Vertreterin meines Landes hierherzukommen, was ich dann auch getan habe. Das zweite Mal kam ich nach Deutschland, als Präsident Reagan in Bitburg war. Da habe ich gesagt: Er wird die SS-Gräber besuchen, und ich werde über die SS sprechen. Dann hat man mich gebeten, eine Vortragsreise zu machen, und ich habe etwa vierzig Städte in Deutschland besucht. Ich habe mir gesagt, mit erhobenem Haupte werde ich jede Frage, die mir gestellt wird, völlig klar und wahrheitsgemäß beantworten. Ich wurde von Neonazis in einer Stadt hier in Deutschland angegriffen, wo man mir nach einem Vortrag ins Gesicht geschleudert hat: „Ihr Juden seid an allem schuld; schade, daß ihr zurückgekommen seid aus dem Gas!"

Es kostet wahnsinnig viel Kraft, hierherzukommen und immer wieder über diese Vergangenheit zu sprechen, denn nolens volens kann ich nur darüber sprechen, wenn ich das wieder fühle. Und das Zurückgeworfen-Werden in diese Zeit ist emotional sehr, sehr schwer. Aber ich tue es, denn nicht viele können sprechen, und ich sehe es heute als meine Pflicht an, denn wenn alle schweigen, wird diese Zeit nicht aufgeklärt. Deshalb habe ich diese schwere Aufgabe auf mich genommen. Ich fahre nach Deutschland, wann immer man mich bittet – nicht als Touristin, sondern ich komme hierher, um etwas zu hinterlassen, meiner und Ihrer jungen Generation.

Berlin, das Zentrum des nationalsozialistischen Terrorapparates, wird am 3. Oktober 1990 auch offiziell nach Jahren der Trennung wieder eine Stadt sein. Vielleicht wird Berlin sogar wieder die Hauptstadt eines vereinigten Deutschlands werden. Was empfinden Sie dabei?

Als ich vom Fall der Mauer gehört habe, war meine spontane Reaktion eine Warnung – ich spreche selbstverständlich persönlich, ich bin kein Politiker –: Mein Gott, wieder dieses Großdeutschland. Was wird daraus werden, nicht für die Welt, sondern für uns? Ich kann immer wieder nur von meinem Standpunkt als Jüdin, als Israeli sprechen. Offen gesagt, ich hatte Angst vor dieser Großmacht. Dann kam selbstverständlich die kühle Überlegung: Es ist eine innenpolitische Sache Deutschlands, die mich eigentlich von weitem irgendwie berührt hat, aber ich kann absolut nichts dagegen tun.

In dem Einigungsvertrag wurde nicht an das nationalsozialistische Erbe Deutschlands erinnert – der Vorsitzende des Zentralrates der Juden in Deutschland, Heinz Galinski, hatte das angemahnt, hat sich damit aber scheinbar nicht durchsetzen können. Gleichzeitig wachsen in diesem Land mit der Angst um die Sicherung der eigenen Existenz vielerorts Ausländerhaß und Nationalismus. Wie vergeßlich sind die Menschen in diesem Land bzw. ihre staatlichen Vertreter, Ihrer Meinung nach?

Wissen Sie, neben Ihnen dort liegt die *Süddeutsche Zeitung*, wenn Sie die umdrehen, sehen Sie darin ein großes Bild, das habe ich heute in der Früh gelesen ...

... es zeigt Schändungen jüdischer Gräber in Baden-Württemberg ...

Baden-Württemberg, Hakenkreuze – ich war entsetzt. Ich bin in der Nacht angekommen und das finde ich! Da hab ich mich gefragt: Ruth, was willst du in diesem Land? Es hat sich ja nichts geändert. Und vor einigen Monaten ist dasselbe in Frankreich geschehen, und als Präsident Mitterand an die Spitze eines Demonstrationszuges gegangen ist und die Leute angeführt hat, was passiert da ...? Es ist nicht der einzige Fall hier. Grabschändungen, Hakenkreuze – da habe ich mich gefragt: Was wächst da heran, und was suchst du in Berlin?

Israel wurde während des Golfkriegs 1991 durch den Irak mit Giftgas bedroht, Giftgas, bei deren Herstellung bundesdeutsche Firmen geholfen haben. Wurden da alte Erinnerungen wach?

Auf jeden Fall. Es gab vorher eine Sympathie hier: Die Deutsche Botschaft in Tel Aviv hat sehr viel zur Verständigung zwischen Israel und Deutschland beigetragen; es gibt diese verschiedenen christlich-jüdischen Verbände und die „Aktion Sühnezeichen"; es gibt so wahnsinnig viele Verbindungen – und jetzt ist dieser gute Wille sehr abgeschwächt. Denn diese Tatsache ruft selbstverständlich Assoziationen hervor. Wie kann heute eine deutsche chemische Fabrik Gas in den Irak liefern, nachdem dieser acht Jahre Krieg mit Iran geführt hatte und Bilder von Giftgaseinsätzen vorhanden waren? Mein Gott, wieder liefert Deutschland Gas, das Menschen vernichtet – zuerst im Irak und jetzt die Bedrohung Israels. Ich war zweimal in Auschwitz – einmal sechs Monate, einmal drei Monate –, und meine ganze Familie und wahnsinnig viele Freunde sind weg, vergast worden. Wenn ich jetzt höre, Gas wird an den Irak geliefert, dann ruft das Assoziationen hervor, natürlich, dagegen kann ich mich gar nicht wehren.

Die Reise[25], während der Sie als Zeitzeugin gemeinsam mit deutschen und israelischen Schülern der Greueltaten aus nationalsozialistischer Zeit gedenken wollten, wurde überschattet von den Taten der Rechtsradikalen in der Gegenwart. Wie haben Sie das Zusammensein mit den jungen Deutschen erlebt, deren Altersgenossen die Gewalttäter gegen Ausländer von Rostock, Hoyerswerda und anderswo sind?

Ich war über die Berichte, die ich in den Zeitungen las, entsetzt und habe mir immer wieder die Frage gestellt: Wie kann es möglich sein, daß heute in Deutschland so etwas zugelassen wird und man dem nicht ganz energisch entgegentritt. Ich kann mich nur gefühlsmäßig in die Lage der Asylbewerber, welcher Nation auch immer sie angehören, hineinversetzen. Ich weiß nicht, ob sie willkommen sind in den Gegenden, in denen sie untergebracht sind,

---

25 Ruth Elias begleitete 1992 israelische und deutsche Schüler noch einmal zu den Stationen ihres persönlichen Leidens nach Prag, in die ehemaligen Vernichtungslager Theresienstadt, Auschwitz, Treblinka und zu einem Abschluß-Seminar in Berlin. Später erfolgte dann ein Gegenbesuch der deutschen Schüler in Israel.

oder nicht, aber das, das spielt absolut keine Rolle. Entscheidend ist, daß man gegen sie mit Molotowcocktails vorgegangen ist, daß es zu solchen Ausschreitungen gekommen ist. Ich weiß nicht, was man dagegen tun könnte, aber gegen diese Menschen, die heute wieder den Namen ihrer Heimat beschmutzen, müßte man ganz hart vorgehen. Das ist meine private Meinung.

Diese Ereignisse sind ja nun zeitlich zusammengefallen mit ihrer Reise. Welchen Einfluß hat das möglicherweise auf das Zusammensein der deutschen und der israelischen Schüler ausgeübt und auch auf Ihre Gegenwart als Zeitzeugin?

Ich würde diese Reise mit diesen Begebenheiten absolut nicht in Verbindung bringen. Wir haben die Studienreise sehr sorgfältig geplant und ein ganzes Projekt vorbereitet, in dem wir uns mit der Entstehung des mitteleuropäischen Judentums beschäftigten. Das wurde von beiden Seiten – den deutschen wie auch den israelischen Schülern – gewissenhaft vorbereitet, auf allen Gebieten, die mit dieser Reise zu tun hatten: vom historischen Standpunkt, Antisemitismus, Judenhaß usw. Alle Aspekte wurden in ausgezeichneten Vorträgen von beiden Seiten beleuchtet; es wurde sehr viel Literatur von diesen Achtzehnjährigen gelesen. Als dann diese Ausschreitungen dazwischenkamen, haben wir sie nicht mit dieser Reise in Verbindung gebracht, denn wir hatten ein viel zu ernstes Programm.

Wir kamen nach Berlin, wo die Schüler die Struktur des Nationalsozialismus gelernt haben. Wir haben die Stätten aufgesucht, wo jüdische Aktivitäten waren – Altersheime, Krankenhäuser, Schulen, Friedhöfe –, wo man den Resten dieser blühenden Berliner Judenheit nachspüren und verstehen konnte, was jüdisches Leben hier gewesen ist; wir führten uns vor Augen, was die Judenheit auf kulturellem und wirtschaftlichem Gebiet zum Aufbau Berlins beigetragen hat. Diese Judenheit ist ausgelöscht worden. Das wurde uns bei dieser Reise klar. Der zweite Teil des Seminars beschäftigte sich mit der Deportation nach Theresienstadt, wo sich das mitteleuropäische Judentum – vornehmlich aus der Tschechoslowakei, Deutschland, Österreich, Holland, Dänemark, einige aus Frankreich – „getroffen" hat. Das war der „Treffpunkt" der Kulturelite Mitteleuropas, die dort völlig ausgelöscht wurde. Dann fuhren wir weiter, von Theresienstadt nach Auschwitz zu dem Vernichtungslager. Wir besuchten noch verschiedene polnische Dörfer und Städte und sahen, daß in jeder Stadt von den blühenden großen jüdischen Gemeinden nur ein oder zwei Juden übriggeblieben sind. Wir konnten das auf den Friedhöfen verfolgen, an den Plätzen, wo jüdische Ghettos waren usw. Es war eine Reise in die Vergangenheit, eine Reise zu einer Kultur oder einer Menschengruppe, die plötzlich vom Erdboden verschwunden ist.

Die Reise war für alle Beteiligten sehr schwer, denn man muß bedenken, daß da Kinder der dritten Generation zusammen waren, die diese Geschichte in der Schule gelernt haben – durch Bilder, Bücher, Filme –, und die einen sind Kinder oder Enkelkinder von eventuellen Tätern und die anderen sind Kinder oder Enkelkinder von den Opfern. Der Anfang dieser Reise war für beide Seiten besonders schwer. Wir machten jeden Abend eine Auswertung des Erlebten und Gesehenen zwischen diesen beiden extremen Gruppen, und jeden Tag sah ich eine Annäherung der beiden Gruppen – ein Versuch des Verständnisses. Ich würde sagen, daß ein wirklich offener Dialog zwischen ihnen entstanden ist. Ich als Überlebende war da und habe ihnen an diesen Stellen immer aus meiner persönlichen, schweren Erfahrung berichtet. Ich glaube, diese Personifizierung eines überlebenden Begleiters innerhalb einer solchen Gruppe hat sehr viel zum Verständnis von beiden Seiten beigetragen. Es war eine für mich emotional schwere Reise, genauso wie für die Jugendlichen. Ich kann nur sagen: Für mich ist es ein sehr gutes Gefühl gewesen, daß ich vielleicht zum gegenseitigen Verständnis ein bißchen beigetragen habe. Ich glaube – nach den persönlichen Gesprächen zu urteilen, die ich während der langen Busfahrten mit einigen der Schüler über die Reise, über ihr Verhältnis zu den Israeli oder zu den Deutschen geführt habe –, daß jeder dieser Teilnehmer fühlte, zum gegenseitigen Verständnis beigetragen zu haben, denn Vorurteile von beiden Seiten sind am Anfang der Reise bestimmt vorhanden gewesen. Diese sind, meiner Ansicht nach, langsam geschwunden – ich weiß nicht, wie viele Schüler vorher die Gelegenheit hatten, mit einem Juden zu sprechen, aber vielleicht haben sie eine Vorstellung von einem Juden gehabt, die falsch war. Und umgekehrt die israelischen Schüler, die zum ersten Mal in deutschen Häusern gewohnt und die deutsche Jugend kennengelernt haben – die deutschen Jugendlichen werden nach einer Woche nach Israel kommen und in israelischen Häusern, bei israelischen Familien leben ...

Ich glaube, dieses Projekt ist wahnsinnig wichtig gewesen. Wenn nur israelische Schüler diese Reise nach Deutschland gemacht hätten oder nur deutsche diese Fahrt gemacht hätten, hätte es ihnen nicht das gegeben, was es gegeben hat. Und das war: das persönliche Kennenlernen, das persönliche Kennenlernen des Denkens der jeweils anderen und das Beseitigen der Vorurteile.

Die in den Vereinigten Staaten lebende und lehrende deutsche Historikerin Elisabeth Domansky hat die unüberwindbare Trennlinie zwischen den Nachkommen der Täter und denen der Opfer folgendermaßen beschrieben: Im Gegensatz zu den Kindern und Enkeln der Opfer wüßten die Nachkommen des Volkes, in dem die Täter zu Hause waren und sind, nicht, was Ihre Eltern am 9. November 1938, dem Novemberpogrom in Deutschland, gemacht haben. Was haben Sie bei den Schülern beobachtet?

Ich sage immer eine Sache, weil auf meinen Lesungen in Deutschland immer die Frage gestellt wird „Warum haben unsere Eltern oder Großeltern uns nichts erzählt?": Das ist doch selbstverständlich, denn wer würde schon erzählen: „Ich war bei den Erschießungen von Juden in den Gräben dabei" oder „Ich habe das Zyklon-Gas in die Gaskammern gegeben" oder „Ich habe Juden gefoltert" usw. Wie viele Bücher gibt es von Tätern? Es gibt keine außer dem ganz dünnen Bericht von Höß[26]. Wie viele Bücher sind über den Holocaust geschrieben worden von uns Überlebenden?

1945, wer waren da die Lehrer, die im Lehrerseminar eine ganze Generation von Lehrern erzogen hat? Es waren die Nazis. Was hat diese Lehrergeneration von ihnen über diese Zeit übermittelt bekommen? Ich denke, die heutige Lehrergeneration ist besser unterrichtet. Ich weiß nicht, wie viele Stunden im Gymnasium unterrichtet werden, ich habe keine Ahnung, wie das Lehrprogramm hier zusammengestellt ist – ich weiß nur, daß heute über diese Zeit in Deutschland unterrichtet wird, daß sehr viel Literatur dazu erschienen ist. Wer wirklich etwas darüber wissen will, kann sich informieren und viele Bücher über diese grauenvolle Zeit, die eigentlich ein Makel in Deutschlands Geschichte ist, lesen.

Mein Buch kam im Jahre 1988 heraus – ich glaube, es ist heute die sechste Auflage. Sie haben keine Ahnung, wie viele Briefe von Deutschen – es sind an die dreihundert – ich als Reaktion auf ein einziges Buch bekommen habe. Die Reaktionen meiner Leser sind manchmal herzerschütternd, und ich glaube, daß durch das Wissen von dieser Zeit verhindert werden kann, daß nie wieder so etwas geschieht. Deshalb habe ich auch eigentlich das Buch geschrieben.

Das SED-Regime hat das Gedenken an die Opfer in den KZs für die eigenen politischen Interessen instrumentalisiert, zum Beispiel die Hervorhebung der Kommunisten als Märtyrer. Die Gedenkstätten sollen deshalb neu gestaltet werden. Nach dieser Reise: Bei welcher Gelegenheit hatten Sie das Gefühl, daß die mittlerweile dritte Generation nach der Shoah am ehesten verstanden, gefühlt oder geahnt hat, was in den Jahren 1933 bis 1945 von Deutschland ausgehend in Europa überhaupt geschehen ist?

Ich kann nur sagen, als wir in Sachsenhausen waren, bekamen wir einen Film vorgesetzt, der noch aus der Zeit der Russen stammt, also diesen antifaschistischen Hauch hat – wir haben das ganz anders gesehen, wir haben uns Sachsenhausen als Konzentrationslager angeschaut. Das war das erste KZ,

---

26 Rudolf Höß, *Kommandant in Auschwitz*, Darmstadt 1958.

das diese Gruppe gesehen hat. Von Sachsenhausen sind wir dann nach Theresienstadt gefahren, wo wir auf der „Kleinen Festung" waren und dann in Theresienstadt selbst. Theresienstadt ist heute eine Stadt wie jede andere; wenn ich nicht dabei gewesen wäre, hätten die Jugendlichen nicht das Bild bekommen. Ich habe ihnen schildern müssen, was damals geschehen ist. Schließlich sind wir auch in die Wohnkasernen hineingekommen, was einem sonst nicht gelingt. Das war ein Privileg, das wir zufällig hatten. Dann hat sich das mit Auschwitz noch intensiviert.

Diese ganze Steigerung von Sachsenhausen über Theresienstadt nach Auschwitz hat unter den Kindern eine ganz ernsthafte Diskussion hervorgerufen, angefangen mit dem Nichtglaubenwollen im ersten KZ, als wir von „Endlösung" und Judenmord sprachen, denn in Sachsenhausen wurden die politischen Häftlinge und diejenigen, die ein Verbrechen begangen hatten, betont. Ich weiß nicht, es waren nicht sehr viele Juden in Sachsenhausen bis zu der „Endlösung", den Gaskammern in Auschwitz. Nach den ersten Diskussionen, die ich verfolgt habe, bin ich überzeugt, daß Sachsenhausen das Auslöschen der Judenheit nicht glaubhaft gemacht hat, während in Auschwitz dann die Überzeugung gekommen ist. Es gab also eine Entwicklung.

Im Blick auf die Reaktionen, die Sie auf Ihr Buch erhalten haben, im Blick auf Ihre Arbeit als Zeitzeugin und hinsichtlich Ihrer Erfahrungen als Mutter und Großmutter: Welche Erziehungsziele waren Ihnen bei Ihren beiden Söhnen die wichtigsten?

Menschlichkeit und Humanismus – das waren die wichtigsten, und eine große Heimatliebe, denn wir haben keine Heimat gehabt. Sie sind bewußte Israeli geworden, die sehr für ihre Heimat einstehen und sie bewahren wollen. Wir haben ihnen immer vor Augen gehalten, daß wir nie eine Heimat besaßen, daß wir überall eine Minderheit waren und daß wir mit Stolz unser Land aufgebaut haben durch schwere körperliche Arbeit, durch große Entbehrungen, aber stolz sind, Israeli zu sein. Das haben sie übernommen.

Bei unserer Reise haben wir eine sehr interessante Beobachtung gemacht: Wir haben kleine Erinnerungsfeiern für die Opfer abgehalten und dabei auch unsere traditionellen Jahreszeit-Lichter für die Opfer in Theresienstadt und in Auschwitz angezündet. Wir Israeli haben mit Stolz unsere Nationalhymne als Beendigung dieser kleinen Gedenkfeier gesungen. Mir ist aufgefallen, daß die deutsche Jugend nicht dieses nationale Gefühl aufbringt, daß sie – ich kann das nicht verallgemeinern –nicht mit Stolz über ihre Heimat oder über ihre Nationalhymne denkt. Wenn ich das vergleiche: Der Stolz unserer Kinder auf ihre Heimat und die Distanz der deutschen Jugend – Heimatliebe, hat das mit der Vergangenheit zu tun?

Sie haben einen Mann wie den KZ-Arzt Mengele persönlich kennengelernt. Man ist als

Nachgeborener immer so leicht bereit, eine solche Person als sadistischen Psychopathen einzuschätzen. Inwieweit trifft eine solche Vorstellung zu?

Was er getan hat, ist absolut nicht in Verbindung zu bringen damit, wie er sich benommen hat. Er ist als sehr höflicher, gutaussehender Mann mit einem Lächeln zu mir gekommen – wie oft habe ich ihn gesehen, vielleicht zwanzigmal habe ich mit ihm gesprochen. Das war absolut nicht zu vereinbaren mit dem, was er getan hat. Es war schrecklich, was er getan hat. Wir haben es gewußt. Ich war im Krankenbau in Auschwitz, da lagen die ausgesuchten Frauen, die Sterilisationen durchgemacht haben; ich habe gesehen, in was für einem fürchterlichen Zustand die zurückkamen. Es war entsetzlich, entsetzlich. Eine Bestie mit einem höflichen Äußeren – das kann ein normal denkender Mensch nicht zusammenbringen.

Während Ihrer Vortragsreisen haben Sie die unterschiedlichsten Generationen der Deutschen, auch die nach der Shoah, kennengelernt. Welche Unterschiede in bezug auf den Umgang mit dem, was in Deutschland während der Nazi-Zeit geschehen ist, haben Sie beobachten können?

Für mich ist die Generation, die, sagen wir, ab 1940 geboren ist, die erste Nachkriegsgeneration. Interessanterweise habe ich hier in Deutschland schon einige tausend Zuhörer gehabt, an einem Ort waren es sogar achthundert junge Leute, in der Akademie der Wissenschaften in München an die vierhundert Menschen. Warum kommen die Menschen zu meinen Vorträgen, zu meinen Lesungen? Sie wissen ganz genau, worüber ich sprechen werde, das heißt, es ist Interesse da. Ich kann nicht die Altersunterschiede differenzieren von der zweiten und dritten Generation. Warum kommt die dritte Generation, um mich zu hören, warum haben wir jetzt mit diesen Achtzehnjährigen – die eigentlich die dritte Generation sind – tiefgehende Gespräche geführt? Weil sie wissen wollen! Ich glaube, es spielt keine Rolle, ob es die zweite oder die dritte Generation ist. Alte Leute sind aber kaum gekommen, denn das interessiert sie ja nicht.

Interessant war bei den Schülern, die ja nun wirklich zur dritten Generation gehören, eine Diskussion über die Begriffe Scham oder Schuld: Muß ich mich als Angehöriger der dritten Generation schämen oder bin ich tatsächlich auch schuldig – das ist ja ganz biblisch...

Ich glaube, schuldig sind sie nicht. Dieser offene Dialog über das Geschehene hat kein Gefühl von Schuld, sondern eher ein Gefühl von Betroffenheit bei den Schülern ausgelöst, denn sie mußten betroffen sein, da sie es sich nicht so intensiv vorstellen konnten. Ich bin überzeugt, daß meine Anwesenheit auch sehr viel dazu beigetragen hat. Ich habe sie nie beschuldigt. Ich habe sehr realistisch über die Zeit gesprochen, die ich mitgemacht habe.

Und ich habe sehr viel Betroffenheit und sehr viel Tränen gesehen. Aber auf beiden Seiten – auch bei unseren, den israelischen Jugendlichen. Eine unerhört interessante Reise.

Liana Millu

(geb. 1913 in Pisa, Italien)

Liana Millu wuchs in Pisa bei zwei Tanten auf. Als Mussolini 1922 vom italienischen König die uneingeschränkte Regierungsgewalt erhielt, war sie gerade neun Jahre alt. Schon früh war sie von dem Wunsch beseelt, zu schreiben. Sie wollte Journalistin werden und verfaßte bald auch erste Artikel für den *Il Telegrapho* in Mailand. Doch für eine Frau im Italien der dreißiger Jahre war der Wunsch nach einer festen Arbeit bei einer Zeitung fast unerfüllbar. So arbeitete Liana Millu an einer Grundschule in Volterra, als mit Mussolinis „Rassegesetzen" Juden aus allen öffentlichen Einrichtungen, aus Banken und aus Schulen verbannt wurden. Sie versuchte, noch zum Studium an der Universität zugelassen zu werden, doch auch dazu war es bereits zu spät – nur Juden, die bereits eingeschrieben waren, durften weiterstudieren. Auch die Möglichkeit, gelegentlich für eine Zeitung zu schreiben, verlor sie. So arbeitete sie mit gefälschten Papieren als Näherin, Sekretärin und Krankenschwester. 1942 schloß sie sich der „Resistenza", dem italienischen Widerstand, an – aus Trotz und Liebe, wie sie sagt, nicht aus Heldentum. Nachdem einer der Anführer der Partisanenorganisation „Organizzazione Otto" von deren Mitgliedern aus einem Zug, der ihn nach Deutschland abtransportieren sollte, befreit wurde, mußte Liana Millu in den Untergrund gehen. Bei einer Kurierfahrt zwischen Genua und Venedig wurden sie und einige andere Mitglieder der Gruppe 1944 denunziert und in Venedig verhaftet. Liana Millu wurde nach Auschwitz-Birkenau deportiert. Sie überlebte, weil sie – so ihr Ruf – eine „gute Arbeiterin" war. Deshalb wurde sie anschließend ins KZ Ravensbrück und nach Malkow bei Stettin gebracht, wo sie in der Waffenproduktion arbeiten mußte. Liana Millu war schließlich 32 Jahre alt, als sie 1945 über Schwerin nach Genua zurückkehrte. Dort begann sie wieder als Grundschullehrerin zu arbeiten, auch zum Schreiben fand sie zurück.

Als erste beschrieb sie das KZ-System aus der Frauenperspektive in literarischer Form – und über etwas bis dahin noch nie Dargestelltes: Die Liebe unter den Bedingungen des Konzentrationslagers. Sechs Frauen, die ebenso wie sie dort gefangen gehalten wurden, setzte sie in ihrem Roman *Der Rauch über Birkenau*[27] ein literarisch verdichtetes Denkmal; ihre Flucht über die Brücke von Schwerin schildert sie in einem zweiten Buch[28], verwandt

---

27 Liana Millu, *Der Rauch über Birkenau*, mit einem Vorwort von Primo Levi, München 1997.
28 Liana Millu, *I ponti di Schwerin*, Genua 1994 (dt. *Die Brücke von Schwerin*, München 1998).

den Erinnerungen Primo Levis, mit dem sie nach 1945 eine besondere Freundschaft verband. Nach dem Erscheinen der deutschen Übersetzung ihres ersten Buches reiste ich nach Genua, um mit Liana Millu ein Gespräch aufzuzeichnen. Ich traf eine selbstbewußte Dame, deren Schicksal exemplarisch die europäische Dimension der Shoah vor Augen führt.

David Dambitsch: Sie waren neun Jahre alt, als Mussolini 1922 die uneingeschränkte Regierungsgewalt als Ministerpräsident vom König Italiens erhielt. Wie erinnern Sie diese „Ermächtigung"?

Liana Millu: Ich erinnere mich nicht an dieses Ereignis. Woran ich mich wirklich erinnere, ist der „Marsch auf Rom"[29] – da war ich noch sehr klein –, da gab es nicht nur die faschistischen „Schwarzhemden", sondern auch noch die „Blauhemden", die Nationalisten, die dann später verschwunden sind.

Den italienischen Faschisten war die Verfolgung der jüdischen Minderheit im Vergleich zu den deutschen Nazis unwichtig und – wenn man den geschichtlichen Verlauf betrachtet – geradezu unangenehm.[30] Wie haben Sie das erlebt?

Ich habe dieses mit großer Verwunderung zur Kenntnis genommen, wie auch die meisten anderen Juden. Denn wir waren bis zum Jahre 1938 Italiener mit jüdischer Religion – und diese Unterschiede gab es vorher nicht. Plötzlich, 1938, war alles anders, plötzlich waren wir Juden und die anderen waren Italiener.

Welche Stellung hatte die jüdische Minderheit unter Mussolini – etwas Vergleichbares wie die Novemberpogrome in Deutschland 1938 wäre in Italien doch undenkbar gewesen?

Das wäre völlig undenkbar gewesen in Italien. Denn die Stellung der Juden war die, daß sie Italiener waren mit jüdischem Glauben. Es gab nur eine kleine Minderheit, die sich wirklich sowohl religiös als auch nationalistisch als Juden fühlten. Als wir dann im Lager waren, hat sich das besonders deutlich gezeigt: Und zwar haben uns die Juden aus Osteuropa geradezu verachtet, weil sie uns sagten: Ihr seid keine Juden, ihr seid Italiener und habt mit uns nichts zu tun.

---

29 Der legendäre „Marsch auf Rom" der Frontkämpfer unter den italienischen Faschisten im Oktober 1922, den Mussolini selbst zunächst für aussichtslos hielt, war für König Viktor Emmanuel III. und dessen ängstliche Berater Grund genug, den charismatischen „Duce" zum Ministerpräsidenten Italiens zu bestellen, um ein Gemetzel zwischen den Faschisten und der Armee zu verhindern.

30 Vgl. dazu: Jonathan Steinberg, *Deutsche, Italiener und Juden – Der italienische Widerstand gegen den Holocaust*, Göttingen 1997.

Sie sind im Italien Mussolinis schließlich als Journalistin und Grundschullehrerin aufgrund Ihrer jüdischen Herkunft mit Berufsverbot belegt worden. 1942 haben Sie sich den Partisanen angeschlossen. Wie sind Sie in die „Organizzazione Otto" geraten?

Ich habe in Genua gelebt und bin – anfangs vielleicht eher zufällig – zu dieser „Organizzazione Otto" gestoßen. Ihr Anführer war ein Psychiater mit Namen Ottorino, daher die Abkürzung Otto. Und wie viele Frauen bin ich zu dieser Organisation gestoßen durch einen Mann, den ich liebte.

Was waren Ihre Aufgaben im Widerstand?

Die wichtigste Aufgabe der „Organizzazione Otto" war die, eine Verbindung zwischen dem alliierten Lager herzustellen, das heißt den Briten und den Amerikanern und den aus den Gefangenenlagern entsprungenen Briten, die man befreien konnte. Ihre Tätigkeit begann die „Organizzazione Otto" am 8. September 1943, als sich ein Teil Italiens eben auch vom Deutschen Reich abgelöst hatte[31]; die Herstellung der Verbindung geschah zum Teil auf abenteuerliche Weise. So waren zum Beispiel kleine Schiffe vier Tage unterwegs, von Genua nach Korsika, um die befreiten Leute dort abzusetzen. Unsere Aufgabe war die Verbindung zwischen diesen zwei Lagern. Ich speziell war als Kontaktperson in Genua eingeteilt, während andere meiner Kollegen in den Bergen um Genua – im sogenannten Entroterra – agiert haben.

Was wußten Sie über das deutsche NS-Regime während Ihrer Zeit als Partisanin?

Eigentlich wußte ich sehr wenig und das wenige nur von italienischen Soldaten, die Kriegsgefangene waren und sich in Lagern aufgehalten haben. Aber manchmal konnte ich doch „Radio London" hören und erfuhr in der Tat von der schrecklichen Lage vieler Inhaftierter in den Lagern, auch davon, daß viele davon umgebracht würden. Allerdings waren wir unsicher, wir dachten: Ist das nun britische Propaganda oder ist das wahr?

Durch Verrat sind Sie dann in die Hände der Faschisten gelangt, als Jüdin erkannt und nach Auschwitz deportiert worden. Welche Bedeutung hatte Ihrer Meinung nach der Verrat für das Funktionieren des braunen Totalitarismus überhaupt?

---

31 Nachdem Mussolini am 25. Juli 1943 als Ministerpräsident Italiens abgesetzt und festgenommen worden war, wurde die nichtfaschistische Regierung unter Marschall Badoglio eingesetzt. Doch von allen von der faschistischen Regierung erlassenen Gesetzen waren nur die „Judengesetze" nicht aufgehoben worden. Als am 8. September 1943 der Waffenstillstand Italiens mit den Alliierten unterzeichnet und der König und die Königliche Regierung nach Brindisi geflohen waren, wurde die Deportation und Ermordung der Juden Italiens forciert; dennoch erhielten viele Juden Hilfe einer großen Mehrheit von Italienern aus allen sozialen Schichten. Der größere Teil der italienischen Juden wurde so gerettet.

Dieser Verrat war nicht ein persönlicher Verrat an mir. Unsere ganze „Organizzazione Otto" war in Genua verraten, wir allen waren gefangengenommen worden. Ich bin zu dieser Zeit als Verbindungsoffizier in Venedig gewesen und wurde von einer „Guardia Republicana", also von der Italienischen Faschistischen Polizei, verhaftet. Ich kann nur sagen: Ich habe Glück gehabt. Ich kam mit einer falschen Identitätskarte, mit einem falschen Paß, an, und man hat dann in Genua meinen wahren Namen herausgefunden. Der faschistische Hauptmann sagte zu mir: „Ach, Sie sind Jüdin, da haben Sie aber Glück gehabt, gegen Sie haben wir nichts", und so kam ich in das allgemeine Gefängnis und nicht in das der Gestapo. Das war mein großes Glück, denn meine größte Angst war, daß ich dort Torturen ausgesetzt gewesen wäre – den Tod hätte ich in Kauf genommen in diesem Moment, aber nicht, daß man mich zu Tode gequält hätte, das hätte ich wahrscheinlich nicht ertragen. So kam ich in ein Sammellager, Fossoli. Dieses Sammellager war exterritorial unter der Flagge der SS; und eigentlich war ich zufrieden, weil ich eben nicht in die Fänge der Gestapo geraten war.

Sie beschreiben in Ihrem Buch Der Rauch über Birkenau *immer wieder das Klima der Angst vor dem Verrat und den Verrat selbst. Was bedeutet für Sie nach Ihren Erfahrungen das Wort Vertrauen?*

Das Wort Vertrauen ist ein sehr schwieriges Wort. Es ist schwierig auszusprechen, weil man im Lager überhaupt nicht sicher sein konnte, wem man vertrauen kann. In Auschwitz gab es für mich eigentlich nur zwei Frauen, denen ich vertrauen konnte – die eine war Jeanette, die andere Stella –, aber sonst niemanden. Denn man mußte immer gewahr sein, daß der nächste einem seinen Löffel oder sein Brot stehlen und sich gegen einen wenden würde. Das Wort Vertrauen existierte also in Auschwitz fast nicht.

Nach diesen Erfahrungen bedeutet dieses Wort für mich eigentlich, daß ich eine Person gerne habe, daß ich sie liebe. Ohne dieses Gefühl ist dieses Wort Vertrauen ein ganz leichtes, ein ganz oberflächliches Wort.

Der kommunistische Widerstandskämpfer Kurt Goldstein berichtet, daß selbst in Auschwitz Widerstand und Solidarität zwar auf niedrigstem Niveau, aber doch vorhanden gewesen sind. Primo Levi erinnert das nicht. Welche Erinnerungen haben Sie?

Das Wort Solidarität, glaube ich, kann man wirklich nur so sehen, wie Primo Levi es gesehen hat. Es gab höchstens Solidarität zwischen zwei befreundeten Personen, aber keine Gruppensolidarität, auch nicht mehr in einer Gruppe, die die gleiche Sprache gesprochen hat. Es ging schlicht um den Kampf ums Leben, und die erste Position in einer Reihe von Menschen war eben die gefährlichste, weil man dann am meisten dem Feind ausgesetzt war. Es gab immer einen großen Kampf zwischen den Franzosen, den Polen und den Italienern im Lager, und es war klar, daß diejenigen, die das Lager wirklich in der Hand hatten, die Polen waren. Aber Solidarität gab es – wie gesagt – nur auf kleinster persönlicher Ebene.

Die Schornsteine der Krematorien von Auschwitz ragten mitten im Frauenlager auf – so beschreibt Primo Levi einen der Gründe, warum die Frauen von den Bedingungen im KZ härter getroffen worden sind als die Männer. Sie selbst erwähnen in Der Rauch über Birkenau *die Verschiedenheit der Unterbringung. Woran muß man denken, um sich die spezifische Lage der Frauen in Auschwitz klar zu machen?*

Es ist dokumentiert, daß die Frauen sehr viel schlechter untergebracht waren als die Männer. Aber es ist auch wahr, daß die Frauen sehr viel besser reagiert haben auf das, was ihnen geschah – die Frauen waren schlicht viel pragmatischer, hatten sehr viel mehr Phantasie als die Männer.

In den Zeitzeugen-Berichten von Männern, die KZs überlebt haben, liest man so gut wie gar nichts von der Liebe und vom Verliebtsein. Bei Ihnen ist das ganz anders. Wie erklären Sie sich das?

Es gab einfach im Lager das, was man ein minimales Leben, ein Minimal-Leben nennen konnte. Wir waren jung, wir hatten ein normales Innenleben, aber wir konnten dieses nicht ausdrücken. Es genügte vielleicht schon ein Blick oder ein Wort, und man konnte dieses als Liebe interpretieren. Aber das passierte ganz, ganz selten. Ich erinnere mich an keine Liebesgeschichte im Lager, bis auf die eine, die ich in *Der Rauch über Birkenau* beschrieben habe; und da war es in der Tat ein Blick, ein Wort, mit dem du als Person erkannt wurdest. Und plötzlich war man keine Sache mehr, sondern eine Person, und dann geschah es eben, daß eine wunderbare Liebe über einen kam.

Die Rolle der Kapos im KZ ist sehr umstritten. Die einen erinnern sie als grausame Büttel der Macht, die anderen als kluge Taktiker im Gefüge der Schreckensherrschaft. Wie sehen Sie das?

Diese Kapos erschienen mir wie Personen aus einer anderen Welt, aus einer Gegenwelt. Ich haßte sie, weil sie es waren, die uns täglich mißhandelt haben. Es war nicht die SS. Die SS war hoch oben – das waren die Götter, die regierten über Leben und Tod; aber diejenigen, die es in die Praxis umsetzten, waren die Kapos. Ich habe nachher viel darüber nachgedacht, warum ich einen so natürlichen Haß hatte und ob dieser gerechtfertigt war. Letztlich bin ich zu dem Schluß gekommen, daß es nicht richtig war, wie ich damals reagiert habe, denn es hätte auch mir passieren können, daß ich schließlich ein Kapo geworden wäre, und dann hätte ich genauso mit Gewalt reagiert und hätte Menschen mißhandelt, wie es mir geschehen ist. Wenn ich mit Jugendlichen spreche, kommt mir manchmal diese Episode in den Sinn, als ich schon nach zwei Monaten, die ich im Lager war, den großen Wunsch verspürte, eine junge Griechin, die mir gar nichts getan hatte, zu schlagen und ihr Böses anzutun. So habe ich verstanden, daß ich nach zwei Monaten so weit war, daß ich Gewalt absorbiert habe und anderen Gewalt antun wollte.

Sie haben sich offen, öffentlich erinnert, wie die Brutalität von Ihnen Besitz ergriffen hat – Sie haben das soeben noch einmal zum Ausdruck gebracht. Welche Mechanismen haben dies bewirkt?

Es passiert, indem man Gewalt sieht, indem man ständig in der Gewalt lebt und indem man schließlich Gewalt atmet. Es ist ein langsamer und ganz natürlicher Prozeß, daß man dann selbst gewalttätig wird. Genau das ist die Gefahr der heutigen Zeit: daß junge Menschen Gewalt einatmen und Gewalt dann eben selber ausüben.

In Der Rauch über Birkenau *erscheinen die Deutschen als Nebenfiguren, praktisch nur als die Vertreter jener Strukturen, die das Grauen hervorrufen. Gibt es eine Deutsche oder einen Deutschen, die Ihnen aus dieser Zeit besonders im Gedächtnis geblieben ist?*

Nein, denn im Lager habe ich niemals weder mit einer Deutschen noch mit einem Deutschen gesprochen.

Weil Sie eine – wie es bei den Nazis hieß – „gute Arbeiterin" waren, wurden Sie von Auschwitz erst nach Ravensbrück und dann später nach Malkow bei Stettin gebracht, um dort in der Waffenproduktion zu arbeiten. Sie erinnern sich, daß die Direktoren deutscher Industrieunternehmen wie IG Farben, Krupp und Siemens teilweise persönlich Häftlingssklaven in den KZs aussuchten. Wie ging dies vor sich?

In Ravensbrück war ich fünfzehn Tage und wurde dann sofort, nachdem die Selektion stattgefunden hatte, nach Malkow gebracht, ohne überhaupt zu wissen, wohin es ging und was mit mir geschehen würde. Im Unterschied zu Auschwitz waren wir in Malkow Arbeitssklaven und wurden nicht deswegen plötzlich umgebracht, weil wir erkrankten. Wenn ich in Auschwitz zum Beispiel Skorbut gehabt hätte, wäre ich sofort eliminiert worden, während ich in Malkow zweimal krank war – ich hatte sogar eine Brustoperation – und dann trotzdem wieder in das Arbeitsleben integriert wurde. Das war der große Unterschied – in Auschwitz wäre ich sofort tot gewesen, wenn mir das passiert wäre.

Wissen Sie, welche Rolle Leute der IG Farben, von Krupp und Siemens dann später in der jungen Bundesrepublik spielten?

Alles, was ich über die IG Farben erfahren habe, erfuhr ich natürlich auch erst später über Bücher, über Zeitungen – damals, als wir arbeiteten, konnten wir uns solchen Gedanken gar nicht hingeben; wir haben zwölf bis fünfzehn Stunden am Tag gearbeitet, wir hatten sehr, sehr wenig zu essen. Erst später habe ich dann die Verkettung der Dinge verstanden.

Signora Millu, für Sie war die unmittelbare Nachkriegszeit eine Zeit ohne Wohnung, ohne Arbeit, ohne Familie, ohne Kraft, zu kämpfen, ohne Träume. Wann haben Sie das erste Mal nach Ihrer Befreiung wieder so etwas wie Glück oder Freude empfinden können; ist das überhaupt noch möglich – ich denke da an Primo Levi?

Erst zehn Jahre nach meiner Rückkehr habe ich wieder so etwas wie Glück gespürt – und zwar damals, als ich zum ersten Mal meine eigene Wohnung betreten habe. Ich habe den Boden meiner Wohnung geküßt, so überwältigt war ich vor Glück. Das war wirklich das Ende meiner schrecklichen Jahre. Und diese zehn Jahre der Rückkehr waren schrecklicher als die Jahre, die ich im Lager verbracht habe. Mir ist oft Polemik entgegengeschlagen, wenn ich dies erzählt habe. Aber ich war eigentlich, so absurd es klingt, in gewisser Weise im Lager glücklicher, als ich es dann in der Freiheit war. Weihnachten 1944 im Lager hatte ich Hoffnungen und Träume; Weihnachten 1945 war ich zwar frei, aber ich hatte weder Hoffnungen noch Träume.

Insgesamt 672 Menschen sind zusammen mit Ihnen nach Auschwitz deportiert worden. Am Ende des ersten Tages haben davon nur noch 256 Menschen gelebt. Nur 57 Menschen Ihres Gefangenentransportes haben dann schließlich das KZ auch überlebt. Sterben war also die Regel, Überleben die Ausnahme. Die Einsamkeit der Davongekommenen – worin zeigt sie sich am deutlichsten?

In dem Bewußtsein, ich könnte Stunden reden, und trotzdem würden die, die mir zuhören, nicht auf den Grund meiner Wahrheit kommen. Wer mir zuhört, kann sich das alles vorstellen, was ich erlebt habe, aber er kann es nicht verstehen. Er kann meine Wahrheit nicht verstehen, weil er sie nicht erlebt hat.

Wie sind Sie mit Ihren Gefühlen von Haß und Wut umgegangen?

Ich weiß es nicht genau. Ich erinnere mich nur, daß, als ich damals gewalttätig gegen eine junge Frau sein wollte, in mir so etwas wie ein Sprung passierte. Als ich merkte, in welche Richtung ich mich entwickeln würde, fing ich an, davon Abstand zu nehmen. Ich begann, mir meine eigene, nur noch mentale Welt zu schaffen; so habe ich zum Beispiel ständig Gedichte im Geist rezitiert. Ich habe mich einfach von meiner Umwelt abgesetzt, weil ich verstanden habe, daß sie mich vergiftet hätte mit Haß und mit Verzweiflung.

Ich glaube, das war die einzige Möglichkeit, mich zu retten, um mich von diesen negativen Gefühlen, die mich umgebracht hätten, zu distanzieren.

Sie haben vor und nach Ihrer Gefangenschaft im KZ als Grundschullehrerin gearbeitet.

Ich habe vor 1938 ein Jahr in einer Grundschule unterrichtet, eigentlich nur, um einen Lebensunterhalt zu haben. Ich wollte unbedingt Journalistin werden. Als ich 1938 nach den „Rassegesetzen" nicht mehr unterrichten durfte, war ich eigentlich gar nicht so böse, daß ich diesen Beruf aufgeben mußte. Nachher, als ich dann zurück kam aus dem Lager, kam ich zuerst in eine ganz kleine Schule auf dem Land. Ich habe mit meinen Schülern nie über das Lager gesprochen; ich habe immer die Stelle auf meinem Arm verdeckt, an der sie die Lagernummer hätten sehen können. Denn ich habe immer gemeint, es sei nicht richtig und ich wäre plötzlich eine ganz andere Person geworden für sie, wenn ich darüber mit den Kindern – die dafür nicht reif waren, es zu verstehen – gesprochen hätte. Als es mir nicht gelang, eine feste Stelle als Journalistin zu bekommen, habe ich mich darein gefügt, Grundschullehrerin zu bleiben – und ich muß sagen, es hat mir auch immer mehr Spaß gemacht. Ich kann, glaube ich, sagen, daß mich meine Schüler auch geliebt haben, denn noch heute habe ich Kontakt mit vielen meiner Ex-Schülerinnen; sie besuchen mich und fragen mich jetzt: "Warum haben Sie nie mit uns darüber gesprochen?" Und ich muß ihnen dann immer wieder sagen: Weil ich damals glaubte, daß es nicht richtig gewesen wäre, wenn ich mit euch Kindern darüber gesprochen hätte. Es war alles noch viel zu nah.

Ich bin auch heute immer noch tätig in diesem Bereich, aber ich spreche nur mit schon reiferen Schülern, so werde ich zum Beispiel ein Treffen haben mit Schülern eines Gymnasiums in Nervi in der Nähe von Genua und werde mit siebzehn- bis achtzehnjährigen Jugendlichen darüber sprechen. Aber worüber? Ich möchte darüber sprechen, wie die Vergangenheit uns immer noch lehrt, was wir in der Gegenwart tun sollen. Es geht nicht darum, über Geschichte zu sprechen, sondern darum, zu zeigen, was geblieben ist und was wir auch heute noch bekämpfen müssen. Was geblieben ist, ist die Indifferenz, ist die Gewalt und ist die Verachtung. Und inmitten dieser grausamen Welt wächst unsere Jugend auf. Ich kann heute sagen: Ich habe die Autorität, ich habe das Recht, darüber zu reden, was das ist: Gleichgültigkeit, Gewalt, Verachtung; ich habe das alles gesehen, und ich warne euch davor, daß wir es heute wieder zulassen.

Wie hatte die Zeit unmittelbar nach dem Zweiten Weltkrieg die damals bereits etwas älteren Schüler verändert, welche Fragen stellten sie, wie reagierten sie auf Sie und das, was Sie mitteilten?

Die Kinder auf dem Land – und mit solchen Kindern hatte ich es zu tun – wußten eigentlich wenig vom Krieg. Die sahen die Flugzeuge vorbeifliegen, die hörten den Krach, wenn wieder Bombardierungen stattfanden, die wußten, daß es Verwandte gab, die gekämpft haben und die nicht mehr zurückgekehrt sind, die wußten von Männern, die Kriegsgefangene gewesen waren und nun zurückkehrten – aber ich bin sicher, daß es im Kopf dieser Kinder wenig Resonanz darauf gab, was dieser Krieg wirklich bedeutet hat. Ganz anders war es für die Stadtkinder, die das aus der Nähe erlebt haben. Denn meine Meinung ist, daß es bei Kindern nur die ganz persönliche, konkrete Erfahrung ist, die das Wort Krieg zu etwas Realem gemacht hat – alles andere waren für sie Worte oder Erzählungen.

Welche Meinung haben Sie von der Jugend von heute?

Ich glaube, die Jugend von heute ist viel besser, als wir meinen. Ich habe sehr viel Kontakt mit Jugendlichen, und immer wieder stelle ich fest, wie interessiert sie daran sind, über Werte zu sprechen. Ich komme nur in die Schulen, um über Werte zu sprechen. Sehr oft stelle ich dann fest, daß sie mir überschwenglich danken, und das rührt daher, weil es sie offensichtlich wirklich bewegt. Ich gehe auch in die Schulen mit meiner Laguniform und lasse die Jugendlichen diese Laguniform berühren. Da werden dann Worte plötzlich konkret, das vergessen sie nicht. Ich werde auch immer wieder auf der Straße von jungen Menschen angesprochen, die inzwischen schon studieren und die mir sagen: „Ich habe die Begegnung mit Ihnen nicht vergessen." Sicher hat die Tatsache, daß ich dann auch diese Laguniform dabei habe, eine große Signalwirkung in diesem Prozeß des Nicht-Vergessens.

Kinder und Jugendliche wollen stark sein, sich mit Mächtigen identifizieren. Wie sind Sie in Ihrer Arbeit als Zeugin des Schreckens mit dieser Tatsache umgegangen?

Es ist die natürlichste Sache der Welt, daß junge Menschen stark und mächtig sein möchten. Aber was ist Stärke? Stärke ist bestimmt nicht, daß man der Mode folgt, daß man zum Beispiel Ideologien folgt und aus ideologischen Gründen Dinge tut. Stärke ist, das zu tun, was man als richtig erkannt hat, das heißt oft auch, gegen den Strom zu schwimmen. Ich sehe doch heute bei den Jugendlichen sehr viel Verwirrung. Es gibt einem Mangel an Werten – ich kenne wunderbare Jugendliche, aber was ihnen fehlt, ist die Sicherheit, die Sicherheit zu wissen, was ist für mich, aber auch für die Gesellschaft richtig, und was ist falsch. Das beginnt schon im Elternhaus, wo den jungen Menschen einfach diese Stütze, diese Hilfe nicht gegeben wird, wo die Jugendlichen allein gelassen werden. Heute ist es einfach eine gute, eine richtige Form von Stärke, wenn man beispielsweise freiwillige Arbeiten leistet, wenn man den Ärmsten der Armen hilft. Das ist eine wesentlich größere Stärke, als wenn man hergeht und einen Fremden niederschlägt, weil man ihn eben nicht mehr als Person, sondern nur noch als Sache ansieht. Damit schließt sich dann der Kreis, daß der Mensch zu einer Sache geworden ist aus einer mißverstandenen Stärke heraus.

Es gibt ein Buch von Ihnen, das dem Band Der Rauch über Birkenau *nachfolgt –* Die Brücke von Schwerin. *Worum geht es darin, und was bedeutet es für Sie?*

Zwei Dinge haben mich dazu gebracht, dieses Buch zu schreiben: Erstens ging es um die Rückkehr aus dem Lager. Ebenso wichtig war aber für mich die Darstellung einer jungen Frau, die vor siebzig Jahren gelebt hat und die nur ein Ziel hatte: Und das war ihre Selbstverwirklichung. Es war ein sehr schwerer, ein sehr harter Weg. Ich war eine Feministin, ohne das Wort überhaupt zu kennen, denn im Faschismus existierte weder das Wort noch die Sache selbst. In meiner Jugend hatte ich nur ein Ziel: unabhängig und frei zu werden.

Wodurch unterscheiden sich beide Bücher, wie ergänzen sie einander?

In *Der Rauch über Birkenau* bin ich eigentlich nicht vorhanden, sondern bin das, was Primo Levi das „beobachtende Auge" nennt. Ich bin also nicht als Person anwesend, sondern beobachte nur. In *Die Brücke von Schwerin* geht es um mein Leben, mein Leben nach dem Lager, mein Leben als Frau, und ich begegne Deutschen, denen ich im Lager nicht begegnet bin. Wie Sie wissen, ist *Der Rauch über Birkenau* ein Buch, in dem keine Deutschen vorkommen. Im zweiten Buch existieren drei, vier Figuren, denen ich auch begegnet bin und die für mich vielleicht auch als Charakterisierung der Deutschen – wie sie damals gelebt haben – doch sehr signifikant sind. Ich denke zum Beispiel an einen Alten, der als Soldat den Ersten Weltkrieg erlebt hat, und auch an drei weitere Figuren, denen ich begegnet bin – Menschen wie Sie und ich –, die mir von ihren Gefühlen, von der Art wie sie diesen Krieg überlebt und überstanden haben, erzählt haben. So glaube ich, daß dieses Buch eine ganz andere Realität hat als mein erstes Buch.

Sie selbst haben einmal gesagt, daß Sie nur deshalb das KZ überlebt haben, weil Sie sich schon als so gut wie tot empfunden haben. „Der Grashalm im Schlamm, das Abendrot über Auschwitz" – Sie haben es oft gesehen. Wie empfindet man das, was man Schöpfung nennt, nach Auschwitz?

Daß ich überlebt habe, war eine reine Frage des Glücks. Ich habe vom ersten bis zum letzten Tag einfach Glück gehabt. Ich habe nichts gemacht, um mich zu retten, und es war einfach der Zufall des Lebens, daß ich gerettet wurde. Was nun die Schöpfung betrifft, kann ich nicht von mir sagen, daß ich die Menschheit liebe, aber ich liebe die Erde, auf der wir das Glück haben zu leben; ich liebe den Baum, der blüht, und die Sonne, die untergeht. Und ich erzähle manchmal die Geschichte des Grashalms, dem ich im Lager jeden Morgen begegnet bin: Jeden Morgen, wenn ich über die Lagerstraße zur Arbeit ging, sah ich zwischen den Steinen die Grashalme hervorschauen. Viele meiner Kolleginnen rissen diese Grashalme aus, aber ich hatte einen speziellen Grashalm, den ich jeden Morgen betrachtete und der mir sagte: Es ist Leben zwischen den Steinen. Und das hat mich immer wieder getröstet. Ich finde, das Größte was wir haben, ist die Schönheit dieser Erde, auf der wir leben dürfen, und das ist für mich die große Tröstung, die das Leben heute noch für mich schön macht.

Janina Bauman

(geb. 1926 in Warschau, Polen)

Im Leben von Janina Bauman spiegelt sich exemplarisch die Tragödie des durch Deutsche ermordeten polnischen Judentums wider: Sie überlebte gemeinsam mit ihrer Mutter und der jüngeren Schwester die Greuel des Warschauer Ghettos, denn 1943 war der Familie die Flucht auf die sogenannte „arische" Seite außerhalb der Ghettomauern gelungen. So konnten sie der grausamen Niederschlagung des Ghettoaufstands zwischen dem 19. April und dem 16. Mai 1943 entgehen. Janina Baumans Bruder und Großvater starben als Kämpfer im jüdischen Widerstand in den Flammen, mit denen die SS das Ghetto auslöschen wollte. Ihr Vater und ihr Onkel – Offiziere der polnischen Armee – wurden von den Sowjets in Katyn ermordet. Bereits 1946 gab es wieder einen Pogrom in Polen, in Kielce. Am 8. Mai 1968, nach einer regimefeindlichen Studentendemonstration, bezichtigte der damalige Chef der Polnischen Vereinigten Arbeiterpartei, Wladyslaw Gomulka, Juden im polnischen Partei- und Staatsapparat einer „zionistischen Verschwörung". Unter dem Druck einer monatelangen Hetzkampagne verließen damals 20 000 Menschen das Land und mußten auf die polnische Staatsbürgerschaft verzichten. Auch Janina Bauman und ihr Mann, der Soziologe Zygmunt Bauman, wurden zusammen mit den Töchtern zur Emigration nach England gezwungen, wo die Familie heute lebt. Erst dreißig Jahre später, 1998, sicherte Polens Präsident Aleksander Kwasniewski den Emigranten „eine schnelle Rückgabe" ihrer polnischen Pässe zu – als „Geste der Wiedergutmachung" für jene Menschen, die 1968 zum Verlassen des Landes gezwungen worden waren.

    Janina Bauman hat etwa vierzig Jahre gebraucht, um bereit dafür zu sein, ihre Erinnerungen *Als Mädchen im Warschauer Ghetto*[32] aufzuschreiben. Bis dahin hat sie mit ihrem Mann und ihren Kindern niemals über ihre Zeit im Warschauer Ghetto gesprochen. Für eine Übersetzung ihres zweiten Buches, *A Dream of Belonging*[33], in dem es um den Antisemitismus – ohne Juden – in Polen nach dem Zweiten Weltkrieg geht, hat sich bis heute kein deutscher Verlag gefunden. Erst 1993, zum fünfzigsten Jahrestag des Aufstands im Warschauer Ghetto, besuchte Janina Bauman auf Einladung der Bremer Literaturwissenschaftlerin Sabine Offe erstmals Deutschland, um ihre Er-

---

32 Janina Bauman, *Als Mädchen im Warschauer Ghetto – Ein Überlebensbericht*, München 1986 (engl. Originalausgabe: *Winter in the Morning*, London 1986).
33 Janina Bauman, *A Dream of Belonging. My Years in Postwar Poland*, London 1988.

innerungen vorzustellen. Bei dieser Gelegenheit ist das nachfolgende Gespräch entstanden.

David Dambitsch: *Die Überlebende des Warschauer Ghetto-Aufstands, Admia Blady Szwaijger, hat gesagt: Im Juli 1942 bin ich aus dem Haus gegangen und nie wieder nach Hause gekommen. Und niemals nirgends mehr werde ich mein Zuhause haben. Was bedeutet für Sie „zu Hause", bzw. was hat es einmal bedeutet?*

Janina Bauman: Heimat, oder wo man zu Hause ist, ist abhängig von der Frage, wohin man gehört und wozu man sich zugehörig fühlt. Ich bin an mehr als einem Ort zu Hause, nicht nur an einem. Jetzt ist meine Heimat England, wo ich seit zwanzig Jahren lebe und wo ich glücklich bin. Aber Warschau ist auch meine Heimat. Ich bin zwanzig Jahre, nachdem wir es 1968 verlassen haben, zum ersten Mal wieder dorthin gefahren und bin seit Ende der achtziger Jahre mehrmals dort gewesen. Ich habe dort keine Wohnung, aber ich habe dort Freunde. Und ich glaube, daß Freunde wichtig sind für die Frage, wo man sich zu Hause fühlt.

Was hat Ihnen schließlich den Mut und die Kraft gegeben, mit Ihren Erinnerungen an die Öffentlichkeit zu gehen?

Normalerweise schreiben solche Leute Bücher, die etwas besonders Wichtiges mitzuteilen haben, die eine ganz besondere Leistung vorzuführen haben – etwa Künstler, Architekten und ähnliche Leute. Ich war ein normales junges Mädchen, und manchmal denke ich, daß es vielleicht größenwahnsinnig war, ein Buch zu schreiben und es an einen Verleger zu schicken. Aber, offen gesagt, glaube ich nicht, daß es anmaßend war, denn ich war zwar ein normales junges Mädchen, aber eines, das eine außergewöhnliche historische Erfahrung gemacht hat, das in einer außergewöhnlichen historischen Situation gelebt hat, und ich glaube, daß es wichtig ist, Bücher über diese Situation zu lesen.

Ich habe vierzig Jahre lang über meine Erfahrungen im Warschauer Ghetto nicht sprechen können, auch nicht gegenüber meiner Familie, gegenüber meinem Mann und meinen Töchtern, die zwar wußten, daß ich eine schwere Zeit hinter mir hatte, die aber die Einzelheiten nie von mir gehört haben. Ich glaube, es war das Bedürfnis, Zeugnis abzulegen – Zeugnis über das, was ich erlebt hatte, für meine Familie, für meine Kinder, für meine Enkel. Aber ich wollte auch Zeugnis ablegen über die Hilfsbereitschaft der Polen, die mir das Überleben ermöglicht haben. Polen wird im Ausland immer wieder des Antisemitismus beschuldigt, und diese Anschuldigung ist sicher für viele Polen zutreffend. Es hat viele Antisemiten gegeben, es hat viele sehr niederträchtige Polen gegeben, aber es gab auch die vielen anderen, die uns geholfen haben und ohne die es mir und vielen anderen polnischen Juden nicht gelungen wäre, die Zeit vor 1945 zu überleben. Daher habe ich es auch für meine Pflicht gehalten, das sehr einseitige Polen-Bild zu korrigieren und von diesen hilfsbereiten Polen zu erzählen.

Die Auschwitz-Überlebende Ruth Elias erhielt nach der Veröffentlichung ihres Buches Die Hoffnung erhielt mich am Leben *körbeweise Briefe, insbesondere aus Deutschland. Viele junge Deutsche suchten bei ihr Trost und Hilfe beim Umgang mit der Vergangenheit und der Schuld ihrer Großeltern. Wie ging es Ihnen? Welche Reaktionen erhielten Sie auf Ihr Buch?*

Ich habe sehr viele Briefe bekommen, überwiegend von englischen Lesern – ganz verschiedenen Lesern – auch von polnischen, weil mein Buch aus dem Englischen ins Polnische übersetzt worden ist, aber ich habe nie Briefe aus Deutschland bekommen, wobei ich nicht genau weiß, ob das am Verlag liegt oder woran sonst. Dies ist meine erste Einladung nach Deutschland, die mit diesem Buch zusammenhängt.

Nach dem Ende der Nachkriegszeit, das Andrzej Szczypiorski erst mit dem Fall der Mauer gekommen sah, haben die Zeugen des Nachkriegsgeschehens neue Foren bekommen. Welche Pläne bestehen für ein Buch über Ihr Überleben nach dem Überleben?

Ich habe ein zweites Buch geschrieben, das den Titel trägt: *A Dream of Belonging – My Years in Postwar Poland*, was etwa bedeutet: „Der Traum, irgendwo zu Hause zu sein" oder „Der Traum, dazuzugehören". Es wird gerade ins Italienische übersetzt, und eine polnische Übersetzung habe ich von diesem Buch nicht gemacht, aber von einem Plan, es auch ins Deutsche zu übersetzen, weiß ich nichts.

Sie beschreiben in Ihrem Überlebensbericht Als Mädchen im Warschauer Ghetto *Ihre Distanz zur jüdischen Religion. Der christliche Religionsunterricht und Ihre Begegnung mit dem Katholizismus haben Sie sehr beeindruckt, ohne allerdings Ihr Selbstverständnis als durch Schicksal dem Judentum unauflöslich verbundener Mensch in Frage zu stellen. Sie haben Ihren Überlebensbericht bewußt ohne wertenden Rückblick verfaßt. Wie beurteilen Sie denn heute Ihre religiösen Erfahrungen als Jugendliche?*

Ich habe nicht viel Erfahrung mit der Religion, da meine Familie in Warschau nicht religiös war, mit dem Judentum wenig zu tun hatte. Und ich habe auch später in meinem Leben wenig mit wirklich religiösen Menschen zu tun gehabt. Ich habe mehr Erfahrungen mit christlicher Frömmigkeit gemacht. Nach dem Aufstand im Warschauer Ghetto wurden wir – wie viele andere Polen – aus Warschau evakuiert und kamen in einem Dorf in der Nähe von Krakau bei einer christlichen Familie unter, bei einer alten Bäuerin, die nicht wußte, wer wir waren. Wir bemühten uns, dort wie Christen aufzutreten, um uns nicht zu verraten. Diese alte Bäuerin schickte meine Schwester und mich in die christliche Kirche des Ortes. Beim ersten Mal war es schwierig – wir wußten nicht genau, wie wir uns zu benehmen hatten –, beim zweiten und dritten Mal ging es schon leichter. Ich muß sagen, daß ich damals sehr beeindruckt war von dieser Kirche, von dem Gefühl der Zusammengehörigkeit, das die Leute zu haben schienen, vom gemeinsamen Gebet, dem gemeinsamen Singen. Ich war beeindruckt von der Musik, dem Weihrauch, der ganzen Stimmung dieses Gottesdienstes, und ich habe damals gedacht, daß ich vielleicht religiös sein könnte. Aber es ist mir nicht gelungen. Nach all dem, was uns Juden geschehen ist, gab es für mich keine Möglichkeit mehr, an einen Gott zu glauben, der das hatte zulassen können.

Die polnische Katholische Kirche hat sich während und nach dem Krieg den Juden gegenüber immer sehr ambivalent verhalten. Einerseits hat man den Juden geholfen, andererseits hat man den Antisemitismus legitimiert. Wie haben Sie diese Ambivalenz erlebt?

Ich weiß davon, aber ich kenne diesen Antisemitismus der Katholischen Kirche nicht aus eigener Erfahrung. Ich hatte nach dem Krieg mit der Kirche nichts zu tun. Im Jahre 1968 – während der Studentenunruhen, die es auch in Polen gab – wurde eine amtliche antisemitische Kampagne gegen sehr viele, insbesondere jüdische Intellektuelle gestartet, die des „Zionismus" und des „Revisionismus" beschuldigt wurden. Mein Mann und ich verloren beide unsere Arbeit; wir hatten drei Kinder, und es war eine sehr schwere Zeit für uns. Ich erinnere mich, daß es in dieser Situation einen Priester gab, an dessen Namen ich mich nicht erinnere, der in dem Haus, in dem wir wohnten, von einem Nachbarn zum nächsten ging und den Leuten erzählte, daß wir anständige Leute seien, daß wir Anspruch auf faire Behandlung hätten und daß sie sich entsprechend verhalten sollten. Auch in diesem Haus hatte es einige unangenehme Zwischenfälle – die sich insbesondere gegen unsere Kinder richteten – gegeben. Ich erinnere mich an diese Seite des katholischen Polen, aber natürlich gab es auch die andere.

Wie würden Sie die besondere Rolle der Katholischen Kirche für das polnische Nationalgefühl beschreiben?

Die Katholische Kirche spielt eine große Rolle, denn Polen ist ein sehr katholisches Land. Aber ich glaube, daß jetzt – wo die Katholische Kirche gewissermaßen die Kommunistische Partei ersetzt hat – die Leute in Polen anfangen, sich gegen die Unterdrückung durch die Kirche zur Wehr zu setzen. Ein wichtiges Thema ist zum Beispiel die Frage der Verhütung, und viele Leute wollen sich jetzt – nachdem sie die Kommunistische Partei losgeworden sind – nicht damit zufriedengeben, daß die Kirche das Recht haben soll, ihnen Vorschriften zu machen. Das gilt besonders für junge Leute, nachdem was ich bei meinen letzten Besuchen in Polen beobachten konnte.

In einem Aufsatz von Aleksander Smolar – „Unschuld und Tabu" aus dem Jahre 1986 – wird die Schriftstellerin Zofia Kossak zitiert, die 1942 dazu aufgerufen hat, unter dem Eindruck der deutschen Verbrechen den Juden Hilfe zu leisten – gleichgültig, ob man ansonsten antisemitisch denkt oder nicht. Was mich interessiert ist ein Nebensatz in diesem Aufruf. Darin heißt es: Wir sind uns im klaren darüber, daß sie (damit sind die Juden gemeint) uns (also die Polen) mehr hassen als die Deutschen, daß sie uns für ihr Unglück verantwortlich machen.[34] Wie stellte sich denn die öffentliche Meinung im Ghetto zu den polnischen Nachbarn jenseits der Mauern tatsächlich?

Ich muß Sie enttäuschen. In den Straßen des Ghettos wurde nicht viel über die Polen gesprochen – es ging meistens um die Juden und um die Deutschen. Natürlich weiß ich nicht, was 500 000 Leute im Ghetto gesprochen haben, aber ich glaube nicht, daß die Polen eine große Rolle spielten in den Gesprächen. Sie spielten eine Rolle dann, wenn jemandem die Flucht aus dem Ghetto gelang und er oder sie auf polnische Freunde angewiesen war. Manche Leute hatten polnische Freunde, die ihnen helfen konnten, viele Leute hatten keine. Eine andere Frage war die der militärischen Unterstützung des Ghetto-Aufstandes durch die polnische Untergrund-Armee.

Ihr Bericht Als Mädchen im Warschauer Ghetto *ist völlig frei von Ressentiments gegenüber den Polen – ganz im Gegenteil. Sie beschreiben Ihr Elternhaus als patriotisch gegenüber der polnischen Heimat. War Ihre Familie innerhalb der polnisch-jüdischen Minderheit die Ausnahme oder die Regel?*

Ich glaube nicht, daß meine Eltern Ausnahmen waren. Es gab zwei Arten von Juden in Polen: Die Mehrzahl war traditionell religiös, und die Minderheit waren assimilierte Juden wie meine Familie, die sich als polnische Patrioten fühlten. Nein, ich glaube nicht, daß es sich um Ausnahmen gehandelt hat – es gab auch viele solcher Juden in Polen.

In dem Aufsatz von Aleksander Smolar, aus dem ich bereits zitiert habe, weist er darauf hin, daß in Ostpolen zahlreiche Juden die Rote Armee bei dem Einmarsch 1939 begrüßt hätten. Ja sogar – und nun zitiere ich Smolar wörtlich – sie halfen bei der Verhaftung polnischer Offiziere, die als Vertreter des polnischen Staates von den sowjetischen Behörden gesucht wurden. Smolar erwähnt dabei nicht, daß auch Juden unter diesen polnischen Offizieren waren. Wie erklären Sie sich diese ignorante Haltung?

Ich weiß nicht, warum Smolar das nicht erwähnt. Vielleicht hat es damit zu tun, daß es im Verhältnis zu den nichtjüdischen polnischen Offizieren sehr

---

34   Der Beitrag Smolars erschien in der Zeitschrift *Aneks*, Nr. 41/42, London 1986.

wenige jüdische Offiziere gab. Es ist richtig, daß die Juden auf beiden Seiten vertreten waren – auf der Seite der Roten Armee und in der polnischen Armee. Aber es waren in der polnischen Armee sicherlich nicht sehr viele. Mein Vater war Offizier in der polnischen Armee und mein Onkel war es auch – sie haben beide auf der Seite der Polen gekämpft und sind beide ermordet worden bei Katyn.

Ihr Vater und Ihr Onkel wurden im Wald bei Katyn von den Sowjets erschossen. Ab wann waren Sie sicher, daß die Rote Armee und nicht die Deutsche Wehrmacht sie ermordet hatten?[35]

Nach dem Krieg, als meine Mutter versuchte, meinen Vater zu finden und das „Rote Kreuz" ihr mitteilte, daß er erschossen worden war. Wir haben aber noch lange geglaubt, daß es die Nazis waren, die ihn umgebracht haben. Noch sehr lange haben wir das geglaubt.

In welcher Weise wirkte diese Erkenntnis auf Sie verändernd?

Wir erfuhren die Wahrheit nur sehr allmählich, es gab viele Gerüchte. Die Nazi-Presse in Warschau vor 1945 schrieb, daß die Sowjets die Täter waren, es gab aber auch die gegenteiligen Gerüchte. Was es bedeutete, als wir die Wahrheit erfuhren? Nicht viel. Mein Vater war tot, und daran war nichts mehr zu ändern. Es war nicht so, daß diese Nachricht meinen Glauben an die Sowjets erschüttern konnte, denn ich wußte schon vorher viel über die Verbrechen in der Sowjetunion, so daß diese Nachricht mich nicht überraschend traf.

Inwieweit ist es überhaupt Teil des öffentlichen Bewußtseins in Polen, daß auch Angehörige der jüdischen Minorität unter den Ermordeten von Katyn waren?

Ich weiß es nicht, jedenfalls nicht, was die letzten zwanzig Jahre angeht, in denen ich nicht mehr in Polen war. Vor 1968 war Katyn völliges Tabu-Thema. Es wurde überhaupt nicht darüber geredet, nichts darüber berichtet, niemand wußte etwas. Es gab einige Artikel in amerikanischen Zeitungen, aber in Polen hat man erst Ende der achtziger Jahre angefangen, über das Thema zu reden. Ob es in der Zwischenzeit gelegentlich dort Artikel in Zeitungen gegeben hat, kann ich nicht sagen.

Welche Wirkung hatte der durch die russischen Kommunisten zwangsimportierte Antisemitismus auf die polnische Gesellschaft in der Nachkriegszeit?

---

35 Die Ermordung der polnischen Offiziere 1940 im Wald bei Katyn gilt in Polen als eines der größten Kriegsverbrechen. Erst 1990 bekannte sich die Regierung in Moskau dazu, daß dieser Massenmord vom sowjetischen Geheimdienst NKWD begangen worden war und nicht – wie lange behauptet – von der Deutschen Wehrmacht.

Ich glaube nicht, daß das so funktioniert hat. Wissen Sie – und das meine ich vielleicht etwas scherzhaft –, alles, was aus Rußland kommt, hat in Polen keine große Chance. Man könnte vielleicht sagen: Es wirkt geradezu entgegengesetzt. Was aus Rußland kommt, wird abgelehnt, ähnlich verhält es sich gegenüber Deutschen. Ich glaube nicht, daß von einem solchen Einfluß gesprochen werden kann.

Wenn das polnisch-jüdische Verhältnis in der Nachkriegszeit diskutiert wird – der Pogrom von Kielce 1946[36] bzw. die antisemitische Kampagne von 1968[37] –, wird immer wieder auf die Involvierung der polnisch-jüdischen Minderheit in das Regime Stalins hingewiesen. Wie sehen Sie das?

Das ist richtig. Viele Juden waren im Regierungsapparat beschäftigt. Ich kann das auch erklären: Die Sowjet-Armee kam für die Juden in Polen als Befreier, und sie wurden als Befreier willkommen geheißen. Als die Sowjets in das Dorf, in dem wir die letzten Monate des Krieges verbracht haben, einmarschierten, waren sie auch für mich die Befreier von den Deutschen. Außerdem war es ein Teil von Stalins Politik, Minderheiten für bestimmte Aufgaben einzusetzen – auch andere Minderheiten. Es sind sicher auch viele Juden beschäftigt gewesen in den staatlichen Sicherheitsorganen, aber nach den letzten Statistiken, die ich kenne, waren es sehr viel weniger, als immer behauptet wird und als man allgemein annimmt.

Sie haben Polen 1968 nach den antisemitischen Hetzkampagnen verlassen. Was hat Sie nach dem Pogrom von Kielce 1946 zum Bleiben bewogen?

Damals wußte ich nichts von Kielce. Das klingt überraschend, aber ich hatte nichts davon gehört, wohl von anderen Pogromen, aber nicht von Kielce. Ich war dabei, Polen zu verlassen, um nach Palästina zu gehen. Ich wollte

---

36   Kielce in Südpolen, 1941/42 Ghetto. 1939 lebten dort 24 000 Juden, 1945 noch zwei. Nach Kriegsende wurden am 4. Juli 1946 aufgrund ausgeprägter antisemitischer Ressentiments in einem geradezu mittelalterlichen Pogrom 42 inzwischen dort wieder lebende Juden ermordet sowie weitere fünfzig verwundet. Polen zerstörten dann auch das Grabmal für die 42 Ermordeten – erst 1987 wurde es wieder errichtet, zusammen mit einem Denkmal für 45 Kinder, die 1944 als letzte Überlebende auf dem jüdischen Friedhof von Deutschen erschossen worden waren.

37   Von Teilen der Kommunistischen Partei Polens wurde in den Jahren 1967–1969 eine heftige antijüdische Kampagne angefacht: Den Juden wurde Loyalität zum Zionismus vorgeworfen und man beschuldigte sie, verantwortlich zu sein für die starke Opposition vor allem jüngerer Polen. Juden wurden als Verräter denunziert, als Gesamtheit von der Parteimitgliedschaft ausgeschlossen, von ihren Arbeitsplätzen verwiesen und aus ihren Wohnungen vertrieben. In der Folge emigrierten die meisten der bis dahin noch in Polen lebenden Juden. Europas einst größte jüdische Gemeinschaft verschwand zunehmend, doch der Antisemitismus blieb auch ohne Juden virulent.

nicht bleiben. Ich war organisiert in einer Jugendgruppe, die sich auf die Übersiedlung nach Palästina vorbereitete, aber ich blieb durch einen Zufall in Polen. Ich wurde sehr krank und konnte nicht mitgehen. Ich begann zu studieren, um Journalistin zu werden, und fing an, Marx, Engels und Lenin zu lesen. Ich war beeindruckt. Ich hatte davon noch nie gehört. Sie schienen mir recht zu haben. Ich stellte mir vor, wir würden damit gegen Rassismus und gegen gesellschaftliche Ungerechtigkeit kämpfen. Ich glaubte daran. Dann lernte ich meinen Mann kennen, der ein überzeugter und anständiger Kommunist war, und ich glaubte ihm. Ich habe ziemlich bald darauf mein Parteibuch zurückgegeben. Aber von Kielce habe ich erst sehr viel später gehört.

Worin besteht der Unterschied zwischen 1946 und 1968?

Der Unterschied war ein großer: Kielce war ein Einzelereignis, von dem man nach wie vor nicht genau weiß, wie es zustande gekommen ist. Viele Leute schlossen sich dem Pogrom an, aber möglicherweise ging es vom Geheimdienst aus. 1968, das war eine organisierte Verfolgung, die von der Regierung ausging, und das wußte auch jeder. Viele Leute haben mitgemacht. Aber viele Leute waren auch damals dagegen. Man kann die beiden Ereignisse nicht vergleichen.

Gibt es Ihrer Meinung nach einen spezifischen polnischen Antisemitismus?

Der Antisemitismus vor dem Krieg hatte ganz andere Ursachen als der spätere Antisemitismus. Es gab ökonomische Faktoren – Konkurrenz zwischen Geschäftsleuten, zwischen Akademikern, Ärzten, Rechtsanwälten, die häufig Juden waren –, es gab religiöse Faktoren – die Christen beschuldigten die Juden, Jesus umgebracht zu haben, also eine lange christliche Tradition – und es gab kulturelle Faktoren. Die religiösen Juden sprachen eine andere Sprache, sahen anders aus und lebten sehr zurückgezogen, wollten auch ihrerseits mit den Nichtjuden nichts zu tun haben. Nach dem Krieg gab es kaum noch Juden in Polen – es sind heute etwa fünf- bis zehntausend im Vergleich zu drei Millionen vor dem Krieg.

Heute gibt es nach wie vor Antisemitismus, aber es ist gewissermaßen ein theoretischer Antisemitismus. Jeder, den man nicht mag, wird als ein „Jude" gesehen, daß heißt, jeder Feind kann als „Jude" bezeichnet werden, auch wenn er gar kein Jude ist. Und das ist mit der Situation vor dem Krieg gar nicht zu vergleichen.

Gad Beck

(geb. 1923 in Berlin, Deutschland)

In Berlin stand die Wiege des liberalen Judentums. Der letzte Oberrabbiner vor der Shoah, Leo Baeck, gilt bis heute als Leitfigur dieser religiösen Richtung des Judentums. So erinnerte man an ihn, als 1962 in Berlin die erste Jüdische Volkshochschule gegründet wurde, die Juden wie Nichtjuden offenstehen sollte. Von 1975 bis 1989 leitete Gad Beck diese Volkshochschule. Er wuchs in einer Familie auf, die sowohl dem Christentum als auch dem Judentum nahestand. Zeitlebens hat er sich offen zu seiner Homosexualität bekannt. In den Jahren 1933 bis 1945 leistete er Widerstand gegen die Nazis. Ab Februar 1944 übertrug der Leiter der Zentrale der zionistischen Organisation im Schweizer Exil, Nathan Schwalb, dem damals 21jährigen Gad Beck in Berlin die Leitung der zionistischen Untergrundorganisation „Chug Chaluzi". Deren Mitgliedern gelang es mit Becks Hilfe, fast geschlossen „im Auge des Hurrikan" zu überleben, mitten in Berlin, der Zentrale des NS-Terror-Systems.

1945 ernannten die Russen im besiegten Berlin den nunmehr 22jährigen zum ersten „Vertreter für jüdische Belange" – ihm jedoch kamen bald Zweifel darüber, wie wohlgesonnen die Russen den Überlebenden gegenüber tatsächlich waren. In München übertrug ihm die „Hechaluz" die Aufgabe, Juden aus den Lagern der „displaced persons" zu sammeln und ihre – noch immer illegale – Einwanderung nach Palästina zu organisieren. Dabei lernte Gad Beck auch Israels ersten Premierminister David Ben Gurion kennen, mit dem er zusammenarbeitete. 1947 nahm er – verfolgt vom britischen Geheimdienst – ein Schiff nach Erez Israel, das 1948 als Staat begründet wurde. Gad Beck blieb dort fünfzehn Jahre und sollte Diplomat werden. Doch Ben Gurion riet ab. Statt dessen studierte Beck Psychologie und arbeitete für die „Malben" in Tel Aviv, einer Organisation zur sozialen Eingliederung der Immigranten aus der Diaspora. In den sechziger Jahren baute Gad Beck in Deutschland den Deutsch-Israelischen Studentenbund „BDIS" mit auf und half als Zeitzeuge der 68er-Generation, ihren Eltern die richtigen Fragen zu stellen. 1974 folgte er einem Ruf aus Wien, der Geburtsstadt seines Vaters: Dort arbeitete er mit daran, die seit dem Krieg brachliegende Jugendarbeit wieder aufzubauen. 1978 holte ihn dann der damalige Vorsitzende der Jüdischen Gemeinde zu Berlin, Heinz Galinski, in die Stadt, um die Jüdische Volkshochschule zu leiten

1998 traf ich Gad Beck, um mit ihm für ein Rundfunk-Feature über jüdischen Widerstand zu sprechen. Es wurde daraus ein Gespräch über einen

Lebenslauf im 20. Jahrhundert, der an die Grenzen der Vorstellungskraft geht.

David Dambitsch: *Wir sitzen hier bei „Aschinger" – in Berlin einst ein Traditionsname für preiswerte Speisen – am Kurfürstendamm. Heute wird dieses Restaurant überwiegend von Flaneuren besucht, deren Füße vom Pflastertreten lahm geworden sind und die sich in gepflegter Atmosphäre erholen wollen. Während des Nazi-Regimes trafen sich hier ganz andere Leute?*

Gad Beck: Wir müssen etwas weiter ausholen. Zu Beginn des Nazi-Regimes war es ein ganz anderer Platz als gegen dessen Ende. Das hatte mit den Kriegsgeschehnissen zu tun. Das war einmal ein von Juden frequentierter Gesellschaftsraum; das Ganze war ein Kulturhaus mit Kinos und anderem, vor allem aber – und jetzt kommen wir zu dem Entscheidenden – war dieses „Aschinger" der fast weltberühmte „Zigeunerkeller". In diesem wunderbaren Haus spielte seit Jahrzehnten Darjos Bela, ein „richtiger", sozusagen vornehmer Zigeuner, und man tanzte. Es war angenehm hier, es war teuer; schauen Sie sich um: Man bräuchte einfach nur ein paar Hunderttausend, und dann hätten Sie hier wieder ein schönes Kellerlokal. Im Gegensatz zu Österreich, wo man an jeder Ecke tief unten in mit Steinen ausgeschlagene Räume kommt, hat Berlin unheimlich wenig davon. Aber hier haben wir so etwas. Warum war dieser „Zigeunerkeller" nachher so wichtig? Weil man im „Zigeunerkeller" auch während des Bombenalarms sitzen konnte. Die Räume galten als bombensicher. Da gab es dann nur feste Eisentüren, daß es – falls eine Mine kam – nicht „durchpustete". Man konnte am Kurfürstendamm direkt sehen, wann ein Bombenalarm fällig war. Dann rasten die Leute alle in den „Zigeunerkeller" hinunter und saßen dort, aßen und tranken etwas. Und es spielte Darjos Bela – sozusagen bis zum letzten Tag. Es war zwar keine Stimmung in der Bevölkerung dafür vorhanden, Zigeunermusik zu hören, aber er war engagiert und konnte sich dadurch von den Transporten nach Auschwitz retten. Seine Umgebung, seine Familie, ist nach Auschwitz deportiert worden und dort umgekommen.

Sie selbst waren damals auch oft hier – Sie waren Mitglied bei „Chug Chaluzi", einer Widerstandsgruppe mitten in Berlin, und ich denke, da spielt der Ort, an dem wir uns hier befinden, auch eine große Rolle?

Es war allein schon sehr günstig, wenn Alarm war – in den letzten zwei, drei Jahren hatten Sie doch hier in Berlin ununterbrochen Alarme –, dann saßen Sie sozusagen, fast wie alle anderen Menschen, in einem Luftschutzraum, der sympathisch war. Man konnte sich etwas bestellen, und wenn man etwas mehr Geld ausgab, bekam man auch Wein. Das war normal bis zum letzten Tag, so daß es für mich – mit dem schlechten Ausweis, den ich hatte, einer der sichersten Orte war, zumindest für die Zeit des Angriffs.

Mitten am Kurfürstendamm ...

... mitten am Kurfürstendamm. Ich habe diesen Platz als Treffpunkt gewählt für mein Zusammentreffen mit Diplomaten, die uns mit Geld versorgten, die aus der Schweiz kamen, und deren Geliebten; jeder Diplomat hat irgendwo eine Geliebte, und die vertraten die Diplomaten dann immer, die brachten mir das Geld oder auch mal schöne Lebensmittel, die ich brauchte. Das war einer der neutralsten Punkte, die es gab – man ging in den „Zigeunerkeller".

Können Sie sich noch an ein Treffen erinnern, das für Sie einen besonderen Erinnerungswert hat?

Meiner Meinung nach haben Sie mein Buch[38] gelesen, denn darin kommt so ein Treffen vor. Ich selbst habe meine Kindheit größtenteils in Berlin-Weissensee verbracht. Weissensee war das Zigeunerviertel, auf der sogenannten Pferderennbahn – später war das sogar einmal eine Radrennbahn –, dort lagerten die Zigeuner. Die beherrschten die Lebensmittelmärkte in Weissensee. Meine Mutter kaufte dort. Auch ich kannte die alle, denn in meiner Schule waren Zigeuner, das war selbstverständlich, ich wuchs richtiggehend mit ihnen auf. Die waren immer älter als die normalen Schüler der Klasse, weil die immer sitzenblieben, einmal, zweimal; das waren Burschen von dreizehn, vierzehn Jahren, und ich war erst zehn, klein und zart und blond. Sie haben mich buchstäblich geschützt vor den Größeren und vor den Wilderen. Es gibt ein Bild, wo ich mit einem der Zigeuner zusammensitze, schmutzig aussehend, das muß man sagen; ich erinnere mich auch, daß sie sehr stark rochen. Aber sie waren von einer Güte, ganz anders als die nun beginnenden Hitler-Jungen. Und sie reagierten anders: Sie blieben die lockeren, fröhlichen Menschen, die eigentlich noch immer nach Anerkennung suchten. Man sollte nett zu ihnen sein, was ich tat, weil ich sie viel interessanter fand – zumindest die mit den schwarzen Augen, die mir gut gefielen – als die deutschen Burschen, die mit blauen Augen und kurzen, stoppeligen, ekelhaft kurzen Haaren herumliefen. Die waren uninteressant im Gesicht. Gut, man verliert sich, wenn man dann auf ein Gymnasium geht und wenn dann Jahre dazwischenliegen, aber 1932 war ich noch mit den zwei oder drei Zigeunern meiner Klasse zusammen.

Eines Tages, 1942, stehe ich hier am Kurfürstendamm. Ich hatte zu dieser Zeit wunderschöne Kleidung, denn die Schweizer hatten mich mit herr-

---

38   Gad Beck, *und gad ging zu david – Die Erinnerungen des Gad Beck,* Berlin 1995.

lichen Sachen ausgestattet; ich sollte gut angezogen sein, ich sollte sozusagen anders wirken, als die schon schäbig gekleidete Bevölkerung. Ich hatte einen italienischen Hut und Schuhe mit Chromsohle, es war also alles fast perfekt, und ich fiel auf. Da sah ich einen jungen Mann mit sehr elegantem Hut, ich hatte den Eindruck, daß es ein „Borsalino" war – ich mag keine Männer mit Hüten, ich finde, daß dann die männliche Erotik verlorengeht –, der aber sah blendend aus. Und er rannte schnell in diesen Keller. Ich hatte eigentlich eine Verabredung mit einer Dame, dachte aber, wenn der so schnell rennt, und hinter ihm kamen noch andere, ist sicher wieder Bombenalarm, und ging auch in diesen Keller. Auf der Treppe blieb er abrupt stehen. Er hatte Angst, verfolgt zu werden, denn ich raste buchstäblich hinter ihm hinunter: „Du bist der Gerhard", sagte er. Er war der Herzberg, wir beide waren in einer Klasse. Es ist unfaßbar. Dann saßen wir hier. Es waren schon fast alle Zigeuner fort und dieser, mein Herzberg, war Zweiter Geiger in der Philharmonie, spielte aber nicht mehr, und sein Aufenthalt hing nur mit seinem Spiel in der Philharmonie zusammen; er war „fällig" für die Deportation, hielt sich aber hier eben auch „schwarz" auf, zusammen mit Darjos Bela. Die Familien waren wohl früher einmal zusammen gewesen, Darjos Bela hatte noch seine Frau – und Herzberg hatte gar keinen Menschen mehr. So hatte ich nun durch diesen Jungen ganz fest meinen sicheren Aufenthaltsort hier. Dann ging es los: Er konnte mir – weil er kein Geld und ich viel Geld für meine Gruppe hatte – tolle Lebensmittel liefern und ein dreiviertel Jahr blieben wir in ganz engem Kontakt, befreundeten uns auch richtig, und ich weiß, daß er überlebt hat. Was später geschah, weiß ich nicht. Er ist natürlich verbunden mit diesem Haus – wenn ich hier hereingehe, weiß ich noch: In diese Nische haben wir uns gesetzt. Solche Räume in einer solchen Zeit hängen mit den Menschen zusammen, die sich dort treffen.

Es fällt uns Kindern im Nachkriegs-Deutschland sehr schwer, uns das Leben, den Alltag im NS-Staat überhaupt vorzustellen. Unsere Vorstellungen von jener Zeit sind geprägt von amerikanischen Filmen, in denen gezeigt wird, daß im Deutschland jener Jahre alles grauer, humorloser, grundsätzlich besetzt war mit Angst. Wie haben Sie Berlin in jenen Jahren erlebt?

Was man nicht darf – ich tue es dennoch: Diese Frage wäre nicht gefallen, hätten alle Berliner mein Buch gelesen. Darin wird das beschrieben, speziell der graue Alltag, keine sensationellen Dinge, die sich ereigneten. Selbst für Illegale und für illegale Gruppen gibt es einen Alltag. Hänschen Rosenthal[39], der zu meiner Gruppe gehörte – ich wußte aber nicht, daß es Hänschen Rosenthal war, Hänschen Rosenthal war ohnehin kein Begriff damals

---

39 Der später erfolgreiche Quizmaster Hans Rosenthal (1925–1987) hatte die Jahre 1943

–, ließ ich einmal eine große Schwarte Speck zukommen. Ich ahnte gar nicht was, ich damit angerichtet habe. Natürlich tat ihm das wohl; es war auch noch Weihnachtszeit, es war kalt, und er bekam nur Brot, denn die Leute, die für ihn sorgten, konnten für sein Brot garantieren, aber für nichts anderes. Als ich ihn später wieder traf, sagte er zu mir: Jetzt weiß ich, daß du mir diesen Speck geschenkt hast. Weißt du – nicht weil ich Jude und koscher bin, das bin ich gar nicht, aber Speck esse ich nie wieder. Monatelang aß er Brot mit Speck. Das war nun sein Alltag, das Speck-Essen. Es gab eben auch gar nicht so wenig Humor, wenn auch Galgenhumor. Ich bin sicher – ich selbst habe später Psychologie studiert –, daß der Mensch, der in derart grauer und qualvoller Zeit lebt, die angefüllt ist mit Angst, geradezu danach drängt, dann und wann auch einmal an etwas zu denken, worüber er lachen kann. Das haben mir junge Burschen, die manchmal bis zu dreißig Tage nicht aus ihrem Keller herauskamen, gesagt: Vorgestern nacht habe ich plötzlich angefangen, zu lachen. Warum? Da habe ich an das und das gedacht. Das heißt, der Mensch – und das haben mir später auch Menschen aus den KZ erzählt – kommt als Ausweg auf Gedanken, die ihn zum Lachen bringen; sei es ein Witz, den er in der Kindheit gehört hat, sei es, daß er ihn mit einer Sache in dem Raum, in dem er sich gerade befindet, in Verbindung bringt. Es ist nicht so, daß der Alltag nur grau war. Der graue Alltag hatte immer auch etwas Positives: Wenn der Bombenalarm zu Ende war, und man hat ihn im Keller überlebt, konnte man auch aufatmen. Das taten sie dann auch. Dann besuchte ich manchmal diese versteckten Freunde, und sie sagten: Wir sind alle noch am Leben, wir haben das gestern wieder überstanden, und dann kam fast ein Lächeln, das heißt, der Mensch sucht nach für sich selbst beruhigenden Möglichkeiten. Dazu gehört etwa – um das nur noch mit diesen wunderbaren Räumen zu verbinden –, daß ich, wenn ich sicher war, hauptsächlich mit Mädchen oder Frauen diesen „Zigeunerkeller" auch besuchte, um die einfach einmal wieder in diese Atmosphäre zu bringen: Nun bin ich gleich mit denen, die da sitzen und sich etwas bestellen, das gehört mit dazu. Da spielte dieses von mir gefundene Café – ich hatte noch ein anderes, das „Café Reimann" – eine große Rolle.

Ein Stück Würde. Wie würden Sie die Mentalität der Deutschen damals beschreiben?

Wir wollen nicht beginnen mit diesem Buch[40], das von dieser Mentalität handelt und im Moment Wogen schlägt. Ich lasse auch das Wort „damals" weg. Ich habe eine deutsche Mutter, ich habe deutsche Verwandte und könnte

---

bis 1945 in Berlin im Versteck überlebt.
40   Daniel J. Goldhagen, *Hitlers willige Vollstrecker. Ganz gewöhnliche Deutsche und der Holocaust*, Berlin 1996.

dieses böse Wort „arisch" hinzufügen. Die haben eine Mentalität, die hatten eine Mentalität, und die haben sie heute wieder oder immer noch – es ändert sich nichts. Warum? Da kommen wir zu dem berühmten Begriff „Fremdenfeindschaft", die sie gar nicht haben. Wissen Sie, was die haben? Fremdenangst! Fast alle Kulturen – ich denke nur an die englische, spanische, französische – haben sich viel lebendiger entwickelt als die des großen Kaiserreiches Deutschland. Die Deutschen sahen: „Guck' mal, wie die Wiener Kaffee trinken, wie fröhlich die in den Weinbergen sind – das haben wir ja hier in Berlin nicht." Sie sind irgendwie kulturell ins Hintertreffen geraten, was mir – würde ich ein solches Buch schreiben, würde ich dieses wahrscheinlich als zentralen Punkt ansehen – ihre Aggression bestätigt. Man ist aggressiv, wenn einem etwas fehlt, wenn man irgendwie nachhinkt. Und die hinkten nach. Ich erlebe heute – nun bin ich uralt und sitze wieder in den Cafés und höre mir auch oft an, was die so sagen –, daß sie das gleiche sagen, was sie in der Hitler-Zeit gesagt haben. Denn sie haben nicht immer nur die Hitlerschen und Goebbelsschen Thesen im Mund gehabt, so gebildet waren die gar nicht. Die sind ja nicht einmal mitgekommen, um das zu verstehen, was der Goebbels in seiner Zeitung[41] geschrieben hat. Die haben genauso herumgestottert, wie sie es heute wieder tun: „Ach so, ja, möglich" – es kommt zu keinem richtigen Satz, zu keiner Aussage. Das ist eine Mentalität, die ich als deutsche bezeichnen würde – wenn das dann noch mit einem Dialekt verbunden ist, ist es überhaupt furchtbar; dann klingt das gar nicht so uninteressant, aber es steht nichts dahinter.

Welche historischen Daten, die zur Kennzeichnung der totalitären Verfolgung der jüdischen Bevölkerung unter deutscher Herrschaft immer wieder genannt werden, hatten für Sie und Ihre Gruppe direkte, persönliche Konsequenzen?

Da gibt es ein mögliches Mißverständnis: Stellen Sie sich eine Gruppe nicht wie einen Kegelverein vor oder eine Gesangsrunde. Diese Gruppe kennt sich zum Teil gar nicht. Sie fing vielleicht so an, nehmen Sie beispielsweise Jizchak Schwersenz[42], der eine Gruppe auf der Basis der Pfadfinder gründete. Aber so kann man dann nicht leben, wenn wirklich immer mehr Menschen in Gefahr sind. Da kann man keine Gruppe bilden, die sich auf dem Bahnsteig zuwinkt – was mal geschehen ist –, wenn man sich draußen traf. Vielmehr sollten die gar nicht voneinander wissen. Das ist keine Gruppe, auch wenn wir sie heute so nennen. Das waren viele, viele einzelne, die über ir-

---

41 Gemeint ist *Das Reich*; vgl. dazu *Facsimile Querschnitt durch „Das Reich"*, eingeleitet von Harry Pross, hrsg. von Hans Dieter Müller, München, Bern, Wien 1964.
42 Jizchak Schwersenz war leitend tätig in der Jugend-Alija, die jüdische Kinder auf ein Leben in Palästina vorbereitete. Sein Buch dazu: *Die versteckte Gruppe*, Berlin 1988.

gend jemanden zueinander fanden und die dann in einen Kreis hineingezogen wurden, ohne den sie nicht hätten überleben können, das ist mir heute klar. In diesem Kreis bzw. für diese Leute spielten die Nichtjuden die Hauptrolle – ohne Nichtjuden hätten die Juden, die zu meinem Kreis gehörten, nicht überlebt. Ich selbst habe erst im Laufe der Nachkriegsjahre in etwa einen Überblick bekommen, wie viele es waren: Wem mußten wir helfen, wo ist noch eine Familie. Oder: Die waren auch dabei oder die aus dem und dem Arbeitslager für Frauen im Harz – diese Menschen waren mit uns verbunden. Ich nenne das Ganze auch eine „illegale Bewegung" – Bewegung aber nur dann, wenn ich die Deutschen mit einbeziehe. Denn die haben etwas so bewegt, daß diejenigen überleben konnten, die in völliger Passivität dahinsiechten. Wäre da nur ein Termin ausgefallen, ein Datum, wie wir so schön sagen, hätten die auch verhungern können. Es gibt also kein Datum, das für diese Bewegung entscheidend hätte sein können. Wenn man heute jemanden fragt – ich denke dabei an meinen Bruder –, was würde der antworten? Der würde sagen: Das Schlimmste war der Anfang und das plötzliche Alleinsein ohne Familie, das Wissen „die sind weg", dann die furchtbare Angst vor den jüdischen „Greifern", etwa Frau Stella[43]. Mein adoptierter Bruder wurde von ihr geschnappt, ich auch. Das sind Eckdaten, die in den Alltag der Illegalen eingreifen. Plötzlich verändert sich etwas, und wenn, dann zum Schlechten. Was alle im Grunde genommen mit sich herumtrugen, war die Erinnerung an den 9. November 1938[44], weil an diesem Tag, für jede einzelne Familie, die Bedrohung spürbar wurde, erstmals eine Veränderung eintrat, und zwar so stark, daß selbst später die Zwangsarbeit, die auch wiederum Alltag wurde, nicht die entscheidende Erinnerung war. Das letzte Datum, was alle mit sich herumtrugen, die illegal waren, waren eben die letzten Monate, bevor die Listen kamen: Wie sie alle weggingen, also alle Lieben, es wurden immer weniger, die um sie herum waren. Aus welchen Gründen auch immer, blieben sie dann zurück und entzogen sich sozusagen dem

---

43   Die Jüdin Stella Goldschlag war bereit, versteckt lebende Juden an die Gestapo zu verraten, um ihre Eltern vor der Deportation zu bewahren. Bis heute ist unbekannt, wie viele Menschen durch sie umgekommen sind. Ihre Eltern hat sie nicht retten können, dennoch aber machte sie weiter. 1993 hat der amerikanische Journalist Peter Wyden (in Berlin als Peter Weidenreich geboren, 1937 mit den Eltern in die USA emigriert), der einst in Berlin mit Stella Goldschlag zur Schule gegangen war, über sie ein Buch geschrieben mit dem Titel *Stella*, das er im selben Jahr auch in Deutschland vorstellte. Raul Hilberg, Nestor der Holocaust-Forschung, urteilt: „Ein dunkles Kapitel in der jüdischen Geschichte – ein fesselnder Bericht über jüdische Verräter in Berlin, die während des Holocaust Jagd auf ihre Glaubensbrüder und -schwestern machten" (Raul Hilberg in der Pressemitteilung des Verlags zu Peter Wyden, *Stella*, Göttingen 1993).

44   Gemeint ist der Novemberpogrom von 1938 gegen Deutschlands Juden, von den Nazis euphemistisch als „Reichskristallnacht" bezeichnet.

Transport. Das sind die Daten: 9. November, Transport, Abfahrt, Illegalität. Die Illegalität in den anderthalb bis zwei Jahren, die war dann ganz klar geprägt durch Angst, wie alle Illegalen Angst haben vor Entdeckung, und nicht einmal Angst vor Hunger. Denn das haben wir eigentlich immer erreicht, daß wir unsere Illegalen satt bekommen haben – mal mehr, mal weniger. Das haben wir immer erreicht. Das allein, das stellte sich später heraus, war das einzige, was hängenblieb: Wir lebten uns völlig auseinander: Leute gingen nach Amerika, nach Israel, dann erst entfaltete sich jeder einzelne, und es stellte sich heraus: der kann nicht mit dem, die können überhaupt nicht harmonieren, das geht alles überhaupt nicht. Da fiel der Begriff Gruppe weg. Aber was blieb, ist: Durch „Chug Chaluzi" oder durch Gad – für die ehemaligen Illegalen waren das dann später die Begriffe – habe ich überlebt. Es geht dann zum Schluß ganz aufs Persönliche.

Wo gab es hier in Berlin jene Nischen, in denen Sie mit Ihrer Widerstandsarbeit – Organisation des Überlebens der etwa vierzig Mitglieder zählenden zionistischen Jugendbewegung „Chug Chaluzi" – Rückhalt fanden?

In demselben Moment, als es vierzig waren – das ist weniger als die Hälfte von denen, die insgesamt dabei waren – hat es schon nichts mehr mit dem zionistischen Grüppchen zu tun. Das zionistische Grüppchen hörte auf, als die Transporte sozusagen beendet waren – so, nun sind nur noch die da! Das stellte sich dann erst 1942, nach der Aktion in der Rosenstraße[45], heraus: Die „Mischlinge" sind für uns sichere Adressen, Hitler hat sie nicht nach Auschwitz geschickt und wird es wohl nicht mehr tun; die ganze Entwicklung verlief so, daß die weich wurden, und nicht wir, die Illegalen. Da konnten wir auch den Kreis vergrößern, weil wir durch die Hilfe bekamen. Es war am sichersten, wenn einer der Untergetauchten in einer „Mischfamilie" war, dann passierte viel weniger, als wenn jemand bei Christen war, die vielleicht kommunistisch waren, was wir nicht wissen konnten. Das waren die Beziehungspunkte, die sie hatten. Das hat mit Zionismus wenig zu tun. Dieser zionistische Rummel mit Gebeten, Feiertagen, gemeinsamen Treffen und Singen von hebräischen Liedchen wurde immer weniger – das klingt herrlich und ist auch sehr romantisch. Aber ich war immer ein Gegner davon, weil ich kein bündischer Typ bin. Ich fand es im Grunde genommen lächer-

---

45 Im März 1943 waren nach brutaler Menschenjagd die jüdischen Ehepartner aus sogenannten „Mischehen" in die Berliner Rosenstraße zur Deportation in die Vernichtungslager gebracht worden. Tausende Protestierende, vor allem Frauen, erzwangen die Freilassung ihrer jüdischen Angehörigen. Es war dies eine einzigartige, gewaltlose, offene Widerstandsaktion in Nazi-Deutschland. Der US-Historiker Nathan Stoltzfuss hat darüber das Buch *Widerstand des Herzens – Der Aufstand der Berliner Frauen in der Rosenstraße – 1943,* München, Wien 1999, veröffentlicht.

lich, es hat den Leuten aber etwas gegeben. Da sangen die irgendwelche ganz leise Lieder mit ganz falschem hebräischem Text, den sie gar nicht übersetzen konnten; sie wußten also gar nicht, was sie sangen. Damit war ein Ziel verbunden: Das ist ein freies Land für mich, in einem freien Leben. Das stimmte gar nicht. Nach Kriegsende ging es nach Amerika oder nach Kanada oder sie blieben hier und machten Millionengeschäfte. Aber in jener Situation – die eben die unglücklichste für Menschen sein kann, die es gibt, wenn man merkt, daß man ein „Luftmensch" ist, man ist nicht da –, in dieser Situation doch irgendwo ideologisch etwas zum Anfassen, zum Greifen zu haben, das war entscheidend. Da haben wir dann überhaupt nicht mehr über Zionismus gesprochen, das Wort fiel dann ganz weg. Erst einmal ging es um das Überleben, und dann ist unser Ziel der Aufbau. Das klingt dann sehr schön für die Nachwelt – Schwersenz ging in die Schweiz, um die Reste, um das Fähnlein der jüdischen Aufrechten dahinzubringen. Das ging natürlich später bis nach Washington – aber das hatte gar nichts mit der Frage zu tun, wie wir es nun schaffen, hier zu überleben.

Sie erwähnten die „Greiferin" Stella Goldschlag. Was war für Sie der gefährlichste Moment, den Sie in Berlin im Untergrund erlebt haben?

Einige der Leute spürten sie schon einige Male. Sie war denen auch sehr nahe auf den Fersen. Und zwar war das sehr einfach: Zu Anfang denunzierte sie noch in Caféhäusern, aber später brauchte sie einfach nur in große Luftschutzbunker zu gehen, die geschlossen wurden, wenn die Leute drin waren. Dann schaute sie sich diese an. Ich hatte zwanzig bis dreißig Bilder von ihr kopiert, so daß meine Leute wußten, wer sie ist. Mein Adoptivbruder ist in einem großen Bunker von ihr gestellt worden. Und er hat sich gefragt: Wie komme ich hier heraus? Es war alles geschlossen, aber er ist ihr entwischt, mit dem Baby einer Frau, bei der er untergekommen war. Er nahm sich einfach dieses Baby und ging mit ihm zur Toilette. Er ging an ihr vorbei und fragte: Zur Toilette? Er sprach sie an, als ob diese beiden nun dorthin wollten, und sie hat nicht richtig reagiert.

Dann wurden wir beide doch verhaftet durch Mitarbeiter von ihr – sie hatte massenweise Mitarbeiter, Juden! Weil ein Christ auf einen Juden hereinfiel, und der Christ war einer unserer großen Stützen – den verhafteten sie und haben ihn gleich erst einmal so zerschlagen, daß er die Adresse angab. Da hatte sie mich. Und ich traf sie dann. Denn alle diese Leute, inklusive der Gestapo-Chefs – wo waren die, wenn Bombenangriffe kamen? In denselben Kellern, in denen auch ich war, das ist doch ganz klar. Da sagte dieser Gestapo-Chef aus dem Berliner Bezirk Gesundbrunnen/Schulstraße: „Nun, jetzt haben Sie Angst, was?" Da sagte ich: Natürlich habe ich große Angst – vor den Bombern. Sie doch auch! Der saß dort unten auch mit halb vollgeschissener Hose, und sie saß daneben. Auch sie war über Nacht dort. Das ist dasselbe wie im Irrenhaus: Die Wärter sind auch immer dort, wo ihre Irren sind. Da saß sie, ich guckte sie nur an, aber sie wird Angst gehabt haben müssen vor den nächsten Monaten – das steht auch, glaube ich, in meinem Buch. Ich war sicher: Das geht zu Ende. Ich war sicher: Ich überlebe es. Zu dieser Zeit hatte sich schon Graf Bernadotte[46] für mich und andere eingesetzt. Ich wußte also, daß sie mich nicht erschießen werden. Es gab dann später noch einmal Momente, wo es hätte geschehen können, aber es geschah nicht.

Etwa 1992 hat der Fernseh-Journalist Ferdinand Kroh ein Interview mit Stella Goldschlag gemacht, ungefähr eine dreiviertel Stunde lang, das sie in voller Größe zeigt. Noch immer ist sie eine bildhübsche Frau, weißhaarig, sehr modern, sehr gepflegt – und Kroh spricht mit ihr, so wie Sie jetzt mit mir sprechen. Sie lebt in der Nähe von Stuttgart, nicht so ganz verborgen, lebt aber letzten Endes in einem Gefängnis, mit ungeheurer Angst. Sie gibt im Interview auch eine Zahl an: Mindestens dreihundert Menschen hat sie der Gestapo übergeben. Kroh fragt sie und sie sagt: „Ich habe einmal eine schöne Zeit gehabt mit meinem letzten Mann, ein Autobus-Chauffeur, der ist mir gestorben; meine Tochter will nichts von mir hören, sie lebt in Israel, ist dort Krankenschwester. Und ich habe für niemanden zu leben und bin unglücklich." So endete der Film. Das schockt unsere Bevölkerung, die stehen sofort auf ihrer Seite: Die Tochter will mit ihr nicht reden – das bleibt hängen –, nun ist sie alleine, und der Mann ist auch noch tot. Damit kann sich jeder identifizieren. Diese Sendung war ein riesiger Erfolg für Kroh und den Sender. Die haben tolle Briefe bekommen, aber es wird darin nichts davon gesagt, daß diese Frau Furchtbares getan hat. Selbst Wyden schildert sie in seinem Buch[47] recht positiv, denn er war in sie verliebt, er war es bis zu seinem Tode. Ich bin ihm auch begegnet, als er Berlin besuchte.

Herr Beck, woraus haben Sie eigentlich Hoffnung und Kraft zum Widerstehen geschöpft in dieser Zeit?

---

46 Graf Folke Bernadotte (1895–1948), Neffe des schwedischen Königs Gustav V., vertrat während des Zweiten Weltkriegs das schwedische „Rote Kreuz" beim Gefangenenaustausch zwischen Deutschland und den Alliierten, wurde 1943 zum Vizepräsidenten und 1946 zum Präsidenten des „Roten Kreuzes" ernannt. Bei den Verhandlungen mit SS-Chef Heinrich Himmler im März und April 1945 gelang es ihm, die Freilassung von über 7 000 skandinavischen Staatsbürgern zu erreichen, darunter über 400 dänische Juden aus dem KZ Theresienstadt. Später erreichte er die Freilassung von 10 000 Frauen aus dem KZ Ravensbrück nach Schweden; 2 000 von diesen – unterschiedlicher Nationalität – waren Jüdinnen. Als 1948 der Staat Israel gegründet wurde, fungierte Graf Bernadotte als Unterhändler zwischen Israel und dessen arabischen Nachbarn und fiel am 17. September des gleichen Jahres einem Attentat zum Opfer.
47 Peter Wyden, *Stella*, Göttingen 1993.

Hoffnung ist eine Kraft, ich habe nie die Hoffnung aufgegeben. Das ist jetzt viel einfacher zu sagen, als man das damals wirklich empfand. Hoffnung ist eine Sache, die man empfinden muß. Hoffnung schlägt sich als Kraft nieder, und das empfindet man. Jede Nachricht, die ich aus der Schweiz bekam, und jeder noch so verklausulierte Satz machte diese Hoffnung stärker: „Man spricht von euren Kindern", oder: „Nun hat auch der gute Onkel Roosevelt, der nun auch von den kranken Kindern weiß, daß die kranken Kinder nun doch endlich einmal in ein Sanatorium kommen werden" usw. – und im selben Moment öffnen sich die Kellertüren! Man denkt an uns, man tut etwas. Ich hatte die Adressen mit Namen von gefangenen Mädchen, die im KZ, die in Arbeitslagern waren, herausgefunden und konnte diese an die Schweiz weitergeben. Sie bekamen dann von dort Zucker, Traubenzucker. Also: Man konnte obendrein noch etwas tun. Das sind Momente, in denen man Kraft bekommt. Oder wenn eine – auch illegale – Freundin mir zum 21. Geburtstag seidene Unterhöschen schenkt, die sie aus einem seidenen Unterrock für mich gemacht hat. In demselben Moment habe ich gedacht: Das Leben geht doch weiter, jetzt trage ich seidene Unterhöschen. Meine gesamte Familie fiel auf den Hintern – diese Frau, die doch viel älter war als ich, schenkte mir so etwas: „Da muß sie doch deine Größe wissen! Und wenn sie deine Größe weiß, schläft sie doch mit dir!" Für meine Familie – die ja nicht illegal war – galt: Eine Frau legt sich mit einem Mann ins Bett, wenn sie ihm seidene Unterhöschen kauft. Dieser Moment tat ungeheuer gut.

Ich habe Sie auch deshalb nach Ihrer Hoffnung zum Widerstehen gefragt, weil Sie das sehr harsche Verdikt von Hannah Arendt kennen: die Juden hätten sich „wie Schafe zur Schlachtbank" führen lassen, und es habe eben auch insbesondere im deutschen Judentum eine Passivität gegeben.

Erstens ist Hannah eine Generation älter. Hannah hat nach Möglichkeit mit den total assimilierten Juden in einer jüdischen Bürgerlichkeit gelebt, die bürgerlicher waren als die Deutschen. Hier ist ein Bezugspunkt zu diesen zionistischen Bünden: Die Kinder dieser Bünde wuchsen um die dreißiger Jahre herum antibürgerlich auf, so wurden sie erzogen. Sie richteten sich gegen die Eltern: „Keine Krawatten tragen!" Ab 1934 entwickelten sie sich zurück zum Judentum – nicht Hannah und ihre Leute. Die blieben Großbürger. Das jüdische Großbürgertum.

Ich selbst habe eine furchtbare Entdeckung gemacht. Wir haben hier eine wunderschöne Aktion veranstaltet: Wir haben – ich glaube, es war zum 9. November – aus dem Berliner Buch der Transporte der Juden einen Tag und eine Nacht lang Namen verlesen, einzelne konnten die Namen verlesen. Da stoße ich – und habe das dann auch gleich gewählt – bei dem Abdruck eines Plakats auf den Buchstaben B, Barkowski, und sehe eine ganze Reihe, zwölfmal Barkowski. Das waren fünf Brüder. Jeder hatte ein Geschäft mit einer Million Reichsmark – das war viel Geld damals –, und die haben es nicht geschafft, ins Ausland zu gehen. Alle sind umgekommen! Sie hatten eine kranke Tochter und eine, die rechtzeitig nach Israel ging. Die haben sie weggeschickt. Alle anderen sind umgekommen. Und sie hatten eine Schwester in den Vereinigten Staaten, die besaß einen Rüstungsbetrieb mit dreihundert Angestellten. Das war damals gar nicht wenig. Und die haben es nicht geschafft. Die haben sich nicht rechtzeitig trennen können. Ich war in deren Betrieb beschäftigt. Am 9. November 1938 waren sie natürlich unglücklich: Der Betrieb war kaputt, die fünf Geschäfte wurden nicht mehr eröffnet. Aber ein Jahr vorher – man wußte in etwa, was auf einen zukommt, natürlich nicht direkt – ist einer der Brüder nach Karlsbad gefahren, wie immer, früher, hat da eine Kur gemacht, ist von Karlsbad zu seiner Schwester in die Vereinigten Staaten gefahren und kam zurück. Und er erzählte mir, dem kleinen Lehrling: „Meine Schwester kann nicht für uns alle ‚gut sagen', wir werden wohl nicht zu ihr fahren können." Stellen Sie sich vor, wie viele hätten gerettet werden können, wenn sie in den Vereinigten Staaten unterstützt worden wären! Sie hatten aber nicht so viele Gelder. Da stehe ich im Gegensatz zu fast allen, die sagen: „Unser amerikanisches Judentum hätte es vermeiden können, die waren so reich" – stimmt nicht! Die sind ausgewandert, sagen wir am Anfang des Jahrhunderts, und waren dann, 1933, noch nicht vermögend. Vielleicht haben sie ihr Vermögen durch den Zweiten Weltkrieg vergrößert. Ich entbinde sie also von dieser falschen Forderung, die wir Leute, die hier überlebt haben, stellen: Die hätten uns retten können. Sie hätten mehr tun können, sie hätten uns in dem Moment retten können, wenn sie in der Regierung durchgesetzt hätten, daß sie Gelder dafür ins Ausland geben. Die amerikanische Regierung – wer es auch immer war – hat das erst 1943 aufgehoben. Da konnte man offiziell Gelder in die Schweiz schicken. Vorher nicht. Bis dahin haben die Amerikaner mit Recht gesagt: Alles Geld endet bei Hitler, wohin wir es auch nach Europa schikken.

Und nun: Was heißt „Schlachtbank"? Das kann nur eine Frau schreiben, die so spießbürgerliche Vorstellungen hat. Deutsche und andere Ausländer sind doch ebenfalls zu Hunderttausenden zusammengetrieben worden, um in Konzentrationslager deportiert zu werden, weil das ein Zeichen einer Epoche war. Und wenn die Deutschen hier Lastwagen voll mit Menschen gesehen haben, war das etwas Alltägliches, denn: Es gab manchmal für Tage oder für Stunden keine Straßenbahnen und keine Autobusse, also fuhren die immer Leute irgendwo hin auf Lastwagen. Es ist doch lächerlich, wenn man bedenkt, daß die Nazis ihnen auch noch versprochen haben: „Theresienstadt, das ist ein Altersheim" – sie haben sogar noch dafür bezahlen müssen. Sie sind also betrogen worden. Sie sind doch nicht dorthin gegangen, weil sie gesagt haben: „Nun, was kommen wird, kommt." Irgendeine Hoffnung war doch bei ihnen vorhanden. Ich war vielleicht etwas kritischer als die meisten anderen. Als ich hörte, daß die ersten Transporte aus der Großen Hamburger Straße weggingen – nämlich aus dem Altersheim! –,habe ich sofort geschaltet und gesagt: „Die gehen doch nicht zur Arbeit in den Osten. Das ist doch eindeutig. Die sind hier überflüssig, da wird man sie dort – was weiß ich – in ein Hotel setzen?"

Die uns geführt haben, inklusive Leo Baeck[48], waren eben Hannah-Arendt-Leute. Wenn sie es sich vorstellen konnten, dann haben sie gesagt: „Die Dimension, die können wir gar nicht nachvollziehen. Wir können uns nicht wehren", weil sie gesehen haben, daß andere sich auch nicht gewehrt haben. Auch Deutsche haben sich nicht gewehrt, auch sie sind erschossen worden aus irgendwelchen Gründen. Das ist also die Auffassung einer spezifischen Generation. Uns Jüngeren – und ich war damals eben ein Jüngerer –, war ganz klar: Wir glauben es nicht. Das habe ich auch als Begründung angegeben: Ich gehe in die Illegalität, weil ich weiß, daß solange ich in diesem, meinem Berlin bin, mit den vielen einfachen, schlichten, meistens armen Christen, der Hauch einer Chance besteht, gerettet zu werden. Nicht in Polen – die mögen uns nicht. Wären die Deutschen solche Antisemiten gewesen wie die Polen, hätten sie die Juden hier auf der Straße erschlagen. Das haben sie nicht getan. Ich bin der Meinung, sie sind keine größeren Antisemiten gewesen als die Engländer und die Franzosen. Sie haben ein „Programm" durchgeführt. Das habe ich erkannt und mir rechtzeitig gesagt: Die Zwangsarbeit war für mich hier schon entsetzlich, aber hier kehre ich abends zurück in mein Bett, in einen Wohnblock. Wenn ich nach Polen komme, wo ich die Sprache nicht beherrsche, in eine fremde Umgebung, zu Menschen, die uns nicht mögen, und die Arbeit wird garantiert nicht leichter sein, es wird wahrscheinlich irgendeine Kriegsgeschichte sein – dann bin ich verloren. Ich war mir also bewußt, daß ich mich diesen Dingen – obwohl ich nichts davon wußte, aber es lag doch auf der Hand, daß es nicht schön sein würde – entziehen muß. Aber das ist schon, bei Gott, der Vorgang im Gehirn eines jungen Menschen. Und was hat mein Vater gesagt, als

---

48 Rabbiner Leo Baeck (1873–1956), gilt heute als einer der bedeutendsten Repräsentanten des deutschen Judentums. Nachdem die Nazis 1933 in Deutschland die Regierung übernahmen, weigerte er sich, Deutschland zu verlassen und wurde Präsident der „Reichsvertretung der Juden in Deutschland". 1943 in das KZ Theresienstadt deportiert, wurde er 1945 befreit. In London war er nach dem Krieg als Präsident der „World Union for Progressive Judaism" Mitbegründer des Reformjudentums.

wir in Israel waren? Nachdem wir befreit waren und eine nette kleine Wohnung bekamen – alles war so klein und süß, heute würde man sagen, wir bekamen eine Laube –, da saßen wir auf der Terrasse, und mein Vater sagte: Ist das schön, Kinder, daß wir das erleben, und nun kommt unsere Tochter mit ihrem Baby. Wir waren eine Familie in der wunderschönen Freiheit des damaligen Israel. Und da steht er auf, klopft auf die Wände und sagt: „Tate, wos biste un Meschuggener" – er kehrte zum Jiddisch zurück, denn das war seine Muttersprache, und als wir frei waren, sprach er Jiddisch. Da sagte er: „Mann, ich kann es nicht glauben, Juden bauen Häuser und die stürzen nicht ein." Für ihn war dieses Deutsche bis zuletzt das Vorbild. Man muß das einmal begreifen: Da entwickelt sich eine Minderheit in einem sich erst langsam entwickelnden Staat – denn Deutschland wurde erst Deutschland – mit fast allen Rechten, die Deutsche nun auch haben; mein Vater war ein kleiner Wiener, der lebte hier und wuchs nun plötzlich hinein in dieses werdende Deutschland; die Juden waren stolz auf die Deutschen. Ich will nicht wissen, wen die Juden gewählt haben, wen mein Vater gewählt hätte, wenn er nicht Österreicher gewesen wäre. Das muß man begreifen. Ich konnte schon anders denken, aber nicht die Generation meiner Eltern. Die dachten, die Deutschen haben uns groß gemacht, der Film ist unser, die Zeitungen sind unsere, die Theater sind unsere, man bejubelt unsere Leute.

Wenn mehr Juden gegen das nationalsozialistische Programm, gegen die sogenannte „Endlösung" gekämpft hätten, hätten mehr Juden überlebt – diese Vorstellung ist weit verbreitet. Wie denken Sie darüber?

Diese Vorstellung kann überhaupt nur durch Leute verbreitet werden, die nicht in diesem Raum gelebt haben. Was hätten sie dagegen machen können? Die Deutschen haben es nicht fertiggebracht; die einflußreichsten Kreise, die Adelsclique und andere, die alle Mittel hatten, haben es nicht fertiggebracht. Dann muß man bedenken, daß die Juden keine Einheit sind. Wenn sie sich ein oder zwei Mal im Jahr in der Synagoge treffen und sagen: „Du lebst ja auch noch, Du siehst gut aus", ist das keine Einheit. Einheit in Gott, das ja, aber nicht als Körper. Und eine Gemeinde, der berühmte, späte Begriff von der Einheitsgemeinde: Das gibt es nicht. Die gesamte jüdische Gesellschaft ist eine sehr bunte Gesellschaft, die sich meistens aus den verschiedensten Herkünften zusammensetzt – manche kommen vom Rhein, die sind ganz anders als die aus Preußen, manche kommen aus Österreich oder andere aus Polen oder Rußland. Das ist doch keine Einheit. Was für ein Programm könnten die haben, um sich gegen einen gut organisierten Hitler zu stellen! Aussichtslos, gedanklich nicht nachvollziehbar.

Wie definieren Sie für sich den Begriff jüdischer Widerstand gegen den Nationalsozialismus?

Gar nicht. Den hat es nicht gegeben. Es hat keinen jüdischen Widerstand gegeben. Und wenn ich von meiner Gruppe als Widerstandsgruppe spreche, meine ich die Deutschen, die Christen, die uns geholfen haben – die haben Widerstand geleistet. Die haben sich dem Gesetz entzogen: Einem Juden zu helfen, bedeutete Todesstrafe. Wir haben Freunde, die ins Zuchthaus, nicht einmal ins KZ gekommen sind. Einen jüdischen Widerstand gab es nicht, allenfalls dort, wo sich geschlossene Gruppen bildeten wie im Warschauer Ghetto, vielleicht auch noch beim Herannahen der Roten Armee zu irgendwelchen KZs, denn da war nichts mehr zu verlieren, und dort waren sie ein geschlossener Block. Das war man doch hier nicht. Es gibt keinen Widerstand von Juden gegen Hitler. Das setzt etwas ganz anderes voraus.

Der Publizist Arno Lustiger hat nach der Öffnung der Grenzen 1989 erstmals viele osteuropäische Quellen über einzelne Aktionen von jüdischem Widerstand erschlossen. Die etablierte Historikerzunft in Deutschland hat seinen Widerstandsbegriff mit dem Argument vom Tisch gewischt, er sei kein Historiker. Sie selbst haben in unserem Gespräch mit Blick auf Ihre Gruppe davon gesprochen, es seien immer einzelne gewesen. Das wollte Arno Lustiger mit seinem Buch[49] ins Bewußtsein bringen.

Ich saß hier mit Arno Lustiger und Wolf Biermann – ich hatte sein Buch gelesen und er meines, Biermann hatte gerade eine Übersetzung aus einem herrlichen jiddischen Werk[50] gemacht –, es war wunderschön. Was ich nun an Lustiger bewundere, ist: Natürlich gab es außerhalb Deutschlands jüdischen Widerstand – in Spanien haben sich Juden sofort zum Widerstand gemeldet, polnische Juden in der Untergrundarmee, in den USA, in England, in Frankreich. Da konnten die Juden natürlich mit den anderen teilen, als echte Antifaschisten gelten. Ein Berliner Jude oder die gute Hannah – was weiß sie von Antifaschismus, ist sie aufgewachsen mit dem Antifaschismus? Faschismus sagte ihr überhaupt nichts in ihrer Entwicklung, und „Anti" schon gar nicht, es kam ihr kein „Anti" gegen irgend etwas in dem Sinn. Aber: Lustiger weiß es, er belegt es mit Zahlen. Es ist wieder dasselbe Verhältnis zum Vorschein gekommen wie im Ersten Weltkrieg. Gemessen am jüdischen

---

49 Arno Lustiger, *Zum Kampf auf Leben und Tod – Vom Widerstand der Juden 1933–1945*, Köln 1994.
50 Der jüdisch-polnische KZ-Häftling Jizchak Katznelson dichtete den *Großen Gesang vom ausgerotteten, jüdischen Volk*. Sein 1944 auf Umwegen nach Israel gelangtes Manuskript von Klageliedern übertrugen Wolf Biermann und Arno Lustiger 1996 vom Jiddischen ins Deutsche.

Anteil an der deutschen Bevölkerung war die Anzahl jüdischer Frontkämpfer höher als die christlicher. Das Gleiche gilt für Israel, damals Palästina. Die Jüdische Brigade zum Beispiel: Das waren – zusammengenommen – ungeheure Kräfte. In der Sowjetunion: Da will ich gar nicht wissen, wie viele Juden es dort waren, auch das waren ungeheure Kräfte.[51] Das heißt, man kann heute sagen, daß sie natürlich gegen Hitler gekämpft haben, auf Schauplätzen außerhalb Deutschlands waren sie daran beteiligt, Hitler und seine Militärmacht zu zerstören. Das ist gar keine Frage. Aber nicht der bürgerliche Berliner Jude.

Legen Sie aber nicht die Meßlatte des Begriffs Widerstand für sich selbst ungeheuer hoch – war Widerstand nicht auch das, was Sie getan haben? Sie haben Menschen geholfen, Sie haben Kontakte zu Nathan Schwalb in der Schweiz gepflegt, Sie haben versucht, hier Menschen ganz konkret aus dem „Auge des Hurrikan" herauszubringen.

Ich danke für dieses Kompliment, daß Sie mich eingliedern in die jüdischen Widerstandskämpfer. Aber schauen Sie: Widerstand gegen Hitler haben wir nicht geleistet. Den haben die Deutschen geleistet, die uns ermöglicht haben, zu überleben. Wir selbst waren keine Kämpfer. Ich möchte es einmal so sagen: Wir waren Opfer eines gewissen Vorganges, der nicht bis nach Auschwitz zur Vernichtung reichte. Wir haben uns lediglich der Vernichtung entzogen und uns mit Hilfe von gut gesinnten Menschen christlichen Ursprungs für Zukünftiges erhalten können. Ich habe geschossen, ich habe auch meine Leute mit Pistolen bewaffnet, und wir haben auch zwei Polizisten erschossen, dummerweise, denn sie waren obendrein ganz harmlos. Das brachte uns Schwierigkeiten ein. Ich selbst hatte auf meinem Nachttisch eine Pistole, auch mein Adoptivbruder; als man uns schnappte, fünf SS-Leute und ein Jude, sagte ich sofort zu meinem Bruder: Schieß nicht! Es wäre überflüssig gewesen, ich hätte sie gar nicht getroffen, denn ich hatte noch niemals in meinem Leben so ein Ding abgedrückt. Das kann man nicht, du kannst auch nicht plötzlich Widerstand lernen – man kann sich bösen Dingen wie Mord oder Vernichtung nur entziehen.

Ich denke, Überleben, um Zeugnis abzulegen, war auch Widerstand.

Das klingt wunderbar, was Sie sagen. Das ist genau die Formulierung, die auch Hannah Arendt zum Schluß benutzt hätte. Es widerstrebt mir nicht, diesen Gedankengang zu akzeptieren – leider hat er zu der Zeit, in der man das tut, in der man widersteht, gar keinen Sinn.

---

51 Vgl. dazu: Arno Lustiger, *Rotbuch: Stalin und die Juden. Die tragische Geschichte des Jüdischen Antifaschistischen Komitees und der sowjetischen Juden*, Berlin 1998; ders., *Schalom – Libertad! Juden im Spanischen Bürgerkrieg*, Berlin 2001.

Fritz Teppich

(geb. 1918 in Berlin, Deutschland)

Geboren im Revolutionsjahr 1918, wuchs er im Berliner Westend in einer großbürgerlich-jüdischen Familie auf. Für Fritz Teppich wurde das Geburtsjahr bestimmend für sein Leben. Bereits als ABC-Schütze trat er dem jüdischen Pfadfinderbund „Kadimah" bei, der zionistisch ausgerichtet war. Den meisten deutschen Juden galt das damals als extremistisch. Die Mehrheit empfand sich als deutsch. Als 1933 der greise Hindenburg Adolf Hitler zum Reichskanzler berief, wurden Fritz Teppich und sein anderthalb Jahre älterer Bruder Hans umgehend nach Frankreich in Sicherheit gebracht. Fritz Teppichs Mutter hatte sofort die Gefahr erkannt. Dank der Unterstützung durch die verschwägerte Familie Kempinski konnten sich beide dort zu Köchen ausbilden lassen.

In den folgenden Jahren floh der Fünfzehnjährige durch halb Europa vor Hitler, nach England und nach Belgien, wo er schließlich den sozialdemokratischen „Jeunes Gardes Socialistes" beitrat. Als Siebzehnjähriger schloß er sich einer Gruppe von Freiwilligen an, die dem damals linkssozialdemokratischen Parlamentsabgeordneten P.-H. Spaak nahestand. Vom 5. September 1936 – zunächst im Baskenland, später im spanischen Zentralgebiet – kämpfte Teppich erst als „Miliziano", dann als Offizier auf Seiten der Republikaner im Spanischen Bürgerkrieg, bis zum Kriegsende am 31. März 1939. Dann floh er wieder nach Belgien, wurde dort beim Einmarsch der Wehrmacht interniert und nach Frankreich transportiert ins Lager Le Vernet, 308. Arbeiterkompagnie. Als im August 1942 alle Juden der Einheit in Richtung Osten deportiert wurden, floh Teppich erneut vor den Deutschen, diesmal nach Portugal. Seines Wissens, sagt er heute, ist er der einzige von etwa 120 Kameraden, der überlebt hat. Als Illegaler in Portugal, zeitweise im Gefängnis der Politischen Polizei PVDE inhaftiert, kehrte er nach einem Zwangsaufenthalt in Ericeira im Herbst 1946 nach Berlin-Charlottenburg zurück.

Im noch ungeteilten Berlin wohnte er im Westen, arbeitete aber im Osten als Journalist für die *Berliner Zeitung* und die Nachrichtenagentur ADN. In den sechziger Jahren engagierte er sich in der Studentenbewegung, moderierte die Friedenskoordination, begründete zusammen mit der unvergessenen Alisa Fuss[52] die friedensorientierte „Jüdische Gruppe Berlin" und den

---

52 Alisa Fuss war viele Jahre engagierte Vorsitzende der „Internationalen Liga für Mernschenrechte" in Berlin.

"Jüdischen Runden Tisch" der Bundesrepublik. Teppich ist einer der letzten noch lebenden republikanischen Spanienkämpfer, ist auch heute noch politisch aktiv und hat 1996 seine Lebensgeschichte *Der Rote Pfadfinder*[53] veröffentlicht. Für eine Sendung über jüdischen Widerstand – angeregt durch die Forschungen Arno Lustigers[54] – sprach ich 1998 mit Fritz Teppich und traf auf einen streitbaren Zeitgenossen des 20. Jahrhunderts.

David Dambitsch: *Sie haben sich in einem Interview gegenüber dem* Neuen Deutschland *als jüdischer Kommunist bezeichnet. Woher kam Ihre Motivation zum Widerstand gegen das NS-Regime in erster Linie, was trieb Sie zum Kampf in Spanien vorrangig – Ihre kommunistische Überzeugung oder das Gefühl, als Jude persönlich von den Faschisten angegriffen zu werden?*

Fritz Teppich: Das läßt sich nicht trennen. Ich bin sehr früh im Berliner Westend in der Knabenschule mit Antisemitismus in Berührung gekommen. Ich entstamme einem liberal-jüdischen, wenig religiösen Elternhaus und fühlte mich 1933 ganz als Deutscher, der eben auch Jude ist. Dann, aber besonders nach dem Krieg, angesichts der Übernahme von schwer NS-Belasteten wie Oberländer, Gehlen, Globke in die Dienste der Bundesrepublik, habe ich mich immer mehr von dem Deutschen emanzipiert, und das Jüdische wurde mir zunehmend wichtig. 1936 habe ich, würde ich sagen, als Deutscher gegen die Nazis gekämpft, noch nicht mal als deutscher Kommunist, sondern als deutscher Antifaschist. Hitler hatte in *Mein Kampf* eigentlich mehr oder weniger alles schon angekündigt, was er dann verbrochen hat.

Sie waren ein junger Mann, als Sie gegen den Faschismus in Spanien gekämpft haben – dort sind Sie Mitglied der KP geworden, dort, so haben Sie in Ihrer Autobiographie Der rote Pfadfinder *geschrieben, habe sich die „Geschichte der Welt" entschieden. Inwiefern wurde denn Ihrer Meinung nach von den späteren Alliierten die Verfolgung der Juden durch die Nazis bewußt in Kauf genommen, um Hitler als Bollwerk gegen den Kommunismus zu benutzen?*

Ich sage nicht, daß die Westmächte den Antisemitismus in Kauf genommen haben, denn daß dieser derartige Ausmaße annehmen würde, also die industrielle Massenvergasung von Juden, übrigens auch von Sinti und Roma und von Sowjets und Polen, das war nicht vorauszusehen. Bei den West-Alliierten gab es große Unterschiede zwischen Roosevelt und Chamberlain, dann

---

53 Fritz Teppich, *Der rote Pfadfinder – Der abenteuerliche Weg eines Berliner Juden durch das 20. Jahrhundert*, Berlin 1996.
54 Arno Lustiger, *Zum Kampf auf Leben und Tod – Vom Widerstand der Juden 1933–1945*, Köln 1994.

auch zwischen Churchill und Chamberlain. Chamberlain befürchtete, daß durch fortschrittliche Regime, wie das in Spanien, die traditionelle „balance of power" durcheinandergebracht werden könnte. Er kalkulierte: „Wenn es gelingt, die Nazis, die ich überhaupt nicht liebe, mit den Sowjets, die ich noch weniger liebe, in Auseinandersetzungen zu manövrieren, dann werden sich die beiden zerfleischen, und wir werden als lachende Dritte zurückbleiben." Das war erst einmal ein Irrtum. Doch letztlich hat diese Chamberlain-Strategie dazu geführt, daß 1990 die Sowjetunion am Ende war. Abgesehen von eigenen Fehlern war sie durch den Krieg ungeheuer ausgelaugt, zerstört – von ungefähr 250 Millionen Einwohnern waren 26 Millionen getötet worden. Ganz wie Chamberlain kalkuliert hatte, konnte sie nun von außen und dazu von innen her abgewürgt werden.

Ich habe diese Frage auch auf dem Hintergrund der Goldhagen-These gestellt, wonach in Deutschland zu jener Zeit ein „eliminatorischer Antisemitismus" herrschte.

Wenn Sie in Hitlers *Mein Kampf* nachschlagen, werden Sie sehen, daß er immer vom „jüdisch-bolschewistischen Gegner" gesprochen hat, beides war miteinander verknüpft. Und die Massenvernichtung von Juden, ihre Vergasung und die Liquidierung anderer Völker, hat sich erst im Laufe des Krieges gegen die Sowjetunion ergeben. Bis dahin wurden Jüdinnen und Juden immer brutaler drangsaliert, jedoch noch nicht massenweise ermordet. Auftakt zur „Wende" war die sogenannte „Reichskristallnacht", die Reichspogromnacht. Die Verfolgung wurde zunehmend verschärft, – bei Victor Klemperer[55] kann man gut nachlesen, wie die Unmenschlichkeit eskalierte –, aber der entscheidende Schritt, der Massenmord begann erst mit dem Krieg gegen die Sowjetunion und mit dem menschheitsrettenden Widerstand der Sowjetunion, in deren Armee Hunderttausende von Juden kämpften.

Wie haben Sie den Hitler-Stalin-Pakt erlebt?

Ich war in Spanien gewesen, aber nicht in den Interbrigaden[56], denn als ich Anfang September 1936 ins Baskenland kam, gab es noch gar keine Interbrigaden, und im Norden gab es bis zum Schluß keine. Ich war also immer

---

55 Victor Klemperer, *Ich will Zeugnis ablegen bis zum letzten. Tagebücher 1933–1945*, hrsg. von Walter Nowojski unter Mitarbeit von Hadwig Klemperer, Berlin 1995.
56 Die Mehrzahl der Juden verließ Spanien während des Bürgerkriegs (17. Juli 1936– 1. April 1939). Schätzungsweise 8000 Juden kamen jedoch in dieser Zeit nach Spanien, um als Freiwillige in den „Internationalen Brigaden" mitzukämpfen. Juden stellten dreißig Prozent der Gesamtzahl der Freiwilligen im Kampf gegen die von General Francisco Franco geführten Nationalisten. Im November 1938 stimmte die republikanische Regierung Spaniens dem Abzug der „Internationalen Brigaden" aus Spanien zu. Nach dem Sturz der republikanischen Regierung flohen deren Anhänger nach Frankreich.

in der spanischen Armee. Die letzten anderthalb Jahre war ich im Generalstab des 22. Armeekorps, der Angriffsarmee. Ein Armeekorps besteht aus 40 000 bis 70 000 Mann; ich hatte also einen Überblick. Nachdem die Westmächte, vor allen Dingen Großbritannien, aber auch Frankreich, nicht bereit waren, in einen Verteidigungspakt mit der Sowjetunion gegen Hitler-Deutschland einzutreten, die Verhandlungen verzögerten und letztlich scheitern ließen – da war ich überzeugt, daß eigentlich bloß ein Machiavellist wie Stalin, ein entschlossener Machtmensch, einen solchen Pakt mit Hitler schließen konnte. Hätte er ihn nicht geschlossen, das war damals schon meine Meinung, hätte die Sowjetunion nicht den überlebenswichtigen Zeitgewinn erreicht und wäre wahrscheinlich geschlagen worden. Die Hitler-Armeen wären über den Kaukasus und das damalige Palästina den Japanern entgegengestürmt, und die Shoah mit sechs Millionen Toten wäre nur ein Auftakt gewesen gegenüber dem, was dann gekommen wäre. Dieser machiavellistische Pakt, das sagte ich damals und sage es noch heute, hat im Grunde genommen den Sieg über Hitler-Deutschland mit ermöglicht. Nazi-Deutschland war nicht nur Nazi-Deutschland, es war das konservative Deutschland der „Harzburger Front"[57], die alles Elend auf den Weg gebracht hatte und die der konservativen Idee tief verwurzelt blieb: Nazi-Deutschland wurde auch deshalb geschlagen, weil ein Zeitgewinn entstand und die deutsche Regierung dadurch in eine gewisse Verwirrung geriet.

Wenn mehr Juden gegen das nationalsozialistische Programm, die sogenannte „Endlösung", gekämpft hätten, hätten mehr Menschen überlebt. Diese Vorstellung ist weit verbreitet.
Was halten Sie von dieser These?

Ich denke, sie ist falsch. Als die „Endlösung" anstand, konnten Juden zumindest im deutschen Gebiet oder in den von Deutschen besetzten Gebieten wenig ausrichten. Carl von Ossietzky hat in anderem Zusammenhang einmal gesagt: Wer den Krieg verhindern will, muß im Frieden – solange man noch Aktionsmöglichkeiten hat – tätig werden. Und ich sage: Viele Juden, besonders deutsche Juden in ihrer teilweisen Ablehnung gegenüber „Ostjuden", haben während der Weimarer Republik auch Schuld auf sich geladen, indem sie nicht rechtzeitig politisch Stellung genommen haben, indem sie sich nicht entschieden gegen das damals breite reaktionäre Spektrum gestemmt haben: Da liegen die Versäumnisse, nicht aber, als Hitler dann an

57 Zusammenschluß der Nationalsozialisten, Deutschnationalen, des „Stahlhelms" und anderer Verbände zur sogenannten „Nationalen Opposition" unter Führung Hitlers, A. Hugenbergs und F. Seldtes gegen die Regierung Heinrich Brüning. Die „Harzburger Front" zerbrach 1932, als die Deutschnationalen es ablehnten, die Wahl Hitlers zum Reichspräsidenten zu unterstützen.

der Macht war. Es gibt aber heroische – das muß ich sagen, obwohl ich das Wort nicht liebe – Beispiele: Die Berliner „Gruppe Baum", die sich zuletzt noch gegen die Ausstellung „Sowjetparadies" gewandt hat, sie angezündet hat und wofür dann siebenundzwanzig junge Juden und Deutsche ihr Leben geopfert haben. Das war sicherlich nur noch ein Signal, doch als solches war und bleibt es überaus wichtig. Diese Aufrechten sind nicht umsonst gestorben.

Ich würde das Thema gerne noch etwas vertiefen: Hannah Arendt hat die These geäußert, die Juden hätten sich wie „Schafe zur Schlachtbank" führen lassen. Das kann man bei Ihrer Biographie nun wirklich nicht sagen. Was denken Sie über Arendts These?

Ich kann über diese These jetzt im einzelnen schwer sprechen, weil ich sie hier nicht vorliegen habe. Ich kann bloß folgendes sagen: Als die Juden meiner Arbeiterkompanie – es waren fast nur Juden – in Südfrankreich, in „Vichy-Frankreich", nach dem Osten zur Arbeit deportiert werden sollten – wie es sich dann herausstellte: zur Vergasung in Auschwitz –, da bin ich unter den Kameraden herumgerannt und habe gesagt: „Wir wollen fliehen, kommt mit mir." Keiner war bereit, mitzukommen. Viele meinten, was ich vorhätte, sei doch Wahnsinn. Man würde doch eine Arbeiterkompanie wie unsere nicht auseinandertreiben, das wäre doch eine wichtige Einheit. Da haben die Leute wirklich wenig Weitsicht bewiesen. Und wenn ich heute beim Sozialabbau oder in Sachen „Asylanten" sehe, wie zu viele Leute hier – das sind keine Juden, das sind Deutsche – das meiste wie die Schafe hinnehmen, dann sage ich: Gleichgültigkeit ist ein weit verbreitetes menschliches Verhalten. Doch wer wegschaut, macht sich an drohendem Unheil mitschuldig.

Wie definieren Sie für sich überhaupt den Begriff Widerstand?

Im konservativen, reaktionären Deutschland war Widerstand schon, einen Kommunisten oder Juden zu verstecken, einen Gegner des Regimes. Widerstand war auch der 20. Juli 1944, als Offiziere, Generäle, die lange Reaktionäre gewesen waren, die Antisemiten gewesen waren oder noch waren, sich erhoben. Widerstand ging bis zum Verteilen von Flugblättern, bis zum Organisieren von Widerstandsgruppen. Keinem, der sich diesem erzreaktionären, aggressiven Regime widersetzt hat, darf die Qualität des Widerstandskämpfers aberkannt werden. Ich ziehe den Hut vor allen!

Wie beurteilen Sie den Stand der Forschung zum jüdischen Widerstand überhaupt – das Thema ist ja eigentlich erst seit wenigen Jahren in den Blick gekommen?

Ich kann das schwer beurteilen, weil ich kein Historiker bin. Ich habe zwar eine große Bibliothek an Judaica. Es sind in der DDR schon sehr früh viele wichtige Werke und Filme erschienen. Daher ist es grundfalsch, wenn behauptet wird, in der DDR sei in dieser Sache wenig geschehen. In der DDR hat es eine politische Wiedergutmachung gegeben, während es in der Bundesrepublik bloß eine materielle gegeben hat. Unter politischer Wiedergutmachung verstehe ich, daß schwer als Nazis Belastete nicht wieder Politiker, Lehrer, Richter usw. werden konnten. Viele Juden konnten in der DDR bis ins Politbüro gelangen – Herrmann Axen, Herbert Norden und andere –, bis an die Spitze also, auch in der Armee, der Justiz, während in der Bundesrepublik kein einziger Jude in eine Schlüsselstellung der Regierung gelangt ist, bis heute nicht.

Sie haben geschrieben, daß der gemeinsame Widerstand von Juden und Nichtjuden kaum in der Diskussion erwähnt wird. Woran liegt das?

Ich weiß nicht, woran es liegt. Ich kann mir nur vorstellen, daß man Juden, besonders in der Bundesrepublik, als etwas Anderes, als etwas nicht Zugehöriges betrachtet. So werden die vielen Veröffentlichungen, die es in der DDR über gemeinsame jüdische und deutsche Kämpfe gegen Nazismus, Reaktion, Krieg und Rassismus gegeben hat, übersehen, ausgegrenzt. Die Rolle der bewußt antireaktionären Juden wird unter den Teppich gekehrt. Man möchte nicht politisch bewußte jüdische Mahner in dieser Bundesrepublik Deutschland dulden.

Sie haben eben gesagt, daß Sie auch im Spanischen Bürgerkrieg noch als Deutscher gekämpft haben – weder als Jude noch als Kommunist, sondern eigentlich als Deutscher. Was bedeutet für Sie heute der Begriff Heimat?

In Spanien habe ich als Deutscher und Kommunist und auch als Jude gekämpft – das war so eine Mischung. Das ganze jüdische Problem ist äußerst schwierig, jedenfalls wie ich es sehe. Weil ich mich als Jude von der Nationalität her einmische, betrachte ich mich nicht als religiös. Am Ende meines langen Lebens kann ich folgende Bilanz ziehen: Das Wort Heimat liebe ich nicht sonderlich, weil es in der Nazi-Zeit in Deutschland einen besonderen Akzent bekommen hat. In Spanien oder Kuba hat es eine ganz andere Bedeutung. Aber ich würde sagen, trotz allem fühle ich mich noch – ich betone: noch – in Berlin zu Hause, weil ich die märkische Landschaft liebe, weil ich hier Freunde habe, weil ich hier nach dem Krieg als Mitbegründer der neuen Friedensbewegung eine gewisse Rolle gespielt habe, weil ich hier trotz allem verwurzelt bin. Dennoch führen die Ereignisse und die Entwicklung in der Bundesrepublik, die ich als fatal reaktionär und als antisemitisch sehe, dazu, mich allmählich immer mehr in Distanz zu diesem Staat zu sehen.

Kurt Julius Goldstein

(geb. 1914 in Dortmund, Deutschland)

Sein Vater besaß immerhin ein Kaufhaus in Dortmund. Doch Kurt Julius Goldstein war erst fünf Jahre alt, als der Vater 1919 an den Folgen seiner Verwundungen aus dem Ersten Weltkrieg starb. Mit sechzehn Jahren trat er in die KPD ein. Drei Jahre später, die Nazis waren in Deutschland an die Macht gelangt,wurde er deshalb verhaftet. Er konnte über Luxemburg nach Frankreich fliehen. 1935 wanderte er ins damalige Palästina ein. Gemeinsam mit dreihundert Freiwilligen reiste er 1936 von Palästina nach Spanien, um als Mitglied der „Internationalen Brigaden" am Kampf gegen den späteren spanischen Diktator Franco und die ihn unterstützenden deutschen Nationalsozialisten teilzunehmen. Kurt Goldstein war an allen großen Schlachten dieses Krieges beteiligt und wurde im Verlauf der Gegenoffensive der Faschisten und Nazis bei Seguros los Banos verwundet. Nach der Niederlage wurde Goldstein in den französischen Lagern St. Caprien, Gurs und Le Vernet interniert und 1942 mit einem der ersten Transporte nach Auschwitz deportiert. Im Nebenlager Jawischowitz organisierte Kurt Goldstein weiterhin Widerstand. Als sich dann die Rote Armee näherte, begannen 3000 Häftlinge unter SS-Aufsicht einen Todesmarsch – nur fünfhundert von ihnen erreichten am 22. Februar 1945 das KZ Buchenwald.

Später, in der DDR, war Goldstein zunächst Chefredakteur und dann Intendant des „Deutschlandsenders" (später „Stimme der DDR"). Er war lange Jahre Vize-Präsident des Internationalen Auschwitz-Komitees und Ehrenvorsitzender des „Interessenverbandes ehemaliger Teilnehmer am antifaschistischen Widerstand, Verfolgter des Naziregimes und Hinterbliebener" (IVVdN). 1996 traf Kurt Goldstein in Madrid ehemalige Internationale Brigadisten (die „letzten Romantiker des 20. Jahrhunderts", so die spanische Presse) – einen „Freundeskreis" für die eine Sache: Demokratie. Vergleichbares habe er in keiner anderen Lebenslage kennengelernt, sagt Kurt Goldstein. Seine Lebenserinnerungen sind 1996 unter dem Titel *Nummer 58866 – Judenkönig*[58] erschienen.

Kurt Julius Goldstein erinnerte 1998 in einem Gespräch für ein Rundfunk-Feature daran, was jüdischer Widerstand konkret bedeutet hat.

---

58   Rosemarie Schuder, Rudolf Hirsch, *Nummer 58866 – Judenkönig*, Berlin 1996.

David Dambitsch: *Die Verfolgung und Ermordung der jüdischen Bevölkerung im deutschen Herrschaftsbereich ist von der Geschichtsschreibung untrennbar mit entscheidenden Daten verbunden – etwa dem 9. November 1938, den verschiedenen Gesetzeserlassen, den Siegen, später Niederlagen der Wehrmacht. Welche geschichtlichen Ereignisse wurden für Sie schicksalhaft?*

Kurt Julius Goldstein: Für mich fängt es eigentlich mit dem 30. Januar 1933 an, dem Tag, an dem Hitler auf Wunsch des gesamten deutschen konservativen Establishments Reichskanzler wurde. Zu diesem Zeitpunkt war ich politisch organisiert, ich kam aus der sozialistischen Arbeiterjugend, war dann 1933 schon im Kommunistischen Jugendverband, und wir organisierten sofort den Widerstand gegen die Nazis. So wurde ich am 5. April 1933 verhaftet – ich war zu der Zeit bei einer befreundeten Bergarbeiterfamilie in Scharnhorst bei Dortmund, dem Ort, wo ich geboren bin –, und es gelang mir an diesem Morgen, den beiden Gendarmen zu entkommen, die mich verhaften wollten. Ich bin dann ins Ausland gegangen und war zunächst in Luxemburg und Frankreich; 1935 bin ich nach Palästina gegangen. Als im Juli 1936 in Spanien Franco putschte, war für mich klar: Dort ist jetzt dein Platz. Ich habe 1933, in den ersten Apriltagen, Deutschland verlassen und seit der Zeit immer mit dem Gedanken gelebt: Du bist auf dem Weg von Deutschland nach Deutschland, die Nazis haben dich aus Deutschland herausgezwungen, herausgetrieben, du willst nach Deutschland zurück, das ist das Land, in dem du geboren bist, das ist deine Heimat. Und so fühlte ich mich wie Zehntausende andere junge Frauen und Männer im Sommer 1936. Als Franco putschte und sofort bekannt wurde, daß er eng liiert war mit Hitler-Deutschland und mit Mussolinis Italien, war für mich klar: Goldstein, jetzt mußt du nach Spanien gehen und dort dem spanischen Volk in seinem Kampf gegen den Franco-Putsch helfen, und das ist zugleich dein Kampf, denn du willst nach Deutschland zurück, also mußt du dort, wo man mit der Waffe in der Hand den deutschen Faschisten entgegentreten kann, denen auch entgegengehen. Und das habe ich gemacht. Es hat ein paar Wochen gedauert, bis das alles geregelt war, aber dann sind wir Ende 1936 nach Spanien gegangen, um dort in den Reihen der spanischen Volksarmee, in den Reihen der Interbrigaden zu kämpfen – eine ganze Gruppe junger Juden, im wesentlichen Männer, es waren, wenn ich mich recht erinnere, bloß ein oder zwei Frauen dabei, aber es waren eben auch junge Frauen.

Gibt es weitere Daten, die Sie nennen möchten?

Es gibt natürlich Daten. Als Datum muß ich den Juli 1942 nennen. Im Januar hat es in Deutschland die „Wannseekonferenz" gegeben – wenn ich mich recht erinnere am 20. Januar –, bei der die „Endlösung der Judenfrage" beschlossen wurde mit der Konsequenz, daß die Nazis anfingen, in ihrem ganzen Herrschaftsbereich die Juden einzusammeln. Dort, wo sie Europa besetzt hatten, konnten sie das, aber ich saß im unbesetzten Frankreich, im Lager Le Vernet. Aber die deutsche Besatzungsmacht schlossen ein Abkommen mit der deutschlandhörigen Vichy-Regierung, und so begannen die Staatsorgane der Vichy-Regierung, französische Staatsorgane und Kollaborateure, mit dem Einsammeln der Juden in den nicht besetzten Gebieten. So wurde ich innerhalb des Lagers Le Vernet mit sieben anderen Freunden – fünf deutschen und zwei nichtdeutschen Interbrigadisten – verhaftet, „ausgesondert" und auf den Transport nach Paris gebracht; wir kamen in das Lager Drancy am Rande von Paris, und von dort aus ging es am 20. Juli auf den Transport nach Auschwitz. Am 22. Juli kamen wir in Birkenau an, und da begannen meine zweieinhalb Jahre Auschwitz, vom 22. Juli bis zum 17. Januar 1945. Das ist das nächste Merkdatum, das ist der Tag, an dem der Todesmarsch von Auschwitz begann.

Dieser Todesmarsch, der am 17. Januar von meinem kleinen Bergbau-Grubenlager, in dem ich war – Jawischowitz –, begann: An dem Tag marschierten wir – nicht ganz 3 000 Leute – ab. Fünf Tage später, am 22. Januar, sind in Buchenwald knapp 500 Menschen, mehr tot als lebendig, angekommen, nachdem wir am 17. und am 18. Januar zu Fuß marschiert waren, bis wir am 19. zu einer kleinen Eisenbahnstation – Loßlau, die im tschechisch-polnischen Grenzgebiet liegt – kamen; dort in Loßlau wurden wir in offene Kohlenwaggons verladen und rollten dann quer durch Deutschland bis zum 22. Januar. Die ganze Zeit über waren wir ohne etwas zu essen und zu trinken geblieben. Beim Abmarsch war gesagt worden: Wer aus der Reihe tanzt, wird sofort erschossen, und so knallte es am ersten Tag gelegentlich, aber am zweiten und dritten Tag war es ein einziges Knallen. So sind 2 500 Kameraden auf diesem Marsch erschossen worden oder erfroren und nicht ganz 500 in Buchenwald angekommen. Daß wir in Buchenwald überlebt haben, verdanken wir den Kameraden Häftlingen, den sogenannten „roten Kapos" von Buchenwald, die uns dort aufgenommen haben, die uns auf dem Weg vom Tor, wo wir aus den Händen der SS in die Hände der „roten Kapos" kamen, rechts und links gestützt haben, bis in die Duschräume hinein. Es geschah etwas, was ganz selten in Buchenwald vorkam: Sie haben uns dort mit lauwarmem Wasser berieselt, dort kamen wir wieder zu uns, und dann kamen wir in den Speisesaal, kriegten eine ganz besonders große Portion Brot – also so groß, wie unsere Portion Brot in Jawischowitz, in Auschwitz, nie gewesen war – und warmen, süßen Tee. Dann gingen die Kameraden durch die Reihen, und sagten, als sie sahen, wie wir das herunterschlangen: Kameraden, eßt langsam, ihr habt tagelang nichts im Magen gehabt, sonst bekommt euch das nicht. Also, die haben uns dort richtig brüderlich aufgenommen. Das ist ein Datum, das ganz tief in meinem Bewußtsein ist, dieser 17. Januar, der Abmarsch, und der 22. Januar, die Ankunft in Buchenwald.

Als letzten wichtigen Termin in meinem Leben will ich den 11. April nennen – das ist der Tag, als die amerikanische Armee nicht mehr weit vom Lager weg war und schon ein paar Tage dort bei Ohrdruf und Gotha lag. Die SS versuchte seit dem 6./7. April, das Lager zu evakuieren, und der innere Widerstand, der organisierte Widerstand in Buchenwald, verhinderte die Evakuierung und hat eben auch erreicht, daß fast 20 000 Häftlinge in Buchenwald blieben, die dort durch den Akt der Selbstbefreiung am 11. April befreit wurden. Und wenn ich sage: Selbstbefreiung, dann meine ich: Jawohl, das Lager ist unmittelbar von bewaffneten Häftlingen befreit worden. Natürlich war das nur möglich, weil die Amerikaner ante portas waren, ein paar Kilometer weg, aber sie kamen eben nicht; wir warteten vom 7./8. April ab jeden Tag darauf, daß die Amerikaner diesen kleinen Katzensprung von Gotha und Ohrdruf, wo sie lagen, machten, aber sie kamen nicht. In den Kriegstagebüchern des Generals Patton[59] ist inzwischen historisch nachgewiesen, daß dieser 11. April ein Akt der Selbstbefreiung des Lagers war und daß, als die Amerikaner kamen, das Lager unter Verwaltung dieser internationalen Häftlingsleitung stand – das kann man alles im Kriegstagebuch des Generals Patton in Washington nachlesen. Das sind wichtige Daten in meinem Leben gewesen.

Lassen Sie uns noch einmal zurückgehen ins Jahr 1942: Sie waren in einem Nebenlager von Auschwitz inhaftiert. Wie unterschied sich dieses Nebenlager von Auschwitz I und Auschwitz II sowie Birkenau?

Auschwitz I ist das Hauptlager gewesen – dort war die Verwaltung. Auschwitz II-Birkenau ist das eigentliche Vernichtungslager gewesen – dort standen die Gaskammern. Und wir waren in dem Gruben-Nebenlager Jawischowitz die ersten Häftlinge, an denen man experimentierte, ob jüdische Häftlinge tauglich sind für die Arbeit in Kohlengruben unter Tage. Das Experiment machte man mit uns: Wir kamen in den letzten Julitagen 1942 in dieses völlig neue Lager Jawischowitz und waren erst 250, das steigerte sich dann mit der Zeit auf 3 000 Häftlinge, die schließliche Belegschaft. Alle

---

59 General Patton war der Oberste Befehlshaber der Dritten US-Armee, die am 11. April 1945 das KZ Buchenwald befreite. Das Internationale Lagerkomitee aus illegalen militärischen Gruppen von Häftlingen führte noch vor dem Eintreffen der Alliierten einen bewaffneten Aufstand durch, überwältigte und inhaftierte die SS-Wachmannschaften und sorgte für die schwierige Versorgung der Häftlinge mit Lebensmitteln.

vierzehn Tage war Lager-Selektionstag, da kam dann der SS-Arzt oder ein SS-Offizier, und alle Baracken mußten antreten; die hatten mit der Zeit einen Blick dafür, wer so schwach war, daß er nicht mehr für die Arbeit taugte. Die wurden dann aussortiert, auf die Lastwagen geworfen und sofort nach Birkenau zum Vergasen gebracht. Und in diesem Lager Jawischowitz haben wir in der Grube Sabotage organisiert.

Ich wollte vorher noch von Ihnen wissen: Wie sah Ihr Alltag aus?

Der Alltag in Jawischowitz war die Arbeit unter Tage. Es gab drei Schichten. Wir arbeiteten in zwei Gruben, so daß ein Arbeitskommando in dem neuen Schacht arbeitete und abends dieses sogenannte Schachtkommando mit der Grube Jawischowitz ausrückte, weil dieser neue Schacht in der Nähe der Grube Jawischowitz war. In den beiden fördernden Kohlengruben gab es eine Frühschicht, eine Mittagsschicht und eine Nachtschicht: Die Frühschicht begann in der Grube morgens um 6 Uhr, die Mittagsschicht um 14 Uhr und die Nachtschicht um 22 Uhr. Da der Fußmarsch eine knappe halbe Stunde dauerte, mußten die Häftlinge, die in der jeweiligen Schicht arbeiteten, immer anderthalb Stunden vor Schichtzeit abrücken – ich war vom ersten Tag an Nachtschicht Jawischowitz, wir mußten also um 20.30 Uhr am Lager abrücken –, damit wir rechtzeitig an unserem Arbeitsplatz unter Tage waren. Die Schicht begann jeweils pünktlich. Ausfahren durften wir aber erst, wenn das vorgegebene Arbeitspensum geschafft war, das heißt, in den produzierenden Teilen der Schicht mußte soviel Kohle „ausgekohlt" sein, wie vorgegeben war. Und da es immer wieder zu Störungen in der Produktion kam – über die will ich Ihnen dann noch erzählen –, rückten wir nicht morgens um 6 Uhr, wenn die Frühschicht einrückte aus, sondern um 8 Uhr oder um 9 Uhr oder auch erst um 10 Uhr. Unsere Schicht dauerte nicht acht, sondern zehn, elf, bis zu zwölf Stunden, die wir unter Tage arbeiteten. Das galt für die Frühschicht, die Mittagsschicht und die Nachtschicht. Wenn wir dann aus der Grube nach Hause kamen, kriegten wir ein warmes Getränk.

Ich mache es einmal konkret: Für meine Nachtschicht galt, daß sich die Bergarbeiter im Schacht wuschen, wenn wir aus der Grube kamen. Wir kamen also von der Arbeit so dreckig, wie wir waren, ins Lager; dort duschten wir uns und zogen andere Kleidung an; wir hatten Arbeitskleidung und Einkleidung für den Tag. Dann gingen wir in den Speisesaal und bekamen ein warmes Getränk, das hieß Tee – bei uns hieß es „Bahndamm dritter Hieb", das war irgendein Gemisch von irgendwelchen Kräutern. Und dazu bekamen wir ein Stück Brot von etwa 100 bis – wenn es gut ging – vielleicht 150 Gramm, eine sehr dicke Scheibe Brot. Dazu bekamen wir zwei- bis dreimal die Woche einen Klacks Marmelade und einmal die Woche einen Klacks Schmalz – das waren die Feiertage! Dann durften wir drei bis vier Stunden schlafen, das hing von der Jahreszeit ab, wurden geweckt und machten Lagerarbeit. Nach der Lagerarbeit kamen wir in den Speisesaal und kriegten unser Mittagsbrot, eine Suppe, das war Wasser, in dem etwas Gemüse schwamm, mal etwas Kohl, mal etwas Möhren, mal etwas Kürbis, mal etwas Rüben, und am Wochenende, am Sonntag, gab es eine Brühe auf der Grundlage von Graupen oder Grütze, also auf Getreidegrundlage. Manchmal schwamm in der Brühe auch ein Stück Knochen herum oder etwas Fleischiges – das waren die Feiertage. Hinterher bekamen wir wieder einen Becher Tee und eine Scheibe Brot. Das heißt zwei Scheiben Brot und der Schlag dieser dreiviertel Liter Suppe mittags, das war unsere Verpflegung. Und wer sich von seinem Brot – entweder vom Frühstücksbrot oder besser von dem Abendbrot – nicht ein Stück mit in die Grube nahm, um über Nacht, in diesen zehn, elf, zwölf Stunden, die man unter Tage schwer arbeiten mußte, mal einen Happen Brot in den Mund zu nehmen, der überlebte das nicht sehr lange im Lager. So erklärt sich auch, daß in der Zeit, in den nicht ganz dreißig Monaten, die das Lager Jawischowitz existiert hat, vom Juli 1942 bis zum 17. Januar 1945, weit über 10 000 Häftlinge durch dieses Lager geschleust worden sind.

Wir haben in dem Lager Widerstand organisiert. Unter Tage stand auf den Waggons – Hund heißen die im Kohlebergbau –, und über Tage an den großen Waggons überall „Räder müssen rollen für den Sieg". Wir waren eine Gruppe von sieben Interbrigadisten, die zusammen nach Jawischowitz gekommen sind – fünf Deutsche und ein polnischer und ein litauischer Interbrigadist. Sechs von uns waren Juden, einer war ein Deutscher unter einem falschen Namen, der in Deutschland von den Nazis zum Tode verurteilt war. Er war unter einem falschen Namen in Frankreich im Lager und hat sich dort, als gefragt wurde: „Wer ist Jude?" als Jude ausgegeben, weil er glaubte, daß er als Jude nicht nach Deutschland ausgeliefert wird. Da kamen deutsche Kommissionen, und er hatte zu Recht die Befürchtung, daß dann herauskommt, wer er wirklich ist, und sein Todesurteil wirksam wird. So war also dieser Kamerad mit uns zusammen als ein Nichtjude unter uns Juden. Wir haben Diskussionen untereinander geführt, ob wir dort im Lager Sabotage organisieren sollten. Die Sabotage bestand darin, daß wir in den Rutschenmotoren das Öl versandeten, so daß die immer zum Stehen kamen. Das war einer der Gründe, warum wir länger als acht Stunden unter Tage arbeiten mußten, wir und die anderen Schichten. Oder wir ritzten die Transportbänder an. Wenn diese dann noch ein paar Stunden oder Tage gelaufen sind, arbeitete ein solches Anritzen an den Transportbändern, und dann rissen die und mußten repariert werden; und während sie repariert wurden, stand die Produktion. Über diese Frage haben wir heftig diskutiert. Es gab Kameraden, die sagten: Das Wichtigste ist es, zu überleben. Wenn die uns erwischen, wird man sofort gehängt – das hat man uns auch gesagt. Einer, der später bei uns in der DDR ein sehr bekannter Mann geworden ist, Axen[60], ist zum Beispiel der Vertreter der These gewesen: Überleben. Ich stand ihm gegenüber und sagte: Nein, Räder müssen stehen gegen den Sieg. Wir sind hier, um dazu unseren Beitrag zu leisten. Das haben wir gemacht, nachdem wir auch richtig in der Gruppe darüber abgestimmt haben, und es stand fünf gegen zwei.

In der Enzyklopädie des Holocaust wird zu Recht auf Primo Levi verwiesen[61], der geschrieben hat, daß im KZ selbst die Reinhaltung des Körpers eine Bestätigung menschlicher Würde gewesen sei. Sie haben eben sehr eindrucksvoll Ihre Erfahrungen geschildert. Und damit auch – so Levi – ein Stück Widerstand gegen das geleistet, was die Initiatoren der Lager mit ihren Verbrechen beabsichtigten. Sie, Herr Goldstein, haben noch viel mehr getan, Sie haben das eben schon angedeutet: Wie ist es eigentlich dazu gekommen, zu diesem Widerstand?

Wir sahen jedesmal, wenn wir unter Tage waren oder wenn wir oben waren, diese Losung „Räder müssen rollen für den Sieg" auf den Waggons. Wir Interbrigadisten sind doch auch nach Spanien gegangen, um unser Leben im Kampf gegen den Faschismus einzusetzen. Da lag es ganz nahe, daß sich uns, als wir das sahen, bald die Frage stellte: Was tun wir hier gegen den Sieg? Da reicht es nicht, Solidarität untereinander zu organisieren, um das Ende – wir waren überzeugt davon, daß Hitler-Deutschland den Krieg verliert – des Kriegs abzuwarten. Ein Beispiel: Eine katholische Lehrerin aus meiner Heimatstadt hat in den Archiven von Auschwitz geforscht – ich habe mir nie die Zeit genommen, um dort irgendwelche Forschungen anzustellen – und dort ein Dokument gefunden, in dem steht, daß mein belgischer Kamerad Stibi und ich bei der Gestapo verhört und schließlich zu fünfundzwanzig Schlägen auf Gesäß und Rücken verurteilt wurden, weil wir Öl gestohlen hatten. Dieses Öl-Stehlen war die Tarnung für den Fall, daß wir dabei erwischt wurden, wie wir Öl aus dem Öllager herausnahmen und währenddessen Sand in das Öl getan haben, der dazu führte, daß die Rutschenmotoren zum Stillstand kamen. Wir sind dabei erwischt worden, und es war mit einem Blockältesten verabredet, daß er bestätigt, daß wir das Öl für das Lager brachten, um die Fußböden und die Wände zu ölen, damit die Barak-

---

60   Hermann Axen, Politiker, KPD, SED, 1946 Mitbegründer der FDJ, seit 1950 Mitglied, seit 1966 Sekretär des ZK der SED, seit 1970 zugleich auch Mitglied des Politbüros.
61   *Enzyklopädie des Holocaust*, hrsg. von Eberhard Jäckel, Peter Longerich und Julius H. Schoeps, Berlin 1993, Band III, S. 1585.

ke besser aussieht und die SS ordentliche Baracken vorfindet. Dafür „stahlen" wir Öl, und bei der Gelegenheit versandeten wir es. Das war unsere Sabotagetätigkeit. 1946 hat sich eines Tages der Grubendirektor von Jawischowitz, Heine, gemeldet und wollte von mir einen sogenannten „Persilschein" haben. Er freute sich, daß er mich traf, und ich habe mir Zeugen geholt, die bei dem Gespräch dabei waren. Dann hat der Herr Grubendirektor Heine dort, auch vor Zeugen, vor meinem Freund Alfred Zeidler und meiner damaligen Sekretärin Edith Prinz, gesagt: „Jetzt begreife ich, Goldstein. Wir haben ja immer gedacht, daß das die Polen sind, die uns dort den Sand in die Schüttelrutschen hineingetan haben – sie sind das mit Ihren Leuten gewesen." Da hab' ich dem Grubendirektor Heine gesagt: Jawohl, Herr Direktor, wir sind das gewesen, aber einen Persilschein können Sie von mir nicht bekommen, denn als Direktor sind Sie schuld am Tod von Tausenden von Häftlingen, die dort bei der schmalen Kost, die wir bekommen haben, nicht acht Stunden arbeiten mußten, sondern zehn und zwölf Stunden. Sie wissen doch, alle vierzehn Tage war Selektion, und das geht auf Ihre Kosten, darum kann ich Ihnen einen solchen Schein nicht geben.

Was sagt denn jemand wie Sie – darauf zielte auch meine Frage –, wenn Sie das Verdikt von Hannah Arendt hören, die Juden hätten sich wie „Schafe zur Schlachtbank" führen lassen, im deutschen Judentum sei eine große Passivität vorhanden gewesen. Sie aber haben sich konkret zum Widerstand entschlossen.

Das ist eine Feststellung der Hannah Arendt, die von tiefster Unkenntnis ausgeht. Ich sage, daß es kein Ghetto in Polen gegeben hat, in dem nicht jüdischer Widerstand organisiert worden ist. Ich habe einen Film, den eine deutsche, nichtjüdische Journalistin gemacht hat – Gespräche mit jüdischen Frauen, die den bewaffneten Widerstand in Bialistok organisiert haben – und aus dem hervorgeht: Überall, in ganz Europa, das von Hitler-Deutschland besetzt war, hat es organisierten Widerstand gegeben. Wenn Sie dort mit der Forschung beginnen, werden Sie feststellen, daß in allen jüdischen Widerstandsorganisationen der jüdische Anteil im Vergleich mit der Gesamtbevölkerung überrepräsentiert war. Ich will Ihnen ein Zahlenbeispiel geben: Hier in Berlin leben zur Zeit noch eine Handvoll Interbrigadisten, also Deutsche, die mit der Waffe in der Hand ihr Leben nach Spanien getragen haben und bereit waren, es dort zu opfern. Viele von uns sind dort gefallen; aber unter der wenigen Interbrigadisten, die noch hier in Berlin leben, sind vier jüdische Interbrigadisten. In Deutschland kamen auf die sechzig Millionen Deutschen, die 1933 noch in Deutschland gelebt haben, in den dreißiger Jahren, eine gute halbe Million Juden – ein Prozent. Aber unter den deutschen Interbrigadisten sind sicherlich acht bis zehn Prozent Juden gewesen.

Unter den amerikanischen und unter den französischen, unter den italienischen und unter den polnischen und sonstigen Interbrigadisten ist der Prozentsatz der Juden mindestens genauso hoch gewesen, das heißt, im Vergleich zur Gesamtbevölkerung, überrepräsentiert. In Frankreich hat es im Zweiten Weltkrieg ein „mouvement ouverier juive" gegeben, eine Widerstandsorganisation, bestehend nur aus jungen Juden. Aus diesem „m.o.j.", aus dieser Gruppierung, ist schon bald im Spätherbst 1942 eine ganze Gruppe zu uns nach Jawischowitz gekommen. Wie das Leben so spielte – die erste Verbindung zu diesen französischen Widerstandskämpfern lief über meinen Freund Roger Trienient und mich. Wir haben uns in der Grube getroffen, uns erkannt, und so wurde über Roger die Verbindung zwischen uns deutschen Widerstandskämpfern und den französischen Widerstandskämpfern hergestellt. So schufen wir im Lager Jawischowitz auch eine Widerstandsorganisation, in der deutsche, französische, polnische, tschechische Juden waren. Durch sie habe ich erfahren, daß in den verschiedenen Ghettos, aus denen sie kamen, überall jüdische Widerstandsorganisationen vorhanden waren. Im Eichmann-Prozeß ist in den Zeugenaussagen über eine jüdische Widerstandsorganisation im Ghetto Wilna berichtet worden, wo junge Juden aus dem Ghetto über Nacht herausgegangen sind, Verbindung hatten mit sowjetischen Partisanenorganisationen, von denen sie Lebensmittel, Medizin und Waffen bekommen haben, die ins Ghetto geschmuggelt worden sind, um dort für den einen Zeitpunkt, an dem die Nazis das Ghetto liquidieren wollten, einen Aufstand zu planen. Solchen Widerstand hat es – und heute weiß man das – in allen Ghettos und in allen Ländern gegeben, ob das die Widerstandsorganisationen in Frankreich waren, der „Maquis", ob das der Kampf der Tschechen und der Slowaken war, der Slowakische Aufstand – überall sind dort Juden beteiligt. Oder in Ungarn: Ich bin befreundet gewesen mit jüdischen Interbrigadisten, die während des Krieges wieder nach Ungarn gegangen sind und dann in Ungarn im Widerstand gekämpft haben. Gegenüber der auf Unwissenheit beruhenden Behauptung von Hannah Arendt sage ich: Es hat kein Ghetto gegeben, es hat keinen Widerstand im Zweiten Weltkrieg gegeben, an dem nicht Juden beteiligt waren!

Arno Lustiger schreibt im Vorwort zu seiner Dokumentation Zum Kampf auf Leben und Tod[62]*, er sei nach dem Krieg beschuldigt worden, ein Kapo gewesen zu sein, nachdem man ihn als Ehemaligen aus dem KZ erkannte. Wie ist es Ihnen ergangen?*

Ich bin ein Kapo gewesen. Und ich habe meine Funktion als Kapo genutzt, um zu tun, was ich Ihnen erzählte – Sabotage zu organisieren und um Häft-

---

62 Arno Lustiger, *Zum Kampf auf Leben und Tod – Vom Widerstand der Juden 1933–1945*, Köln 1994.

lingen zu helfen. Um das an einem einzigen Beispiel zu zeigen: Eines Tages rief mich ein Häftling meines ehemaligen Lagers an, Karl Polak. Er hat in seiner Heimatstadt Oldenburg seine Memoiren geschrieben.[63] Darin schildert er, daß Dr. Fischer – das ist dieser Dr. Fischer, der hier in Berlin zum Tode verurteilt worden ist, weil er an Selektionen teilgenommen hat[64] – bei uns zur Selektion war. Zu diesem Zeitpunkt war er, Karl Polak, das, was man im Lager einen „Muselmann"[65] nannte. Er stand in Reih und Glied und wäre an diesem Tage sicherlich zur Selektion gekommen. Da bin ich auf ihn zugegangen und habe gesagt: Mach, daß du in den Block kommst, du hast Stubendienst, du hast hier nicht zu stehen. Er hat das nicht richtig verstanden. Und ich habe ihn dann per Tritt in den Hintern – jawohl! – in die Baracke gescheucht. In seinen Memoiren schildert er das aber anders. Da sagt er: Ein tschechischer Arzt und sein Kapo Goldstein haben ihm das Leben gerettet. Als ich das las, habe ich mich erinnert, daß es nicht so war, wie er in seinen Memoiren schreibt. Da habe ich ihn angerufen und gesagt: Karl, warum hast du nicht die Wahrheit gesagt? Ich mußte dich doch in den Hintern treten, damit du an dem Tag nicht zur Selektion kamst. Er antwortete: „Ich habe einen Grund gehabt, daß ich das nicht sagen wollte: Ich hatte Angst davor, daß Antisemiten, wenn sie lesen, daß der jüdische Kapo den jüdischen Häftling in den Hintern getreten hat, sagen: Siehst du, so sind die Juden gewesen, einer hat dem anderen in den Arsch getreten. Oder, du bist ja Kommunist, ich wollte auch nicht, daß man sagte: So sind die kommunistischen Kapos gewesen, haben die Häftlinge in den Hintern getreten. Darum habe ich etwas die Unwahrheit gesagt – ich wollte schreiben, daß mein Kapo Goldstein mir in Jawischowitz das Leben gerettet hat." Es hat solche und solche Kapos gegeben. Leider hat es auch jüdische und nichtjüdische Kapos gegeben, die sich gegenüber ihren Häftlingskameraden zu Bütteln der SS gemacht haben. Aber ich habe, wir haben, in unserem Lager Jawischowitz, eine ganze Gruppe von Lagerfunktionären gehabt.

Die Küche war in den Händen von ehemals kommunistischen und sozialdemokratischen Häftlingen, in der Schreibstube saß ein „BVer", ein ganz Anständiger, und ich nenne auch seinen Namen: Karl Grimmer. Ich nenne ihn deshalb, weil er zwar ein „BVer" mit grünem Winkel, ein Berufsverbre-

---

63 Karl Polak, *1933–1988 – Schicksal einer jüdischen Familie*, zusammengestellt von Theodor Prahm, hrsg. von der Stadt Oldenburg-Leer, Oldenburg o.J.
64 Dr. med. Horst Paul Silvester Fischer, als Stellvertretender Standortarzt im KZ Auschwitz Vorgesetzter des berüchtigten Josef Mengele, 1966 in der DDR zum Tode verurteilt.
65 Muselmann, eigentlich Ausdruck für Moslem, wurde in den Konzentrationslagern als Bezeichnung von Häftlingen verwendet, die durch Hunger, Entkräftung und Verzweiflung kurz vor dem Tod standen. Sie hatten keine Chance zu überleben.

cher war, der uns sehr viel geholfen hat. Ich war also Kapo der Nachtschicht Jawischowitz – da hatten wir in dieser ganzen Nachtschicht etwa sechs oder acht Arbeitsplätze, die richtige Schonplätze waren. Wer da war, konnte überleben. Auf diese Schonplätze habe ich immer solche Häftlinge gesetzt, von denen ich wußte: Wenn der noch eine Zeitlang in der Produktion ist, geht es zu Ende mit ihm. Aber ich hatte bloß sechs, acht, später vielleicht zehn solcher Arbeitsplätze, und es war dann immer hart für den, dem ich sagen mußte: Du bist jetzt hier schon vier oder sechs Wochen auf einem Schonplatz gewesen, du gehst jetzt wieder zur Arbeit. Für den war das hart. Aber auf den Platz kam dann ein anderer Häftling. Als Kapo hatte man eben solche Möglichkeiten oder solche wie die, die ich von Karl Polak erzählt habe. Natürlich waren die Möglichkeiten, die Kapos hatten, beschränkt. Viel hing auch davon ab, daß man eine gewisse Ordnung im Lager herstellte. Das schlimmste Verbrechen, das es gab, war, einem anderen Brot zu stehlen. Immer, wenn wir neue Häftlinge – das geschah alle vierzehn Tage – in unsere Kolonne bekamen, habe ich denen eine Rede gehalten und gesagt: Das schlimmste Verbrechen, was einer von euch dem anderen antun kann, ist, ihm sein Stück Brot zu stehlen, wenn er in der Baracke schläft. Wer das tut, stellt sich außerhalb der Kolonne, das wiegt ganz schwer. Also ich bitte euch: Macht das nicht. Das zweite, was ich euch sagen will, ist: Hier könnt ihr nur überleben, wenn ihr euch rein haltet. Wenn ihr morgens aus der Grube kommt, wascht euch gut, weil von der Reinlichkeit das Überleben abhängt. Und der dritte Rat, den ich euch gebe: Es gibt sehr wenig zu essen, aber versucht, mit dem Essen auszukommen; versucht nicht, euch etwas aus den Abfallkübeln zu holen, denn dann bekommt ihr sofort Scheißerei, und das ist euer Tod. Das waren die Reden, die ich den Neuzugängen alle vierzehn Tage hielt. Es wurde auch großer Wert darauf gelegt, daß Ordnung und Disziplin herrschten, weil sie die SS sonst mit Prügeln erzwang. Prügeln mit Kolben oder mit anderen Gegenständen hieß, Phlegmone [eitrige Zellgewebsentzündung] zu bekommen, und das war der Tod. Je besser und disziplinierter wir also in unserer Kolonne das Leben organisierten, desto mehr Chancen hatten wir zu überleben. Das hing von der Rolle ab, die der Kapo in seinem Kommando spielte. Leute, die sich auf diese Art mit ihren Häftlingskameraden verbunden fühlten, waren die Mehrheit. Wir hatten auch in Jawischowitz Kapos und Blockälteste, die Verbrecher waren – mit denen führten wir einen heftigen Kampf. Unsere Kameraden in der Küche zum Beispiel sorgten dafür, daß wirklich die Häftlinge das Essen, das sie ausgaben, bekamen. Der Küchenchef, er hieß Christan Kloß, war ein Genosse aus Moers. Der wußte, daß das Essen ordentlich verteilt wurde, wenn Nachtschicht war. Bei einigen wußte er, daß die ihre Freunde hatten – man nannte das ihre „people" –: junge jüdische Jungs, mit denen sie infolge des Lagerlebens homosexuelle Spiele betrieben und denen sie dafür das besonders Dicke in der Suppe zuzuschanzen versuchten. Das zum Beispiel verhinderte Christian Kloß, das ließ er nicht zu als Küchenchef. So meine ich also: Es gab auf allen Ebenen des Lagers Kapos, die eine gute Rolle spielten, und wir hatten in allen Lagern auch solche, die gegen die Interessen ihrer Häftlinge, für ihre eigenen sorgten.

Erst seit 1994 gibt es mit Arno Lustigers Dokumentation eine umfängliche Arbeit über den Widerstand der jüdischen Minderheit gegen das NS-Regime. Wie erklären Sie sich das?

Ich muß das für beide deutsche Staaten erklären. In der Bundesrepublik, in der ersten Zeit nach 1945, war man daran überhaupt nicht interessiert – weder an dem einen noch an dem anderen Widerstand. Das ging zu Adenauers Zeiten so weit, daß nicht klar war, ob die Männer, die am 20. Juli 1944 ein Attentat auf Hitler versuchten, nach Kriegsende als Vaterlandsverräter anzusehen waren oder als Männer des Widerstands. Es hat in der alten Bundesrepublik bis zum historischen 8. Mai 1985 gedauert, bis Herr von Weizsäcker die Rolle des Widerstandes in einer staatsoffiziellen Rede gewürdigt hat. Und erst als Ergebnis der ganzen 68er-Studentenrevolte fing in den alten Bundesländern das Fragen nach dem an, was die Eltern und Großeltern in der Nazi-Zeit selbst getan hatten. In diesem Zusammenhang entstanden jene Bürgerbewegungen, die in ihren Heimatgebieten nach den kleinen KZs und Kriegsgefangenenlagern forschten und dabei darauf stießen, daß es neben den deutschen Wachmannschaften und sogar in den deutschen Wachmannschaften in diesen kleinen KZs Leute mit humanistischen Haltungen gab und vor allen Dingen, daß es Frauen und auch deutsche Arbeiter gab, die den Zwangsarbeitern ein Stück Brot oder einen Apfel gaben. Mich hat eine polnische Widerstandskämpferin, die hier im KZ Ravensbrück in einem Arbeitskommando war, nach einem Meister Schulz gefragt, der ihnen, den polnischen Frauen, immer mal ein Stück Brot oder auch einen Kamm oder ein Stück Spiegel besorgt hat, damit sie sich pflegen konnten. Erst Ende der sechziger, Anfang der siebziger Jahre hat das Forschen nach Widerstand in Deutschland angefangen. In der ehemaligen DDR ist der Widerstand früher erforscht worden; aber ganz gezielt nur der kommunistische Widerstand, nichts anderes galt. Der jüdische Widerstand ist eigentlich erst in den siebziger Jahren erforscht worden. Zunächst herrschte die Arendtsche These vor, die Juden hätten sich wie „Vieh auf der Schlachtbank" in ihren Tod führen lassen. Erst ganz allmählich begann die Forschung.

Noch bis heute ist die ganze Breite, der ganze Umfang des Widerstands jüdischer Menschen wie auch die Hilfe nichtjüdischer Menschen für Juden und der Widerstand gegen das Nazi-Regime nicht in seinem ganzen Umfang erforscht worden. Ich stoße im Gespräch mit polnischen und tschechischen Freunden darauf, daß jetzt immer mehr nach solchen Deutschen gefragt wird, die sich menschlich diesen Häftlingen gegenüber verhalten haben. Auf Hilfe für Häftlinge, ob das Kriegsgefangene, Zwangsarbeiter oder KZ-Häftlinge waren, stand bei den Nazis ja die Todesstrafe. Die deutschen Frauen und Männer, die jüdische Kinder oder jüdische Frauen und Männer versteckt haben – in Berlin haben wohl 5000 Juden überlebt – haben alle etwas riskiert. Wenn Sie bedenken, daß von jedem, der überlebt hat, fünf andere Deutsche gewußt haben, dann sind das 25 000. Wenn die erwischt worden wären! Die haben doch alle mit ihrem Leben gespielt. Aber es sind ja nicht nur in Berlin Juden versteckt worden, in ganz Deutschland, in Frankreich – überall sind jüdische Kinder und jüdische Bürger versteckt worden. Ich bin bei der jährlichen Kranzniederlegung im Kriegsgefangenenlager Stukkenbrock gewesen; da stößt man jetzt erst darauf, wieviel deutsche Frauen und Männer sowjetischen Kriegsgefangenen auf die eine oder andere Art geholfen haben. Ich habe dort eine Bürgerin kennengelernt, deren Eltern auf ihren Hof sowjetische Kriegsgefangene zur Arbeit angefordert haben, und das Sinnen und Trachten der Eltern war nicht in erster Linie, daß die bei ihnen arbeiteten, das war Nebensache, sie wollten ihnen bei der Gelegenheit etwas zu essen geben und ihnen etwas Essen für andere Kriegsgefangene mit ins Lager geben. Das sind alles Einzelfälle. Ich will nicht weg davon, daß die Masse der Bürger Deutschlands wissend und billigend die Verbrechen der Nazis hingenommen haben. Viele derer, von denen man heute sagen kann, sie haben es billigend in Kauf genommen, hätten möglicherweise, wenn sie in solch eine Wehrmachtseinheit gekommen wären, die Erschießungen durchgeführt hat, auch an Erschießungen teilgenommen, wären also Täter geworden. Es ist schon so, daß die große Mehrheit der Deutschen von den Nazis so – wie sagt man heute – programmiert waren, daß sie glaubten, Deutschland zu dienen, wenn sie im Krieg Juden und Russen als „Ungeziefer" betrachten, sowjetische Kriegsgefangene als „minderwertig". Aber es hat eben neben dieser großen Masse doch auch mehr Deutsche gegeben, als wir in der ersten Zeit gewußt haben, die sich in dieser oder jener Form gegen die Unmenschlichkeit der Nazis gewandt haben. Angefangen hat der Widerstand gegen die Nazis doch schon 1933, als sich Kommunisten, Sozialdemokraten, Gewerkschafter und auch bürgerlich-humanistische, demokratisch denkende Kreise gegen die Nazis gewandt haben. Wie die Nazis das gespürt und darauf reagiert haben, hat man an der Röhm-

Aktion 1934 gemerkt, als eben nicht nur Röhm und SA-Führer erschossen wurden, sondern auch Zentrumspolitiker, Deutsch-Nationale und sogar Leute der Deutschen Volkspartei umgebracht wurden, weil sie den Kurs der Nazis nicht mitmachten. Es hat dann einen richtigen, schon ernstzunehmenden Widerstand gegen die Nazis gegeben, als sie ihre Euthanasie-Aktion machten – da sind doch Geistliche wie der Bischof Gahlen, wie der Bischof von Pritzwalk, wie der aus Lichtenberg hier in Berlin, wie Geistliche in Düsseldorf und Oberhausen, da sind doch Geistliche aufgetreten, und in den Kirchengemeinden hat es Unruhe gegeben. Die haben die Nazis registriert.

Ich meine also, die Kreise, die Nazi-Verbrechen nicht mitgemacht haben, waren größer, als das zu der Zeit, als Hannah Arendt ihren irrigen Satz über die Passivität der Juden geäußert hat, bekannt war. Das ändert nichts an der Richtigkeit der Behauptung von Goldhagen, daß die Masse der Deutschen – er hat nie gesagt, daß das ganze deutsche Volk so war – willige Vollstrecker gewesen sind. Aber die Ehre gebührt auch den Deutschen, die sich diesen Verbrechen in den Weg gestellt haben.

Die Zeit des Nationalsozialismus – sagt man gemeinhin – gehört zu den am besten erforschten zeitgeschichtlichen oder historischen Epochen. Lassen Sie mich noch einmal nachfragen: Wie erklären Sie sich, daß speziell der jüdische Widerstand in einem Buch von Arno Lustiger, nicht aber bei dem Gros der bundesdeutschen Historiker erste bzw. eine so späte Ehrung erfahren hat?

Ich sage mal: Das offizielle Deutschland aller Schattierungen – und ich beziehe mich da mit ein – hat eine sehr differenzierte Haltung zum deutschen Widerstand. In der Bundesrepublik ist daran nach 1945 überhaupt kein Interesse vorhanden gewesen, sie haben sich schwer getan bis zur Weizsäcker-Rede 1985. Als Weizsäcker seine Rede gehalten hat, ist er ja von vielen Leuten, mit Bundeskanzler Kohl an der Spitze, deswegen kritisiert worden, das darf man auch nicht vergessen. Das heißt, an der Erforschung des Widerstandes ist das offizielle Deutschland nicht interessiert gewesen. Im Osten ist man nur an der Erforschung des kommunistischen Widerstands interessiert gewesen, da war der Widerstand, der Antfaschismus eine Legitimation für unsere Regierung. Nun muß ich sagen: In den ersten Jahren ist hier, in der ehemaligen DDR, auch viel auf dem Gebiet der Kunst und der Kultur getan worden, um antifaschistisches Denken und Verhalten zu prägen – ich denke nur an solche Filme wie „Ehe im Schatten", „Die Mörder sind unter uns", die Filme über Spanien und über den Widerstand und die Verfilmung des Buches von Jurek Becker, *Jacob, der Lügner*.

Professor Jaeckel in Stuttgart hat mit Lea Rosh diese beeindruckende Fernsehdokumentation gemacht „Der Tod ist ein Meister in Deutschland".

Aber das ist es dann auch. Jüdischen Widerstand hat es ja nicht nur in Deutschland gegeben, jüdischen Widerstand gab es in allen polnischen Ghettos, in allen von der Sowjetunion besetzten Ghettos, in den baltischen Ländern, in den Partisanen-Einheiten in der Ukraine, in Belo-Rußland – daran war der in der sowjetischen Führung immer vorhandene Antisemitismus nicht interessiert. Das hat bis in die DDR hinein gewirkt, denn daß einer der Filme von Konrad Wolf, „Sterne", in der DDR derart in der Versenkung verschwunden ist, hängt sicher damit zusammen. Daß darin ein deutscher Soldat eine positive Rolle spielt – auch das paßte der „Offizialität" nicht in den Kram. Das ist auch eine historische Realität, daß deutsche Soldaten eine solch positive Rolle gespielt haben. Ich selbst habe eines Tages, 1982, in Chateaubriand in Frankreich, an einem Denkmal für dort von Deutschland erschossene französische Geiseln gestanden. Neben den Pylonen, die dort für jede erschossene französische Geisel stehen, steht ein Pylon, auf der kein Name vorhanden ist. Da hat ein deutscher Soldat, der zum Erschießungskommando eingeteilt war, den Befehl verweigert, ist dort auf der Stelle mit erschossen worden, ist dort mit begraben, hat dort einen Gedenkstein, auf dem keine Name steht, weil die Franzosen, die das Denkmal errichtet haben, den Namen dieses Soldaten nicht wußten. Der sich geweigert hat, Geiseln zu erschießen, wußte sicher vorher, was geschieht, wenn er sich weigert.

Der jüdische Widerstand ist also nicht erforscht worden, weil in Deutschland die deutschen Historiker – von wenigen Ausnahmen abgesehen – das nicht gemacht haben. In Polen, im Archiv des Jüdischen Museums in Warschau, liegen Dokumente von Juden. Ich habe auch einen polnischen, jüdischen Widerstandskämpfer gekannt, der über jüdischen Widerstand geforscht hat – aber seine Ergebnisse fanden keinen Verleger. Er ist dann gestorben. Seine Witwe hat mir seine Forschungen übergeben, und ich habe mir dann große Mühe gegeben, das damals in der DDR übersetzen zu lassen, aber es ist mir dann auch nicht gelungen, das als Buch herauszubringen.

Wie beurteilen Sie denn den Stand der Forschungen über jüdischen Widerstand überhaupt heute – seit 1994 ist Arno Lustigers Buch auf dem Markt?

Gründlich erforscht ist der jüdische Widerstand immer noch nicht, auch mit dem Buch von Arno Lustiger nicht und auch nicht mit dem wirklich guten Film über den Widerstand in Bialistok. Jetzt ist es schon sehr spät, so ist zum Beispiel die zentrale Frau des Widerstands in Bialistok, Chaika Grossman – die in Israel gelebt hat und Abgeordnete der Knesset war –, nachdem dieser Film fertig gestellt wurde, gestorben. Die Widerstandskämpfer sterben, und viele jüdische Opfer der deutschen Verbrechen, besonders in den ehemals „realsozialistischen" Ländern, haben noch keinen Pfennig „Wiedergutmachung" bekommen. Unsere Bundesregierung setzt auf die „biologische Lösung", weil man sonst – wenn man schon lettischen SS-Leuten Renten bezahlt – den paar Dutzend oder Hundert oder auch Tausend Überlebenden aus den GUS-Staaten, aus den baltischen Ländern, aus Tschechien und der Slowakei, aus Ungarn und Rumänien, Entschädigungen geben müßte. Ich glaube, daß – wenn jetzt hoffentlich in kurzer Zeit dieses jüdische Gold aus der Schweiz zur Verfügung steht, das in eine Stiftung eingebracht wird – es gut wäre, wenn das eine Internationale Stiftung würde, in die auch die Bundesregierung ihren Anteil einzahlt: Wenn man dann aus diesem Fonds den Überlebenden in diesen Ländern, die noch nichts bekommen haben, Entschädigung und Rente gäbe, so daß sie leben können, daß sie einen ruhigen, würdigen Lebensabend in den paar Jahren haben, die ihnen noch bleiben. Man sollte von diesem Geld auch viel nehmen, um die Gedenkstätten Auschwitz und Birkenau und Terezìn [Theresienstadt] und andere Gedenkstätten zu erhalten. Die Gedenkstätten, die hier in Deutschland sind – das ist unsere, in Stein geronnene, deutsche Geschichte, die müssen wir erhalten. Und schließlich sollte man den Gedenkstätten und vor allem den Menschen außerhalb Polens, die unter den Nazis gelitten haben, einen großen Batzen dieses jüdischen Goldes geben, das jetzt aus der Schweiz freigegeben werden muß.

Rudolf Vrba

(geb. 1924 in Topolcany, Tschechoslowakei)

Rudolf Vrbas Geburtsname lautet Walter Rosenberg. Seine Eltern hießen Elias Rosenberg, Besitzer einer dampfgetriebenen Sägemühle, und Helena, geborene Grünfeldová. Mit fünfzehn Jahren wurde Walter Rosenberg 1939 aufgrund seiner jüdischen Herkunft vom Gymnasium ausgeschlossen. Deshalb begann er, als Arbeiter ohne Ausbildung seinen Lebensunterhalt zu verdienen – bis 1942. Denn am 14. Juni dieses Jahres wurde der damals erst Achtzehnjährige zunächst ins KZ Majdanek, kurze Zeit später, am 30. Juni, weiter nach Auschwitz deportiert. Für zwei Jahre erhielt er dort die Häftlingsnummer 44070. Schließlich, am 7. April 1944, gelang Walter Rosenberg zusammen mit Alfred Wetzler die Flucht. Nach seiner Rückkehr ins slowakische Zilina wurde aus Walter Rosenberg Rudolf Vrba. Gemeinsam mit Alfred Wetzler verfaßte er am 25. April 1944 eine Beschreibung der Zustände in Auschwitz, mit der die Welt aufgerüttelt werden sollte – vergeblich, wie sich schnell herausstellte. Im September 1944 schloß sich Rudolf Vrba den Partisanen an und kämpfte für die Befreiung der Tschechoslowakei. Nach dem Krieg begann Vrba eine Karriere als Biochemiker. Seit 1976 lehrt er als Professor für Pharmakologie in Vancouver, wo er heute lebt.

In der Geschichtsschreibung ist jener Bericht bekannt geworden als „Vrba-Wetzler-Report"[66] oder „Auschwitz-Protokoll". Er enthält eine genaue Beschreibung von Auschwitz I und Auschwitz II, deren Struktur, innere Organisation und Verflechtungen mit den anliegenden Industriekomplexen. Über den Lageralltag der Häftlinge wird darin genauso detailliert berichtet wie über die Funktionsweise der Gaskammern und der Krematorien. Sogar Angaben über die verschiedenen Transporte sowie Schätzungen über deren Umfang konnten Vrba und Wetzler machen. Doch während des Krieges wurde der „Vrba-Wetzler-Report" niemals vollständig veröffentlicht. Obwohl er ab Mai 1944 sowohl in der Presse als auch in offiziellen Aktivitäten eine Rolle zu spielen begann, fand er bei diversen Behörden keine seiner Bedeutung entsprechende Beachtung. Erst Ende November 1944 wurde er in der US-Presse überhaupt umfassend zur Kenntnis genommen.

Nach Kriegsende entbrannte in der Forschung ein Streit über das Wissen der beiden Autoren um die bevorstehende Deportation der ungarischen Juden, denn schon zwei Monate vor der Besetzung Ungarns im März 1944

---

66 Der „Vrba-Wetzler-Report" ist vollständig publiziert in John S. Convay, „Der Auschwitz-Bericht vom April 1944", in: *Zeitgeschichte*, August/September 1981, S. 313–442.

hatte Vrba von der geplanten Deportation erfahren. Was für eine Rolle spielten die slowakische und ungarische Judenräte bei den geplanten Deportationen? Hatten sie in vollem Umfang gewußt, was sie taten, als sie halfen, ihre Landsleute zu deportieren? Da sein Ziel die unmittelbare Information der ungarischen Juden war, die ungarischen Judenräte den Report jedoch nicht weiterreichten, schlußfolgert Vrba, dies sei aufgrund deren weitgehender Kollaboration mit den Nazis unterblieben.

Auf Einladung des Zentrums für Antisemitismusforschung besuchte Rudolf Vrba 1997 Berlin. Ich nutzte diese Gelegenheit zu einem Gespräch, in dessen Mittelpunkt der „Vrba-Wetzler-Report" stand.

David Dambitsch: *Sie sind als junger Mann KZ-Häftling in Majdanek und Auschwitz gewesen. Keine Geringere als Hannah Arendt hat den Juden nach der Shoah vorgeworfen, sie hätten sich wie „Vieh zur Schlachtbank" führen lassen. 1994 hat Arno Lustiger diesem Verdikt mit seinem Standardwerk* Zum Kampf auf Leben und Tod[67] *entschieden widersprochen. Sie, Herr Vrba, gehörten zu den Widerständlern unter den KZ-Häftlingen.[68] Sie sind zusammen mit Alfred Wetzler aus Auschwitz-Birkenau geflohen. Was gab Ihnen die Kraft, den Antrieb zu diesem Kampf auf Leben und Tod?*

Rudolf Vrba: Der Antrieb zum Kampf auf Leben und Tod– erst einmal werde ich Ihnen eine überraschende Sache sagen: Niemand stirbt gerne. Das ist die Antwort auf Ihre Frage. Aber hier handelt es sich ja um etwas anderes. Hier handelt es sich um den Widerstand gegen den Nazismus, was mir dazu die Kraft gegeben hat. Ich habe über zwei Jahre, die ich in Auschwitz war, die ungeheure und schamlose, betrügerische Natur des nationalsozialistischen Systems der damaligen deutschen Administration gesehen, die die Juden aus der ganzen Welt unter dem Vorwand einer Umsiedlung nach Auschwitz gebracht und die sie dort auf eine grausame, qualvolle und langsame Art ermordet hatte. Dabei wurde nie vergessen, sie vor dem Mord auch noch zu erniedrigen.

Das war solch eine niederträchtige Unmenschlichkeit, deren Zeuge ich über lange Zeit war, daß ich darüber wirklich böse geworden bin und mir sagte, daß ich alles machen muß, um dieser Bande von Nazi-Verbrechern einen Schaden zuzufügen. Die verbrecherischen, mörderischen Akte, vor allem in Auschwitz, beruhten auf der Geheimhaltung des ganzen Prozes-

---

67 Arno Lustiger, *Zum Kampf auf Leben und Tod – Das Buch vom Widerstand der Juden 1933–1945*, Köln 1994.
68 Vgl. Rudolf Vrba, *Als Kanada in Auschwitz lag. Meine Flucht aus dem Vernichtungslager*, München 1999. Die deutsche Erstausgabe erschien unter dem Titel *Ich kann nicht vergeben*, München 1964.

ses; denn von allen Leuten, die nach Auschwitz gekommen sind, haben wir noch nie gehört, daß sie erwartet hatten, daß ihre Eltern oder ihre Kinder zuerst vergast werden, bevor sie zur Sklavenarbeit benützt werden sollen. Mit anderen Worten: Die Passivität der Juden beruhte hauptsächlich auf der Tatsache, daß sie betrogen worden waren, daß sie durch eine listige, niederträchtige und heimtückische Art nach Auschwitz gebracht wurden. Wenn ich dieses Schweigen, dieses Geheimnis, wohin die Transporte gehen, brechen würde, wenn ich sagen würde, was da eigentlich passiert und wie diese Niederträchtigkeit organisiert ist – dann, das war mir klar, könnte ich durch diese Warnung an Millionen Leute, die noch immer draußen waren, erreichen, daß dieser Prozeß des Massenmordes verlangsamt werden würde. Es ist ja bekannt, daß Sie eine Million Schweine in Chicago leichter zur Schlachtbank führen können, als wenn Sie ein einzelnes jedes Mal fangen müßten. Wenn die Juden gewußt hätten, daß man sie ermorden wollte, wären sie doch nicht freiwillig in die Waggons eingestiegen; sie hätten doch nicht freiwillig ihre Kinder an die Hand genommen und sie bis in die Gaskammern von Auschwitz gebracht. Man mußte also das Geheimnis lüften. Und wir – Wetzler und ich – waren im Besitz des ganzen Geheimnisses. Die SS hat aus dem, was in Auschwitz geschah, gar kein Geheimnis gemacht; sie war sich ganz sicher, daß nichts davon aus Auschwitz heraussickern würde, und hatte in dieser Hinsicht auch recht, wie die historische Forschung von heute beweist. Bis zu unserer Flucht war es nicht bekannt, daß Auschwitz die Hauptstadt des Massenmordes ist. Also haben wir uns entschlossen zu fliehen, besonders, als wir wußten, daß der Mord an einer Million ungarischer Juden vorbereitet wird. Das war, meiner Meinung nach, der größte Mord – als einzelne Aktion – in der Geschichte von Auschwitz. In den zwei Jahren, die ich dort verbracht habe, wurden ungefähr einunddreiviertel Millionen Leute ermordet, und die Nazis haben sich vorbereitet, um eine Million ungarischer Juden in einer sehr kurzen Zeit zu ermorden, das heißt die Mordtätigkeit auf ein viel größeres Mordniveau zu bringen. Davon habe ich sehr früh erfahren, am 15. Januar 1944, also zwei Monate vor der Besetzung Ungarns

Vielleicht ist das eine Antwort für Sie: Es war ein guter Grund, das Leben zu riskieren und von dort zu fliehen, um die Massen der Juden, die sich noch in Freiheit befanden, zu warnen, was sie erwartet, wenn sie in die Deportationszüge oder „Umsiedlungszüge", wie diese auch genannt wurden, freiwillig einsteigen.

Der Schriftsteller Primo Levi hat erschütternd beschrieben, was geschah, nachdem Flüchtlinge aus dem KZ von den Nazi-Häschern wieder eingefangen worden waren. Levi erzählt von dem für ihn tief beschämenden Mangel an Solidarität unter den Häftlingen.

Der ungarische Schriftsteller Imre Kertész, der als Junge nach Auschwitz deportiert worden war, erzählt das anders: Seinem Bericht zufolge hätten die Mitgefangenen für die nun zum Tode verurteilten Flüchtlinge ein „Kaddisch" angestimmt und damit ihre Verbundenheit gezeigt. Welche Erinnerungen haben Sie?

Ich habe viele Überlebende nach dem Krieg gesehen – zum letzten Mal war das in Siegen, wo ich bei einem Prozeß gegen einen der SS-Männer aus Auschwitz war, der dort eine der Schlüsselrollen beim Massenmord und beim Massenraub spielte. Da ist ein Angehöriger der Sinti und Roma zu mir gekommen, der damals im KZ Auschwitz war, und hat mich umarmt und geküßt und hat mir gesagt: „Ich habe dreißig Stunden beim Appell gestanden, nachdem du entflohen bist, aber das hat mir gar nichts ausgemacht – wir waren darauf bedacht, daß es euch gelingt, herauszukommen und die Welt zu informieren."

Auch über die Kapos im Konzentrationslager gibt es ganz gegensätzliche Zeitzeugenberichte – welche Rolle spielten die Kapos Ihrer Meinung nach?

Es gab im allgemeinen zweierlei Art von Kapos: Es gab ein gewisses Alterssystem in allen Konzentrationslagern – in Sachsenhausen, in Dachau, in Mauthausen usw. – bis auf Auschwitz. Die Kapos wurden gewöhnlich aus den Reihen der alten Häftlinge rekrutiert: Es gab diejenigen mit rotem Winkel, die aus politischen Gründen inhaftiert waren, und es gab diejenigen mit grünem Winkel, das waren Berufsverbrecher. Die Berufsverbrecher mit grünem Winkel haben faktisch die schmutzige Arbeit der SS im Lager verrichtet. Sie waren grausam, sie töteten die Häftlinge. Das deutsche nationalsozialistische System hatte diese Verbrecher in die Position einer absoluten Macht über Leute befördert, die viel besser erzogen, gelehrter waren als sie und die sie schon aus diesem Grunde haßten. Außerdem hatten sie die Position der Macht – hier konnten sie ohne Konsequenz morden. Je mehr sie mordeten, desto mehr wurden sie von der SS belohnt. Die grünen Kapos also, die sogenannten Berufsverbrecher, waren ganz arge Verbrecher, die die Nazis auf die Häftlinge losließen. Was die Kapos mit rotem Winkel anbelangt – es waren viele sehr anständige darunter, und in manchen Lagern ist es zu einem Kampf gekommen, wer in die Administration hereinkommt. Denn wer waren die roten Kapos? Das waren meistens Deutsche, die im Lager saßen, weil sie entweder Gewerkschafter oder Kommunisten oder Sozialdemokraten waren, die sich offensichtlich geweigert hatten, sich „gleichschalten" zu lassen. Und die haben in vielen Fällen auch eine positive Rolle gespielt. Aber sie waren eine kleine Minderheit. In einem Lager wie in Buchenwald ist es dazu gekommen, daß die roten Kapos die grünen sozusagen niedergeschmettert haben. Doch in einem Lager wie Auschwitz

127

waren es die grünen, die das Wort führten. Und das waren grausame und gemeine deutsche Verbrecher.

Imre Kertész hat in seinem Roman eines Schicksallosen[69] *versucht, konsequent aus der Sicht des Jugendlichen die unschuldige und völlig ahnungslose Naivität zu vermitteln, mit der er Auschwitz als Fünfzehnjähriger zum ersten Mal betrachtet hat. Sie sind – zusammen mit Alfred Wetzler – nicht nur aus Auschwitz geflohen, sie haben sich später den tschechischen Partisanen angeschlossen und erstellten dann sogar noch einen Bericht über Auschwitz I und II. Damit wollten Sie die Weltöffentlichkeit aufrütteln und insbesondere die ungarischen Juden warnen. Aus welchen Gründen sind Ihre Bemühungen – Ihrer Meinung nach – damals fehlgeschlagen?*

Fehlgeschlagen ist es, weil, glaube ich, die Nazis Agenten gefunden hatten, die eine Politik – als ob es eine jüdische Politik wäre – betrieben, die den Nazis paßte. Dazu muß man wissen, was die Judenräte eigentlich waren. Ich will nicht sagen, daß ein jeder von ihnen ein Judenverräter war, aber meiner Meinung nach war die Position dieser Judenräte im Grunde genommen in etwa so: Stellen Sie sich vor, Churchill, der sechs Jahre lang einen Krieg gegen Deutschland führte, hätte während des Krieges in Mannheim residiert oder in Hamburg. Das war die Position der Judenräte. Mit anderen Worten: Ich wurde nicht gefragt, wen ich in den Judenrat wähle; die Judenräte wurden von den Nazis bestimmt. Diejenigen der Judenräte, die nicht absolut die Nazipolitik ausübten, wurden von den Nazis nach Auschwitz geschickt – nicht alleine, sondern mit ihren Familien. Wir müssen uns also darüber im klaren sein, daß die Judenräte, meiner Meinung nach, nicht Führer der Juden waren, sondern Geiseln in den Händen der Nazis. Es gab natürlich verschiedene Stufen, inwieweit diese Geiseln ihren Juden helfen konnten und inwieweit sie auch im eigenen Interesse ihnen schaden konnten. Als mein Report vor der Deportation mit der klaren Warnung, was jetzt passieren wird, nach Ungarn gelangt ist, da gab es bereits einen Handel mit einem gewissen Dr. Kasztner[70] und seinen Assoziierten in Eichmanns Stab – das waren hauptsächlich die SS-Standartenführer Kurt Becher und die SS-Offiziere Hermann A. Krumey und Otto Hunsche, die ich persönlich kannte, weil ich zweimal bei ihren Prozessen war, die ihnen dann nach dem Krieg gemacht

---

69 Imre Kertész, *Roman eines Schicksallosen*, Berlin 1996.
70 Reszö Kasztner, Stellvertretender Vorsitzender des ungarischen Judenrates. Ihm wurde später bei einem Prozeß in Israel vorgeworfen, er habe seine eigene Familie und Freunde bevorzugt und „seine Seele dem Teufel verkauft". Nach dem Prozeß wurde er in Tel Aviv auf offener Straße ermordet. Der Oberste Gerichtshof Israels hat ihn posthum von allen Anschuldigungen freigesprochen (vgl. Leni Yahil, *Die Shoah – Überlebenskampf und Vernichtung der europäischen Juden*, München 1998, S. 854–856 sowie Hannah Arendt, *Eichmann in Jerusalem*, München 1964, S. 154, 181).

worden sind. Der Judenrat in Ungarn unter Leitung von Kasztner ist mit Eichmann und Becher und Krumey einen Vertrag eingegangen, nach welchem – nach Zahlung von Gold und Diamanten und anderen Wertsachen und 1 000 Dollar pro Kopf – ein Zug von 1 800 Juden anstatt nach Auschwitz in die Schweiz gegangen ist. Darauf beruht die Berühmtheit des Kasztner: 1 800 Juden gerettet zu haben. Während dieser Transport in den Monaten Mai, Juni und Juli 1944 zusammengestellt wurde, wurden 437 000 Juden nach Auschwitz gebracht, die überhaupt keine Ahnung hatten, wohin sie gehen und was das Ende dieser Reise sein wird. Der Judenrat, also Kasztner, wußte genau, wohin diese Transporte gehen würden, denn sie hatten den „Vrba-Wetzler-Report" gelesen. In den Memoiren Kasztners wurde natürlich alles getan, um zu verheimlichen, daß sie diese Tatsachen kannten. Ob dieses Schweigen des sogenannten Judenrates oder Judenverrates eine selbst auferlegte Pflicht des Judenrates war oder ob es ein Agreement, eine Abmachung war, daß man für das Schweigen einige dieser reichen Juden herauslassen will, solange man die Massen ohne Widerstand und auf einfache Weise, wie gewöhnlich, nach Auschwitz bringen kann, muß eine Vermutung bleiben, denn die haben ihre Besprechungen nicht auf ein Tape aufgenommen wie Nixon![71]

Zwei Monate vor der Besetzung Ungarns haben Sie schon von den geplanten Deportationen erfahren. Wie sind Sie damals an diese Informationen gelangt?

Eine detaillierte Beschreibung, wie ich an diese Informationen gelangt bin, werden Sie in den *Vierteljahresheften für Zeitgeschichte*[72] vom Januar 1996 finden. Ich werde Ihnen aber eine einfache Erklärung geben: Ich wurde als Häftling in Auschwitz zur Zwangsarbeit auf der sogenannten Rampe gezwungen. Das war eine Rampe zwischen Auschwitz I und Auschwitz II, ein kleiner blinder Abzweig von der Bahnlinie Wien–Krakau. Dort sind alle Transporte der sogenannten „umgesiedelten" Juden, also die Deportationstransporte zu den Gaskammern in Birkenau, angekommen. Ich war immer dabei, wenn sie ausgeladen wurden. Die Prozedur wurde auf folgende Weise durchgeführt: Sie wurden aus den Waggons herausgetrieben und sofort der Selektion unterworfen; sie wurden also in Fünferreihen aufgestellt, und von der SS wurde schnell bestimmt, wer als arbeitsfähig und wer als arbeitsunfähig eingestuft wurde – die Kinder und die Alten und die Frauen mit klei-

---

71 Gemeint ist die „Watergate-Affäre" – Tonbänder überführten letztendlich den verantwortlichen US-Präsidenten Richard Nixon, der seine politischen Konkurrenten hatte abhören lassen.
72 Rudolf Vrba, „Die mißachtete Warnung. Betrachtungen über den Auschwitz-Bericht von 1944", in: *Vierteljahreshefte für Zeitgeschichte*, hrsg. vom Institut für Zeitgeschichte München, Heft 1, 44. Jahrgang, Januar 1996, S. 1–24.

nen Kindern, die man nicht mit Stockschlägen beschwichtigen kann, wenn man das Kind wegnimmt, die wurden sofort in die Gaskammern geschickt. Dazu brauchte man fünf oder sechs Lastkraftwagen, auf denen jeweils hundert Seelen verfrachtet und zu den Gaskammern in Birkenau – die ungefähr zwei Kilometer entfernt waren – hingebracht wurden. Die LKW sind dann zurückgekommen, und die Häftlinge haben das Hab und Gut dieser Ermordeten auf dieselben LKW verladen und nach Auschwitz I in die Magazine gebracht. Dort habe die Häftlinge– nachdem die Angekommenen ermordet worden waren – die Koffer aufgebrochen und aussortiert: Kleider 1., 2. und 3. Klasse und Schuhe und Geld und Gold und was immer die Leute sich in den letzten Momenten für eine unbekannte Reise so zusammensparen konnten.

Dies ist nun immer so weiter gegangen während meiner zwei Jahre dort, bis zum Januar 1944. Dann, eines Tages, sehe ich einen deutschen Kapo, der hieß Jupp, stammte aus Berlin, ein deutscher, kein jüdischer Häftling, mit einem roten Winkel. Der kommt in Birkenau mit etwa hundert Polen – bessere Häftlinge, besser angezogen – und mißt etwas aus. Ich gehe zu diesem Kapo und frage ihn: Jupp, was macht ihr denn da? Der Jupp hatte mich schon ein Jahr nicht mehr gesehen, denn ich war früher in Auschwitz I, und jetzt war ich in Birkenau. Er hat gewisse Sympathien für mich gehabt, denn er war vor dem Kriege ein Anti-Nazi, und er wußte, daß ich auch gewisse Anti-Nazi-Verbindungen vor dem Kriege hatte. „Du lebst noch?" fragt er mich – er war sehr überrascht, daß ich nach einem Jahr noch lebe. „Du schaust ganz gut aus. Ich darf dir eigentlich nicht sagen, was wir da machen. Aber ich sage dir etwas: Wir machen eine neue Eisenbahnlinie. Die alte Rampe wird nicht mehr benutzt werden; wir bauen eine Eisenbahnlinie direkt in die Gaskammern, zum Krematorium." Da sage ich zu ihm: Aber Jupp, wozu denn, die alte Rampe wurde doch unlängst noch repariert. Da sagt er: „Du, das ist aber ein großes Geheimnis: Ungarische Juden werden kommen, es gibt eine Million. Und die wollen das schnell erledigen und dachten, es würde zu viel Zeit dauern, diese eine Million Leute – das wären ja zehntausendmal bei hundert Seelen – von der alten Rampe ins Krematorium zu bringen. Es ist billiger und schneller, über diese zwei Kilometer eine Eisenbahnlinie zu bauen." Ich habe ihm sofort Glauben geschenkt, denn manche SS-Männer, die ins Lager kamen – zum Beispiel SS-Unterscharführer Kurpaneck oder SS-Unterscharführer Buntrock, die viel getrunken haben –, haben sich in betrunkenem Zustand manches gesagt, etwa: „Bald kommt ungarische Salami." Ich muß Ihnen das erklären: Es war eine der Gepflogenheiten in Auschwitz, daß die Transporte nach den charakteristischen Nahrungsmitteln benannt wurden, die sie mitgebracht haben. Wenn Transporte kamen, spiegelten diese verschiedenen Nahrungsmittelkompositionen den unterschiedlichen ökonomischen Zustand verschiedener okkupierter Länder wider. Die Juden beispielsweise, die aus Frankreich gekommen sind, haben gewöhnlich Sardinen mitgebracht; davon hätte man in der Slowakei im Kriege nicht einmal geträumt. Also hat die SS gesagt, wenn französische Transporte ankamen: „Sardinen kommen." Oder wenn holländische Juden gekommen sind, haben sie gesagt: „Käse kommt, holländischer Käse." Und bei den Griechen sprachen sie davon: „Kallweis kommt." Diese Menschen, die nach Auschwitz kamen, diese Mütter, die etwas kondensierte Milch aus Dänemark mitgebracht haben oder Käse für die Kinder, haben das nicht gegessen. Die sind in die Gaskammer gegangen, und das, was besser war, wurde in die Offiziersmesse gebracht. Die haben sich daran genährt, denn natürlich konnten die SS-Offizieren in Auschwitz nicht bloß von den Kriegsrationen leben. Die Gepflogenheit, die Transporte nach den Eßwaren zu bezeichnen, war also allgemein üblich. Das habe ich nicht nur vom Kapo Jupp, von dem roten Kapo, gehört, sondern auch von den betrunkenen SS-Unterscharführern, die sich schon auf „ungarische Salami" gefreut haben.

Außerdem war es mir möglich – obwohl es mit der Todesstrafe geahndet wurde –, deutsche Zeitungen zu lesen. Den *Völkischen Beobachter* konnte ich für – sagen wir –zwanzig Golddollar von einem SS-Unterscharführer kaufen. Vom Lagerkommandanten bis zum letzten SS-Mann in Auschwitz – alle waren nicht nur Mörder, sondern auch Diebe! Ich konnte dann sagen: Ich habe zwanzig Dollar auf der Erde gefunden, bitte schön, darf ich die abgeben? Dann hat einer gesagt: „Das mußt du auch machen. Es gibt also auch zwischen den Juden ehrliche Personen, daß du das abgibst ..." Dann hat er die zwanzig Dollar in die Tasche gesteckt, hat mir keine Bestätigung gegeben, aber den *Völkischen Beobachter* hat er „vergessen". Er wußte, wofür er die zwanzig Dollar bekommt. Er wußte, wenn er den *Stürmer* bringt, dann finde ich gar nichts, aber wenn er den *Völkischen Beobachter* in der Tasche hat, worin ich Informationen kriegen kann, werde ich etwas aufheben von dem vielen Geld und Gold der Ermordeten. Nicht alles ist in den Koffern der SS gelandet, da haben auch die Häftlinge ein bißchen mitgemacht. Manchmal hat man das Geld auch dazu benutzt, um die SS zu milderem Benehmen zu bestechen usw. Am 19. März [1943] konnte ich im *Völkischen Beobachter* lesen, daß Ungarn besetzt war. Erst die Information über die „ungarischen Salami", dann die Information von Jupp über die neue Rampe für die ungarischen Juden und schließlich kommt die Nachricht: Ungarn ist besetzt. Das mußte man nur zusammenbringen, dann war ganz klar, worum es sich handelt.

Als wir den Report geschrieben haben – obwohl wir darüber nicht geschrieben haben –, hat der Judenrat in der Slowakei, der uns Stenographen zur Verfügung gestellt hat, gesagt, wir sollen nicht sagen, was geschehen wird, es ist genug, wenn wir sagen, was war und was ist. Warum sollten wir den Report schwächen durch Prophezeiungen? Uns wurde versichert, daß die Warnung an die ungarischen Juden weitergegeben wird. Anhand von anderen Dokumenten, die in den *Vierteljahresheften für Zeitgeschichte* nachzulesen sind, können Sie ersehen, daß unsere Warnungen über die Gefahren, die den ungarischen Juden drohten, ganz klar waren. Sie waren zum Beispiel dem Rabbiner Michael Dov Weissmandel aus Bratislava[73] ganz gut bekannt, der einen langen Brief über Auschwitz und über die Vorbereitungen für den Mord an den ungarischen Juden, die wir beschrieben hatten, verfaßt hat – unmittelbar nach unserer Ankunft in der Slowakei. Die Warnungen waren also rechtzeitig gegeben worden. Es ist sehr traurig, daß die Warnungen nicht an die Opfer weitergeleitet worden sind. Ich habe vieles von diesem Report auch selber vervielfältigt; es existierte ein Amt zur Verhütung der Verbreitung von Geschlechtskrankheiten. Dieses Amt war sehr vertraulich zu behandeln. Es durfte nicht einmal die Polizei hinein, denn es handelte sich um die Gesundheit der Nation. Dort hatte ich einen Freund, und dort konnten wir diesen Report auf der Schreibmaschine ohne Angst vor der Polizei vervielfältigen und durch verschiedene slowakische Juden nach Ungarn schicken lassen, die dort Verwandte hatten und die jetzt in Gefahr waren. Eine dieser Kopien ist dann in die Hände eines gewissen Moshe Krausz[74] geraten; dieser Moshe Krausz hat den Report mit Hilfe eines ungarisch-rumänischen Diplomaten namens Maniolo in die Schweiz geschickt, wo er in die Hände eines ungarischen Juden namens Mandel Mantello geraten ist, und der hat ihn in der Schweiz veröffentlicht. Nun wurden in der Schweiz etwa vierhundert Zeitungsartikel über den Massenmord veröffentlicht, die dann die englische und die amerikanische Regierung und sogar den Vatikan – das war ganz interessant, wie der Vatikan reagierte – veranlaßten, Druck auf den Reichsverweser von Ungarn, Miklós Horthy, auszuüben.

Ungarns päpstlicher Nuntius, Angelo Rotta, der in Budapest war, hatte nämlich einen Brief an Horthy geschrieben, worin er ihm mitteilte, daß es nicht der ritterlichen Tradition des ungarischen Volkes entspreche, auch gegen Kinder aufgrund eines anderen Glaubens oder vielleicht aufgrund ihrer Rasse harte Maßnahmen durchzuführen. Das Wort Juden hat er nicht benutzt. Allerdings war schon Druck durch die Bombardierung von Buda-

---

73 Vgl. *Enzyklopädie des Holocaust*, hrsg. von Eberhard Jäckel, Peter Longerich und Julius H. Schoeps, Berlin 1993, Bd. 1, S. 127f., 252.
74 Moshe Krausz war zu dieser Zeit Leiter des Palästina-Amts in Budapest.

pest vorhanden, die am 3. Juli 1944 stattgefunden hatte. Ob es damit zusammenhing oder nicht, weiß ich nicht – jedenfalls gab Horthy nach und stellte am 7. Juli die Deportationen ein. Inzwischen sind natürlich 400 000 Juden in Birkenau ermordet worden. Das bedeutet, daß diese eine Aktion drei- oder viermal mehr Opfer hatte als die Bombe von Hiroshima. Warum ist das passiert: Einerseits wegen der rücksichtslosen deutschen Politik des Massenmordes an den Juden, andererseits aber möchte ich die Aufmerksamkeit darauf lenken, daß zwar sechs Millionen Juden ermordet wurden – die Juden wurden ermordet und verbrannt –, aber ihre Häuser, ihre Länder, ihre Geschäfte, ihr Geld wurden nicht verbrannt. In Ungarn bedeutete das für Horthy, daß das Vermögen dieser 400 000 deportierten Juden an die Regierung fiel. Sie hat dieses Vermögen an solche Leute verteilt, die es nach Meinung der Regierung verdienten. In anderen Worten: Der Krieg ging nicht gut, und erschütterte Realitäten mußten wieder befestigt werden. Bargeld war nicht vorhanden, an der Schacht-Mark[75] war niemand interessiert, aber man zahlte mit jüdischem Vermögen. Und die Juden wurden ermordet und beraubt.

Meiner Meinung nach – und das möchte ich immer betonen – war der Massenmord an den Juden also nicht bloß das Produkt eines blinden Antisemitismus, denn es wurde kein einziger Jude ermordet, ohne daß er auch gründlich beraubt worden war. Der Profit des Raubes war enorm. Ich nenne Ihnen nur ein Beispiel, um Ihnen das klar zu machen: Schauen Sie, Berlin hat dreieinhalb oder vier Millionen Einwohner. Stellen Sie sich vor, Sie durchqueren Berlin von Norden nach Süden, von Osten nach Westen. Sie meinen, die Berliner sind irgendeine minderwertige Rasse, übersiedeln sie

---

75 Ende 1938 hatten bereits alle mit Flüchtlingsfragen befaßten Vertreter des Völkerbundes ihre Tätigkeit eingestellt, so daß nur der von der Konferenz von Evian eingesetzte Regierungsausschuß unter Vorsitz seines britischen Vertreters Earl Winterton (bekannt für seine negative Einstellung gegenüber den Juden) übrig blieb. Dessen Bürochef, der US-Anwalt George Rublee, wurde von Reichsbankpräsident Hjalmar Schacht (später Reichswirtschaftsminister) mit dem Plan konfrontiert, Juden das Verlassen Deutschlands gegen Vorzugsbedingungen für deutsche Exporte und eine zusätzliche Aufbesserung der deutschen Devisenreserven zu gestatten. Die Juden der Welt sollten einen Fonds von 1,5 Milliarden Reichsmark (damals der Gegenwert von 600 Millionen Dollar) einrichten, um die Übersiedlung von 150 000 körperlich leistungsfähigen Juden aus dem Reich und Österreich an einen noch ungenannten Ort zu finanzieren, an den sie innerhalb von drei Jahren auswandern und wohin ihnen 250 000 Familienangehörige folgen sollten. Jede Familie würde ein Darlehen von 10 000 Reichsmark aus dem Fonds erhalten. Schacht schätzte den in Deutschland vorhandenen Wert des Vermögens der Emigranten wohl etwas übertrieben auf sechs Milliarden Reichsmark. Nachdem Schacht im Januar 1939 seinen Posten verlor, wurde die Vereinbarung nie realisiert. Vgl hierzu Leni Yahil, *Die Shoah*, München 1998.

nach Labrador, und Sie werden der Erbe des Vermögens, das die Berliner nicht nach Labrador mitnehmen, die zwanzig Kilo des letzten Gepäcks. Hier verbleiben alle Häuser, hier verbleiben alle Möbel, hier verbleiben alle Autos, hier verbleiben alle Fahrräder, hier verbleiben alle Teppiche, hier verbleiben alle Küchen, hier verbleiben alle Kinderwagen, hier bleibt ein enormes Vermögen – bloß von den dreieinhalb Millionen Berlinern. Nehmen wir an, Berlin gehört den Berlinern; es gibt arme Berliner, es gibt reiche Berliner, und es gibt so etwas dazwischen, wie Sie und ich. Aber im Grunde genommen: Was in Berlin ist, gehört mehr oder weniger den Berlinern. Nun stellen Sie sich vor, Sie haben das alles jetzt in Ihren Händen. Durch die Verteilung können Sie sich Loyalitäten kaufen.

Durch diesen Mord der Juden in Europa – nicht außerhalb Deutschlands, sondern in Europa – wurde dieses unglaublich große Vermögen von sechs Millionen Leuten aus Mitteleuropa an potentielle Kollaborateure in den okkupierten Ländern verteilt. Dadurch wurde die Deutsche Wehrmacht gefestigt. Da die Deutsche Wehrmacht diese Länder nicht alle selbst okkupieren mußte, war es eine Selbstokkupation derjenigen, die mit jüdischem Vermögen belohnt wurden: Das waren die Hlinka-Garden, eine rechtsradikale Bewegung der Slowakei; das war die kroatische, nationalistische Terrororganisation „Ustascha"; das waren die Nazi-Kollaborateure, die reich geworden sind an jüdischem Vermögen unter deutscher Obhut; das waren die Nazi-Kollaborateure der anderen Nationen[76]. Dadurch wurde eine Selbstokkupation kreiert, und während die deutsche Armee an der Ostfront viel zu tun hatte, konnte der Teil der Armee, der Europa erobert hatte, dazu benutzt werden, um an die Westfront zu gehen. Sonst wäre Europa an der zweiten Front – von innen – zusammengefallen. Der Massenmord an den Juden war also nicht bloß durch blinden Antisemitismus geprägt, sondern war immer, in jedem einzelnen Fall, mit dem Raub an Juden verbunden. Von diesem Raub hat nicht bloß Deutschland profitiert, sondern auch die Deutsche Wehrmacht, direkt, in einem strategischen Sinne. Deshalb lesen wir heute, daß die deutschen Generäle – zum Beispiel der Feldmarschall Reichenau, der im Oktober 1941 seine Soldaten angesprochen hat, die den Massenmord der Einsatzgruppen und des Reserve-Polizei-Bataillons gesehen haben – sagten: „Das ist die verdiente Sühne für das „untermenschliche" Judentum, der deutsche Soldat muß verstehen, daß wir für eine neue völkische Idee kämpfen" usw. Das waren die Tarnworte, mit denen die Generäle gesagt haben: „Ja, wir sind für den Mord, wir sind für den Raub." Denn diese deutschen Generäle, der Reichenau, der Kesselring, der Manstein usw.,

---

76 Etwa die „Pfeilkreuzler"-Partei in Ungarn oder die „Eiserne Garde" in Rumänien.

die ähnliche, bejahende Tagesbefehle an ihre Armeen gegeben haben, wußten alle, daß man nicht bloß mordet, sondern profitiert, und daß dieser Profit der Deutschen Wehrmacht dient.

Meiner Meinung nach war die Mordbande der SS bloß der Handlanger der Wehrmacht, ihre Henkersknechte. Denn sie waren eine kleine Minderheit, und die Wehrmacht war groß. Wenn die deutschen Generäle den Finger gerührt hätten, wäre es mit der SS aus gewesen. Die deutschen Generäle, die deutschen Offiziere aus dieser Zeit haben also den Massenmord und Massenraub an Juden nicht bloß bejaht, sondern aktiv unterstützt.

Als ich aus Auschwitz geflohen war, gab es einen Haftbefehl, den der englische Historiker Martin Gilbert gefunden und veröffentlicht hat. In diesem Haftbefehl stand: Walter Israel Rosenberg – das ist mein voriger Name, ich hieß Walter Rosenberg, Israel war épithète constat[77] – und Alfred Israel Wetzler sind aus dem Lager geflohen. Ein Verschulden eines Postens wurde nicht festgestellt, aber der „Reichsführer" Heinrich Himmler wurde informiert. Es war denen also klar: Es handelt sich um mehr als um eine Flucht. Interessanterweise ging dieser Haftbefehl an alle Stationen der Gestapo, an alle Stationen der Kripo, an alle Stationen der Grepo [Grenzpolizei], an alle Stationen des SD [Sicherheitsdienst im Reichshauptsicherheitsamt in Berlin], und – jetzt kommt es – an alle Polizeimilitärposten. Mit anderen Worten: Das Militär wurde auch eingeschaltet, um uns zu ergreifen. Das bedeutet: Hätte ich einen Schuß auf die SS, auf die Mörder, abgefeuert, wäre nicht bloß die SS gegen mich gewesen, sondern die ganze Armee! Also hat die SS unter der Obhut der Armee ihren Henkersberuf ausgeübt.

Welche Bedeutung hatte Ihrer Meinung nach der Raubmord an der jüdischen Bevölkerung Europas demnach für die deutsche Herrschaft während des NS-Regimes – Sie haben den Besitz des Goldes, den Besitz der Wertsachen schon anklingen lassen. Welche Bedeutung hat es in einem weiteren Sinne gehabt, über die materielle Ebene hinaus, die Sie geschildert haben?

Es handelte sich ja nicht bloß um das Gold und das Geld, sondern um die Distribution der Immobilien, der Häuser, der Felder, der Gärten, der Geschäfte, der Industrie, die in jüdischen Händen war und dann unter dem schönen Namen „Arisierung" an jene zu Pfefferkornpreisen verkauft wurden, die bereit waren, das Nazi-Regime zu unterstützen – zuerst mit Worten, dann auch mit Waffen in der Hand, für dieses neu erworbene Vermögen. Es war das praktische Ziel, die praktische Folge dieses Völkermordes. Es handelte

---

77 Amtliches Schimpfwort der Nazis; „Israel" war der für die jüdischen Männer von den Nazis obligatorisch verordnete zweite Vorname; die Frauen mußten „Sara" als zweiten Vornamen führen.

sich nicht nur um einen blinden Haß. Das einzig Sichere, das ich in Auschwitz gesehen habe und auch schon vorher, bei der Deportation: Es ist kein einziger Jude ermordet worden, ohne beraubt worden zu sein. Und kein einziger Jude ist beraubt worden, ohne ermordet worden zu sein. Ob der Mord des Raubes wegen oder der Raub des Mordes wegen passierte, das ist für mich als Wissenschaftler von Beruf so eine Frage, als ob Sie sich darüber unterhalten wollten, ob das Ei vor dem Huhn existierte oder das Huhn vor dem Ei. Raub und Mord der Juden waren immer miteinander verbunden. Es handelte sich nicht um Massenmord, sondern um Massenraubmord – mit dem praktischen Ziel der Befestigung der Nazi-Herrschaft außerhalb von Deutschland in den besetzten Ländern, das Erhalten dessen, was die Nazis „die neue Ordnung" genannt haben. Um sich die Zusammenarbeit ähnlicher Banditen, wie es die Nazis waren, zu kaufen, dazu hatten sie kein Geld. Die Schacht-Mark – für die konnten Sie sich nicht einmal ein Kilo Bohnenkaffee kaufen. Aber für jüdisches Vermögen konnten Sie das auf dem „freien Markt" machen, so wurde damals der schwarze Markt genannt. Der Massenmord an Juden und der Massenraub an Juden waren eine neue militärische Erfindung der deutschen Macht: daß man durch Ermorden und Berauben einer Minderheit der Population die Gunst eines anderen Teils der Population erkaufen und so befestigen kann.

Lenka Reinerová

(geb. 1916 in Prag, Tschechoslowakei)

„Es brodelt und werfelt und kafkat und kischt" – so mokierte sich der Wiener Spötter Karl Kraus einst über die Prager Literaturszene. Er nannte nur die Berühmtesten – Max Brod, Franz Werfel, Franz Kafka und Egon Erwin Kisch – und meinte doch auch viele andere, von denen etliche nun beinahe ganz vergessen sind.

Lenka Reinerová ist die letzte noch lebende Schriftstellerin, die sowohl den Berühmten als auch den Vergessenen der Prager Literaturszene von einst ganz nahe war. Das, was als deutsch-tschechisch-jüdische Kultursymbiose bezeichnet wird, die dort vor der Besetzung durch Nazi-Deutschland so nachhaltig die Künstler inspiriert hat, wurde ihr in die Wiege gelegt: 1916 in Prag geboren, übernahm sie von der jüdisch-deutschen Mutter die Verbundenheit mit der deutschen Sprache, vom jüdisch-tschechischen Vater, der einmal pro Jahr die Synagoge besuchte, die Liebe zur Heimatstadt mit Europas ältester Synagoge, der Altneuschul. 1936 begann sie, damals zwanzigjährig, als Journalistin für die *Arbeiter-Illustrierte-Zeitung* zu schreiben, arbeitete zusammen mit deren Chefredakteur Franz Carl Weiskopf, lebte mit dem „rasenden Reporter" Egon Erwin Kisch unter einem Dach, war mit der Schriftstellerin Anna Seghers befreundet. 1939 floh sie nach Frankreich und entkam knapp nach Mexiko. 1948 kehrte sie mit ihrem Mann, dem Schriftsteller und Arzt Theodor Balk, zurück nach Prag. Lenka Reinerová hat ihre ganze Familie im Holocaust verloren – sie allein überlebte. Als Ende 1952 der frühere Generalsekretär der Tschechoslowakischen Kommunisten Partei, Rudolf Slánský, vor Gericht gestellt wurde und die Juden dann, ein Jahr später, im Zuge der Verfolgung der sogenannte „Ärzteverschwörung" – diese hatten angeblich versucht, Stalin zu vergiften – im Herrschaftsbereich der Sowjetunion insgesamt immer stärker in den Blick der Staatssicherheit gerieten, traf es auch die überzeugte Kommunistin Lenka Reinerová. Für fünfzehn Monate wurde sie verhaftet. Erst 1964 rehabilitierte man sie. Weil Lenka Reinerová aber während des „Prager Frühlings" 1968 auf der Seite Alexander Dubceks stand, wurde sie im Zuge der sogenannten „Normalisierung" aus der KPC ausgeschlossen und erhielt Publikationsverbot. Sie „überwinterte" als Simultandolmetscherin bei internationalen Konferenzen und schrieb nebenbei Erzählungen. In einem deutschen Verlag begann Lenka Reinerová mit Erzählungen eine späte Karriere als Schriftstellerin. Auf Einladung ihres Verlags besuchte sie im Jahr 2000 Berlin, um ein neues Buch[78]

---

78 Lenka Reinerová, *Zu Hause in Prag – Manchmal auch anderswo*, Berlin 2000.

vorzustellen. Dabei traf sie sich auch mit mir zu einem Gespräch – natürlich in einem Caféhaus.

David Dambitsch: *In ihrem Buch* Zu Hause in Prag – Manchmal auch anderswo *erzählen Sie Geschichten voller Wärme von zutiefst individualistischen Europäern in kaltherzigen Zeiten. Wie ist es Ihnen gelungen, Warmherzigkeit und Zuversicht über Ihre schrecklichen Erfahrungen des 20. Jahrhunderts hinweg ins 21. Jahrhundert zu retten?*

Lenka Reinerová: Das klingt toll, was Sie gesagt haben, als Sie verschiedene Jahrhunderte angeführt haben. Ich habe schon mit meinem ständigen Staunen zu tun, daß in den Rahmen eines – also meines – Menschenlebens überhaupt so viele Ereignisse hineingehen. Ich frage mich sehr oft, ob das gerade für dieses 20. Jahrhundert typisch war oder ob das immer so ist. Ich glaube, daß das Schlimmste – Sie sprachen von dem, was mir widerfahren ist – mir ja nicht widerfahren ist. Ich habe meine ganze Familie im Holocaust verloren, aber ich habe überlebt. Ich denke, alles das, was geschehen ist, ist eigentlich mehr oder weniger in Nuancen das Schicksal meiner Generation.

Wenn ich richtig überlege: Ich bin im Ersten Weltkrieg auf die Welt gekommen, meine Jugend wurde mir eigentlich von der Vorbereitung zum und vom Zweiten Weltkrieg gestohlen – denn was war das schon für eine Jugend in jenen Jahren. Als ich dann schließlich eine erwachsene Person wurde, hat mich wieder diese verrückte Entwicklung der politischen Verhältnisse getroffen. Ich spreche von den politischen Prozessen. Und das alles im Rahmen eines Lebens.

Wenn man dem nachgeben wollte, könnte man eigentlich kaum noch funktionieren oder irgendwie ein Zeugnis abgeben. Und das ist eigentlich mein Anliegen: Solange noch Menschen meiner Generation, meines Alters, meiner Lebenserfahrungen auf der Welt sind – und es sind nicht mehr sehr viele –, ist es nützlich, wenn man überhaupt etwas Nützliches tun kann, Auskunft darüber zu geben, was möglich gewesen ist. Mit dem Ziel, es fürderhin unmöglich zu machen.

Wie ist es Ihnen gelungen, Warmherzigkeit und Zuversicht über diese schreckliche Zeit, über dieses furchtbare 20. Jahrhundert hinaus, zu retten, für sich selber?

Zum Teil, glaube ich, hat mir das die Natur mitgegeben. Wahrscheinlich habe ich irgendein Talent, das mir das ermöglicht. Das ist die eine Seite. Zum anderen glaube ich, daß ich oder man, mehr oder weniger beschädigt – beschädigt sind wir alle –, nur durchkommen kann, wenn man durchkommen will. Das ist nicht immer einfach. Es ist zum Beispiel auch nicht einfach, seine Familie zu überleben. Das hat mir jahrelang zu schaffen gemacht.

Ich wurde einmal gefragt – es ist schon ein paar Jahre her –, ob ich auf meinen verschiedenen Wegen, die selten freiwillig waren, mehr schlimmen oder mehr guten Menschen begegnet bin. Meine Bilanz wäre: Mehr guten. Ich bin immer irgendwie auf hilfsbereite und anständige Menschen gestoßen. Es gibt sie, man muß sie nur irgendwie erkennen, denke ich. Das ist natürlich auch eine gegenseitige Beziehung, wie man sich dem Menschen gegenüber einstellt. Warmherzigkeit – ich weiß nicht, das ist eben mein Temperament, meine natürliche Veranlagung; ich lache lieber, als ich stöhnen mag. Und das was ich schreibe, zeigt ja auch, wie ich bin.

Denkt man an Prag, fällt einem sofort der große Franz Kafka ein, der als erster in Worte zu fassen vermochte, welche Strukturen der Moderne den Totalitarismus schließlich ermöglichen sollten. Welche besondere Atmosphäre herrschte in Prag noch bis unmittelbar vor der deutschen Besatzung, daß so viele namhafte Literaten und Intellektuelle dort Inspiration fanden?

Ich bin froh, daß Sie das am Ende sagten, denn mich berührt es allmählich ein wenig merkwürdig, wenn man immer nur von Franz Kafka spricht. Franz Kafka war ein Großer – daran ist nicht zu rühren –, aber es gab natürlich auch sehr viele andere. Die Atmosphäre in Prag bis, sagen wir, Mitte der dreißiger Jahre – das heißt, schon nachdem die Nazis in Deutschland angetreten waren, aber noch bevor sie sich besonders auf die Tschechoslowakei in jenen Jahren konzentriert haben – hing natürlich schon mit den Kriegsvorbereitungen zusammen. Der Angriff auf die Tschechoslowakei bedeutete für Hitler vor allem die Verfügbarkeit über die Skoda-Werke, denn das waren die Rüstungswerke der Tschechoslowakei. Bis Mitte der dreißiger Jahre war in Prag ein friedliches Neben- und Miteinander von Menschen tschechischer Nationalität, deutscher Nationalität und Juden – die Juden waren Sowohl-Als-auch, also Zugehörige beider Nationalitäten. Diese Symbiose, dieses Miteinander und Nebeneinander in einer Stadt, war allem Anschein nach – wenn man sich das jetzt überlegt – außerordentlich fruchtbar. Neben Schriftstellern stammten aus diesem kleinen Land auch Sigmund Freud und Gustav Mahler; es war also sehr breit gefächert. Ich werde ab und an gefragt, ob ich glaube, daß sich das in Zukunft wiederholen kann. Da muß ich sehr strikt sagen: Nein, das wird sich nie mehr wiederholen, da die Welt und eben das Leben anders geworden ist. Die Bürger deutscher Nationalität gibt es in Tschechien nicht mehr, die Bürger jüdischer Herkunft gibt es überhaupt nicht mehr. Also! Und in einer Welt, die solche radikalen Veränderungen in einem so atemberaubenden Tempo durchmacht, wird man – glaube ich – neue Lebensweisen finden, denn die alten, die stimmen ja nicht mehr. Die können nicht aufgepfropft werden.

Wie war diese so besondere Atmosphäre damals in Prag, in der sich Menschen wie Max Brod, wie Franz Werfel, wie Egon Erwin Kisch, wie so viele andere zu einer einmaligen Mischung zusammenfanden – der Schriftsteller Jürgen Serke hat einmal ein Buch geschrieben, das er Böhmische Dörfer *genannt hat –, diese Atmosphäre im geographischen, aber damals auch intellektuellen Mittelpunkt Europas?*

Sie sagen: Mittelpunkt Europas. Ich habe jahrelang eine deutschsprachige Zeitschrift in Prag gemacht, die den Titel hatte: *Im Herzen Europas*. Das, glaube ich, trifft es noch besser. Es hat mich in den letzten Jahren immer ein bißchen befremdet, wenn bei uns die Rede davon war, daß wir „zurückkehren" müssen nach Europa – wo waren wir denn die ganze Zeit?! Es genügt, wenn man sich die Landkarte anschaut. Aber diese geographische Lage ist wahrscheinlich kein Zufall. Wir haben an einem großen Teil der Grenzen Tschechiens jetzt deutsche Nachbarn, also Nachbarn deutscher Nationalität, einschließlich der Österreicher, meine ich. Früher hatten wir Slawen, Polen, Ungarn gehabt – jetzt sind sie die Nachbarn der Slowakei. All dieses ist schon eine Voraussetzung. Dann hatten wir – was auch nicht außer acht gelassen werden sollte – in den dreißiger Jahren, ab 1933, eine sehr zahlreiche deutsche, antifaschistische Emigration in der Tschechoslowakei. Die Tschechoslowakei war auch – was oft übergangen wird von den sogenannten postkommunistischen Ländern, eine Bezeichnung, die mir nicht sehr behagt, die aber gebraucht wird – das einzige Land, das eine demokratische Republik war, sehr im Unterschied zu allen anderen.

Durch diese deutsche Emigration, die wir hatten – es gab auch eine, die wir damals die proletarische Emigration nannten, aber es gab vor allem die intellektuelle Emigration –, hat wiederum das kulturelle Leben in Prag einen Nutzen gehabt. Es waren wunderbare Schauspieler: Tilla Durieux, Ernst Deutsch und diese Leute; Staatsbürger wurden die Gebrüder Mann, sowohl Heinrich als auch Thomas, aber die hielten sich nur sehr sporadisch in der Tschechoslowakei auf. Wir hatten eine Unmenge von deutschsprachigen Zeitungen, die zum größten Teil von Emigranten gemacht wurden, Wieland Herzfelde hatte seinen Verlag, den „Malik Verlag", in Prag aufgemacht usw. Unsere Bildenden Künstler haben – man kann wirklich sagen: mit offenen Armen – John Heartfield mit seinen scharfen, antifaschistischen Fotomontagen in ihre Reihen aufgenommen. Es war auch befruchtend, was sich in in den dreißiger Jahren bis zum Münchner Diktat von 1938[79] abgespielt hat.

---

79 Großbritanniens geopolitische Interessengebiete zu Beginn des Zweiten Weltkriegs, beeinflußt von den Nachwirkungen des Ersten Weltkriegs, konzentrierten sich auf eine Außenpolitik des „Appeasement". Dieser Begriff galt nach dem Zweiten Weltkrieg als Synonym für Kapitulation und Schwäche gegenüber der Aggression Nazi-Deutschlands. Den „Anschluß" Österreichs durch Deutschland im März 1938 nahm die britische

Etwas ist davon übriggeblieben, nicht sehr viel, glaube ich. Mein persönliches Anliegen ist, und es scheint, daß es vielleicht nicht ganz ausgeschlossen bleibt: Ich hätte gern in Prag ein kleines Museum der deutschsprachigen Schriftsteller, unserer deutschsprachigen Schriftsteller – nicht nur Kafka, Werfel, Rilke, Kisch, die Prominenten. Es gibt darüber hinaus eine ganze Reihe sehr guter Schriftsteller, die mehr oder weniger vergessen werden – Ludwig Winter, Ernst Sommer und viele andere.

Hoffentlich wird Ihrer Initiative Erfolg beschieden sein!

Ich habe dieses Projekt ausgearbeitet, und es hat sich ein Vorbereitungskomitee zusammengesetzt, das es bislang nicht gab. Man versucht, die Stadt Prag dafür zu interessieren. Mein Wunschtraum wäre – weil ich es auch so gut kenne –, daß der Sitz dieser Institution, falls es dazu käme, das Kisch-Haus in der Prager Altstadt wäre, weil – soweit ich weiß, und ich glaube, mich nicht zu irren – die Familie Kisch ihr Haus der Stadt Prag hinterlassen hat. Da gibt es also eine natürliche Beziehung. Außerdem befindet es sich an einem wunderbaren Ort, es ist wunderschön und nicht allzu groß, auch das ist wichtig. Wenn das noch zu meinen Lebzeiten gelingen würde, wäre ich weiß Gott froh und sogar stolz.

Was hat sich von dieser besonderen Prager Mischung, die Sie beschrieben haben, bis heute erhalten – immerhin ist der oberste Repräsentant Tschechiens, Präsident Václav Havel, auch heute noch ein Literat?

Der oberste Repräsentant, also das Staatsoberhaupt, ist ein Schriftsteller, und der oberste Rabbiner ist auch ein Schriftsteller, Skarol Sidon, den wir als sehr guten Schriftsteller kennen und schätzen. In Prag ist eben Verschiedenes möglich, was anderswo selten vorkommt, um es mal so zu sagen. Wieso das so ist – das kann ich Ihnen nur schwer erklären, ich bin nur froh, das es so ist.

Daß sich nach dieser furchtbaren Vernichtung doch kleine Teile erhalten haben, ist wirklich ungewöhnlich.

Ich glaube, das hängt damit zusammen, daß es eine demokratische Tradition in diesem Land gibt. Der erste Begründer der Tschechoslowakischen Republik [Tomás Garrigue Masaryk], war Universitätsprofessor, kein Ge-

---

Außenpolitik hin, was im September 1938 zum „Münchner Abkommen" zwischen Italien, Deutschland, Großbritannien und Frankreich führte: Danach wurde unter anderem die demokratische und dem Westen verbundene Tschechoslowakei zerschlagen. Im März 1939 annektierte Deutschland, entgegen dem „Münchner Abkommen", den tschechischen Reststaat. Großbritanniens Außenpolitik wurde daraufhin grundlegend geändert.

neral oder Marschall oder Bankier, er war ein intellektueller Universitätsprofessor. Der zweite Präsident, der unglückselige Eduard Benes, der München mitgemacht hat und emigrieren mußte, war auch ein Intellektueller. Also, da gibt es schon irgend etwas, das kein Zufall ist, würde ich sagen.

Dieser ungewöhnlichen, einmaligen Mischung und Atmosphäre haben Sie mit Ihrer Erzählung Das Traumcafé einer Pragerin[80] *ein Denkmal gesetzt.*

Das war ein bißchen ein Ausweg für mich selbst, denn nach dem Umsturz 1989 hat sich Prag natürlich sehr zu seinem Vorteil verändert. Es war immer eine wunderschöne Stadt, aber jetzt ist es sogar geputzt und sauber, und das ist noch schöner. Aber der Nachteil, den ich sehr empfinde, ist, daß vieles, was aus Prag erst Prag gemacht hat, verschwunden ist. Es gibt eine Nivellierung – es gibt Pizzas auf der ganzen Welt, also auch in Prag. Aber es gibt nicht mehr diese wunderschönen böhmischen Konditoreien in Prag, ich weiß gar nicht, warum, die würden, nebenbei gesagt, ein gutes Geschäft machen. Manchmal liebe ich mein Prag mehr, manchmal weniger, wahrscheinlich hängt das auch mit dem steigenden Alter zusammen. Wenn ich dann so durch die Stadt laufe, fehlt mir eben Verschiedenes, an das ich gewöhnt war, das ich mochte, und ich rufe dann immer im Geist meine guten Freunde herbei, die leider nicht mehr sind. Da ist mir der Gedanke gekommen, mein eigenes Café irgendwo zu gründen, das ich dann mit den Personen meiner Wahl besetzen konnte. Das war eigentlich der Grundgedanke. Man setzt sich dann hin, baut das aus und überlegt, wen man noch einladen könnte – so ist das.

Sie haben niemals in Deutschland gelebt, wurden aber von Deutschen verfolgt. Ihrer Familie gelang die Flucht nicht. Sie schreiben dennoch – genau wie Franz Kafka und so viele andere – in deutscher Sprache. Was hat Ihnen diese Sprache zur geistigen Heimat gemacht? Was hat Sie daran festhalten lassen?

Ich glaube, nicht zu übersehen ist die Tatsache, daß meine Mutter aus der westböhmischen Stadt Saaz [Zatec] kam, die zu 95 Prozent deutschsprachig war – die Sprache der Mutter, die Muttersprache im wahrsten Sinne des Wortes, spielt natürlich, glaube ich, im Leben eines Menschen eine große Rolle; meine Vatersprache war Tschechisch. Das ist der eine Grund. Der andere Grund: Ich werde mitunter gefragt, wieso ich überhaupt imstande bin, Deutsch zu schreiben, nach dem, was so alles passiert ist: Nun, die Sprache ist an nichts Schuld. Deutsch hat auch Bertolt Brecht geschrieben und Thomas Mann und in späterer Zeit Heinrich Böll und diese Leute. Es kommt mir also ein bißchen einfältig vor, einer Sprache etwas vorzuwerfen. Dabei

---

80 Lenka Reinerová, *Das Traumcafé einer Pragerin – Erzählungen*, Berlin 1996.

weiß ich aber genau, daß das, was ich schreibe, Prager Deutsch genannt wird. Als ich im vorigen Jahr zu meiner größten Überraschung den Schillerring[81] bekam, habe ich bei dieser Feier in Weimar gesagt, daß es mir nie im Traum eingefallen wäre, daß mein Prager Deutsch – ich weiß, daß ich es schreibe – zu solcher Ehre gelangen könnte. Ich bekomme manchmal auch von Lesern Briefe oder Anrufe, daß sie gerade mein Prager Deutsch irgendwie mögen. Ich habe mich lange gefragt: Warum eigentlich, was mögen sie daran mögen, was ist nun eigentlich der Unterschied? Ich weiß schon, heute, was der Unterschied ist. In einer Rezension las ich, daß meine Sprache ein wenig altertümlich sei. Vielleicht ist das so. Und wenn es so ist, akzeptiere ich es. Das ist eben das Prager Deutsch, das sich nicht weiterentwickeln kann, weil es ja nicht weiterleben kann. Es wird mit Menschen, wie ich es bin, verschwinden, nicht mehr da sein. Es wird ersetzt durch das globale Englisch, glaube ich. Aber so ist das.

Lassen Sie uns über die Gegenwart reden: Nach dem überaus gewalttätigen 20. Jahrhundert mit seinen zwei Totalitarismen haben Sie – wenn ich Sie richtig verstanden habe – heute einen veränderten Gewaltbegriff. Können Sie uns das erläutern?

Mich erschreckt, muß ich sagen, daß es überhaupt nach diesen Erfahrungen noch Menschen gibt, die sich der Gewalt verbunden fühlen. Aber wahrscheinlich hängt das irgendwie auch mit der menschlichen Natur zusammen, ich kann es mir sonst schlecht erklären. Andererseits muß ich sagen: Es hat für mich selbst lange gedauert, ehe ich richtig begriffen habe, daß Diktatur – und sei es mit den besten Vorzeichen – nicht akzeptabel ist. Es gibt gewisse Strömungen, es gibt gewisse Einstellungen – wenn man diese den Menschen diktatorisch aufzwingen will, ist es von vornherein schlecht und wird, hoffe ich, nie mehr gelingen. Gewalt ist Gewalt, die kann sich nicht wandeln.

Hat sich der Auslöser von Gewalt geändert?

Ja, aber das ändert nichts an den Konsequenzen, und sehr gewandelt hat er sich auch nicht, denn man muß ja immer an die ganze Welt denken. Ich konnte mir nach 1945 – und damit war ich zweifellos nicht allein – nicht vorstellen, daß es jemals wieder einen Krieg geben würde. Und sehen Sie, es gibt ihn. Es gibt ihn in allen bösen Formen, sogar hier in unserem kleinen Europa. Anderswo auch, davon ist gar nicht zu sprechen, und das ist doch der höchste Ausdruck von Gewalt.

---

81 Im Jahre 1999 erhielt Lenka Reinerová als erste Schriftstellerin den von der Deutschen Schillerstiftung erstmals ausgelobten Schillerring der Stadt Weimar.

Existiert für Sie ein Begriff von Gott, ein Bild von Gott, das Sie persönlich für sich gefunden haben?

Ich fürchte, ich werde Sie enttäuschen. Für mich ist eigentlich der Gottesbegriff etwas Fremdes. Es gibt natürlich in der Natur, wie immer man das auch nennt, wie immer man auch das bezeichnet, irgendwie eine organisatorische Kraft, um es sehr erdgebunden zu sagen. Es gibt Dinge, die von Menschen absolut unbeeinflußbar sind. Ich kann verstehen, und es ist sicher sehr trostreich, wenn man an eine übergeordnete Macht glaubt, die einem ein bißchen die Verantwortung abnimmt, die einem beisteht – das ist sehr wichtig. Aber man kann ja vielleicht in sich etwas finden. Ich habe in einer meiner Erzählungen, und das ist, glaube ich, kein Zufall, mir die Institution eines Hausengels im Unterschied zu einem Schutzengel ausgedacht. Der Schutzengel wird einem gegeben, wenn man einen Glauben hat; den Hausengel muß man sich irgendwie selbst zurechtzimmern; wenn man den Willen hat und versucht, mit sich selbst etwas anzustellen, dann nutzt einem diese innere Kraft, wie immer auch man das nennt. Ich fand also diesen freundlichen Ausdruck eines Hausengels schwer zu übersetzen in andere Sprachen, bin da schon mit meinem Tschechisch in Schwierigkeiten geraten, aber wenn Sie so wollen, ist das in gewisser Hinsicht auch eine Form des Glaubens an irgendeine Macht – ich mag das Wort nicht –, an irgendeine Kraft, die einen beschützt und die einem hilft. Vor allem, glaube ich, muß man an das Leben glauben.

Saul Friedländer

(geb. 1932 in Prag, Tschechoslowakei)

Lange nach dem Krieg fand er die Namen seiner Eltern auf den Deportationslisten der französischen Polizei von Nancy nach Auschwitz – datiert vom 23. Oktober 1942. Saul Friedländers Familie hatte zum deutschjüdischen Großbürgertum in Prag gehört. Die Friedländers besuchten zwar die dortige Jüdische Gemeinde, gingen aber selbst nie in die Synagoge.

Saul Friedländer wurde 1932 als Pavel Friedländer in Prag geboren. Als Deutschland 1938 die Tschechoslowakei besetzte, floh die Familie nach Frankreich – die Mutter arbeitete dort als Putzfrau, der Vater, der einst in Prag Klaviertranskriptionen von Wagner-Opern gespielt hatte, erteilte in der Provinz Deutschunterricht. Nach dem Einmarsch der deutschen Truppen in Frankreich, wurde der kleine Pavel unter falschem Namen in einem katholischen Internat versteckt. Seine Eltern gerieten schließlich beim Fluchtversuch in die Schweiz in die Hände der Deutschen und wurden in Auschwitz ermordet. In seinem Erinnerungsbuch *Wenn die Erinnerung kommt*[82] berichtet der Historiker ganz persönlich von seinem Trauma „Kindheit". Der 1948 nach Israel eingewanderte Friedländer ist heute Professor für Geschichte an der Universität Tel Aviv und an der University of California, Los Angeles. Im andauernden Historikerstreit über die Ursachen des Holocaust hat der Historiker in seinem 1998 erschienenen und als herausragendes Werk der Geschichtsschreibung gewürdigten ersten Teil seiner Untersuchung *Das Dritte Reich und die Juden*[83] dargelegt, daß der Rassenwahn und der besondere Antisemitismus der nationalsozialistischen Eliten in einer Art religiösem Wahn begründet war. Friedländer fand dafür den Begriff „Erlösungsantisemitismus". Umfassend behandelt er in seinem Buch erstmals sowohl die Perspektiven der Täter als auch der Opfer und nimmt sich die Zeit, an Einzelschicksalen die Geschichte des NS-Regimes für Leser von heute nachvollziehbar zu machen. Derzeit arbeitet Saul Friedländer am zweiten Band seiner monumentalen Geschichte des Holocaust. Als er seinen ersten Band in Berlin vorstellte, ergab sich die Gelegenheit zu einem Gespräch mit einem der renommiertesten Historiker unserer Zeit.

---

82 Saul Friedländer, *Wenn die Erinnerung kommt*, Stuttgart 1979.
83 Saul Friedländer, *Das Dritte Reich und die Juden – Die Jahre der Verfolgung 1933–1945*, München 1998.

David Dambitsch: *Im Gegensatz zu Daniel Goldhagen, der von einem „eliminatorischen Antisemitismus" im Deutschland während des NS-Regimes redet, prägen Sie in Ihrem Werk* Das Dritte Reich und die Juden *den Begriff des „Erlösungsantisemitismus". Welche Überlegungen haben zu dieser Begrifflichkeit geführt, um das zu fassen, was ab 1933 in Deutschland geschah?*

Saul Friedländer: Ich muß betonen, daß ein ganz grundlegender Unterschied besteht zwischen diesem Begriff und der Art, wie ich diesen Begriff dann in die geschichtliche Darstellung hineinarbeite, und was dann schließlich Daniel Goldhagen als „eliminatorischen Antisemitismus" bezeichnet. Er hat ja einen Begriff definiert, der eigentlich bedeutet, daß in der Bevölkerung als Ganzer eine Art antisemitische Obsession schon seit Jahrzehnten, fast Jahrhunderten, vorhanden war, und dies alles letzten Endes zu einer mörderischen Aktion hinleitete, einer Art Wucht durch die ganze deutsche Bevölkerung, die ganze deutsche Gesellschaft. Das ist in keinem Fall mein Begriff des Erlösungsantisemitismus. Erlösungsantisemitismus ist ein ganz strikt definierter Begriff, der sich erstens einmal nur auf die Elite des Regimes bezieht.

Was mich dazu gebracht hat, ist die Frage, die ziemlich zentral ist in meiner Darstellung: Was waren die Wurzeln von Hitlers antisemitischer Besessenheit? Es ist klar, daß es bei ihm nicht eine Folge von allgemeinen Rassentheorien ist – was für den gewöhnlichen „Völkischen" wahr ist, nicht aber für Hitler –, sondern daß das Zentrale der Kampf gegen das Judentum ist und, sagen wir, die Rassentheorien nur die Peripherie sind, die das dann irgendwie stützt. Und man sieht eine kurze Tradition, die sich doch von dem gewöhnlichen sogenannten Rassenantisemititismus unterscheidet und die eher mit Thesen der Erlösung, fast christlichen Erlösung im Sinne des Apokalyptischen verbunden sind: Jetzt kommt der Endkampf, und die Welt, die „arische" Welt und die „arische Rasse", wird gerettet, wenn irgendwie „der Jude" verschwindet, wie es nur sein kann. Dabei geht es – wie ich betonen will – um eine ganz kleine Gruppe, und meistens wird man bei Adolf Hitler die Wurzeln im Bayreuther Kreis[84] finden, selbstverständlich bei Houston Stewart Chamberlain[85], dann bei Dietrich Eckart[86] und schließlich bei Adolf Hitler nach dem Ersten Weltkrieg.

84 Richard Wagner vertrat den theoretischen Antisemitismus des französischen Essayisten Arthur de Gobineau, der eigentlich nicht antijüdisch war, sondern besorgt um die „Rassereinheit der Arier". Nach Wagners Tod wurden unter der Herrschaft seiner Witwe Cosima die intellektuellen Grundlagen des Erlösungsantisemitismus von anderen Bayreuthern wie Hans von Wolzogen oder Ludwig Schneemann gepflegt, wonach der Gegensatz von Germanentum und Judentum nachgerade zum zentralen Thema der Weltgeschichte erhoben wird.
85 Houston Stewart Chamberlain (1855–1927), Kulturphilosoph und Schriftsteller, ver-

Fast gleichzeitig mit Ihrem ersten Band von Das Dritte Reich und die Juden ist hierzulande Leni Yahils Standardwerk Die Shoah[87] in deutscher Übersetzung erschienen. Sie spricht von einer „Rassereligion" im nationalsozialistischen Deutschland. „Erlösungsantisemitismus" – „Rassereligion": Inwiefern packte der Nationalsozialismus in Deutschland die Menschen bei ihrem religiösen Gefühl?

Ganz unzweifelhaft haben wir es hier – und das geht auch mit meinem Begriff des Erlösungsantisemitismus zusammen – mit einer Art zu tun, die man eine „politische Religion" nennen kann. Das ist ein Wort von einem Emigranten, Erich Voegelin, 1938, das, wenn ich mich recht erinnere, geprägt wurde in einem kleinen Buch, das in Stockholm herausgekommen ist[88]. Seitdem ist es ein Begriff, und ich glaube ein ganz zentraler Begriff, um den Nationalsozialismus zu verstehen. Es war ganz bewußt von Leuten wie Goebbels und anderen gemeint: Ganz bewußt und ganz systematisch war das pseudo-religiöse Motiv sowohl an Hitler gerichtet, wie an eine Art Messias. Erinnern Sie sich an die erste Szene in Leni Riefenstahls „Triumph des Willens", wo der „Führer" – in Anführungszeichen! – irgendwie vom Himmel in seinem Flugzeug herunter kommt? Es war schon aufs Religiöse gebaut. Hitler benutzte in seinen Reden oft religiöse Sätze, und die Enzyklika *Mit brennender Sorge* von 1937 hat sich beschwert über die Benutzung des Christlichen in den Ritualen und Reden des Nationalsozialismus. Um diese Inbrunst also irgendwie zu schaffen, hat man es ganz systematisch gemacht. Aber was für unser Thema so wichtig ist, ist, daß das schlicht Böse, was im Religiösen doch notwendig ist, „der Jude" war. Deswegen ist es nicht eine rein rassische Sache – das ist hinzugekommen –, sondern ein Kampf zwischen Gut und Böse, der irgendwie die Geschichte zu Ende bringt, zur Erlösung, oder – was merkwürdig ist – in *Mein Kampf*, in Hitlers Buch, auch zur Katastrophe führt, wenn „der Jude" siegt.

Die Reichstagsrede von Adolf Hitler am 30. Januar 1939 hat nach Ihrer Einschätzung für den weiteren Verlauf der Geschichte zentrale Bedeutung. Die Drohung Hitlers, die „jüdische Rasse in Europa" im Falle eines neuen Weltkrieges zu vernichten, sei schon zu jenem Zeitpunkt nicht nur bloße Rhetorik gewesen, sondern konkrete Drohung an

heiratet mit Eva, der Tochter Richard Wagners, 1916 deutscher Staatsbürger, vertrat in seinem Werk *Die Grundlage des 19. Jahrhunderts* (1899) rassenideologische Deutungen der Geschichte und hatte damit großen Einfluß auf die rassistischen Vorstellungen des Nationalsozialismus.

86 Dietrich Eckart, Hitlers Berater zu Beginn von dessen Karriere in München, verkündete, kein Volk hätte die Juden am Leben gelassen, wenn „Natur und Ziel der Juden" bekannt gewesen wären. Bei Eckart war diese Art von nebulösem Antisemitismus noch bloße Rhetorik, aber Hitler glaubte an diese Verschwörungstheorie.
87 Leni Yahil, *Die Shoah*, München 1998.
88 Erich Voegelin, *Die politischen Religionen*, Stockholm 1939.

die Westmächte. Inwieweit ist Ihrer Meinung nach die Shoah, die auch die Beraubung, die Versklavung der jüdischen Europäer beinhaltete, Teil des „Unternehmens Barbarossa" gewesen?

Erstens, die Rede selbst: Ich sagte nicht, daß darin eine Planung vorhanden ist, sondern daß die Rede einerseits taktisch und an die Westmächte gerichtet ist. Hitler dachte, die Juden steckten hinter den antideutschen Manövern der Westmächte, das ist seine Weltanschauung. Er ist wirklich davon überzeugt, daß in Washington, London und Paris Juden irgendwie hinter der Regierung stehen – und jetzt steht er selbst da, die „Rest-Tschechei" will er abschaffen, was er selbst die „Rest-Tschechei" nennt, und die polnische Krise hat begonnen; er zielt schon auf Danzig und auf den „Korridor"; also er will dort, vor dieser Krise, die für ihn als Möglichkeit eines Weltkrieges sehr gefährlich ist, die Regierungen in Washington, London und Paris und die Juden, die für Hitler „die Herrscher" sind, abschrecken, um seine Ziele wieder durchzusetzen – Prag zu besetzen, dann eventuell Polen zu zerstören usw. Das also ist das Taktische.

Nun zu dem, was ich dort betone: Es ist das erste Mal, daß er öffentlich von einer „totalen Vernichtung" der Juden spricht, und zwar schon von einer physischen Vernichtung. Meiner Meinung nach hat er damals selbstverständlich keinen Plan, aber er läßt es so in der Luft schweben, es ist schon eine Möglichkeit, die ganz offen angedeutet ist. Das Merkwürdige ist, daß es in dem Moment irgendwie nicht so viele Leute wahrgenommen haben, obwohl es zu der Zeit ganz deutlich gesagt war. Dann kommt er wieder und wieder zurück auf diese berühmte Prophezeiung, die er immer aus irgendeinem Grund falsch datiert: „Als ich in meiner Reichstagsrede am 1. September 1939" – Anfang des Krieges! – „sagte", und dann zitiert er sich selbst. Er selbst ist sich also dessen ganz bewußt, daß er da schon etwas angedeutet hat, was dann – Ja oder Nein – vorkommen wird. Ob man überhaupt von Planung sprechen kann, ist jetzt schwer zu sagen, aber der Anfang des Massenmords kommt selbstverständlich mit dem Angriff auf die Sowjetunion [am 22. 6. 1941]. Die jüdische Bevölkerung im westlichen Teil der besetzten Sowjetunion wird vernichtet, erst die Männer, dann Frauen und Kinder, dann ganze Gemeinden, es geht also schrittweise. Man diskutiert noch immer: Wann kam – wenn es so kam – irgendwie von oben die Entscheidung für die Totalvernichtung des europäischen Judentums? Jetzt hat man neue Dokumente: Himmlers Tagebuch-Aufzeichnungen, als er am 17. Dezember 1941 – wenn ich mich richtig erinnere, was Christian Gerlach herausgefunden hat – den Hitler trifft und dabei notiert: „Juden als Partisanen" – er sagt nicht: „ermorden", sondern er benutzt ein anderes Wort, aber das hat genau dieselbe Bedeutung: „ausrotten". Er sagt; „Juden als Partisanen ausrotten", am 17. Dezember 1941. Das bedeutet dann vielleicht, daß wegen Amerikas Eintritt in den Krieg jetzt alle Brücken zerstört sind, jetzt ist nichts mehr zu verlieren, jetzt werden die Juden dafür zahlen, daß Deutschland wieder in einem totalen Krieg drin ist.

Wie wichtig war denn der Holocaust für die Wehrmacht?

Wie wichtig er für die Wehrmacht war, weiß ich nicht. Daß die Wehrmacht mitgemacht hat, wissen wir schon seit einiger Zeit – jetzt mehr und mehr. Schon von Anfang an war es angedeutet, dann kam das berühmte Buch von Christian Streit, *Keine Kameraden*[89], das von kriminellen Tätigkeiten der Wehrmacht ziemlich ausführlich berichtet; dann kam die Riesenliteratur darüber, und jetzt also diese Ausstellung[90]. Die Wehrmachtsbefehle, auch auf lokaler Ebene, haben immer von jüdischen Partisanen gesprochen: Was am Anfang eine pure Fiktion war, weil es erstens keine Partisanen am Anfang des Rußlandfeldzugs gab und zweitens die Juden sowieso keine Partisanen waren, erst viel später, und dann waren es ganz kleine Einheiten. Aber für die Fiktion der Wehrmacht war es schon eine Rechtfertigung ihrer eigenen Taten. In diesem Sinne war es wichtig und in der Wehrmachtspropaganda für die Truppe sicher eine Möglichkeit, die Taten mit dieser Art von Kategorien zu erklären – also: „Die Juden bekämpfen uns, die sind die Partisanen, desto weniger muß man Mitleid haben, wenn die von uns oder von SS-Einheiten oder von baltischen oder anderen Mithelfern hingerichtet werden." Es waren also nicht nur die Wehrmacht-Taten, sondern auch eine Wehrmacht-Propaganda, die diese Taten ausnützte.

Die moralische Elite, evangelische und katholische Kirche, als auch die geistige Elite haben sich dem nationalsozialistischen Projekt nicht entgegengestellt. Welche Rolle geben Sie ihnen in der Weltgeschichte – würden Sie diese eher als Mittäter bezeichnen oder eher der unterlassenen Hilfeleistung bezichtigen?

Mittäter nicht, oder man könnte nur in ganz wenigen Fällen so reden. Ich glaube nicht, daß man von Mittätern sprechen kann. Aber es geht doch nicht darum. Es geht darum, was gewesen wäre, wenn von Anfang an die Eliten, sowohl die geistlichen wie die intellektuellen, gegen die antijüdischen Maßnahmen etwas geäußert hätten, also 1933 gegen den „Boykott" oder die „Rassengesetze", gleich die ersten, also das „Gesetz zur Wiederherstellung des Berufsbeamtentums" usw.. Da Hitler ein Pragmatiker war, nicht nur ein Fa-

---

89 Christian Streit, *Keine Kameraden. Die Wehrmacht und die sowjetischen Kriegsgefangenen 1941– 1945*, Bonn (Neuausgabe) 1997.
90 Gemeint ist die vom „Hamburger Institut für Sozialforschung" organisierte Ausstellung „Vernichtungskrieg. Verbrechen der Wehrmacht 1941–1944", die von 1995 bis 1999 in Deutschland gezeigt wurde.

natiker, ist es schwer zu sagen und schwer anzunehmen, daß er seinen ganzen Kurs geändert hätte, aber jedenfalls wäre es dann für ihn eine richtige Schwierigkeit gewesen, von Anfang an. Er war damals noch ganz unsicher: Wie werden die Leute auf verschiedene andere Sachen reagieren? Daß sich damals keine Stimme erhoben hat, aber wirklich keine, nur ganz vage Erklärungen in sehr seltenen Fällen, war für ihn doch ein Zeichen, daß die bürgerliche Gesellschaft in Deutschland nichts unternehmen wird; die Eliten oder das Bürgertum und seine Eliten werden nichts unternehmen gegen sein Regime, auch wenn es mit radikalen Mitteln agiert. Ich glaube, diese Art Passivität hat dann auch die Passivität der Bevölkerung beeinflußt. Hätten sich die Eliten geäußert, sagen wir, Kardinal Faulhaber ... Der hat ja zum Advent gepredigt, aber die Predigten waren nicht sehr eindeutig, was die Juden von damals betraf; eigentlich sagte er ganz klar, damit beschäftige er sich nicht, sondern mit dem Alten Testament, und das war schon ein Unterschied. Da also nicht klar Stellung bezogen wurde, konnte die Führerschaft die Bevölkerung derart verstehen, daß gegen die antijüdischen Aktionen nichts unternommen wird.

Welche Möglichkeiten des Widerstandes gegen den Prozeß der Ausgrenzung nach 1933 hatten Ihrer Meinung nach die jüdischen Deutschen überhaupt, die doch ganz und gar keine einheitliche Bevölkerungsgruppe darstellte?

Erstens, wie Sie sagen, war es keine einheitliche Bevölkerungsgruppe; zweitens, konkrete Möglichkeiten hatten sie nicht. Die einzige Möglichkeit wäre ein Mehr an Emigration gewesen, nicht wahr. Ich betone es die ganze Zeit, aber ich weiß nicht, ob es klar genug im Buch herauskommt: Die Juden in Deutschland konnten damals nicht vorhersehen, was passieren würde, wie das niemand eigentlich vorhersehen konnte. Die, die am Anfang emigriert sind – und das ist ganz richtig so –, sahen auch nicht besser, daß es letzten Endes zur Katastrophe kommen wird, aber irgendwie haben die gleich reagiert, was schon schlimm genug war 1933. Die anderen – die Schwierigkeiten der Emigration muß man ja nicht noch einmal betonen – dachten, obwohl die Zeichen für sie logischerweise vorhanden waren, daß sie es irgendwie durchhalten könnten. Also: Es wird schlimm, es wird noch schlimmer, aber irgendwie halten wir es in Deutschland aus, wo wir immer gelebt haben, und dann werden vielleicht bessere Zeiten kommen. Das war wahrscheinlich die Einstellung bis 1938. Nach den ökonomischen Schlägen von 1938 und der sogenannten „Reichskristallnacht", dem Pogrom vom 9. und 10. November, war es dann Panik. Aber da war es zu spät, und es wurde schwieriger und schwieriger, überhaupt herauszukommen.

Welche Bedeutung hat die Erinnerung an die Shoah denn heute für die israelische Nation?

Das ist gerade in Israel eine schwierige Frage. Ohne Zweifel ist die Shoah noch immer ein zentraler Teil der israelischen Identität; das merkt man, wenn man ein bißchen tiefergehend mit Leuten spricht. Aber Tatsache ist auch – und das macht vielleicht die Schwierigkeit aus –, daß in den Schulen und in öffentlichen Veranstaltungen die Shoah, die sehr betont wird, immer etwas routinemäßig und ritualisiert dargestellt wird, so daß jetzt die jüngere Generation – eigentlich müßte man von zwei Generationen sprechen – davon Abstand nimmt, weil es gerade so routinemäßig präsentiert wird. Aber davon abgesehen, bleibt zum Beispiel alles stehen, wenn beim jährlichen Yom-ha-Shoah[91] die Sirenen für eine Minute die ganze Bevölkerung im ganzen Land zur Andacht rufen. Ich denke und fühle, da ich in Israel wohne, daß in dieser Minute etwas Echtes passiert: Die Leute sind dann wirklich irgendwie wieder tief von dieser Erinnerung ergriffen – vielleicht zeigt diese Minute, wie tief die Shoah noch präsent ist, auch wenn der normale Unterricht kein großes Echo findet, weil es zu routiniert geworden ist.

Lassen Sie uns noch bei der israelischen Nation verbleiben: Sehen Sie denn, außer dem Yom-ha-Shoah, die Gefahr, daß die Shoah von der israelischen Nation vereinnahmt wird, also auch von den Repräsentanten des Gedankens der israelischen Nation? – Sehen Sie da die Gefahr, daß die Shoah heute politisch instrumentalisiert wird?

Ja, ganz ohne Frage, das ist eine ganz direkte Gefahr, und nicht erst seit heute; eigentlich ist sie, wenn ich so sagen darf, merkwürdigerweise von Anfang an vorhanden. Zu Zeiten Ben Gurions[92] und bis zum Eichmann-Prozeß[93] und vielleicht auch bis zum Sechstagekrieg[94] wurde die Shoah öfter dargestellt, aber immer als „Shoah-Vehagevura", was Heroismus und Katastrophe bedeutet. Der Teil „Vehagevura", also Heroismus, wurde immer viel wichtiger und viel zentraler dargestellt als die Katastrophe für die Menge, die Millionen. Weil dieser Begriff der „Vehagevura", des Heroismus der Partisanen und des Aufstandes im Warschauer Ghetto und anderer Ghet-

---

91 Yom-ha-Shaoah (hebr.): „Tag der Shoah".
92 David Ben Gurion (1886–1972) rief am 14. August 1948 den Staat Israel aus und war dessen erster Ministerpräsident von 1948 bis 1953; Verteidigungsminister von 1955 bis 1963.
93 Adolf Eichmann (1906–1962) als Leiter des sogenannten „Judenreferats" im Reichssicherheitshauptamt Organisator der Judentransporte in die KZs. 1960 vom israelischen Geheimdienst aus Argentinien nach Israel entführt und am 15. Dezember 1961 in einem Prozeß unter anderem wegen Verbrechen gegen das jüdische Volk zum Tode verurteilt und anschließend hingerichtet.
94 Der Sechstagekrieg (5.–10. Juni 1967) Israels gegen seine arabischen Nachbarn endete mit der Besetzung des Gaza-Streifens, der Sinai-Halbinsel (bis zum Suezkanal), Westjordaniens (einschließlich der Altstadt von Jerusalem) und von Teilen Syriens (Golanhöhen).

tos, konstituierend war für die israelische Selbstdarstellung als heroisches Volk und kämpfendes Volk usw., war der jüdische Partisan des Weltkrieges die Verbindung zwischen der Diaspora und dem neuen Israel. Man wollte also nicht sehr viel von der Katastrophe reden, sondern eher vom Widerstand, der symbolisch und tatsächlich übereinstimmend war mit der neuen Staatsideologie.

Das hat sich geändert. Aber das war schon eine Art Instrumentalisierung. Und dann kam eine, meines Erachtens, viel schlimmere Instrumentalisierung von der rechten Seite, unter dem Likud[95] und schon früher: „Gusch Emunim"[96]; dieser ganze Teil des Spektrums benutzte die Shoah als Beweis dafür, daß Israel eingekreist war, und deswegen sollte man sich wehren und keinen Meter Land zurückgeben usw., weil eigentlich die Lage immer noch diese mythische Situation der Möglichkeit der Vernichtung war. Das wurde mehr oder weniger direkt von Begin[97] gesagt, während des Libanon-Krieges und auch später noch. Diese Instrumentalisierung der Shoah durch die Rechten in Israel ist etwas, was dann liberale und weiter links stehende Leute von diesem Thema abrücken ließ. Sie meinten, die Shoah-Erinnerung oder das offizielle Erinnern an die Shoah ist von den Rechten in einer Art extremen Nationalismus instrumentalisiert worden, und deswegen muß das Thema irgendwie heruntergespielt werden. Es hat also schon einen – ich würde nicht sagen: dramatischen – aber leider doch spürbaren Effekt, der ganz paradox ist für jemanden wie mich oder für viele, die meiner Ansicht sind, so daß wir davon ziemlich betroffen sind.

---

95 Likud: national-liberale Partei in Israel.
96 Unter dem Eindruck des Sechstagekriegs begannen auf Einfluß von Rabbiner Zewi Jehuda Kook, Leiter der Talmudhochschule „Merkas Ha Rav", orthodoxe Israeli mit dem Siedlungsbau in den besetzten Gebieten. Diese messianischen Zionisten – ihre politische Bewegung nennen sie „Gusch Emunim" („Block der Gläubigen") – meinen, Erlösung werde eher als Ergebnis menschlicher Initiative denn göttlicher Intervention eintreten.
97 Menachem Begin (1913–1992), Führer der Untergrundbewegung „Ezel" im Kampf gegen die britische Mandatsregierung; Gründer und Führer der rechten „Cherut"-Partei; später des „Likud"-Blocks; nach 1977 erster nichtsozialistischer Ministerpräsident Israels; erhielt zusammen mit Anwar Al-Sadat den Friedensnobelpreis für den Friedensvertrag zwischen Ägypten und Israel; nach dem Libanon-Krieg 1983 plötzlicher Rücktritt.

Robert M. W. Kempner

(geb. 1899 in Freiburg im Breisgau, Deutschland)

Seine Mutter war Lydia Rabinowitsch-Kempner, Frauenrechtlerin und eine der ersten Medizinprofessorinnen in Deutschland. Sein Vater, Walter Kempner, arbeitete ebenfalls als Arzt und wurde als Bakteriologe berühmt. Robert M. W. Kempner wuchs als Preuße jüdischer Herkunft auf. Nach seinem Jura-Studium begann er eine Lehrzeit in der Kanzlei des legendären Strafverteidigers Erich Frey. Er wurde Beamter im Preußischen Innenministerium, vor allem in der Polizeiverwaltung, und verfaßte sehr früh eine Denkschrift gegen Adolf Hitler und den heraufziehenden Nationalsozialismus. Als ihn sein Dienstherr Hermann Göring 1933 als Justitiar suspendierte, wurde er zunächst Auswanderungsberater für zahlreiche jüdische Bürger und verließ schließlich Deutschland selbst. In Florenz unterrichtete er Exil-Kinder und floh 1939 weiter in die Vereinigten Staaten. Dort half er der Regierung Roosevelts, sich gegen ideologische Versuche der Einflußnahme durch Nazi-Deutschland zu erwehren. Mit Ausbruch des Zweiten Weltkrieges begann Kempner, der unterdessen Mitglied der „Allied War Crimes Commission" geworden war, damit, die Verwicklungen des deutschen Militärs und der Bürokratie in Plünderung, Menschenraub, Sklavenarbeit und Völkermord systematisch zu registrieren. Als Stellvertretender Hauptankläger bei den Nürnberger Kriegsverbrecherprozessen 1945 bis 1947 half er schließlich, die den NS-Staat tragenden Eliten als die wahren Anführer der sogenannten „Endlösung der Judenfrage", der Euthanasie und der Kriegsverbrechen zu überführen. So begegnete er dann auch seinem einstigen Vorgesetzten Hermann Göring wieder.

Infolge der Nürnberger Prozesse, in denen der Begriff „Kriegsverbrechen" und erstmals auch der des „Verbrechen gegen die Menschlichkeit" justitiabel wurden, verfolgte Kempner seine Idee eines Internationalen Gerichtshofes zeitlebens weiter. Im niederländischen Den Haag beginnt diese Institution nun langsam Gestalt anzunehmen.

Noch ganz unter dem Eindruck der unmittelbar bevorstehenden Wiedervereinigung der beiden deutschen Staaten traf ich im Sommer 1990 Professor Kempner in Frankfurt am Main – der damals Neunzigjährige erwies sich dabei als ein Gesprächspartner, der die aktuellen geschichtlichen Ereignisse im Hinblick auf die besondere Geschichte Deutschlands zu bewerten verstand. 1993 starb Robert M. W. Kempner bei Frankfurt am Main, wo er bis zuletzt eine Anwaltskanzlei unterhielt.[98].

98 Seine wichtigsten Werke: *Das Dritte Reich im Kreuzverhör*, München 1969, und *Ankläger*

David Dambitsch: *Sie haben, wie wenige Ihrer Zeitgenossen, die Zäsuren und Erschütterungen des 20. Jahrhunderts miterlebt. Im Moment erleben wir das eigentliche Ende des Zweiten Weltkriegs, so hat es der polnische Schriftsteller Andrzej Szczypiorski gesagt. Wie sehen Sie das?*

Robert M. W. Kempner: Der Zweite Weltkrieg hat eigentlich erst heute aufgehört. Der fing – für mich – vor sechzig, siebzig Jahren an, so um die Zeit von 1925/26. Bevor ich in die preußische Verwaltung eintrat, war ich als junger Staatsanwalt und Richter in Berlin am Alexanderplatz bei der preußischen Justiz gewesen mit all dem Rummel, der dazu gehörte. Eines Tages bekam ich eine Aufforderung, mich beim preußischen Innenminister zu melden. Da trat ich in einem hellen Anzug an, worauf mir der Referent gleich sagte: „Solche Antrittsbesuche macht man eigentlich nicht im gelben Anzug." Ich saß also im Amt „Unter den Linden 72–74", das, wenn ich nicht irre, heute noch existiert. Ein alter Herr hatte sich zur Ruhe gesetzt, und ich sollte das Amt des Justitiars der Polizeiabteilung übernehmen. Die Preußische Polizei hatte ungefähr 78 000 Mitglieder, und da saß nun der „junge Dachs" und wußte noch nicht so recht, was er anfangen sollte. Ich war nicht Chef über 70 000 Mann, sondern der juristische Berater. Aber wie Sie wissen, hat ein Justitiar, ein juristischer Berater, eine ganze Menge Macht in der Hand. Meine Leute waren über ganz Preußen verstreut, das immerhin zwei Drittel des Deutschen Reiches umfaßte. Der Krach ging gleich los, weil der ehemalige Chef weg war, ich auch die Verkehrssachen unter mir hatte und anordnete: Die Leute können die Autos in der Nacht unbeleuchtet vor ihre Häuser stellen. Denn der damalige Vizepolizeipräsident Weiß, der von den Nazis „Isidor"[99] genannt wurde, behauptete: „Das gibt ein großes Kuddelmuddel" – aber es haben sich keine Karambolagen in Berlin oder anderswo ergeben.

Auf einmal ging es mit politischen Sachen, die auf mich zukamen, in der Form los: Großer Krach, Gemetzel auf der Straße, ein Anwalt erschien plötzlich bei mir und fuhr mich an: „Was zahlen Sie dafür, daß soviel Radau auf der Straße ist, Zusammenstöße", und stellte sich dann vor – es war ein Herr Frank, ein späterer NS-Minister[100]. „Was zahlen Sie für die Opfer der Leute, die durch die Polizei und sonstwie bei solchem Aufruhr verletzt wurden?" Ich sagte: „Herr Frank, was wollen Sie denn, Sie haben ja die Kinderwagen

---

einer Epoche, Frankfurt/M., Berlin, Wien 1983.
99 Vgl. dazu Dietz Bering, *Kampf um Namen – Bernhard Weiß gegen Joseph Goebbels*, Stuttgart 1991.
100 Hans Frank (1900–1946), NS-Jurist, 1939–1945 „Generalgouverneur" des im von Nazi-Deutschland besetzten, aber nicht unmittelbar dem „Deutschen Reich" einverleibten Teils Polens; spielte eine bedeutende Rolle bei der Verfolgung der Juden.

immer reingeschoben in die Gemetzel, damit Sie nachher etwas erben; für solche Leute reicht mein Etat von vier Millionen Reichsmark nicht aus. Sie müssen nach Hause gehen." Sie werden sich vielleicht wundern, daß ein 28-29jähriger Beamter eine solche „Schnauze" riskiert, aber das war eben die bekannte Berliner „Schnauze". Frank mußte ohne Geld nach Hause gehen und warten, bis seine Partei das Heft in der Hand hatte. Eines Tages war es soweit: Frank, diesen rigorosen Mann, der nachher eine Weile in Polen regiert hat, habe ich erst in Nürnberg wiedergesehen, wo ich fünfzehn, zwanzig Jahre später als Amerikaner einer der Ankläger war – und zwar war das der erste große Prozeß. Er war hauptsächlich von den Amerikanern gegen die deutschen Nazis inszeniert worden; die Engländer waren nicht dafür, Churchill hat zur damaligen Zeit gesagt: „Was soll es, hängen wir 30 000, 40 000 Leute, das macht mehr Eindruck auf die Welt, als wenn ihr Amerikaner mit einem großen Prozeß kommt." Aber allmählich wurde Churchill überzeugt, es kam zu einer Konferenz in London, und eines Tages fing der Prozeß an.

Das war eine sehr merkwürdige Sache. Ich war nämlich in der angenehmen oder unangenehmen Lage, einer der wenigen zu sein, der deutsches und internationales Recht kannte; außerdem war es ein Vorteil, daß man Berliner war, da nahmen einem die Leute nicht gleich übel, wenn man die Schnauze aufmachte. Als ich aus Amerika kommend, wohin ich inzwischen eingewandert und zu einer Tätigkeit gegen die Nazis herausgegriffen worden war, in der Nähe von Frankfurt am Main ankam und dort erst in der Nähe tätig wurde und dann gleich nach Nürnberg mußte, passierte etwas Merkwürdiges: Da traf ich „liebe Freunde" zu dem Zwecke, sie zu vernehmen. Ich wurde einem Herrn Göring vorgestellt, das heißt, eine längere Vorstellung brauchte ich nicht, denn er war der „liebe Mann", der mich ja entlassen hatte. Er hatte Anfang Februar 1933 die Beamten im Ministerzimmer zusammengerufen und gesagt: „Ihr seid ja alles gute Leute, ihr habt meinen Vorgänger, Herrn von Papen, überlebt, und wenn ihr dieselbe Gesinnung habt, werdet ihr bei mir auch tüchtig sein." Ich sprach also mit meinem früheren Vorgesetzten, der mich am 9. Februar 1933 „herausgeschmissen" hatte, und wie man solche früheren Vorgesetzten begrüßt oder überhaupt Leute begrüßt, die man vernehmen soll, sagte ich: „Wie geht es Ihnen denn hier bei uns, Herr Minister?" Daraufhin beschwerte sich ein Dolmetscher später, ich hätte meinen früheren Chef mit „Herr Minister" angeredet, aber das wurde nicht ernstgenommen. Ich sagte ihm: „Sie sind jetzt hier, Sie werden in einen Prozeß verwickelt werden, was haben Sie dazu zu sagen? Zunächst einmal sagen Sie mir: Wie geht es Ihnen denn?" – „Ja, nicht so ganz gut, ich habe viel abgenommen in den letzten paar Wochen." – „Ach ja", sagte ich,

„wir haben Sie ja hier ärztlich geheilt, Sie brauchen keine – wie sagt man das heute – üblen Stoffe[101] mehr zu sich zu nehmen. Wie ist es denn: Werden Sie gut behandelt, haben Sie gut zu essen?" Dann fing ich mit den einzelnen Sachen an, nicht direkt, nicht auf die Art und Weise: Wie haben Sie Verbrecher das deutsche Volk allmählich kaputtgemacht? So spricht man nicht mit einem früheren Vorgesetzten, vor allem nicht mit jemandem, von dem man, ohne daß er es zu sehr merken soll, etwas wissen will. Er wußte schließlich über die Nazi-Interna besser Bescheid als ich. Natürlich kamen dann die anderen „Lieblinge" dran. Da war ein gewisser Schwerin von Krosigk, Reichsfinanzminister – auf Deutsch gesagt, das habe ich ihm nicht so gesagt, der größte Räuberhauptmann, den ich je kennengelernt habe –, der In- und Ausländern, Juden und Nichtjuden, Geld abgenommen hatte. Ich hatte eine kleine „Filiale" in der Nähe von Frankfurt am Main. Das war ein ehemaliges Lehrerinnenheim, das gehörte direkt oder indirekt zu einer sehr berüchtigten Stelle, dem sogenannten „Camp King". Dieses „Camp King" war ein Vernehmungslager. In meiner Abteilung dort waren Leute, über die nachgedacht werden sollte: Lohnt sich das, die anzuklagen; auf der anderen Seite waren die „Lieblinge" der Vernehmungsbeamten, die dort bewußt oder unbewußt für die Amerikaner arbeiteten. Da war ein gewisser Eugen Kogon, der Schriftsteller[102], dem man eine Schreibmaschine in die Hand drückte. Dort war der General Halder, der uns erzählte, er sei kein großer Freund von Hitler gewesen. Dort war auch die Frau Raeder[103], die gerade entlassen worden und in das Heim gekommen war wie jeder, der in der Gegend von Frankfurt am Main oder sonstwo von diesen militärischen Sachen Bescheid wußte. Ich habe dort, und zur gleichen Zeit in Nürnberg, Hunderte von Vernehmungen gemacht. Bis dahin waren die, die man als Angeklagte herausgegriffen hatte, schon ausgewählt worden.

Das war nun – wie man heute auf Deutsch sagt – ein sehr schwieriger Job. Die meisten der Herren waren natürlich nicht sehr entzückt. Sie hatten keine Ahnung, was ihnen passieren wird. Sie wußten, daß das eine großangelegte Sache ist aufgrund einer Alliierten-Konferenz in London vom Juli/August des Jahres 1945, und jetzt saßen sie da, und die Anklage wurde vorbereitet. Unerhört schwierig. Erstens waren das alles keine Dummköpfe, die einem gegenübersaßen. Es waren teilweise meine „lieben früheren Vorgesetzten", mit denen ich höflich, aber energisch sprach, denen ich auch sagte: Erzählen Sie mir nicht solche Märchen. Während ich ihnen das sagte, zog ich vom Schreibtisch meine Akten, deutsche Akten, die man nicht vernich-

101 Anspielung Kempners auf Görings Morphiumsucht.
102 Autor des Standardwerkes *Der SS-Staat – Das System der deutschen Konzentrationslager*, 31. Aufl., München 1995.
103 Ehefrau des Großadmirals Erich Raeder.

tet hatte. Denn das ist ein Märchen. Man hatte versucht, die Sachen zu vernichten, und es gab auch einen Erlaß, wonach alles, was irgendwie nicht so ganz sicher war, vernichtet werden sollte, aber das hat nicht funktioniert. Außerdem kam der zweite oder der dritte oder der vierte Mann [innerhalb der NS-Hierarchie] zu uns und sagte: „Ich habe das und das gefunden, falls Sie es brauchen können." Natürlich gab es den – sagen wir es auf Deutsch – Verrat eines Angestellten, der nicht so sehr Nazi war, oder eines anderen oberen Angestellten, die sich gesagt haben: „Wenn ich nicht hervortrete und sage, was los ist, dann fängt eine große Schwindelei an." Ich habe also die einzelnen Herren gesprochen, und es kam allmählich heraus, so daß ich sagte: Das ist ganz schön, was Sie sagen, aber hier steht ja das reine Gegenteil drin. – „Ach", meinte der dann. Ich sagte – wir hatten da so eine alte Couch im Zimmer –: „Setzen oder legen Sie sich da mal zehn Minuten hin, um sich zu beruhigen." Dann fuhr ich fort: „Das wird ja alles nicht so schlimm werden, wenn Sie da nicht beteiligt waren." Ich hatte aber einen Herrn, der nachher Gestapo-General war, der immerhin fünf- bis sechshundert Leute nach dem Osten in die Lager geschickt hatte. Es gab auch einen Staatssekretär, der am Anfang der Vernehmung sagte, er habe nie etwas mit „Judensachen" zu tun gehabt, und nach einer Viertelstunde einräumte: „Ja, das und das habe ich vergessen." Da habe ich gesagt: „Das ist eine schlechte Sache." Eines Tages kam ein junger alliierter Soldat zu mir herein und meinte: „Ich will dich zum Mittag abholen" – es war mein Sohn –, und ich sagte: „Bring mal den Herrn, der noch nicht verhaftet war, fort, es war seine erste Vernehmung." Nachher, nachdem er den Herrn in sein Quartier gebracht hatte, sagte mein Sohn zu mir: „Vati, was ist denn mit dem Mann los, der war sehr traurig." Ich fragte: „Warum war er traurig?" Da sagte mein Sohn: „Weil er dich belogen hat, das kann ihm schaden." Ich will nicht sagen, wer das war, denn es spielt keine Rolle. Das Lügen war keine Spezialität einzelner. Dann kamen natürlich die Frauen: Frau Göring wartete inzwischen mit ihren Töchterchen oben in meinem Amtsraum, die kriegte damals von mehreren jungen Damen Apfelsinen und sonst was –mit der hatte man – als Frau eines so prominenten Gefangenen – natürlich auch menschliche Beziehungen. Aber die Mädels warteten da oben und kriegten ihre Stücke Schokolade von den jungen Damen, die bei mir seit vierzig Jahren und auch noch später in solchen Sachen mitgearbeitet haben. Göring hat, wie wir wissen, Selbstmord verübt. Das Merkwürdige ist nicht das Nazi-Regime an sich, sondern – was in der Öffentlichkeit gar nicht so klar geworden ist – für mich war eigentlich etwas anderes viel herausragender: Es war doch ein Regime von Selbstmördern! Angefangen mit dem Selbstmord von Göring; der Himmler hat sich selbst umgebracht, der Ley von der „Arbeitsfront" hat sich umgebracht, ein hoher Beamter aus dem Wirtschaftsministerium hat sich umgebracht – all die Spitzenleute des „Dritten Reiches" haben sich selbst umgebracht. Es gibt kaum ein Regime auf der ganzen Welt, aus dessen Spitze sich so viele umgebracht haben.

Inwieweit sind die beiden deutschen Totalitarismen des 20. Jahrhunderts vergleichbar?

Man kann diese Zustände in gewissem Sinn durchaus vergleichen. Korruption hier, Korruption dort – das ist ein Hauptgeschäft damals und auch jetzt gewesen. Sie müssen doch folgendes bedenken: Das ist ja noch gar nicht alles bekannt. Da hört man noch hier und da, da gab es Behörden, die sich damit beschäftigen, „Stasis" und weiß der Teufel was – aber das Hauptgeschäft aller Beteiligten ist doch, die wirklich schlimmen Sachen zu verschleiern.

Worin unterscheidet sich denn die Situation in der ehemaligen DDR von der Situation damals in Deutschland 1945?

Nach dem Zweiten Weltkrieg gab es auch Korruption, aber soweit ich beobachten konnte, muß ich sagen: „Pinscher" hin und „Pinscher" her – auf beiden Seiten kommen auch heute noch mehr Sachen heraus –, aber die letzten Sachen, von denen man gehört hat, die wahr sind, zeigen, daß das eine ganz besonders schwere Korruption war. Selbstverständlich sind die Methoden in Nazi-Deutschland technisch andere gewesen als heute im Osten. Aber Korruption bleibt eben Korruption. Damals sind Leute infolge der Korruption – ich nenne das Korruption – getötet worden; und im Osten ist es vielen Leuten auch nicht besser gegangen. Was wir in Nürnberg gesehen haben, war mörderisch, was wir an Korruption und allem, was dazu gehört, im Osten gesehen haben, war auch höchst verbrecherisch, reichte aber immerhin nicht an die Nazi-Zeit heran. Wir müssen eines bedenken, so komisch das klingt: Was wir in Nürnberg gesehen haben, war eine ungeheure Dimension des Verbrechens, was wir im Osten gesehen haben, hatte zahlenmäßig natürlich nicht so einen Umfang. Als ich aus Amerika zurückkam, da habe ich die letzten Sitzungen des Hitlerschen Reichskabinetts in der Gegend von Frankfurt miterlebt, und ich muß sagen, daß ich doch über das Volumen der Verbrechen erschreckt war. Man muß die Volumen beider Systeme doch etwas vergleichen. Für mich sind das alles Verbrecher – ob sie Tausende umgebracht haben oder nur Hunderte, das ändert nichts in der grundsätzlichen Anschauung. Ich bin generell für Recht und Gerechtigkeit – die Größe, über die kann man immer wieder sehr unterschiedlicher Auffassung sein. Schauen Sie, ein ganz großer Verbrecher der Gestapo, der hat gegen mich im Jahre 1933 einmal einen Haftbefehl unterschrieben, er war später ein großer Verbrecher und Mörder in der Tschechoslowakei. Eines

Tages bekam ich einen Brief von seiner Frau: „Sie kennen doch meinen Mann noch aus der Zeit, lassen Sie ihn doch nach Nürnberg kommen, Sie können ihn dort als Zeugen über Verschiedenes vernehmen." Das war sehr freundlich gemeint. Ich habe mich dann erkundigt, ich dachte, das wäre ganz interessant. Da bekam ich aus der Tschechoslowakei, die neu entstanden war, die Mitteilung zurück: „Der Mann war ein so großer Verbrecher, daß er gleich zum Tode verurteilt worden ist." Und ich habe das dann der Frau mitteilen müssen. Ich muß Ihnen eine sehr merkwürdige Antwort geben: Verbrecher und Leute, die sadistisch eingestellt sind, benehmen sich überall gleich. Das ist es, was ich in neunzig Jahren, sage ich heute, gelernt habe. Sie brauchen sich nur eine halbe Stunde mit tätig gewesenen Personen zu unterhalten: Es kommt immer das gleiche heraus. Die einen sind schlimmer, hatten einen größeren Wirkungskreis als die anderen. Der Wirkungskreis und die Möglichkeiten sind unterschiedlich. Aber die Lust an diesen Bakterien, die ich als Kind durchs Mikroskop meiner Eltern gesehen habe, die Lust, diese „Bakterien" zu finden, ist immer gleich – bei dem einen mehr und bei dem anderen weniger.

Mich würde interessieren: Sehen Sie, nach den beiden totalitären Systemen in Deutschland in diesem 20. Jahrhundert, die Möglichkeit, daß sich auf lange Sicht so etwas wie eine demokratische Identität entwickelt, denn mit den totalitären Hypotheken sind wir wirklich schwer belastet?

Ihre Frage ist medizinisch gefährlich. Warum? Sie können dem Kranken – ich nenne ihn mal den Kranken, freundlicherweise – niemals prophezeihen, ob und wann er gesund wird. Das hängt von sehr merkwürdigen Umständen ab. Das kann von einer zweiten Frau abhängen, das kann von einem freundlichen oder unfreundlichen „Anschnauzer", von einem Minister abhängen; die sogenannten oder die wirklichen Widerstandskämpfer sind aus den verschiedensten Gründen zu diesen Widerstandsgruppen gestoßen. Das waren nicht alle von vornherein Heilige. Selbst der Papst hat gesagt: „Die Kirche ist keine Demokratie." Wo fängt es an und wo hört es auf? Man muß da, wenn man ernst ist, sehr vorsichtig im Urteil sein.

Selbst Leute, die sich heute in der DDR ehrlich um einen Neuanfang bemühen, weisen darauf hin, daß man nun einmal mit den Lehrern, mit den Polizisten, mit den Juristen, den Staatsdienern – mit allen, die das SED-Regime mitgetragen haben – leben müsse. Man habe eben keine anderen Menschen, heißt es. Deshalb gibt man jetzt zum Beispiel den Juristen ihre Personalakten in die Hand und läßt zu, daß diese Belastendes in ihren eigenen Personalakten tilgen und streichen können. Sie haben nun seit Jahren die Schaffung eines Internationalen Gerichtshofes gefordert. Wäre die DDR nicht ein Fall für eine solche Institution?

Ich persönlich glaube, daß dabei nichts herauskommen würde. Sie werden von mir, der ich mich das halbe Leben lang mit juristischen Sachen beschäftigt habe, nicht erwarten, daß ich sage: Da wird auch nicht allzuviel herauskommen. Soll ich Ihnen aus der Bibel zitieren: „Denn das Dichten und Trachten des Menschen ist böse von Jugend auf"? Das sieht sehr pessimistisch aus, es hat aber einen großen Klumpen Wahrheit an sich. Wir können nur das Beste versuchen und manchmal auch das Strengste, aber darauf schwören können wir nicht!

Ich habe versucht, etwas von diesen Dingen in einer kleinen Ausstellung darzustellen, die von der Juristischen Fakultät der Universität Frankfurt ausgerichtet wurde. Die Leute sind sehr daran interessiert. Es muß nur genügend Menschen geben, die sich mit Energie gegen das Böse stellen.

Sie befürworten die Idee eines Internationalen Gerichtshofes – ein in diesem neu entstehenden Europa sehr naheliegender Gedanke. Glauben Sie, daß so etwas realisiert werden könnte, oder ist das eine moralische Forderung, die vielleicht von den modernen Menschen als nicht zeitgemäß empfunden wird?

Ich sehe eine solche Idee und ihre Ausführung als sehr wichtig an. Das würde helfen, zumindest die schlimmsten Sachen einzudämmen. Und jede Regierung, die sich darum bemüht, ist zu begrüßen.

Wie schätzen Sie die Chancen ein, daß sich vielleicht so viele gesellschaftliche Kräfte finden, daß es doch noch zu einem – wollen wir es nicht so nennen – zweiten Nürnberg, zu einem zweiten Internationalen Gerichtshof kommt, der alle diese Verbrechen aufarbeitet?

Es ist eine merkwürdige Sache, daß das Interesse an dieser Idee in den letzten zwei, drei Jahren gestiegen ist. Vor drei, vier Jahren wurde viel mehr totgeschwiegen, um das so zu nennen. Vielleicht sind die Leute durch das, was auch inzwischen geschehen ist, doch vernünftiger geworden. Ein wirklicher Internationaler Gerichtshof von verschiedenen Personen würde da sehr helfen. Und Nürnberg ist bei aller Schwäche und nicht vorhandener juristischer Größe – das wäre ja unmenschlich gewesen – immerhin ein gutes Vorbild.

Wie erklären Sie es sich, daß es eine solche Institution immer noch nicht gibt? Sie haben ja wirklich Ihr ganzes Leben lang darauf gedrängt – sind die nationalen Egoismen immer noch so groß?

Ich denke manchmal, daß irgendwelche Beteiligten oder Halbbeteiligten Angst davor haben, daß doch etwas davon herauskommen könnte, was einmal geschehen ist und woran sie beteiligt waren. Denn an und für sich kann gar kein Grund dafür gefunden werden, so einen Internationalen Gerichtshof nicht zu schaffen. Und, um wieder auf den Vers zu kommen von der Theorie: „Krieg ist mein Lied, weil alle Welt Krieg will" – warum nicht: Justiz, weil alle Welt Krieg will?!

Auf dem Hintergrund Ihrer Erfahrung: Ist die Bevölkerung eines Landes, das jahrzehntelang im Totalitarismus gelebt hat, überhaupt in der Lage, mit den Problemen der Vergangenheit innenpolitisch fertigzuwerden? Können die Menschen in der DDR nach diesen Erfahrungen ein – sozusagen – demokratisches Bewußtsein lernen?

Das ist natürlich unendlich schwer und hängt, so komisch es klingt, vor allem an der wirtschaftlichen Stärke oder Schwäche des – sagen wir einmal – neuen Staates. Wenn die Leute etwas „zu futtern" haben, werden sie eher ihre Gemeinheiten aufgeben, als wenn sie überall erst „schnorren" gehen müssen.

Was aber denken Sie: Die vierzig Jahre Totalitarismus in der DDR – obwohl ich sie mit zwölf Jahren Hitler nicht vergleichen möchte –, das sind doch annähernd zwei Generationen. Wird nicht der Prozeß der Befreiung aus diesem totalitären Denken sehr viel schwieriger sein für die Menschen?

Ich muß Ihnen offen sagen, da bin ich überfragt. Da müssen Sie den verstorbenen Karl Marx fragen. Aber die Leute sind ja komisch: Plötzlich muß das wieder Chemnitz heißen, obwohl das ganz egal ist. Damit ändert man nicht die Welt.

In der Bundesrepublik leidet man noch immer unter den Kontinuitäten vom „Dritten Reich". Wird das – um es biblisch auszudrücken – weitergehen bis ins siebte Glied? Wird der Faschismus im vereinten Deutschland weiterwirken, oder wird man ihn verdrängen und jetzt endgültig vergessen? Haben Sie diese Befürchtung, diese Sorge?

Es wird besser gehen als vorher.

Warum?

Weil die Leute doch gelernt haben.

Sind sie demokratischer geworden im Westen Deutschlands?

Sie sind unerhört demokratisch geworden, zahlen die Subventionen für Schulen, zahlen Subventionen für Studenten; es gibt eine Menge Wohlfahrtseinrichtungen, die es früher nicht gab – es sind also immerhin schon sehr lebhafte Fortschritte zu beobachten.

Wird denn ein vereintes Deutschland auch die Hypotheken des „Dritten Reiches", des Faschismus, aushalten? Werden die Menschen das aushalten, oder werden sie sagen: Wir haben jetzt vierzig Jahre darüber geredet, jetzt ist Schluß, über die Konzentrationslager, über jüdische Menschen hier in Deutschland, wird jetzt nicht mehr gesprochen? Helmut Kohl hat – was seine Generation betrifft – von der „Gnade der späten Geburt" gesprochen, mit der er angeblich ausgestattet ist.

Das ist wirklich sehr schwer zu sagen, ich sehe aber in der Entwicklung doch Fortschritte. Irgendwie kommt es mir so vor, daß die Menschen besser geworden sind – nicht nur beim Autofahren im Straßenverkehr, sondern auch im Geschäftsleben, bei gegenseitiger Hilfe. Aber bei Prophezeiungen fällt man ja bekanntlich immer wieder rein, obwohl man bei vielen Leuten, die jetzt am Ruder sind, vor deren Besserungswünschen und -willen doch Respekt haben kann.

Hat das vielleicht auch damit zu tun, daß Kriege eigentlich nicht mehr führbar sind?

Damit haben Sie völlig recht. Was hat man schon von einem Krieg! Wirtschaft kaputt, Menschen tot, das wollen die Enkel nun doch nicht mehr. Die Technik verbessert die Möglichkeiten in dieser Richtung. Wenn Sie die Äußerungen von heutigen Regierungen hören, die sind doch kilometerweit entfernt noch von denen der Kaiserzeit. Was ist Krieg? Mord! Aus, Schluß! Wissen Sie, eigentlich hat die Technik doch den größten Schwindel abgeschafft.

Was denken Sie darüber, daß die bundesdeutsche Justiz es geschafft hat, daß zum Beispiel die Prozesse gegen die KZ-Wärterinnen jahrelang und die Prozesse gegen die meisten Nazis überhaupt verschleppt wurden? Wie sich die Opfer dabei gefühlt haben, war eigentlich kaum ein Thema. Was denken Sie als Jurist über Ihren eigenen Berufsstand, der sich nach dem Krieg so schmählich verhalten und Urteile immer wieder herausgezögert hat, bis die Täter so alt und krank waren, daß man sie nicht mehr zur Verantwortung ziehen konnte?

Der medizinische und auch der andere Schwindel steht über der Justiz – das ist nun einmal so. Ich halte nichts davon. Das ist ein Element der Justiz, genauso wie bestimmte Krankheiten, deren wir noch nicht Herr geworden sind. Der Wille eines Teils der Bevölkerung unterstützt diese Schwindler. Deshalb gibt es in der Justiz auch einen Paragraphen: Verjährung. Ob einer tausend Menschen ermordet hat oder nur fünfzig – da gibt es keine Rettung. In vielen Prozessen habe ich meine Mitarbeiter gefragt: Wer wird jetzt herauskommen? Einmal hat es funktioniert, und einmal hat es nicht funktioniert. Manchmal habe ich besser funktioniert, auch wenn das Lügenhafte auf juristischem und medizinischem Gebiete erfolgreicher war.

Am Ende dieses 20. Jahrhunderts können wir konstatieren: Es hat so viele und so furchtbare Verbrechen von einer solchen „Qualität" und „Größe" gegeben, daß Nürnberg den Begriff „Verbrechen gegen die Menschlichkeit" juristisch erstmals definiert hat. Ist aus Ihrer Lebenserfahrung der Begriff Gerechtigkeit überhaupt noch zulässig, hat er sich geändert oder würden Sie sagen, er ist eigentlich ein unzulässiger Begriff, es gibt keine Gerechtigkeit?

Man muß gegen Verbrechen ebenso kämpfen wie gegen Krankheiten. Ganz gleichgültig, ob sie heilbar sind oder ob sie unheilbar sind. Wir müssen auf der Welt Recht und Gesetz aufrechterhalten, weil sich sonst die psychologischen, wirtschaftlichen und medizinischen Krankheiten wie ein Erdbeben über die ganze Welt verbreiten würden. Justiz ist – soweit richtig ausgeübt – ein wirksames Gegenmittel, aber nicht immer wirksam. Die Justiz ist in diesem „friedlichen" Jahrhundert doch stärker geworden als in den unfriedlichen Jahrhunderten. Das muß immerhin auch anerkannt werden. Wenn wir an die Kriege und die damit verbundenen Menschenmorde denken: Augenblicklich versucht man, durch internationale Vereinbarungen in Europa auf diesem Wege fortzufahren. Ich habe durchaus Hoffnung auf Erfolg, denn es gibt eine Anzahl gut durchdachter Kriege, die doch nicht stattgefunden haben. Im letzten Augenblick sind – ich möchte beinahe sagen – die Toten aus den Gräbern aufgestanden und haben die Hände hochgehalten mit dem Gebet: Nun macht doch einmal Schluß.

Noch einmal zur Kontinuität vom „Dritten Reich" zur Gegenwart: Wenn Sie rückblickend auf Ihren Berufsstand schauen, die Justiz, die Richter und Anwälte – welche Gedanken und Ideen aus Ihrem Bereich wirken heute noch fort oder haben zum Beispiel in der DDR noch in der Art fortgewirkt, daß man sie direkt in die Zeit Hitlers zurückverfolgen kann?

Ich bin in den letzten Wochen und Monaten sehr durch Urteile überrascht worden, die ich als vernünftige Urteile auffassen muß und die eine große Änderung in der ganzen Struktur erkennen lassen. Ich staune manchmal und sage von mir aus ganz dumm: Ich staune, was die Leute für einen Mut haben, endlich das Maul aufzumachen, obwohl sie Richter sind! Es gibt dafür x Beispiele, die natürlich von den Ewiggestrigen angefochten werden. Aber es stellt sich immer mehr heraus, daß die Ewiggestrigen ganz „faule Köppe" waren!

Sie denken vielleicht an den Richter Aust, der zugelassen hat, daß gesagt werden darf: „Soldaten sind potentielle Mörder." Wahrscheinlich meinen Sie auch dieses Urteil?

Dieses Urteil war ein leiser Anfang. Aber ich habe gestern und vorgestern wieder Sachen gelesen, wo ich gestaunt habe und noch immer den alten Ausdruck gebrauche: Ich staune, was die für einen Mut haben, Mut vor einer Selbstverständlichkeit, die wir in der Weimarer Republik erst ganz vorsichtig und schüchtern und ängstlich einzuführen versuchten.

Aber gibt es heute auch Beispiele unter Richtern, wo Sie auch das Gegenteil sagen würden, wo wirklich direkte Parallelen noch zu ziehen sind zur Rechtsprechung im „Dritten Reich"?

Die Leute werden in dieser Richtung – möchte ich sagen – immer feiger. Sie sagen gerade soviel – noch! –, daß Ihre Pension nicht gefährdet ist.

Professor Kempner, Sie blicken jetzt im Alter von fast 91 Jahren zurück auf ein Leben, in dem Sie sich immer wieder für Gerechtigkeit eingesetzt haben. Was halten Sie jetzt vom Fall Erich Honecker? Gestern noch war er der große Lenker eines Staates, und heute beansprucht er für sich Rücksichtnahme auch auf sein Alter. Auch die ehemaligen Nazi-Schergen haben bis heute darauf verwiesen, sie seien alt und krank, wenn sie zur Verantwortung gezogen werden sollen. Wie fühlen Sie sich, wenn Sie diese ausweichenden Argumente hören?

Diese Verteidigung schätze ich nicht sehr. Ich habe sie in Dutzenden von Fällen erlebt, in denen eine ähnliche Krankheitssituation vorlag. Leute mit einer völlig gleichen Verteidigung haben Atteste eingereicht, dreißig, vierzig Jahre lang, manchmal mit Erfolg, manchmal ohne Erfolg. Krankheit als Ausrede paßt nicht in mein Schema – ganz egal, um was es sich handelt – von Justiz. Es wird wahrscheinlich von Zufällen abhängen, ob da je ein Verfahren stattfindet: gute Atteste und Geschicklichkeit seines Verteidigers.

Wird es eine Chance geben, Leute wie Honecker oder den Stasi-Chef Mielke doch noch zur Verantwortung zu ziehen oder werden Argumente wie Alter und Krankheit letztendlich ausschlaggebend sein?

Angebliche Krankheit steht über dem Richter und der Justiz. Und so wird es auch hier enden.

Und was empfinden Sie dabei, wenn diese Leute sich jetzt auf diese Art aus der Verantwortung stehlen?

Ich kenne Dutzende von solchen „faulen Köppen"; und wenn ich die nachher, nach zwanzig Jahren, auf der Straße getroffen habe, dann konnte ich ihnen nur gratulieren.

Was denken Sie über das Instrument der Volksbefragung vor der deutschen Einheit?

Die Antwort auf die Frage, wie weit man einem Volk überhaupt vertrauen kann, ist sehr schwierig. Da muß man tief in der Geschichte blättern. Wenn wir an das Ende des 19. Jahrhunderts denken, als man gesungen hat: „Krieg ist mein Lied, weil alle Welt Krieg will, so sei es Krieg, Preußens Held gekrönt mit Ruhm und Sieg": Das war der König – der kannte noch kein Volksbegehren. Aber er hat seinen Ruhm und Sieg mit Kriegen besiegelt. Ganz egal, wer daran die sogenannte Schuld hatte, nur daß Hunderttausende in dieser oder jener Zeit auch schon kaputtgegangen sind. Dann, im 20. Jahrhundert, kam das sogenannte Volksbegehren, das zuerst in der Weimarer Verfassung offiziell durchgeführt wurde, vorher gab es schon kleinere Volksbegehren in Gemeinden. Das Volksbegehren wurde in Deutschland nach dem Ersten Weltkrieg in die Verfassung aufgenommen, und man hat damit verschiedene Erfahrungen gemacht. Es ist interessant, daß diejenige Person, die in der Bundesverfassung, dem Grundgesetz, die Aufnahme der Bestimmungen des Volksbegehrens sehr stark gefördert hat, ein Deutscher war, von dem sonst sehr wenig in der Öffentlichkeit die Rede ist. Dessen Vater war deutscher Reichsaußenminister und zeitweise deutscher Reichspräsident, Hans Simons hieß er. Dieser Simons hat die Verhandlungen mit dem damaligen, ersten Bundespräsidenten Theodor Heuss geführt, und es ist ihm gelungen, das Volksbegehren durchzusetzen. Das Volksbegehren hatte eine interessante Anmerkung: Jeder war im Wesentlichen stimmberechtigt, ausgenommen waren nur die wenigen Leute, denen die bürgerlichen Ehrenrechte wegen Kriegsverbrechen oder vielleicht wegen Taschendiebstahl aberkannt waren. So kam das Volksbegehren in Deutschland zustande. Ob es sich immer bewährt hat, ist eine andere Frage. Immerhin muß man bedenken, daß diejenigen, die nicht eigentlich das moralische Recht der Teilnahme am Volksbegehren hatten, Leute waren, die aber einen anderen Vorteil hatten: Sie erhalten heute Pension. Damit verrate ich kein Geheimnis, es ist ja offiziell bekannt, daß Pensionen auch für Verbrecher gezahlt wurden.

Die Witwe des letzten Präsidenten des sogenannten „Volksgerichtshofes", Roland Freisler, etwa ...

Aber Freisler ist ja nicht der schlimmste Mörder! Ich könnte Ihnen ganz andere Leute servieren. Immerhin kriegt die Witwe Freisler nicht die volle Pension, aber eine Art Witwenpension. Wenn ich einen meiner „früheren Freunde" auf der Straße treffe, und ihn frage: Wie geht's? und der sagt: „Wir sind ja beide älter geworden", dann frage ich gleich: „Wieviel Pension kriegen Sie eigentlich?" Das hängt mit sehr komplizierten Gesetzen zusammen, deren Güte oder Nichtgüte ich hier nicht erörtern kann, weil diese sehr umfangreich sind. Aber immerhin tut es vielen Leuten weh, daß Verbrecher – ganz egal unter welchen Umständen, das lassen wir einmal weg – doch Pension, und vor allen Dingen auch ihre BfA[104] kriegen.

Sie erleben jetzt das Zusammenwachsen von Deutschland. Was empfinden Sie dabei, ist die Zeit zu kurz oder ist das in Ordnung? Haben die Deutschen – sozusagen – Sühne getan in diesen vierzig Jahren, oder ist es jetzt immer noch so, daß man eigentlich Vorbehalte haben müßte gegenüber dem Zeitpunkt der deutschen Einheit?

104 Bundesversicherungsanstalt für Angestellte – Rentenberechnung.

Das ist wirklich sehr schwer zu sagen. Die Einheit wird zu stark vorangetrieben. Die Zeit ist noch nicht reif. Vielleicht ist sie es in zehn oder zwanzig Jahren.

Sehen Sie eine Gefahr darin, daß die Einheit jetzt geschieht, treibt Sie deshalb eine Sorge um?

Nein, es ist nicht gefährlich, aber voreilig. Ob daraus Schäden entstehen, läßt sich nicht übersehen.

Hans Sahl

(geb. 1902 in Dresden, Deutschland)

In einem deutsch-jüdischen, großbürgerlichen Elternhaus geboren, wuchs Hans Sahl ab seinem fünften Lebensjahr in Berlin auf. Die Eltern gehörten zu jenem fast schon assimilierten deutschen Judentum, das oft fälschlicherweise als Zeugnis für die historische Existenz einer deutsch-jüdischen Kultursymbiose beschrieben wird. Sie ließen ihren Sohn im Geiste einer liberalen, eher christlich als jüdisch betonten Erziehung heranwachsen.

Hans Sahl hatte Literatur- und Kunstgeschichte sowie Philosophie in Berlin, Leipzig und Breslau studiert und sich 1924 promoviert. Zwischen 1926 und 1932 avancierte er unter anderem bei den Zeitungen *Das Tagebuch*, *Berliner Börsen-Courier*, *Montag Morgen* zum Theater- und Buchkritiker. Vor allem die Filmkritik wurde sein Metier – Sahl kämpfte für diese damals neue, gerade im Entstehen begriffene Kunst, das neue Medium der Weimarer Republik. Im April 1933 zählte Hans Sahl zu den ersten, die aus Deutschland fliehen mußten. Über Prag und Zürich gelangte er nach Paris, wo er bei Ausbruch des Zweiten Weltkriegs interniert wurde; 1940 gelang ihm die Flucht nach Marseille, wo er als Mitarbeiter an Varian Frys Rettungsaktion der politisch Verfolgten in Frankreich teilnahm und selbst mit einem der letzten Schiffe nach New York entkam. Nach dem Zweiten Weltkrieg wurde Sahl Kulturkorrespondent der *Neuen Zürcher Zeitung*, dann der *Süddeutschen Zeitung*. Vor allem die Jüngeren waren es, die ihn erst im Alter als Schriftsteller und Dichter entdeckten. Ihnen sprach er Mut zu, sich allen Anfeindungen zum Trotz treu zu bleiben, sogar nach allem, was ihm selbst durch Deutschland geschehen war.

1989, am Ende der deutschen Teilung, entschloß sich Hans Sahl, zusammen mit seiner zweiten Ehefrau Ute Velthusen, wieder in Deutschland zu leben. Sahls Aufforderung: „Wir sind die Letzten. Fragt uns aus. Wir sind zuständig", folgten insbesondere Leser der zweiten Generation nach der Shoah. Aus Anlaß seines neunzigsten Geburtstages am 20. Mai 1992 besuchte ich ihn in Tübingen – es entstand dabei ein mehrstündiges Gespräch, in dem Hans Sahl sehr ehrlich über Brüche und Verwerfungen des 20. Jahrhunderts, aber auch über eigene Entscheidungen, Irrtümer und Fehler Auskunft gab. Bis zu seinem Tod 1993 lebte er in Tübingen – an seinem Grab in Berlin sprachen sowohl Edzard Reuter als auch Wolf Biermann.[105]

---

105 Seine wichtigsten Bücher: *Die Wenigen und die Vielen*, Frankfurt/M. 1959; *Der Tod des Akrobaten*, Hamburg, Zürich 1992; *Memoiren eines Moralisten*, Hamburg 1983, sowie *Das Exil im Exil*, Hamburg 1990.

David Dambitsch: *Sie haben fünf Jahrzehnte in New York gelebt, also Deutschland von außen gesehen. Nun leben Sie seit drei Jahren ständig wieder hier. Welche Beobachtungen würden Sie den Amerikanern heute über die letzten drei Jahre aus dem nun vereinten Deutschland mitteilen wollen?*

Hans Sahl: Wenn Sie mich fragen, was ich an Deutschland heute finde: Es fehlen die Juden in Deutschland. Punkt. Warum? Die Juden hatten eine Liebe für das Deutsche, und sie hatten die Fähigkeit, das Deutsche im Deutschen zu formulieren, und den Deutschen bewußt zu machen, wie groß sie waren. Das ist sehr seltsam. Das Gegenteil von dem, was der Hitler gesagt hat, daß die Juden die „Ratten" und was weiß ich wären. Im Gegenteil: Die Juden hatten eine merkwürdige ... Wie soll ich es sagen? Was war das eigentlich, was die Juden so an den Deutschen anzog? War das doch irgendwo eine modische Verwandtschaft? Warum hat ein Bruno Walter, warum haben die Klemperers, warum hat Max Reinhardt diese wunderbaren Klassikerinszenierungen gemacht wie kaum ein anderer? Woher kommt das? Da muß doch irgendwo eine Prädisposition gewesen sein.

Ich würde in einem amerikanischen Blatt schreiben, daß die Wiedervereinigung eine sehr wenig erfreuliche Erscheinung war, die wenig erfreuliche Eigenschaften der Deutschen freigesetzt hat. Ich hätte mir vorstellen können, daß nach alledem, was passiert war, die Bundesrepublik aus der Wiedervereinigung einen Akt gemacht hätte, der mal einen echten Patriotismus widerspiegelt und nicht immer einen falschen, sondern einen brüderlich-menschlich-politisch-geistigen Begrüßungsempfang. Sagen wir mal, eine große Wiedervereinigungsfeier mit der 9. Symphonie von Beethoven. Sie wurde gespielt von Bernstein, schön, aber von Bernstein aus Amerika! Also das Beste an deutscher Kultur, das nun wieder von zwei Deutschlands geteilt wurde. All das erfolgte nicht, statt dessen wurde – und das ist meine schwere Anklage – die Wiedervereinigung zu einem politischen Kampf – wie immer – zwischen SPD und CDU. Es ging nur um Finanzfragen, und der Herr Lafontaine hat dem Herrn Kohl vorgeworfen: „Sie haben doch gesagt, es würde nichts kosten, und jetzt müssen Sie doch erhöhen." – Diese Wiedervereinigung wurde zu einem schmierigen Krämergeschäft gemacht. Treuhandgesellschaft usw. – das sind die Worte, die fielen. Anstatt, was ich gefordert habe, daß die Intellektuellen sich zusammensetzen und über übergeordnete Fragen nachdenken, zum Beispiel: Was ist Geschichte? Ist Geschichte immer eine Frage der Irrtümer? Wir haben uns geirrt, ein ganzes Jahrhundert hat sich geirrt. Was ist Marxismus? Was war gut daran, was war falsch? Eine Kritik, einmal nicht dieses Denunziantentum, das entstand, sondern eine Kritik an Ideen, die ihrerseits untersucht werden müssen auf ihre Tragfähigkeit und Wirksamkeit und Richtigkeit. Daß ernste Leute sich hinsetzen und sagen: Wir haben Fehler gemacht!

Nach welchen Konzepten, nach welchen Wertmaßstäben sind Sie erzogen worden?

Ich bin am Anfang eines Jahrhunderts geboren worden, als der Krieg zu Ende ging und wir riefen: Nie wieder Krieg! Nie wieder Krieg! Wir dachten, es wäre der letzte Krieg, weil uns der Krieg so verwerflich erschien, so absurd, so unmenschlich. Und es war doch ein neues Jahrhundert, das zwanzigste, ein ganz neues Jahrhundert. Das also war das Ende aller Kriege. Dieser letzte Krieg war das Ende aller Kriege: Der Kaiser floh nach Holland, Deutschland wurde eine Republik, die Weimarer Republik. Dann kam die Russische Revolution, 1917, es kamen die Filme – Eisensteins „Panzerkreuzer Potemkin", „Brüder, auf wen schießt ihr?" Die Russenfilme machten uns zu Kommunisten. Als zweiter Einfluß kam Amerika mit dem Jazz; es gab die Romane von Ernest Hemingway, von Thornton Wilder, von William Faulkner, also die große amerikanische Romanliteratur. Das alles beseelte uns. Ein großes Jahrhundert begann.

Ich wurde dann Kritiker in Berlin, der jüngste Filmkritiker, das heißt, ich arbeitete mit an der Etablierung einer Filmkritik. Der Film war noch jung. Er hatte Mühe, sich als Kunst zu identifizieren, er hatte immer noch ein bißchen Schaubudencharakter. Aber es gab eine Gruppe von jungen Leuten, zu denen gehörten Siegfried Kracauer, Rudolf Arnheim, Max Brod und ich – wir versuchten, eine Filmästhetik zu etablieren, ich an der Zeitung *Montag Morgen*, einer sehr guten Wochenzeitung, für die Willy Haas die Theaterkritik schrieb und ich die Filmkritik. Da begann ich als sehr junger Mensch, und zugleich nahm ich an den Kämpfen um das neue Theater – Bertolt Brecht, den ich dann auch kennenlernte – teil. Wir scharten uns dann um den *Börsenkurier*, der damals das fortschrittlichste Feuilleton unter Herbert Ihering hatte; das andere war das *Berliner Tageblatt* mit Alfred Kerr als Kritiker. Kerr war für uns der alte Mann, der noch für Naturalismus und für Gerhart Hauptmann kämpfte, während wir für Brecht und das epische Theater und für die junge Avantgarde kämpften.

Ich weiß, daß Sie zu Beginn der zwanziger Jahre in München, Leipzig, Berlin und Breslau Kunst und Literaturgeschichte studiert haben. Und während dieser Zeit haben Sie sich mit Ihrem Vater überworfen.

Mein Vater war Kaufmann und ein deutscher Patriot. Eine kleine Geschichte, die vielleicht interessant ist: Als der Erste Weltkrieg aus war, gab es einen Tag, an dem meine Mutter sagte: „Kinder, benehmt euch sehr still, euer Vater ist sehr deprimiert, sie haben ihn nicht genommen." Mein Vater hatte sich als Freiwilliger für den Krieg gemeldet. Man hatte ihn nicht genommen, er durfte nicht für sein Vaterland sterben. Das hat er tief bedauert. Sie waren alle Untertanen. Und die besten deutschen Untertanen waren die deutschen Juden.

Die Wertmaßstäbe Ihres Vaters waren noch völlig die des 19. Jahrhunderts. Sie zählten natürlich in den zwanziger Jahren zur Avantgarde – da gab es sicherlich einen großen Konflikt, denn das war ja eine völlig neue Zeit, ein völlig neues Denken?

Ich würde nicht sagen: Konflikt, nein, also das war es nicht. Es gab schon einige groteske Zusammenstöße, wobei ich Ihnen diese kleine Anekdote gerne preisgebe: 1932, ein Jahr vor Hitlers Machtantritt, gab es natürlich schon die Auseinandersetzungen und die Schießereien auf der Straße. Die SA marschierte in Schritt und Tritt, und das „Judenblut" floß schon damals, nicht wahr. Aber: Da waren Demonstrationen, es war ein Sonntag, und es war eine Demonstration der Kommunisten: Ein Hungermarsch der Kommunisten zum Wittenbergplatz. Dann marschierten wir zurück, und da kam ein Zug der Demokraten. Unter den Demokraten befand sich mein Vater. Und als wir vorbei marschierten, riefen wir: „Nieder mit der Republik!" Und mein Vater rief: „Es lebe die Republik!" Dann ging ich nach Hause; es gab Gänsebraten. Mein Vater sagte: „Du kriegst heute keinen Gänsebraten, Du warst frech heute." Das waren die Kämpfe zwischen zwei Generationen.

Wenn Sie heute zurückschauen – es ist ja viel mit Schuldzuweisungen gearbeitet worden, wer denn nun Schuld sei am Ende dieser ersten Demokratie in Deutschland. Wer waren denn Ihrer Meinung nach die Totengräber von Weimar?

Die Deutschen haben kein Talent für Demokratie. Sie haben nie eine bürgerliche Revolution gehabt. Sie haben kein Talent für die Demokratie, weil sie gar nicht wissen, was das ist. Die Deutschen sind ein sehr produktives Volk – das brauche ich nicht zu erwähnen –, aber sie sind ein Volk, das nach absoluten Lösungen sucht und daran zugrunde geht. Ich sage immer, die Deutschen suchen stets nach Ideen, für die sie sterben wollen – sie sollten mal nach Ideen suchen, für die sie leben dürfen. Das zweite ist: Sie können nicht zuhören. Sie sind – entschuldigen Sie, daß ich das so sage – ein Volk der Rechthaber. Ich entsinne mich an ein Interview für das Fernsehen von einem bedeutenden Menschen, den ich sehr schätzte und der plötzlich sagte: „Wollen Sie etwa behaupten, daß ich unrecht habe?" Da fiel ich auf den Rücken. Eine Sache, die in Amerika undenkbar wäre. Das führt mich zu einem anderen Thema: Pluralismus, Demokratie, Meinungsbildung und Kompromiß. Als ich jung war, war das Wort Kompromiß ein Schimpfwort. „Was, du bekennst dich nicht!" Die Deutschen müssen sich andauernd bekennen und dafür sterben. Aber das Problem einer Welt, die zunehmend mehr bevölkert, ja übervölkert wird, ist die Organisation des Zusammenlebens. Das ist zur wichtigsten Frage geworden. Und da kann nur der Kompromiß helfen, der Kompromiß als die letzte Weisheit des Zusammenlebens. Das fehlt in Deutschland.

Das fehlte Ihnen 1933 mehr denn je – Adolf Hitler war absolut gegen jeden Kompromiß...

Nein, nein, es war anders, verzeihen Sie: Es wurden dann so viele Parteien gegründet, ich weiß nicht, fünfzehn oder sechzehn, daß der Bürger einfach nicht mehr ... Das ist ein anderer Punkt: Der hat mit Kapitalismus zu tun und – ich gebe zu – mit Freiheit. Freiheit ist auch etwas sehr, sehr Schwieriges, Freiheit muß erlernt sein. In diesem neuen Buch, an dem ich arbeite[106], versuche ich noch einmal, von Grund auf solche Begriffe, die man als unwiderruflich gegeben hinnehmen muß, in Frage zu stellen. Wollen die Menschen die Freiheit, wollen alle Menschen die Freiheit – wir nehmen es immer nur an. Es gab in der Weimarer Republik einen Augenblick, in dem so viele Alternativen zur Verfügung standen, daß der einzelne, der auch eine Familie hatte, kämpfen und arbeiten mußte, sagte: „Kinder, ich kann nicht mehr! Ich brauche jetzt einen, der mir sagt, was ich tun soll." Jede Partei sagt, sie sei die beste. Nicht zu Unrecht hieß mein erster Roman, der hier 1959 herauskam, *Die Wenigen und die Vielen*". Darin stellte ich schon fest: Es sind immer nur die Wenigen, die Forderungen stellen und bestimmte Vorstellungen kreieren, denen dann die Vielen folgen.

Sie haben sich dann 1933 entschieden: Sie hatten in Ihren Veröffentlichungen eindeutig politisch Stellung bezogen und mußten Deutschland verlassen. Max Reinhardt saß im gleichen Zug, der Sie nach Prag brachte. Wollen Sie das erzählen?

Das ist ein Nebensatz. Als ich damals meinen Freund, den wunderbaren Professor Frenzel, Herausgeber der Gebrauchsgraphik, der im Ersten Weltkrieg in der „Richthofenstaffel" Flieger gewesen war, an einem Nachmittag besucht habe, hat er gesagt: „Du, hör mal, Du mußt jetzt fliehen, Du bist in großer Gefahr, Lebensgefahr." Dann brachte er einen spanischen Wein, den ich liebte, „Don Fernando", und wir betranken uns. Wir fuhren zum Anhalter Bahnhof, der menschenleer war, bis auf die SA, die an der Sperre stand. Der Frenzel hängte sich den Orden „Pour le mérite" an, schob mich durch die Sperre und schnarrte: „Hauptmann Frenzel von der Richthofenstaffel, der Mann steht unter meinem persönlichen Schutz!" Die SA salutierte, und er schob mich durch. Es war ein menschenleerer Bahnhof. Dann setzte sich

---

106 Zum Zeitpunkt des Interviews, 1992 (ein Jahr vor seinem Tod), arbeitete Hans Sahl an der Herausgabe der eigenen Tagebücher als Ergänzung seiner Romane und Erzählungen, die ihrerseits bereits Bestandteile seiner Autobiographie beinhalten. Ein Briefband Sahls ist in Vorbereitung.

der Zug in Bewegung, und ich ging durch den menschenleeren Zug. In einem Abteil waren die Gardinen vorgeschoben, in einer Ecke saß ein Mann, der den Hut ins Gesicht gedrückt hatte und das Gesicht hinter einer Zeitung vergraben. Ich erkannte ihn sofort: Max Reinhardt. Da sagte ich: Ach, Verzeihung, und machte die Tür sofort wieder zu. Das war eigentlich der letzte Gruß aus Berlin. Ich habe ihn nicht gesprochen. Doch – es gab eine Nachgeschichte: Jahre später war ich einmal in einem Konzert in der Townhall, das ist ein Konzertsaal. In der Pause ging ich zu einer Bar, aß ein Sandwich und trank ein Bier. Neben mir stand ein kleiner Mann, in sich gekehrt, und ich dachte: Der sieht so aus wie Max Reinhardt, aber der steht hier ganz allein, das kann doch nicht Max Reinhardt sein. Es war Max Reinhardt. Und ich dachte an die Zeit des Berliner Theaters, des Deutschen Theaters: Wo immer Max Reinhardt auftauchte, war er umringt von Menschenmengen. Und da stand dieser Max Reinhardt, den ich zufällig entdeckte, völlig unerkannt in New York und aß sein Sandwich. Und ich dachte mir meinen Teil.

Nach Prag begaben Sie sich im Winter 1933 dann nach Zürich, von dort nach Paris, wieder zurück nach Zürich, dann noch einmal nach Frankreich, von wo aus Sie dann 1941 nach New York gelangten. In diese Zeit fallen ja die militärischen und diplomatischen Siege Hitlers. Wie reagierte man darauf in Emigrantenkreisen?

Wir wurden ja in Lager gebracht, in Konzentrationslager. Das wissen Sie doch. Und bei Ausbruch des Krieges 1939 gab es Anschläge, daß alle Leute deutschen Ursprungs sich in einer Fußballarena mit Proviant für 24 Stunden und einer Decke einzufinden hatten. Das tat ich. Und ich ging zusammen mit Leonhard Frank[107] zum Stade Colombe. Da blieben wir zehn Tage und zehn Nächte. Dann wurden wir über die Lager Frankreichs verteilt. Da gab es Dutzende von Konzentrationslagern, überall saßen sie, die Emigranten. Einmal wurde ich vom französischen PEN-Club für zwei Monate befreit, da war ich mitten im Krieg in Paris, alleine. Als dann die Offensive kam und die Maginot-Linie durchbrochen wurde, wurden wir wieder eingesperrt, und ich kam wieder in ein Lager. Dann die Besetzung von Paris und der Moment, als die deutschen Panzer sich – wir waren in der Nähe von Tours in Zentralfrankreich – dem Lager näherten. Im letzten Augenblick ließ der Kommandant die sechshundert Gefangenen frei. Wir rannten zehn Tage und zehn Nächte nach Süden, nach Marseille – davon handeln mein Gedicht-

---

107 Leonhard Frank (1882–1961), Schriftsteller, lebte als überzeugter Pazifist während des Ersten Weltkriegs in der Schweiz. 1933 Emigration: Schweiz, Frankreich, Portugal, USA, 1950 Rückkehr in die DDR.

band *Die hellen Nächte*[108] und auch mein Roman *Die Wenigen und die Vielen*.

Als Sie in New York ankamen, 1941, waren die deutschen Siege auf dem Höhepunkt. Wuchsen mit den deutschen Siegen bei einigen der Emigranten auch Sympathien, oder rückte man eher zusammen? Waren die Emigranten auch patriotisch angehaucht, weil nun Deutschland trotzdem siegte – ich rede jetzt nicht von Hitler, sondern von Deutschland –, oder war es so, daß man in den Emigrantenkreisen eher resignierte?

Hören Sie mal, da muß ich Ihre Fragestellung in Zweifel stellen. Ein Sieg Deutschlands war doch ein Sieg Hitlers über das deutsche Volk! Einen Sieg Deutschlands gab es also nicht, es gab nur ein Hitler-Deutschland, und das mußte unterliegen. Also, unser aller Bemühen, unser aller Anti-Nazi-Kampf galt der Befreiung Deutschlands von Hitler. Ein Sieg Deutschlands unter Hitler wäre doch das totale Ende unserer ganzen Existenz gewesen, hätte das Ende unseres Kampfes gegen Hitler bedeutet. Nein, aber etwas ganz anderes geschah: Daß nämlich, natürlich, in dieser Allianz zwischen Amerikanern und Russen bereits während des Krieges der Kalte Krieg ausbrach und daß Stalins Politik, Kriegspolitik – die Sie auf den Bildern von Jalta im Film nachvollziehen können – darin bestand, aus dem Kriege als der Sieger auch über den Westen hervorzugehen. Selbstverständlich haben die Kommunisten in der Emigration – und darum ging der ganze Kampf damals, Bertolt Brecht und die Anna Seghers – die Macht der Propaganda für den Kommunismus unterstützt, um ein kommunistisches Deutschland nach dem Kriege herzustellen. Aber eine kleine Minderheit, eben diese Gruppe, zu der ich damals vor fünfzig Jahren gehörte, die wir das kommen sahen und uns bewußt von dieser Front absplitterten – wir wollten das verhindern. So will ich Ihnen eine kleine Geschichte über ein Erlebnis erzählen, die das Ganze eigentlich klarmacht.

Ich war befreundet mit Professor Paul Tillich, dem Theologen, der ein wunderbarer Mensch war. Dieser Tillich stand politisch sehr weit links. Den hatten sich die Kommunisten als ihr – sozusagen – unpolitisches Aushängeschild ausgesucht. Noch im Kriege wurde – das war eigentlich eine Idee, die von der Komintern[109] aus Moskau kam – ein Gründungsaufruf in Amerika für ein demokratisches Deutschland verfaßt und an alle Amerikaner gerichtet, die mit Deutschland sympathisierten. Und zwar mit Paul Tillich als Präsident – der politisch natürlich völlig unbescholten war. Nun war ich,

---

108 Hans Sahl, *Die hellen Nächte. Gedichte*, München 1991.
109 Komintern (Kommunistische Internationale), im März 1919 auf Anregung Lenins gegründet, war sie die Vereinigung aller kommunistischen Parteien und wurde zu einem Instrument der UdSSR-Außenpolitik. Im Mai 1943 aufgelöst aus Rücksicht auf westliche Bündnispartner der Sowjetunion im Zweiten Weltkrieg gegen Hitler-Deutschland.

sogar damals, noch halbwegs mit Brecht befreundet, obwohl ich mit ihm schon die schärfsten Kontroversen hatte. Aber als ich ihm erzählte, daß ich mit Tillich befreundet war, sagte Brecht zu mir: „Oh, das ist für uns aber sehr wichtig, ich muß den kennenlernen." Frau Tillich schrieb Gedichte – keine sehr guten, aber sehr lyrische Gedichte – und sagte: „Was, Du kennst Brecht; bring ihn doch mal zu uns." Also ging ich zu Brecht und sagte: Brecht, Tillich bittet Sie zum Tee. Er: „Ach, gut, das ist wichtig für uns. Holen Sie mich bitte ab, Sahl." Also holte ich ihn ab, und er wählte sich die beste Arbeitsjacke – er hatte ja verschiedene Arbeitsjacken, nach Maß gemacht, im Schrank –, holte sich die beste Sonntags-Arbeitsjacke heraus, und wir fuhren zu Tillich. Brecht erzählte Tillich von der Einheitsfront – alle, links und rechts, müßten jetzt gegen Hitler aufstehen usw., und sie machten diesen Aufruf jetzt für Amerika, und er müßte also Präsident werden. Ja, das wollte Tillich auch. Dann fuhren wir wieder zurück, Brecht rieb sich die Hände, seine Arbeit war getan. Von Frau Tillich hörte ich: „Die beiden sind große Freunde geworden." Dann kam der Augenblick, als ich Frau Tillich anrief und sagte: Ich möchte gerne Paul sprechen, ich muß mit ihm reden, ich muß ihm sagen, wozu man ihn benutzt. Paul Tillich liebte Kohlrouladen, und ich konnte ein Gericht kochen, nämlich Kohlrouladen. Also lud ich Paul Tillich zu Kohlrouladen ein, machte schöne Kohlrouladen und sagte zu ihm: Lieber Paul Tillich, Sie werden benutzt und Sie sind zu schade dafür. Da sagte er zu mir, das habe ich übrigens auch geschrieben: „Lieber Hans, Stalin ist der größte Politiker dieses Jahrhunderts. Wir sind in der Rolle der französischen Aristokraten kurz vor der Revolution. Wir können fliehen oder uns zur Verfügung stellen. Ich bin schon mal geflohen, ich will nicht noch einmal fliehen. Außerdem glaube ich an die Sache. Hier ist der Gründungsaufruf, wollen Sie ihn bitte unterschreiben." Da standen schon Brecht usw. mit drauf. Da sagte ich: Lieber Paul, ich habe Sie furchtbar gerne, aber ich mache diesen Schwindel nicht mit. Ich zerriß den Aufruf. Das war das Ende meiner Freundschaft mit Paul Tillich.

Der Aufruf erschien in der *New York Times* auf der ersten Seite – „Aufruf aller wohlmeinenden Amerikaner für eine freies Deutschland nach Hitler". Es gab eine einzige Zeitung drüben in Amerika, *Die Neue Volkszeitung*, eine sozialdemokratische Zeitung, Herausgeber Gerhard Seger, die veröffentlichte am nächsten Tag auf ihrer ersten Seite auf deutsch: „Der Stalin-Coup in New York". Das ist diese Geschichte.

Stefan Heym ist Ihnen natürlich ein Begriff: Stefan Heym, der ungefähr alle Uniformen einmal anhatte, die es gibt, Stefan Heym hat ein Buch geschrieben – *Nachruf*, 860 Seiten[110] –, in dem er alles natürlich anders darstellt.

Er schreibt darin über diesen Gerhard Seger – einen der wenigen mutigen Menschen, die ich in meinem Leben kennengelernt habe –, daß diese *Neue Volkszeitung* politisch leider sehr anrüchig gewesen sei.

Egon Erwin Kisch hat zu Ihnen tatsächlich gesagt: „Stalin denkt für uns"; Anna Seghers, Bertolt Brecht, Stefan Heym – Sie haben sie eben schon angesprochen –, sie alle haben offensichtlich Geschichtsklitterung betrieben und zugunsten einer Ideologie menschliche Wahrheiten verraten können. Wie erklären Sie sich, daß so begabte und intelligente Menschen offenbar ihren Verstand mit der Zugehörigkeit zu einer politischen Gruppe aufgaben?

Das ist genau das, womit ich mich jetzt beschäftige. Weil es überhaupt an die Grundfragen menschlicher Existenz geht: Was ist Geschichte? Die Frage ist: Wieviel haben sie gewußt, wieviel haben sie wissen wollen. Daran arbeite ich jetzt. Das möchte ich in verschiedene Themenbereiche aufteilen. Erstes Thema: Der totalitäre Mensch. Ich habe ihn definiert. Ich habe zu meinem nicht geringen Erstaunen gehört, daß dies dieser Tage irgend jemand anders auch schon woanders formuliert hat. Der totalitäre Mensch ist schizophren. Er muß es sein, um zu überleben. Der totalitäre Mensch ist ein Mensch, der das denken und tun muß, was der Staat verlangt, um zu überleben – er hat ja eine Familie, er hat Kinder, und nur wenige Menschen sind Märtyrer –: *Die Wenigen und die Vielen*, mein Buch, von dem ich Ihnen erzählte. Das alles sind meine Themen. Es ist immer nur eine Elite, die was tut. Zweites Thema: Alle Menschen zweifeln, auch diejenigen im totalitären Staat zweifeln. Viele zweifeln, aber wer hat wann und wo den Mut und die Fähigkeit, die Konsequenzen aus seinen Zweifeln zu ziehen, seine Kinder verhungern zu lassen und vielleicht eingesperrt oder erschossen zu werden usw. Ganz Wenige! Also ist die Frage, wieviel jemand gewußt hat, irrelevant. Gewußt haben sie eigentlich alle, aber sie haben dafür dann Rechtfertigungen vorgenommen. Brecht zum Beispiel hat alles gewußt, aber er hat dann etwa gesagt: „Wenn man einen Krebs operiert, müssen auch gesunde Zellen darunter leiden." Aber vergessen Sie doch nicht, daß diese Heiner Müllers und Stephan Hermlins und Brechts usw. Privilegien hatten! Sie wurden doch bezahlt dafür, daß sie ihr Wort verkauften. Sie kriegten doch etwas dafür. Der Bürger hingegen, der unter den Bedingungen, die man ihm vorschrieb, leben mußte, bekam nichts dafür, außer, daß seine Freunde ihn verrieten! Diese Dinge passierten. Ich bin empört – ich habe das auch geschrieben –, daß 800 000 „Stasis" ein ganzes Volk, ihr Volk, überwachten; sie machten aus ihrem Volk ein Feindbild und verrieten einander. Das geschah alles. Das wollen wir hier nehmen als eine Gegebenheit; und wir wollen nicht die Leu-

---

110 Stefan Heym, *Nachruf*, München 1988.

te, die das ahnten und wußten und hin- und herfahren durften. Und eines kann ich Ihnen noch sagen: In Amerika war eine Heiner-Müller-Premiere. Der Heiner Müller hatte das Glück, den besten Regisseur – Robert Wilson – in Amerika zu haben, der phantastisch war. Eine Heiner-Müller-Premiere in New York war ein Ereignis. Und man sagte uns: „Da seht ihr doch, da gibt's doch noch Theater, da gibt's einen Heiner Müller. Redet einem doch nicht ein, da darf man nichts tun." Heiner Müller soll selbst gesagt haben: „Ich bin das Aushängeschild für die DDR im Ausland."

Und da mache ich nicht mit. Mir ist das alles zum Kotzen. Hinzu kommt die Dummheit der Menschen. Menschen sind ja eigentlich furchtbar dumm. Auch die Klugen sind meistens furchtbar dumm. Aber ich habe dann noch ein bißchen versucht, das zu korrigieren und wieder gutzumachen. Ich schäme mich nicht, zu sagen, daß auch ich reingefallen bin. Aber es gab bei mir eine Wasserscheide, es gab bei mir schon den Moment einer zunehmenden, wachsenden Anzweifelung der Dinge, die ich für letzte Wahrheiten hielt. Durch meinen Kampf gegen Hitler bin ich zum Kampf gegen Stalin gekommen. Eines will ich Ihnen noch sagen. Mein Leitspruch war immer: Eines Tages wird Hitler nicht mehr sein, und wir werden vor die Deutschen hintreten müssen und werden ihnen sagen: Wir haben versucht, euch zu helfen, von ihm frei zu kommen. Dann werden sie sagen: „Und wen habt ihr dafür benutzt? Einen anderen Hitler." Also für uns, und das ist ganz wichtig, das muß gesagt werden, das sollten so viele Leute hören wie nur möglich: Es gab im Exil eine Gruppe von Menschen, die verhindern wollten, daß nach Hitler ein stalinistisches Deutschland entsteht.

Sie haben eben über Ihre persönlichen Irrtümer und Fehler gesprochen. Sie haben sich selbst bis zum Hitler-Stalin-Pakt 1939 zu den Kommunisten gezählt ...

Früher, 1935 ...

... bis 1935. Wie kamen Sie denn eigentlich damals mit dem Antisemitismus von Karl Marx zurecht?

Gar nicht. Ich fand ihn abscheulich. Er gehört zu einem anderen Thema, über das man auch wieder eine Sendung machen könnte: Vom Selbsthaß der Juden – Karl Kraus usw. Ein anderes, sehr interessantes Thema ist der Assimilationsfanatismus der deutschen Juden. Die Juden liebten die deutsche Kultur. Die deutsch-jüdische Osmose, sagt man, bestand eigentlich darin, daß beide einander brauchten für ihre Selbstidentifizierung. Die besten Bücher über Bach, Mozart, Goethe sind von Juden geschrieben worden. Die besten deutschen Germanisten waren Juden – Gundolf, Fritz Strich, Wittkowsky. Die besten Dirigenten deutscher Musik waren Bruno Walter, Otto Klemperer. Die besten deutschen Klassikeraufführungen, zu denen die

Schulen hingeschickt wurden, waren die Max-Reinhardt-Aufführungen „Maria Stuart", „Kabale und Liebe" – die wunderbarsten deutschen Klassikeraufführungen! Und die „Loreley", eines der schönsten deutschen Volkslieder stammte von dem Juden Heine, dessen Nachfahren in Auschwitz vergast wurden. Das sind diese für mich unerklärlichen und rational nicht mehr zu dividierenden Rätsel der Geschichte.

Herr Dr. Sahl, Sie haben sich während Ihres Lebens immer in sehr unterschiedlichen Kreisen bewegt – in Emigrantenkreisen, Sie waren aber auch Gast bei Thomas Mann.

Uns, meine Generation, hat Thomas Mann damals durch seine ersten Geschichten *Tonio Kröger, Tod in Venedig* und diese Geschichten, fasziniert. Das waren unsere. Und ich meine, der *Tonio Kröger* – der in die Boheme verirrte Bürgersohn –, das war meine Generation. Das war unser Buch. Aber schon die *Buddenbrooks*, nun ja, unsere Eltern fanden das sehr schön – das war ihre Gesellschaft. Dann kam die Republik, Thomas Mann entschloß sich nur zögernd zu ihr, und als wir schon merkten, daß die Republik im Schwinden war, kam das „Väterchen" Ebert. Da wußten wir, jetzt ist die Republik zu Ende; wenn Thomas Mann Ebert entdeckt, dann ist es vorbei, dann ist es zu spät. So war es auch. Dann kam dieser peinliche Aufsatz, *Bruder Hitler*, den Sie kennen, der für uns damals – ich glaube, er erschien schon im Exil – niederschmetternd falsch war, der auch aus Lust an der, wie soll ich sagen, sprachlichen Übung entstand. Er spielte mit Ideen. Er kam sich immer so repräsentativ vor, er schrieb so repräsentativ – das nahm ich ihm übel. Er war eigentlich von Beruf Ehrenvorsitzender.

Was bedeutete Ihnen damals der Begriff Patriotismus?

Gar nichts. Patriotismus ist überhaupt ein Fremdwort für mich. Es gibt andere Begriffe, die ich wichtiger finde. Die Frage würde ich gerne, wenn Sie es erlauben, etwas abwandeln und umschwenken zu einer, die mir anläßlich der Wiedervereinigung immer wieder gestellt worden ist: „Was halten Sie als Jude von der Wiedervereinigung Deutschlands?" Da fragt man: „Als Jude – Sie sind doch gegen ein starkes Deutschland." Das ist die eine Sache. Die zweite ist, daß bei fast jeder Fernsehsendung, die in der *Hör zu* oder einer dieser Funkzeitschriften angekündigt wird, steht: „Hans Sahl, Schriftsteller und Jude." Daraufhin habe ich einmal einen dieser Journalisten gefragt: Sie schreiben doch auch nicht: Soundso und Katholik. Sagt er: „Das ist gut, das macht es interessanter." Und da sage ich: Für mich ist es eine Fortsetzung des nationalsozialistischen Denkens.

Wie stark wirken unterschwellig die Kontinuitäten vom sogenannten „Dritten Reich" fort?

Ich persönlich finde, daß – jetzt kommt ein sehr schlimmer Satz – Auschwitz abgehakt worden ist. Das heißt, es wird zu Geschichte, es wird historisiert. Es ist Geschichte wie der Dreißigjährige Krieg, es ragt nicht mehr in die Gegenwart hinein. Natürlich, weil auch eine neue Generation herangewachsen ist, die sich mit Recht schon so fühlt und sich sagt: „Das ist passiert, das waren unsere Eltern, unsere Großeltern, aber wir haben damit nichts zu tun, wir haben keine Ahnung." Sie wissen auch gar nicht, was ein Jude ist. Ein junger Mensch in Deutschland stellt sich einen Juden als einen Ostjuden mit solchen Röllchen[111] und mit Kaftan und mit Hebräisch vor. Das, was wir heute als jüdisch ansehen oder vor Augen haben, sind ja meist Ostjuden. Da sehe ich dieses bewußte Mythologisieren beinahe eines sehr realen und noch immer in unsere Gegenwart hineinreichenden Tatbestandes. Daß man bewußt auch diese innige Vermählung von deutsch-jüdischem Geist heute bloß noch oft in Einzelfällen, dann allerdings auch oft erstaunlich positiv, aber doch nur als generelle Stimmung wahrnimmt. Das Thema ist abgehakt.

Wie fühlen Sie sich dabei, wenn jetzt schon wieder gesagt wird: Das Boot ist voll, die „Asylanten" sind an allem schuld? Wenn man an die vergangenen Landtagswahlen in Baden-Württemberg denkt, hat sich gezeigt, daß mit Fremdenhaß in diesem Land nach wie vor politische Erfolge zu erzielen sind.

Ich habe sogar im Radio oder Fernsehen gehört, daß diese neu gewählte Bischöfin, Lutheranerin ...

... Maria Jepsen in Hamburg ...

... gesagt hat, daß diese Wahlen ein Wiederaufflackern des Antisemitismus zeigen. Das möchte ich nicht ohne weiteres unterschreiben. Da bin ich noch vorsichtig. Vielleicht, möglicherweise. Übrigens glaube ich, daß ein großer Teil der Deutschen unterschwellig noch immer Antisemiten sind.

Sie sehen eine Parallele zwischen der Situation von 1945 und heute in Deutschland mit Fremdenfeindlichkeit usw.?

Ich sehe die Parallele nicht nur in der Fremdenfeindlichkeit, die ich sogar erst in zweiter Linie anführen würde. Nein, ich finde die Ähnlichkeit in einer Sache, die ich vorhin schon angesprochen habe: Nämlich, daß man nicht zugeben kann, daß man sich geirrt hat, und das aus verschiedenen Gründen. Erstens einmal, weil, wie Stefan Heym gesagt hat: „Ich kann das doch nicht hinnehmen, daß mein ganzes Leben auf einem Irrtum beruht hat." Man versucht zu retten, was noch zu retten ist, genau wie 1945, wo jemand

---

111 Sahl meint die Shabbeslocken an den Schläfen orthodoxer Juden.

irgendwem, irgendwann geholfen hat. Es ist eine ähnliche Situation. Was ich wünsche, ist nicht eine Denunziation von Schuldigen – obwohl natürlich die wirklichen Verbrecher, aber das ist eine andere Darlegung … . Wie kamen sie dazu, was glaubten, was dachten sie. Ehrliche Bekenntnisse, ungeschminkt, die könnten helfen, eine Situation zu bereinigen. Genau das will man vermeiden. Man möchte so viel wie möglich versuchen, unter den Teppich zu kehren. Das wird dazu führen, daß wieder Probleme, die man als erledigt ansehen könnte, es noch nicht sind, noch nicht abgelegt werden können und auf einen anderen historischen Augenblick warten, bei dem sie vielleicht sehr schlimme Folgen haben könnten. Es ist nicht von der Hand zu weisen– nach meinem Dafürhalten –, daß wir noch einmal einen großen faschistischen Trend bekommen, eventuell sogar weltweit.

Sie gehörten zu denjenigen, die den kritischen Umgang mit den Verhältnissen in Osteuropa schon zu einer Zeit einforderten, als dies in weiten Kreisen der deutschen Linken noch verpönt war. Welche sozialistischen Ideen haben denn überhaupt noch eine Zukunft?

Ich hatte mir schon vor ein paar Wochen notiert, daß zum ersten Mal in der Geschichte keine neue Idee, keine neue Religion, keine neue Utopie darauf wartet, ausprobiert zu werden. Zum ersten Mal wartet in diesem Schauspiel Mensch keine neue Lehre darauf, ausprobiert zu werden. Ist das das Ende der Menschheit? Letzten Endes ist die Erde nicht – das Universum ja, aber die Erde nicht – unendlich. Auf der Erde, das kann man sich ausrechnen – ich glaube, ein Freund von mir war ganz erschrocken –, können die Menschen in hundert oder zweihundert Jahren gar nicht mehr nebeneinander stehen, so viele Menschen gibt es. Es ist alles doch auch sehr begrenzt, und die Erde ist ökologisch und vor allen Dingen ökonomisch gesehen nicht unendlich. Ich habe manchmal die Idee – das muß der dritte Band meiner Memoiren sein –, daß diese Gattung Mensch ausstirbt, was in allen Märchen und Theologien anklingt – in der Bibel gibt es die Sintflut, in allen Märchen gibt es ein Ende – , und daß dann, danach, vielleicht eine neue Spezies Mensch aus Überlebenden entstehen wird, die noch einmal, unter Berücksichtigung der Fehler, die von einer früheren Spezies begangen wurden, einen neuen Menschen schafft. Der hat Korrekturen vorgenommen und wird lebensfähiger, vor allen Dingen besitzt er mehr Talent, dieses eine große Talent, das ihm zu fehlen scheint: daß es Menschen der verschiedensten Interessen, Temperamente und Sprachen gelingt, zusammenzuleben und sich nicht gegenseitig totzuschlagen.

Sie haben Ihre Aufgabe als Schriftsteller einmal so bezeichnet: Sie würden den Zeitgenossen Mitteilungen geben über den Zustand des Menschen in dieser Zeit. In welchem befindet er sich denn heute?

Verzweifelt. Ratlos. Das werden Sie doch zugeben! Die meisten Menschen, die sich treffen, sind ratlos und verzweifelt. Ich wurde jetzt des öfteren gefragt: „Wie fühlen Sie sich als ehemaliger Emigrant." Und gerade in Deutschland sagte ich: Der moderne Mensch ist ein Emigrant geworden. Er ist aus einer heilen Welt vertrieben worden. Sehen Sie sich bitte um: Jugoslawien, Albanien, die „Dritte Welt", Rußland – diese alte, eherne Unverrückbarkeit der Grenzen ist aufgehoben. Das gehört mit zum „Asylantenproblem". Es ist nicht isoliert, sondern Ausdruck eines Weltproblems geworden. Die ganze Welt ist in Aufruhr geraten, und die bestehenden Begriffe von Nation, Heimat usw. sind in Frage gestellt.

Darf ich noch einmal umgekehrt fragen: Die Hoffnung – so haben Sie es beschrieben –, die Ihre Generation mit den Ideologien verbunden hat, sei nun durch das „Prinzip Verantwortung" im Sinne von Hans Jonas abgelöst worden. Wie kann so eine Verantwortung überhaupt praktisch umgesetzt werden angesichts der Krisen in der Welt?

Ich habe auch noch eine andere Stelle, die ich zitieren möchte: „Der Sozialismus beginnt in deinen vier Wänden." Der Sozialismus, das ist die Geduld mit seinen Mitmenschen, mit ihrer Grausamkeit, ihrer Schadenfreude; das ist die Geduld mit der Welt, wie sie ist. Das ist Sozialismus, sehr schwer. Ob er durchführbar ist, weiß ich nicht.

Egon Erwin Kisch hat Sie als „Wahrheitsfanatiker" beschimpft ...

Ich habe natürlich jetzt, am Ende meines Lebens, versucht, für solche Zwecke, wie jetzt diesen hier, bestimmte Antworten bereitzulegen. Und eine Antwort ist: Ich habe immer versucht, das Richtige zu tun, und das war so schwer. Was meine Wahrheit als Schriftsteller betrifft, so glaube ich, daß Schreiben eine Verantwortung auferlegt und daß es darauf ankommt, heute wieder die verlorene Identität von Autor und Werk herzustellen. Es gab eine Zeit im Liberalismus, da hieß es: Kunst ist Kunst. Kunst ist Kunst im leeren Raum. Hauptsache, daß Kunst Kunst ist. Ich weiß nicht genau, was das ist. Ich frage junge Leute: Warum schreiben Sie? Weil so viele heute schreiben? Darauf können die meistens keine Antwort geben. Ich frage: Schreiben Sie um des Schreibens willen? „Ja, ja." Ich habe nie um des Schreibens willen geschrieben. Ich fing an zu schreiben – wie gesagt, Gedichte – als eine Art von illegaler Untergrundtätigkeit gegen meine bürgerliche Umgebung, aber auch, um mir Klarheit zu verschaffen, um meine Identität zu definieren und um meine Stellung zur Zeit und die Zeit selbst zu definieren. Als Journalist, der ich auch war, als Kritiker, war ich immer neugierig auf das Lesen von Symptomen, und zwar, um mir einen Reim zu machen – dieses Wort habe ich sehr geliebt –, sich einen Reim zu machen auf das Ungereimte.

Ich kriege viele Briefe, erschütternde Briefe. Die Briefe unterteile ich in zwei Kategorien: von sehr alten, sterbenden Leuten und von sehr jungen. Die Sterbenden danken mir vor allem für das Gedicht „Ich gehe langsam aus der Welt heraus", das auch Wolf Biermann singt. Und die Jungen, bei den Lesungen, wo meistens junge Leute sind: Wenn ich da anfange, zu zweifeln, rufen Sie: „Wir brauchen Sie, Sie sind ja jünger als wir, Sie glauben noch an Sachen." Ja, sage ich, das muß man auch.

Obwohl ich also ein großer Pessimist bin in bezug auf die menschliche Fähigkeit, eine bewohnbare Gemeinschaft auf Erden für alle zu organisieren, und denke, daß das nie gelingen wird, glaube ich doch, daß das, was einmal mit dem Menschen beabsichtigt war, erfüllt werden kann. Unter welchen Opfern und wie viele dabei auch noch vernichtet werden, vielleicht Millionen, wahrscheinlich Millionen, weiß man nicht. Aber letzten Endes ist es diese große Vision des Menschen, die bisher noch nie verwirklicht, sondern immer nur versucht wurde und gescheitert ist. Doch, ich glaube, sie kann letzten Endes – beinahe metaphysisch – noch verwirklicht werden.

Leo Glueckselig

(geb. 1915 in Wien, Österreich)

Wohlhabend waren die Glueckseligs in Wien. Der Vater, ein Kunsthändler, erzog seine Söhne Leo und Fritz im jüdisch-orthodoxen Glauben. Bereits zwei Tage nach dem sogenannten „Anschluß" Österreichs an Deutschland verließ Familie Glueckselig Wien im Frühjahr 1938. Es war gelungen, ein amerikanisches Visum zu erhalten. Doch als Leo Glueckselig und sein Bruder Fritz nach Köln reisten, um dort in einem Café, wo ausreisewillige Juden sich die Flucht mit einem Schmiergeld bei der Gestapo erkaufen konnten, Kontakt aufzunehmen, brachten Gestapoleute die Brüder an die holländische Grenze. Drei niederländische Grenzbeamte beförderten sie allerdings mit Fußtritten zurück auf „Reichsgebiet". Die beiden Brüder wurden von der Gestapo in einen Folterkeller verschleppt und stundenlang geprügelt. Wie durch ein Wunder erreichten beide dann schließlich am Neujahrstag 1939 doch Ellis Eiland, das Nadelöhr, durch das alle Emigranten in die USA geschleust wurden. Im Gegensatz zu vielen anderen Emigranten gelang Leo Glueckselig, der in Wien Architektur studiert hatte, in Amerika ein beruflicher Neuanfang als Zeichner für renommierte US-Magazine. Als ihm das Angebot unterbreitet wurde, Art-Direktor eines US-Magazins zu werden, schlug er dieses aus, um unabhängig und frei zu bleiben.

Bekannt wurde Leo Glueckselig in Deutschland durch die ARD-Dokumention „Glueckselig – Ein deutscher Stammtisch in New York"[112], die im Oktober 1997 im Rahmen der Berliner Jüdischen Kulturtage in Anwesenheit von Leo Glueckselig gezeigt wurde. Während dieses Deutschland-Besuchs traf ich Leo Glueckselig; es entstand dabei ein nachdenklich stimmendes Gespräch über Folgen des dauernden Exils im Schatten der Shoah.

Denn jeden Mittwoch treffen sich noch, in einer kleinen Wohnung im Norden von Manhattan – jener Gegend, die früher scherzhaft „Das Vierte Reich" genannt wurde –, bis heute jene ehemaligen Deutschen und Österreicher, von denen mancher erst durch Hitlers Rassengesetze von seiner jüdischen Herkunft erfahren hatte. Begründet worden war der legendäre New Yorker Stammtisch einst von dem Münchner Dichter Oskar Maria Graf. Nach dessen Tod wurde Leo Glueckselig die Seele des Ganzen.

---

112 „Glueckselig – Ein deutscher Stammtisch in New York", BRD 1995 (Regie: Yoash Tatari).

David Dambitsch: *Sie haben 1938 zusammen mit Ihrer Familie – zwei Tage nach dem sogenannten „Anschluß" Österreichs – Wien verlassen. Nach abenteuerlicher Flucht und zeitweiliger Gestapo-Haft ist Ihnen die Ausreise nach Amerika gelungen. Welche Nachrichten aus der Alten Welt haben Sie in New York denn in den folgenden Jahren über den Verbleib der jüdischen Minderheit in Europa unter deutscher NS-Herrschaft noch erreicht?*

Leo Glueckselig: Entweder waren es persönliche Nachrichten von Leuten, die etwas später nach Amerika kamen und noch rechtzeitig aus Deutschland oder Österreich weggekommen sind und dann in Rußland waren und auf großen Umwegen nach Amerika kamen. Das war die eine Quelle, aus der wir noch später Nachrichten gekriegt haben. Zweitens über die Zeitung *Aufbau*[113], die ein sehr wichtiges Instrument für uns war. Sie war die erste Zeitung in Amerika, von der wir die Nachrichten aus den Lagern gekriegt haben, bevor alle großen Zeitungen davon gesprochen haben. Sie war ein sehr wichtiges Instrument!

Wann haben Sie das erste Mal von den Lagern gehört?

Daß Lager vorhanden waren, haben wir schon gewußt. In diesen neun Monaten, die ich in Österreich war unter Hitler, haben wir nur zu viel davon gewußt; wir haben in der Hinsicht keine Neuigkeiten gebraucht. Da war zum Beispiel der Sohn von einem Nachbarn, der in der Nacht verschwunden ist, und wo in der Früh oder zwei Tage später ein SS-Offizier gekommen ist, angeläutet und die Asche in einer Holzschachtel gebracht hat; die Mutter und der Vater mußten zwanzig Mark dafür bezahlen. Der Terror also, der in Österreich begonnen hat, war eine sehr gründliche Schule. So gab es in diesen Monaten überhaupt keine Zweifel darüber, was wir mit unseren eigenen Augen gesehen haben. Aber dann, in Amerika, waren es Leute, die später gekommen sind als wir und die etwas Wissen davon hatten und mitbrachten. Wir haben dann davon gelernt.

Können Sie sich in etwa noch an das Jahr erinnern, in dem Sie das erste Mal wirklich von Konzentrationslagern gehört haben, Ihnen das bewußt geworden ist?

Zu Beginn wurde es als eine Umschulung dargestellt, eine geistige. Aber es war schon ziemlich früh klar, worum es ging, denn die ersten Opfer waren die führenden Intellektuellen oder die Kommunisten. Da ging von Mund zu Mund: Die sind erschlagen worden. Ich habe schon die Namen vergessen: Es waren vor allem Prominente. Es gab Gerüchte, aber die Lager sel-

---

113 *Aufbau*, gegründet 1934, noch heute existierende, in New York auf Deutsch und Englisch erscheinende deutsch-jüdische Zeitung für Emigranten aus dem deutschsprachigen Raum.

ber waren noch nicht so organisiert wie dann später. Es war nicht so, daß Leute in einem Pogrom zu einer wütenden Masse geworden sind; das Unheimliche war, mit welcher Kühle die ganze Sache begangen wurde. Das habe ich erst in der „Kristallnacht" gelernt, in den Kellern der Polizei, als eine Truppe der SS aus Thüringen, die schon in dieser Arbeit geschult war, in die Keller geschickt wurde. Die kamen herein und waren ganz militärisch, brüllten erst: „Stramm stehen!" Dann schrie uns ein Offizier Fragen zu usw. Für einen Augenblick verliert man sogar die Angst; diese großen militärischen Menschen, gut geschult – wir haben nicht erwartet, was dann kam. Als der Offizier sagte: „Jetzt beginnt die Arbeit" sind sie auf uns los gegangen. Dabei hat man auch die Systematik in der ganzen Sache gespürt. Es wurde nicht einfach nur geprügelt, sondern ... Ich will jetzt nicht alles erzählen, nur ein Beispiel, um diese Situation zu veranschaulichen. Sie entdecken: „Du siehst aus wie dein Vater, ist das dein Vater?" – Jawohl. – „Jetzt geh hin und hau deinem Vater ein paar Ohrfeigen herunter." Natürlich verweigert der Sohn sich, worauf sie sich an den Vater wenden: „Wenn Sie ihren Sohn nicht dazu bringen, daß er sie schlägt, wird er hier umgebracht werden." Diese ganze grauenhafte Situation, wenn der Vater brüllend seinem Sohn befiehlt, ihn zu schlagen, und der Junge, dem die Tränen herunterlaufen, seinen Vater verdrischt. Ich bringe das als ein Beispiel, denn mein Bruder, mein Vater und ich waren eingesperrt; wir sind alle drei, noch im letzten Moment, verhaftet worden. Zwei oder drei Wochen, nachdem wir wieder draußen waren, bin ich auf die Jüdische Kultusgemeinde gegangen, und beim Tor steht eine Wache, ein SS-Offizier, schaut mich an: „Ach, ich erinnere mich an Sie, nun, wie geht es Ihnen?" Das war einer von dieser Truppe. „Werden Sie bald Ihre Papiere haben?" Das war ein unglaublich höfliches Gespräch, von demselben Menschen. Das machte das unglaubliche Grauen aus, daß nicht einmal die Massenwut vorhanden war, die in Pogromen existiert hat, was der ganzen Sache, wenn sie auch grauenhaft war, ein mehr menschliches Gesicht gegeben hat, als diese Sache, die wie „Auf" und „Zu" gedreht werden konnte.

Sie sind dann Soldat geworden. Sie haben sich selbst als „Soldaten ohne Begeisterung" beschrieben, auch als jemanden, der seine Rachegefühle gegen die Deutschen bezähmen konnte, obwohl es sie gab. Mit welchen Gedanken und Empfindungen blicken Sie denn heute nach Deutschland bzw. gehen Sie heute durch Berlins Straßen?

Ich bin jetzt schon einige Male in Deutschland gewesen – meistens in Köln, durch den ersten Film[114]. Dann nochmals, als wir beim Biolek[115] waren. Ich

---

114 „Glueckselig – Ein deutscher Stammtisch in New York" (vgl. Anmerkung 1).
115 Als Gast des Moderators Alfred Biolek in der ARD-Sendung „Boulevard Bio" am

gehe nicht wie ein Staubsauger-Vertreter herum, um etwas zu suchen. Das hängt sehr stark damit zusammen, was Sie jetzt erwähnt haben. Mir ist es gelungen, in der ärgsten Situation von Rachegefühlen frei geworden zu sein. Ich will nur einen Moment darüber sprechen, denn es ist wichtig: Ich bin natürlich aus der ganzen Erfahrung des Zufalls zu überleben – denn der Tod wie das Überleben war zufällig, man konnte dazu gar nichts tun – so geworden, denn ich war so voll mit Wut und einem Gefühl von unausgesprochener Kränkung. Das ist erst richtig aus mir herausgekommen, als ich endlich befreit war. Ich bin in den Straßen von New York herumgelaufen und habe eine fürchterliche Depression bekommen Wieso bin ich da, wieso bin ich herausgekommen? Wo ist mein Freund, wo ist meine große, große Jugendliebe, eine Studentenliebe – eine Polin, von der Sie wahrscheinlich gehört haben? Sie ging nach Polen zurück, bis ihr Paß abgelaufen war. Sie war nämlich in Wien eine Studentin an derselben Kunstgewerbeschule wie ich, dort habe ich sie getroffen, eine rothaarige Schönheit, eine sehr witzige Polin. Jetzt, auf einmal, waren wir voneinander abgeschnitten. Als ich darauf gekommen bin, daß die polnische Quote[116] seit Jahren geschlossen war, habe ich geglaubt, ich kann rübergehen und sie eins, zwei, drei herüberretten. Das hat eine unglaubliche Depression in mir ausgelöst, und ich habe alle Allüren, mich in Amerika zu etablieren, verloren. Ich konnte mich einfach nicht hinsetzen, Zeichnungen machen und zum *Life*-Magazin gehen, wie es die meisten getan haben. Ich werfe ihnen nichts vor, mein persönliches Leben war auf einmal an diesen Hintergrund gebunden.

So sitze ich also da in Amerika und will nichts machen. Gerade an diesem Punkt – wo ich doch ein eingefleischter Pazifist war, für mich war der Gedanke, eine Uniform zu tragen, unvorstellbar – bin ich zur Schlußfolgerung gekommen: Ich kann nicht auf eine bestimmte Situation warten. Der Krieg wird kommen, daran gibt es keinen Zweifel. In ihm werden vielleicht Millionen und Millionen junger Menschen aus allen Nationen kämpfen und sterben – und ich werde herumlaufen und Zeichnungen anfertigen. Das war mir einfach unmöglich. Es war nichts Heroisches dabei, es war ein einziger Gedanke, der mich zur Armee trieb: Wenn es mir gelingt, werde ich alles herunterschlucken und diese Jahre eben nur aus dem einem Grund verbringen, daß ich etwas dagegen machen muß, und das ist das Wichtigste. Kein normaler Mensch geht mit Enthusiasmus in den Krieg. Ich muß dabei sein – aber es wurde mit schwer gemacht, weil ich auf dem rechten Auge seit meiner Geburt blind bin, das heißt, ich habe nur Licht wahrgenommen. Des-

18. 6. 1996.
116 Zur Einwanderung in die USA wurden für Immigranten aller Nationen von den Vereinigten Staaten im voraus Quoten festgesetzt, die nicht überschritten werden durften.

wegen haben sie mich bei der Armee natürlich gleich auf „4 F", eingestuft: „Vollkommen untauglich". Ich war darauf vorbereitet und habe einen Brief eingereicht. Darin schrieb ich, daß ich ein guter Wehrpflichtiger und ansonsten stark und gesund bin; und so ist es mir gelungen, einen beschränkten Status, „Service 1 B", zu erhalten. Das war der erste Schritt in die Armee.

Aber ich wurde einem Bataillon zugeteilt, in dem buchstäblich jeder einen Fehler hatte – es war katastrophal. Nach ungefähr vier, fünf Monaten haben sie jeden einzelnen wieder untersucht und gefragt: „Willst Du nach Hause gehen?" Als ich an die Reihe kam, habe ich gesagt, ich will nicht nach Hause gehen, ich muß dabei sein. Da haben sie mir ganz kühl geantwortet: „Du kannst doch nicht schießen, weil Du auf dem rechten Auge nichts siehst." Ich bin nämlich Rechtshänder. Da habe ich gelacht und gesagt: Nehmen Sie mich zur Schießstätte hinaus – da mußte man auf vierhundert Yards Entfernung schießen –, ich werde Ihnen mal was zeigen. Das einzige Mal, als ich draußen war, und das erste Mal, als richtige Munition ausgegeben wurde, waren alle Sergeants sehr nervös. Da wir ungeschulte Truppen waren, hatten sie Angst, wir würden uns aus Unvorsichtigkeit gegenseitig erschießen. Als ich auf der linken Seite schießen wollte, hat der Sergeant getobt: „Kommt nicht in Frage, Du bist Rechtshänder." Ich habe, durch Zufall, gesehen, wie die Sergeants auf der Liste hinter meinem Namen [lacht] eine Zwei eingetragen haben. Eine Zwei bedeutete: Drückeberger. Ich beharrte darauf: Nehmt mich. Da ist der Colonel mitgekommen, weil ich ihnen folgendes erzählt habe: Wenn ich als Kind im Prater war, in diesem Wiener Lustgarten, habe ich immer eine enorme Wut gehabt, daß alle meine Freunde Ballons und Puppen kriegen, wenn sie schießen; und so habe ich auf der linken Seite geschossen, natürlich vollkommen daneben, aber mit der Zeit habe ich hier und dort getroffen. Wir gehen also raus, und der Colonel meint: „Sehen wir, was los ist." Ich bin – Sie werden es nicht glauben – mit einer Scharfschützenmedaille nach Hause gekommen. Ich habe mich buchstäblich geniert: Schuß auf Schuß ein Treffer! Ich habe nämlich vollkommen scharf gesehen auf dem guten Auge, das jetzt leider Gottes sehr geschwächt ist. Ich gehöre zu dieser Gruppe Künstler. Später habe ich herausgefunden, wie viele Künstler Augenbeschwerden gehabt haben, etwa der englische Künstler des letzten Jahrhunderts, der diese herrlichen Bilder gemalt hat, William Turner. Der war auch halb blind, er hat ein sehr schweres Augenleiden gehabt. Bei mir war das immer das große Wunder: Wieso sehe ich dreidimensional, wenn ein Auge außer Gefecht ist? Das Gehirn gleicht es aus. Das also war das große Ereignis vom Anfang der Karriere.

Welche Erinnerungen haben Sie an Ihre Jugend in Wien?

Ich habe bei meinem Vater ausgeholfen, der Kunsthändler war, ich habe mich betätigt, aber nichts für meine eigene Karriere getan. Dann kam das große Unglück mit meinem Architekturstudium. Dazu hatten mich meine Eltern gebracht: „Wenn du in Wien Künstler sein willst, bist du in Hungersnot." Architektur war sehr en vogue in Wien, und da habe ich Architektur studiert. In dem Jahr, als ich meine Diplomarbeit schreiben sollte, ist Hitler gekommen. Vom Tag des Einmarsches an durfte ich nicht mehr mit meinen Kameraden an der Hochschule reden, der Kontakt wurde in diesem Augenblick abgebrochen. Aber sie haben zu mir gesagt: „Nachdem du fünf Jahre hier studiert hast, kannst du die Diplomarbeit machen, allerdings zu Hause." Natürlich war es ziemlich schwierig, ich habe nicht die Voraussetzung dafür gehabt, um es doch machen zu können. Ich habe große Pläne für ein Sporthotel in den Alpen gezeichnet, auch ein Modell gebaut und am richtigen Tag vorgeführt. Da wurde ich in meiner Klasse in die Ecke gesetzt, durfte wieder nicht reden – es war einfach unvorstellbar. Alle waren verschlossen. Am Mittag kommt Professor Schuster herunter, der auch keine große Zukunft gehabt hat. Der stammte aus Deutschland, war an der „Bauhaus"-Architekturschule Lehrer gewesen, von dort weggegangen und zu uns gekommen. Bald, nachdem ich fort war, wurde er natürlich auch hinausgeworfen. Er ist sehr erregt heruntergekommen, das hat man an seinen Reaktionen gemerkt – er war zornig –, und hat die verschiedenen Prüfungen heruntergerasselt. Ich war der letzte. Er sagte: „Glückselig, Ihre Arbeit hat man überhaupt nicht angeschaut." Ich nenne das typischen Nazi-Humor – „laß ihn arbeiten, aber wir werden ihn nicht hereinlassen." Das hat mir die ganze Architekturidee furchtbar versauert. Ich habe das Modell zerstört, die Pläne aber noch nach Amerika mitgenommen. Am Tag, bevor ich in die Armee gegangen bin, habe ich auch diese noch zerstört, ich wollte kein Gewicht mehr mit mir herumtragen. Ich habe mir gesagt: Wenn ich überlebe, gehe ich in die Graphik, nach der ich mich so gesehnt habe. Ich habe in der Armee ziemlich viel gezeichnet. Der Großteil ist leider verlorengegangen, ist einfach nicht mit nach Hause gekommen, aber ich habe noch Überreste. Natürlich machte ich dann auch nachher Graphik, bis ich meine Frau zurückgekriegt habe.

Sie haben zu Beginn gesagt, daß Sie in Köln waren und auch dort keine Rachegefühle empfunden haben. Aber wie ist es, wenn Sie jetzt hier in Berlin sind, in der Stadt der Täter?

Es geschieht immer wieder – obwohl ich mir das nicht erlauben will –, wenn ich Deutsche treffe, die in meinem Alter sind, daß mir dann die Frage in den Sinn kommt: Na, wo war der? Die Fragen sind da, aber ich bin darin nicht mehr hysterisch. Ich sage Ihnen ehrlich, ich sorge mich in Deutschland viel mehr um die neuen jüdischen Gemeinden, als um die Nazis. Denn wenn einer heute noch Nazi ist, dann sterben sie entweder aus oder sie schweigen, oder man liest in der Zeitung darüber.

Die Jüdische Gemeinde ist meines Erachtens eigentlich nicht ganz befreit. Ich spüre den Unterschied zwischen der jüdischen Gemeinde in Amerika und hier. Der Unterschied besteht vor allem darin, daß man in New York, der größten jüdische Stadt der Welt, diese Vielfalt hat. Wissen Sie, was mich erschreckt hat? Der Titel dieses Treffens: „Was denke ich über Deutschland mit meinen jüdischen Augen?" Ich war entsetzt. Und zwar nicht, weil ich unjüdisch bin oder mich geniere, daß ich jüdische Augen habe – ich glaube nicht daran! Es gibt keine jugoslawischen Augen oder kambodschanische ... Die Kriege nach dem Zweiten Weltkrieg sind alle noch nachher passiert, und wie oft denke ich: Wir sind nicht die einzigen. Ein Großteil der jetzigen deutschen Juden kommen doch aus dem Osten und leben, glaube ich, sehr stark im Schatten der Vergangenheit. Das kann ich verstehen, denn auch wir in Amerika haben Leute, die genauso denken, die ganz orthodoxen. Wir haben aber auch die chassidischen Juden, wir haben deutsche Juden, die ultraorthodox sind, wir haben fortschrittliche, die überhaupt nichts mit Religion zu tun haben usw. Religion ist etwas, was zu jeder großen Bevölkerungsschicht, die in einem sogenannten freien Land lebt, dazugehört. Man kann auch immer noch Kommunist sein, wenn man Lust dazu hat, die meisten sind allerdings schwer enttäuscht. Ich habe Amerikaner gekannt, die im Spanischen Bürgerkrieg gekämpft haben. Dann kenne ich Flüchtlinge, sie verbergen es gut, wie man sagt, die haben sich auf die Seite der Republikaner geschlagen, was mich betrübt – aber warum nicht? Sie leben in einem sogenannten freien Land und können die politische Meinung haben, die sie wollen. Das ist es natürlich nicht, was ich rügen will, aber das wird mein Thema sein[117]. Als ich nun den Titel der Veranstaltung, „Germany – seen with my jewish eyes", erfuhr, wollte ich schon absagen. Ich habe ihn ins Deutsche übersetzt, und das hat mich im ersten Moment derartig geniert, weil es im Deutschen so kraß klingt: „Wie sehe ich Deutschland mit meinen jüdischen Augen". Was heißt denn „meine jüdischen Augen"!? Wenn ich einen gequälten Ausdruck haben sollte, so ist dies eine Folge bei jenen Menschen, die durch die Hölle gegangen sind, und etwas ist ihnen geschehen. Meine Frau etwa, sie war eine kleine Frau, bildschön, von ihr habe ich über die Jahre immer gehört, daß sie im Ghetto heroisch war, mutig. Vor allem war sie eine

---

117 Bei der Diskussion im Anschluß an die Aufführung des Dokumentarfilms „Glueckselig – Ein deutscher Stammtisch in New York" bei der Filmreihe der 11. Jüdischen Kulturtage „Made at Ostküste" 1997 in Berlin.

der wenigen Personen, die ihre Familie erhalten und Courage gezeigt hat. Als sie nach New York kam, ist sie vollkommen zusammengeklappt, es war vollkommen aus. Sie konnte nicht verstehen, daß man den Paß nicht bei sich tragen muß, daß man nicht zur Polizei geht, um sich anzumelden, und ununterbrochen sagte sie: „Der schaut mich so an, der ist rothaarig, das ist wahrscheinlich ein Ire. Es ist nicht wie in Europa, wo Rothaarige oft verachtet werden, hier werden die Rothaarigen geliebt." Bei ihr ist das dann alles erst in der Freiheit herausgekommen, es waren schwere Schäden – nicht geistige, aber psychologische, Nervenentzündungen im Gesicht und vieles mehr. Sie war eine couragierte Frau und sehr interessant.

Dieser Satz aber hat mich doch sehr betrübt. Dann habe ich langsam begonnen, darüber nachzudenken: Ich hätte wahrscheinlich einen Wutanfall bekommen, wenn mir das in Amerika passiert wäre, da hätte ich toben können. Ich finde es unrichtig, aber ich glaube es zu verstehen, daß man einen sozusagen erkennt, „wenn ich jüdische Augen habe". Das ist etwas, was mich furchtbar stört, denn wie haben wir uns um die Befreiung vom Faschismus gekümmert, und gerade das wollten wir nicht. Wir wollten, daß die Religion eine vollkommen wichtige, private Angelegenheit ist, die jeden einen Schmarrn angeht, wenn es möglich ist: Ansonsten wollten wir den Weltbürger, was eigentlich die jüdische Religion nicht unterbindet, wenn man sie richtig auffaßt. Es ist ein Gott, er ist überall, man kann ihn nicht ganz für sich selber ansehen, er ist sehr streng mit uns, wir sollen in dieser Hinsicht nicht nur andere rügen, und er hat uns erlaubt, ihn sehr viel zu befragen. Die Juden streiten sich sehr oft mit Gott, was sehr gut ist. Die Jüdischen Gemeinden in Deutschland, haben also noch nicht – das sage ich Ihnen persönlich – das vollkommene Freiheitsgefühl erreicht.

Mir persönlich ist das in der Armee passiert – das wird auch in diesem Film gezeigt: Es war ein paar Tage, bevor Brest gefallen ist, das waren schwere Kämpfe. Eine Gruppe von acht Infanteriesoldaten, die versucht hat, durchzubrechen, ist uns in die Hände gefallen. Richtige, harte deutsche Infanterie, die wir unter Panzerexplosionen natürlich gleich angeschrien haben: „Hände hoch!" usw. Die sind da grimmig gestanden. Mir wurde befohlen, diese acht Soldaten hinter die Frontlinien zu bringen, um sie zu verhören. Ich war allein mit denen, können Sie sich das vorstellen. Ich habe zwar eine unerhörte Waffe gehabt, eine U-Boot-Waffe, die man tragen kann, ich war aber doch allein. Wir sind durch einen Hohlweg zwischen den Feldern gegangen, auf einmal hat man die Front nur noch gehört. Die acht Soldaten sind vor mir hergetrottet, da ist mir plötzlich der Gedanke gekommen: Wenn die sich jetzt umdrehen und mich angreifen … Und im nächsten Moment: Und wenn sie mich nicht angreifen, dachte ich: „Du Sohn einer Hündin, könntest du dasselbe tun wie sie?" Dabei hat mir der Finger am Abzug gebebt. Gottlob ist mir plötzlich ein anderer Gedanke durch den Kopf geschossen, es war wie ein rasantes Zwiegespräch mit mir selbst: Leo, wenn ich dasselbe tue, dann hat Hitler gesiegt. Wir trotteten also durch diesen Weg, kamen zu unserem Truck, und da waren auf einmal viele Soldaten. Wir nahmen die acht Deutschen mit, und sie bekamen Angst, denn bis dahin habe ich noch nicht Deutsch gesprochen. Aber als mir beim Einsteigen einer helfen wollte, da bin ich zurück getreten und habe ihn im wienerischsten Wienerisch angeschnauzt: Wenn ich etwas von euch haben will, werde ich es schon erbitten. Das hat einen Soldaten fürchterlich erschreckt, er ist zurückgewichen und hat sich in eine Ecke verkrochen. Wir sind wieder losgefahren. Die Soldaten hockten zusammen, tuschelten miteinander, und man spürte, daß sie sich fragten, wohin wir fahren. Einer hat aufgezeigt und gefragt: „Entschuldigen Sie, sind Sie ein Deutscher?" Da habe ich gesagt: Nein. „Ach, dann sind Sie ein Ostmärker." Ich sagte: Das schon gar nicht. Fragt er: „Aus Siebenbürgen?" Da habe ich gesagt: Na, wenn ihr es unbedingt wissen wollt – ich bin ein in Wien geborener Jude. Da ist ihnen ein Schrecken in die Glieder gefahren, denn ein Jude darf keine blauen Augen haben, ein Jude darf keine U-Boot-Waffe haben. Wir sind dann bald beim Headquarter angelangt. Ich habe die herausbefohlen, und die sind sichtlich verängstigt gewesen. Da habe ich gesagt: Ihr braucht überhaupt keine Angst zu haben, für euch ist der Krieg vorbei, denn wenn ihr nicht verrückte Sachen macht, seid ihr vollkommen von der Genfer Konvention beschützt. Die Amerikanische Armee hält sich daran. Es wird euch kein Haar gekrümmt, wenn ihr kooperiert. Was mich anbelangt, möchte ich noch etwas sagen, das ich vom Herzen loswerden will: Für mich war es sehr schwierig, euch hierher zu bringen. Ihr könnt euch vielleicht selbst ausrechnen, warum. Aber – und jetzt habe ich buchstäblich begonnen, Sätze aus dem *Völkischen Beobachter* zu wiederholen – nachdem ich im Talmud geschult bin und ein „dreckiger Jude" bin, bringe ich es einfach nicht über mein Herz, Menschen, die sich nicht verteidigen können, niederzuknallen, sogar wenn sie meine größten Feinde sind. Das ist meine negative Seite; die positive Seite ist jetzt an Euch – ihr dürft solche Sachen machen, wie Juden töten, Russen töten, vollkommen ohne Fragen der Gerechtigkeit sein usw. Ihr seid vollkommen geschützt. Das ist alles, was ich euch zu sagen habe.

Das war mein Moment der Befreiung. Von da an habe ich keine Illusionen gehabt, aber auch keine über mich selber. Nachdem ich als einziger im Bataillon Deutsch gesprochen habe, bin ich ganz ruhig geworden. Ich habe immer wieder sehr interessante Erlebnisse mit Kriegsgefangenen oder mit der Zivilbevölkerung gehabt. Wenn wir in eine Stadt gekommen sind, wo die Zivilbehörde noch nicht vorhanden war, sind wir eingesprungen. Das war alles durchdacht. Ich möchte Ihnen noch eine interessante Begebenheit erzählen: Kurz bevor wir nach Deutschland kamen, haben die Jungs den deutschen Radiosender angedreht; es waren Kriegsberichte zu hören. Da hieß es: „Leo, übersetz mal für uns." Nachdem ich eine Minute zugehört hatte, war es mir unmöglich: Das waren Wagner-Opern, und dazu der Text: „Unsere braven Soldaten, mit Hammerschlägen wurde der Angriff zurückgeworfen." Ich war sprachlos. Ich wurde gefragt: „Was glaubst du wird geschehen, wenn wir nach Deutschland kommen, werden wir leicht hineinkommen oder nicht?" Ich sagte: Nach meiner Erfahrung – so wie die Jugend und die Menschen hier erzogen wurden – nehme ich an, daß von jedem Fenster aus von der Zivilbevölkerung auf uns gefeuert werden wird. Meine Vorhersage war vollkommen falsch! Ich habe jenseits der Front buchstäblich keinen Schuß mehr in Deutschland gehört, es war unglaublich. Es hat einem schon leid getan, vor allem die jungen Frauen – ich darf das doch nicht so sagen –, die unbedingt Schokolade und Zigaretten haben wollten … Jeder Soldat konnte jeden Tag ein anderes Mädchen haben. Und es war so einfach, daß diese jungen Leute vollkommen zerstört wurden: „Diese schlamperten Amerikaner mit Uniformen, die jeder anders getragen hat, haben unsere Soldaten besiegt" – ich wiederhole Sachen, die ich gehört habe – „wie ist das möglich gewesen?" Die haben mit den Offizieren Ball gespielt, die Amerikaner waren eine improvisierte Armee, und die Deutschen konnten es nicht begreifen – ganze Weltbilder sind zerstört worden. Eine dieser Reaktionen war, sich dem Feind an den Hals zu werfen. Ich als Jude konnte dabei nicht mitmachen, weil mein Rachegefühl weg war. Für mich galt schon wieder, daß, wenn man mit einer Frau schläft, es irgendwie schöner sein soll, jedenfalls aber keine Revanche. Ich war nicht heldenhaft, sondern es ist einfach nicht nach meinem Geschmack gegangen, aber es war wahnsinnig traurig.

Da ist noch etwas geschehen, das muß ich erwähnen, weil es so wichtig ist: Bevor wir nach Deutschland weiterzogen, haben wir einige Wochen in Westfield verbracht und hatten täglich Hilfe von deutschen Kriegsgefangenen. Einer wurde mir zugestellt, der war neunzehn oder zwanzig Jahre alt, sehr gut aussehend. Er war furchtbar verbittert und hat nichts von jenen an sich gehabt, die sagen: „Der Hitler, Sie wissen doch wie der war." Er hat mich sehr bösartig angeschaut, besonders, nachdem ich ihm eine Rasierklinge geben wollte, damit er mir eine Schablone zuschneidet. Da habe ich ihm eine kurze Rede gehalten, daß ich genau weiß, was in ihm vorgeht, daß er noch immer deutscher Soldat ist und seine Distanz wahren will, und wieso ich dazu komme, ihm zu trauen usw. Und der hat das zugegeben. Da haben wir zu reden begonnen, daß es unter den Umständen das beste wäre, wenn wir uns verständigten: Solange du hier bist, spiele nicht Krieg; wenn du im Lager bist und Krieg spielen willst, geht mich das nichts an, aber nicht hier. Hier kriegst du gutes Essen und mußt dich nicht zu Tode langweilen. Das hat er mir, „bei deutscher Ehre", versprochen. Dadurch hat ein Diskurs begonnen, der während der ganzen Zeit, die ich mit ihm zusammen war, andauerte und der es ermöglichte, daß ein Mensch, so jung er war – er kam aus einem sehr armen Dorf im Thüringer Wald, hat aber einen offenen Verstand gehabt, der natürlich von der Hitlerjugend, in der er gewesen war, beeinflußt war –, verstanden hat, was ich ihm erzählte. So ist langsam, ohne es auszusprechen, eine Beziehung entstanden. Sonderbarerweise habe ich ihn nie nach seinem Familiennamen gefragt. Ich kannte ihn nur als Heinz, was mir dann in den späteren Jahren viel zu schaffen gemacht hat, denn ich habe nie aufgehört, an ihn zu denken und daran, ob diese Diskussionen ein Erfolg waren.

Glauben Sie mir, nach 52 Jahren hat er mich gefunden! Er kam eines Tages nach Hause, als seine Frau ferngesehen hat – das war dieser Film „Die letzte Minute" –, und hat das Wort Glueckselig gehört. Da ist er zum Fernsehgerät gelaufen, und da war ein Bild von mir, Leo Glueckselig. Er sagte zu seiner Frau Else: „Das ist der Leo Glueckselig, von dem ich dir erzählt habe." Er hat sich aufgerafft und einen ungeheuer intelligenten Brief an den Sender geschickt, in dem er sich an alles erinnert hat: welches Outfit, welche Nummer, bei welcher Company ich war, was ich ihm von Wien erzählt habe – er hat sich an alles erinnert. Es war ein sehr aufregender Brief, in dem er zum Beispiel schrieb: „Unser erstes Zusammentreffen war etwas reserviert"; aber er hat nicht viel mehr über seine persönliche Beziehung geschrieben, nur, daß er mich finden will. Die haben den Brief an den Tatari gesendet, das ist der Mann, der den Film gemacht hat; der hat mich angerufen – wir sind sehr befreundet –: „Ich habe einen Brief aus Deutschland bekommen, aber den schick ich dir erst, nachdem ich ihn dir vorgelesen habe, nicht eher." Ich fragte: „Warum?" Sagt er: „Setz dich nieder." Und wie er ihn mir vorgelesen hat, ist es wie eine Sensation über mich gekommen, als wenn ein Eisstrahl vom Gehirn in die große Zehe fährt – daß das möglich war! Daß der mich gesucht hat! Wie sehr er sich an alles erinnert! Durch diesen Brief habe ich seine Telefonnummer gehabt und ihn am nächsten Morgen angerufen. Und er ist zum Telefon gekommen und hat gesagt: „Schneider." Und ich sagte: „Grüß Gott, Schneider, das ist Leo Glueckselig." Und da war eine Pause, so eine endlose Pause habe ich noch nie erlebt – sie war natürlich kurz –, bevor er zu schreien begonnen hat, weil er es nicht erwartet hatte. Ungefähr zwei Monate später hat er sich zu einem Besuch angesagt; seine Frau bleibe zu Hause, er komme ausschließlich, um zu sehen, was mit uns los ist.

Das war so, als wenn man das Gespräch nach 52 Jahren fortsetzt. Er sei noch ein Jahr bei den Amerikanern geblieben, wo er ein Vertrauens-Gefangener war – er konnte mit dem Jeep Sachen ausfahren –, wurde dann in die russische Zone entlassen, wo ihn die Kommunisten in Kriegsgefangenschaft genommen haben. Ich habe ihn in vielen Interviews erwähnt und gesagt, daß ich neugierig bin, was aus ihm geworden ist. Und dann haben wir uns wiedergetroffen. Bei diesem Besuch, jetzt in Berlin, werde ich zwei seiner Söhne kennenlernen, die hier leben. Ist das nicht wahnsinnig?

Seit etwa dreißig Jahren nehmen Sie an einem Stammtisch deutscher Emigranten in New York teil. Dieser Stammtisch ist vor über fünfzig Jahren von dem Dichter Oskar Maria Graf gegründet worden. Graf, einstmals Münchens „lautester Dichter", war das, was man ein echtes bayerisches Urgestein nennt und wurde unter anderen auch von einem wie Bertolt Brecht geschätzt. Was ist es, was diesem Kreis deutschsprachiger Emigranten in big apple am meisten fremd geblieben ist?

Im Gegenteil würde ich sagen: Der Stammtisch hat uns sehr geholfen, das neue Land mit ruhigen Augen zu begreifen. Der Oskar und der Stammtisch, das muß man erklären: Das war nicht ein Verein oder eine Organisation, es gab keinen Vorsitzenden, keinen Etat und Gott weiß was. Dem Oskar ist es, als er nach Amerika kam, gelungen, einen seiner besten Freunde, einen tschechischen Juden, auf die Liste von Mrs. Roosevelt[118] zu setzen, die zweitausend Intellektuelle gerettet hat und der so mit dem Leben davon gekommen ist. Das war der Harry Asher, geboren in Österreich, hat in der Tschechoslowakei gelebt, wo sie sich sehr angefreundet haben. Oskar Maria Graf hat ihn dann auf diese Liste gebracht. Und es war ein großes Ereignis, im letzten Moment ist er hier erschienen. Durch puren Zufall haben sie sich nach einer Woche mit ihren Frauen in einem deutschen Eßlokal getroffen. Dabei haben sie sich so gefreut, daß sie sich gesagt haben: „Das sollten wir eigentlich jeden Mittwoch machen oder einmal die Woche" – so ist der Stammtisch entstanden. Dazu wurden dann auch irgendwelche anderen eingeladen. So entstand zum Schluß ein offener Stammtisch, wo Literaten oder andere Künstler, wenn sie gekommen sind, freudig empfangen wurden. Ich bin ziemlich spät dazugestoßen und habe gleich unerhörte Freude gehabt.

---

118 Eleanor Roosevelt, Gattin des US-Präsidenten Franklin D. Roosevelt, war 1941 durch den in die USA emigrierten Physiker Albert Einstein – der sich als entschiedener Gegner des Nationalsozialismus energisch an den vielfältigen Bemühungen zur Rettung der europäischen Juden beteiligte und hoffte, über sie auf ihren Gatten einzuwirken – darauf aufmerksam gemacht worden, daß die Politik des State Departement es vielen Menschen, die von Nazi-Deutschland verfolgt wurden, unmöglich machte, aufgrund von Quoten oder sonstigen Einschränkungen in den USA Zuflucht zu finden.

Es ist häufig geschildert worden: Graf ist in New York im Frühjahr in Lederhosen herumgegangen, hat Angst gehabt, Englisch zu lernen, weil er meinte: „Das wird mich in irgendeiner Form in meinem Deutsch beeinflussen, ich habe lieber Schwierigkeiten." Er ist so geblieben. Natürlich war er manchmal sehr komisch, aber er war einfach wunderbar: Manchmal, am Abend, hat er Gedichte vorgelesen oder irgend etwas Schönes, das er gefunden hat. An anderen Abenden hat man krakeelt und gesoffen und was weiß ich was. Aber im ganzen war es ein wöchentliches Zusammentreffen von Leuten, bei dem man Deutsch gesprochen hat ohne Fahnengeschwinge. Wir hatten einfach einen Platz, wo wir unsere Sprache weiter sprechen konnten. Sie können sicher sein, das war bestimmt keine nationale Angelegenheit – „Rarara, die deutsche Flagge" –, nicht mit dem Oskar Maria Graf. Man hat einfach Deutsch gesprochen. Es ist ein Platz gewesen, wo unsere Kultur, in der wir aufgewachsen sind, ohne große Worte erhalten geblieben ist. Wenn irgendein neuer Schriftsteller da war, hat man ihn besprochen oder kritisiert, was auch immer. Es war wie eine Konklave[119]. Ich bin so froh, daß ich dann später auch beigetreten bin und den Oskar noch kennengelernt habe. Der Stammtisch hat sich einfach auch im Frieden fortgesetzt, ist nie aufgelöst worden.

Was ist denn allen Teilnehmern am Stammtisch am deutschsprachigen Kulturraum durch die Nazis am meisten fremd geworden, und wie hat das fortgewirkt – dieses Fremd-Werden?

Um Gottes Willen, das war von Anfang an so radikal. Wenn man Kunst geliebt hat und gesehen hat, was sich da an deutscher Kunst entwickelt ... Ich meine, man ist doch von Deutschland weggegangen, als ein großes Mitglied der deutschen Regierung gesagt hat: „Wenn ich das Wort Kultur höre, dann greife ich zur Pistole" – das ist doch sprichwörtlich geworden. Da mußte man nicht erst extra darauf hingewiesen werden, um zu wissen, wie unsere Kultur zugrundegeht. Man mußte kein deutscher Patriot sein, um die deutsche Sprache zu lieben. Das war das Schöne, daß man darüber überhaupt nicht gesprochen hat, man hat es nicht diskutiert. Es war einfach so: Hier setzen wir das fort, was war, bevor wir weggestoßen wurden, im Exil.

An einem Stammtisch geht es nicht nur bierernst zu – welche Lieblingsgeschichten, wirklich gelungenen Witze, haben Sie sich dort erzählt, was fällt Ihnen dazu ein?

---

119 Eigentlich streng abgeschlossener Versammlungsort der Kardinäle bei einer Papstwahl. Leo Glueckselig ironisiert damit den in den Jahren zur Institution gewordenen Stammtisch.

Gott, das war ganz verschieden. Als ich dazukam, war der jüdische Humor sehr präsent. Wir haben über alles mögliche geredet: Wenn es zum Beispiel einen guten amerikanischen oder englischen Karikaturisten gab, hat man darüber gesprochen; es war immer etwas da – natürlich auch Politik. Wir hatten verschiedene, es waren manchmal sehr scharfe, Auseinandersetzungen, aber das war auch richtig so. Wir sind nicht – sozusagen unter dem Druck des Krieges – auf einmal eine vollkommen homogene Gruppe geworden, wie es gewesen wäre, wenn wir im Konzentrationslager gewesen wären. Wir waren aber miteinander verbunden, da hat der Unterschied überhaupt keine Rolle gespielt. Ich glaube, es war Joseph Roth, der irgendwo einmal gesagt hat: „Die Juden sind nicht durch das Blut, das durch ihre Adern rinnt, verbunden, sondern durch das Blut, das aus unseren Adern rinnt." Vollkommen richtig – die verschiedensten Menschen, ein gemeinsames Schicksal. Das ist, in einem gewissen Rahmen, respektiert worden. Wenn Sie aber zu sehr rechts waren, wurden Sie, wie der Graf es so schön getan hat, herausgeekelt. Das ist nämlich auch passiert.

Der Dichter Hans Sahl hat die letzten Jahre seines Lebens wieder hier in Deutschland gelebt, nachdem er nach seiner Flucht vor Nazi-Deutschland wie Sie Jahrzehnte in New York geblieben ist. Hans Sahl ist Ihr Freund gewesen – wie hat er sich durch die Rückkehr nach Deutschland verändert?

Er hat sich überhaupt nicht verändert. Er war ein Exilant. Einmal in einem Telefonat hat er davon gesprochen: Er ist hauptsächlich wegen dieser jungen wunderbaren Frau[120] zurückgegangen, die ihre Familie und alles in Deutschland gehabt hat. Sonst wäre er nicht zurückgegangen – wie Oskar Maria Graf, der nach einigen Besuchen in New York gestorben ist.

Was hat Sie persönlich denn immer abgehalten, nach Wien zurückzukehren?

Es waren vierzig Jahre, aber dann bin ich gegangen. Der Hauptgrund war ein für mich sehr positiver Grund: Ich habe Wien während der schweren Zeit, durch die es gegangen ist, auch kulturell, irrsinnig gern gehabt. Ich meine, es war Abend in Wien [vor seiner Emigration], aber kulturell ist so viel vorgegangen. Ich war an diese Stadt gebunden. Was heute eine große Erinnerung ist, war damals einfach greifbar. Man hat das gar nicht jeden Tag besprochen, da hieß es einfach: Nächste Woche gehen wir zum Karl Kraus – das war nichts Außergewöhnliches. Es gab kulturell so vieles: Egon Schiele und die Sachen von Gustav Klimt, oder nehmen Sie die Schriftsteller, was immer Sie mögen.

---

120 Gemeint ist Ute Velthusen, Hans Sahls zweite Ehefrau.

Ich habe Angst gehabt, zurückzugehen, weil ich die Stadt so irrsinnig gern gehabt habe, ohne nationalistisch zu sein. Ich habe mich dort gut gefühlt, ich habe mich dort gut geärgert – auch das gehört dazu. Wenn ich heute zurückdenke, wie lächerlich der Faschismus von Dollfuß[121] und Schuschnigg[122] waren im Vergleich zu dem, was, Gott behüte, dann passiert ist; wie sehr wir doch noch unser Maul aufreißen und kritisieren konnten. Man ist nicht in der Nacht verschwunden; es sind nur hier und da fürchterliche Sachen passiert, Aufstände und Schießereien, aber zum Alltagsleben kann man ja überhaupt keine Vergleiche ziehen. Ich habe Angst gehabt – und so ist es dann auch gekommen –, daß meine Rückkehr eine Wallfahrt wird. Als ich das erste Mal zurückgefahren bin, das war das einzige Mal in meiner Ehe, daß meine Frau zu mir gesagt hat: „Leo, den Besuch mache allein." – Warum? „Ich kenne dich, du wirst jede Ecke ausstöbern, und ich werde nur im Weg sein. Ich habe Wien schon nach dem Krieg gesehen."

Der eigentliche Anstoß war der Besuch einer Schulkollegin, die Halbjüdin war und die ganze Sache in Wien überlebte, weil ihr künftiger Mann sie versteckt gehalten hat; eine bezaubernde Frau, sehr klug, die noch immer das sehr schöne Wienerisch gesprochen hat und nach Amerika gekommen ist, um uns zu besuchen. Sie hat schon damals gesagt: „Wenn du nach Wien kommst und nicht bei mir wohnst, spreche ich nicht mehr mit dir. Ich bin vielleicht der einzige Freund, den du noch hast." Ich habe noch einen gehabt, das war ein Pole, der in Wien Medizin studiert hat und dort geblieben ist, weil er sich in die Stadt verliebt hat, aber sauber durch den Krieg gegangen ist. Mit sauber meine ich, daß ich von vielen weiß, die er unterstützt und im Untergrund versteckt gehalten hat. Und diese zwei haben mir das Gefühl gegeben: Du wirst nicht ganz allein sein. Besonders bei der Freundin Ike, wo ich gewohnt habe. Ich habe dort in einem Bett geschlafen, über dem zwei Originale von Schiele hingen. Am zweiten Tag wurde ich zu einer Familienfeier der Freundin ihres Sohnes eingeladen, und ich habe vor allem eine ganze kleine Gesellschaft kennengelernt am ersten oder zweiten Tag in Wien, die mir sehr geholfen hat. Ich hatte dort nie das Gefühl, daß einer Nazi gewesen war, auch wenn ich manchmal daran gedacht habe. Im ganzen waren sie unerhört interessiert und offen bis zu den neuen Graf-Bob-

---

121 Engelbert Dollfuß begründete in den dreißiger Jahren eine Diktatur nach faschistischem Muster in Österreich; er stützte sich auf ein Bündnis mit Italien. Bei dem Versuch der Machtübernahme scheiterten deutsche Nationalsozialisten im Juli 1934 aufgrund einer italienischen Intervention. Es gelang ihnen jedoch, den amtierenden österreichischen Bundeskanzler Dollfuß zu ermorden.
122 Kurt von Schuschnigg, Nachfolger von Dollfuß, konnte sich im März 1938 dem Diktat Hitlers nicht mehr widersetzen und erklärte sich mit dem „Anschluß" Österreichs einverstanden.

by-Witzen, die ich ihnen erzählt habe, die in Amerika erschienen waren und die man in Wien gar nicht gekannt hat. Es war ein ungeheuer nettes und liebevolles Zuhören und Fragen – eine großartige Einführung. Als ich dann aber glaubte, der große Schrecken ist vorbei, stand ich nach ungefähr zweieinhalb Wochen bei der Oper an der Ecke und habe buchstäblich gesagt: Jetzt ist es aber genug, gehe nach Hause. Und das war eine wichtige Erkenntnis für mich – die Frage nämlich, die mir natürlich immer wieder gestellt wurde: „Ist Amerika Ihre Heimat geworden?" Aus meinen Erfahrungen heraus habe ich eine prompte Antwort gehabt: Die Heimat ist Österreich geblieben, aber das Zuhause war Amerika. Dort habe ich meine Eltern begraben, dort habe ich meine Frau zurückgekriegt, die auch schon gestorben ist, dort habe ich meine Tochter und jetzt Enkelkinder. Das geht einfach nicht. Mit Heimat meine ich: Meines Erachtens bin ich, wenn ich in meinen inneren Spiegel schaue, ein sehr typischer Wiener, nicht ein spielender Wiener – es gibt doch auch solche Leute, die sind der typische Professor –, sondern in meinen ganzen Wesen. Ich habe immer gesagt: Das einzige, das mich nicht betrogen hat, sind die Berge. Als ich dieses Mädchen aus Graz, von dem ich gesprochen habe, die sehr wohlhabende Eltern hatte, die mich eingeladen haben ihrer Tochter wegen, besuchte, waren das einige der wenigen Grazer, die ich kennengelernt habe. Als ich deren Bibliothek mit unglaublich vielen Büchern über Nationalsozialismus gesehen habe, die sie nicht für mich hingestellt hatten, und auch, als ich deren Sprache hörte – die waren absolut rein, sauber. Dabei war Graz für uns die faschistischste Stadt; sie war die Stadt, wo jeder Beamte sich gut gefühlt hat nach der Pensionierung und sehr rechts, furchtbar rechts, stand. In Graz habe ich gelernt, daß diese Stadt jetzt eine sehr fortschrittliche Universität hat und wunderbare Festspiele und eine Anzahl von Leuten, die bekehrt sind wie diese Familie. Schließlich habe ich mich in Graz besser als in Wien gefühlt – nur aus dem Grund, weil mir Wien so wahnsinnig verwandt vorkommt. In Wien gehe ich durch leere Straßen und denke ununterbrochen, da hat der gewohnt, da hat jener gewohnt. Ich hatte eine große Familie, und das ist alles verschwunden. Ich war nachher zwei-, dreimal in Wien, und komischerweise beginnt es schwerer und schwerer zu werden. Das letzte Mal bin ich an einem Abend allein durch Wien gegangen – kennen Sie Wien, die Wollzeile? Da hat es dieses gewisse Licht gehabt, das Wien manches Mal in der Dämmerung gehabt hat: Es war keine Sonne mehr, aber auch noch nicht Nacht, und alles war Silhouette gegen den Himmel. Da bin ich durch die alte Stadt gegangen und habe zu weinen begonnen – etwas Verlorenes.

    Wo ich mich aber am besten gefühlt habe, war in den Bergen – die Familie hat mich viel herumgeführt – Gott, sind die Berge schön dort in der

Steiermark! Die haben mich wirklich erleichtert. Es war kein Opfer dabei, es war ein Fußhalt – in Graz, in Wien habe ich es verloren. Die Freundin lebt nicht mehr, und mein Freund, der Doktor, ist ganz altersschwach. Ich habe dort niemanden mehr, niemanden. Das ist natürlich sehr schwer. Ich gehe wie ein Exilmensch durch Wien hindurch, und die einzige Art und Weise, wie ich es noch gerne wiedersehen möchte, ist mit einem guten Freund, der viel von mir weiß. Aber allein nicht mehr. Sehr schwer.

Ruth Arons

(geb. 1922 in Berlin, Deutschland)

Howard Heinz Wisla

(geb. 1920 in Berlin, Deutschland)

Die dreizehnjährige Ruth Arons und ihre zehnjährige Schwester Ellen wurden 1935 von ihren Eltern zu den Weihnachtsferien in die Schweiz begleitet. Dort eröffneten sie ihren Töchtern, daß die Schwestern nicht mehr nach Deutschland zurückkehren würden. Ruth Arons' Vater, der Berliner Rechtsanwalt Albert Arons, war eben ein vorausschauender Mann gewesen: Schon bald, nachdem Adolf Hitler zum Reichskanzler gewählt worden war, hatte er seine Tochter Ruth vom Gymnasium genommen und auf eine katholische Nonnenschule eingeschult. Ruth Arons erinnert deshalb aus den ersten Jahren der Diktatur nur, daß überall auf den Straßen Berlins Schaukästen mit der Nazi-Zeitung *Der Stürmer* und scheußliche antijüdische Propaganda-Karikaturen hingen. Nach dem Novemberpogrom 1938 folgten die Eltern und die Großmutter dann den Schwestern ins Schweizer Exil. Weil Albert Arons allzu einschneidende Veränderungen vermeiden und deshalb in Europa bleiben wollte, entschied er sich dann für die Emigration nach Portugal. Portugal, Nadelöhr für Flüchtlinge nach Übersee, war selbst eine Diktatur. Das Land verhielt sich neutral, wollte aber dennoch kein Exilland für Zehntausende von Flüchtlingen sein und gewährte deshalb Bedrängten nur Transit und dreißig Tage Aufenthalt. Schrittweise verschärfte Portugal seine Einreisebedingungen sogar. Dennoch gelang es den Arons zu bleiben. Die Mädchen in ihrer Schule in Portugal seien ihr freundlich, jedoch mit Distanz begegnet, erinnerte sich Ruth Arons später. Sie studierte Geschichte und Philosophie. 1945 heiratete sie und wurde damit Portugiesin. Ihr Sohn Alberto zählt zu den Gründungsmitgliedern der 1973 – ein Jahr vor dem Sturz der Diktatur – ins Leben gerufenen Sozialistischen Partei Portugals, in der auch Ruth Arons, schon vor der „Nelkenrevolution", sehr aktiv wirkte. Später wurde sie Präsidentin des Bezirksparlaments an ihrem Wohnsitz in Lissabon und arbeitete bis zu ihrer Pensionierung als Übersetzerin und Bibliothekarin.

Mit seiner Familie lebte Heinz Wisla in der Günzelstraße in Berlin-Wilmersdorf. Von den Eltern wurde er nicht zum liberal-religiösen Judentum erzogen; nur seine Großeltern hatten noch regelmäßig die Synagoge besucht. 1933 wurden für ihn zwei Ereignisse prägend: Mitte Januar erhielt er seine

Bar-Mizva[123] als Dreizehnjähriger; unmittelbar danach mußte er die „Machtergreifung" der NSDAP miterleben und sofort das Gymnasium am Nikolsburger Platz verlassen. Er trat einer aus Juden und von Hitler zu „Halb-Juden" erklärten Gruppe junger Pfadfinder bei, die sich vollkommen naiv an der „Hitlerjugend" orientierte. 1939 deportierte man ihn in das Konzentrationslager Sachsenhausen bei Oranienburg. Im April 1940 gelang es seinem Vater – der dem „Centralverein deutscher Staatsbürger jüdischen Glaubens" und dem „Reichsverband Jüdischer Frontkämpfer" aus dem Ersten Weltkrieg, hoch dekoriert mit dem Eisernen Kreuz II. Klasse, angehört hatte – ihn freizukaufen: Mit angeheftetem Eisernem Kreuz hatte der Vater die Herausgabe des Sohnes am Lagertor gefordert. Im KZ habe er, sagt Howard Heinz Wisla, die Religiosität des Elternhauses verloren. Es begann für ihn eine vierjährige Odyssee durch zwanzig Länder.

Schließlich kam er in Lissabon an, wo er illegal lebte, bis es ihm Ende Januar 1944 endlich gelang, ins damalige britische Mandatsgebiet Palästina auszuwandern. Seinen autobiographischen Bericht darüber – *Flucht durch die halbe Welt. Vom Konzentrationslager nach Palästina*, 1947 in Tel Aviv erschienen – hat er in deutscher Sprache niedergeschrieben. Später baute er sich in Amerika eine Existenz als Verkaufsdirektor eines deutschen Reisebüros auf. Reisen habe er durch Hitler gelernt, sagt er. Seine drei unterdessen längst erwachsenen Kinder haben wieder zu jener Religiosität zurückgefunden, die Howard Heinz Wisla seit dem Konzentrationslager Sachsenhausen abhanden gekommen ist.

Ruth Arons und Howard Heinz Wisla kehrten 1995 aus Anlaß der Ausstellung „Lissabon 1933–1945. Fluchtstation am Rande Europas", die das Goethe-Institut Lissabon in Berlin organisiert hatte, nach Deutschland zurück. In einem Berliner Hotelzimmer antworteten sie sehr freundlich, offen und bewegt auf meine vielen Fragen.

David Dambitsch: *Was wußten Sie, Frau Arons, eigentlich von der Bedrohung durch Deutschland, was erinnern Sie von den Ängsten jener Zeit?*

Ruth Arons: Ich war noch ein Kind, als ich aus Deutschland wegging. Für mich war es nicht so sehr die Angst, sondern der Schock, daß man diskriminiert wird, und der Schock, daß man nicht nur auf der Straße angepöbelt wird, sondern daß an den Wänden etwas gegen die Juden stand: „Juden raus!", daß die anderen Kinder in der Schule plötzlich nicht mehr mit uns spielen durften – das war es. Angst hatte ich damals noch nicht. Die kam

---

123 Bar-Mizva („Sohn der Pflicht") – im Alter von dreizehn Jahren werden Jungen zur Tora aufgerufen. Diese Zeremonie markiert den Beginn des jüdischen Erwachsenenalters.

erst viel später, als ich schon in Portugal lebte und von Konzentrationslagern hörte und von Gaskammern. Ich habe es zuerst nicht geglaubt, ich habe gedacht, das ist Propaganda, das ist überhaupt unmöglich, das gibt es gar nicht, so etwas.

Wann haben Sie davon zum ersten Mal gehört?

Ruth Arons: 1942/43, nehme ich an, drangen irgendwelche Gerüchte zu uns durch, und ich hab's nicht geglaubt, ich habe gemeint, das ist einfach ausgedacht. Es klang so unglaublich. Erst später, als dann die richtigen Zeugnisse kamen, hat man gesehen, daß es noch schlimmer war als das, was man erzählt hat.

Wie ging es Ihnen, Herr Wisla?

Howard Heinz Wisla: Bei mir war es ein bißchen anders, denn ich bin persönlich betroffen gewesen. Ich habe bis 1940 in Berlin gelebt, und das letzte halbe Jahr war ich im Konzentrationslager Sachsenhausen bei Oranienburg, was, glaube ich, das einzige KZ ist, das man mit einer Untergrundbahn erreichen kann, das gibt es sonst nicht in der Welt. Aber auch schon vorher – in den Jahren 1933 bis 1939 – habe ich, da ich vielleicht zwei, drei oder vier Jahre älter bin als Ruth Arons, gesehen, was los ist: Ich habe es in der Schule empfunden, ich bin auf das Hohenzollern-Gymnasium gegangen, bis man mich rausgeschmissen hat, als ich die Obersekundareife hatte. Und dann gab es diese verschiedenen neuen Gesetze und Sachen, die mich persönlich betroffen haben: Ich hatte zum Beispiel ein Paddelboot auf der Havel in Pichelsdorf. Eines Tages im Jahre 1937 bekam ich einen eingeschriebenen Brief, ich kann mich noch genau erinnern, denn ich bekam nicht viel Post als siebzehnjähriger Junge: „Ihr Boot ist ein jüdisches Boot und muß umgehend weggenommen werden, sonst wird es beschlagnahmt." Sie gaben mir 48 Stunden Zeit, das war Ende März. Anfang April bin ich hinausgepilgert nach Pichelsdorf, nahm mein Boot aus dem Wasser. Es stürmte fürchterlich, ich war der einzige auf der Havel und kam sogar vorbei an dem Haus am Wannsee[124]. Ich hielt immer wieder an und fragte: Können Sie mein Boot nehmen? Und die Leute fragten dann immer gleich: „Sind Sie jüdisch?" Und ich sagte: „Ja". Die sagten dann: „Nein, jüdische Boote nehmen wir nicht." Schon der Ausdruck: Ein Boot ist „jüdisch"! Wie ein Hund auch „jü-

---

124 In einer ehemaligen Industriellenvilla aus dem Jahre 1915, die von 1941 bis 1945 als Gäste- und Tagungshaus der SS genutzt wurde, besprachen am 20. Januar 1942 insgesamt fünfzehn hochrangige Vertreter der SS, der NSDAP und verschiedener Ministerien die Kooperation bei der geplanten „Endlösung der Judenfrage", die die Ermordung aller europäischen Juden, das heißt von elf Millionen Menschen vorsah.

disch" sein könnte oder ein Auto: Die Autos wurden ja später auch beschlagnahmt. Ich habe Gott sei Dank einen Mann am Kleinen Wannsee gefunden, der es genommen und der gesagt hat: „Mir ist es schnuppe, egal ob ‚jüdisch', ‚arisch', ‚rein arisch' – es ist ein Boot, und deshalb ist es okay." Ein Jahr später mußten alle Juden ihre Boote und Automobile usw. aufgeben.

Andere Szenen, die ich hier versuche zu erklären: Plötzlich kam ein Gesetz heraus, ich weiß nicht mehr in welchem Jahr, es muß aber ungefähr um dieselbe Zeit sein. Da hieß es: „Juden dürfen nicht mehr auf Bänken sitzen, wo ‚Arier' sitzen". Berlin war eine der wenigen Städte, wo man sogar den Juden etwas Gutes tun wollte: Man hatte die einzelnen Bänke gelb gemalt, quittegelb, und da stand drauf: „Nur für Juden", woraufhin sich kein Christ oder „Arier" und auch kein Jude hingesetzt hat. Nur ein Jude, den ich kannte – das war mein Vater –, der hat seine Familie zum Spaziergang mitgenommen und hat sich dort hingesetzt und gesagt: „Aufrechtsitzen und schau jedem ins Gesicht." Wir haben das mitgemacht, es war uns etwas peinlich, aber er hat wahrscheinlich recht gehabt. Andere Szenen, an die ich mich erinnere, waren zum Beispiel im November 1938 die „Kristallnacht". So etwas hatte ich noch nie gesehen, daß Menschen solche Sachen tun können, alle auf Befehl an einem Tag Räuber geworden sind und Menschen sogar totgeschlagen haben. Und dann später als Neunzehnjähriger, da kam ich ins KZ Oranienburg-Sachsenhausen. Was ich in den wenigen Monaten, die ich dort war, erlebt habe, ist unbeschreiblich. Ich habe heute, ich bin 75 Jahre alt, immer noch einmal, manchmal zweimal und diesmal [während seines Berlin-Besuches 1995] sogar dreimal in der Woche Alpdrücken, oder wie man auf Englisch sagt, *nightmares*, wo meine Frau mich nachts anstößt, denn ich fange an zu wimmern. Das Komische ist: Meistens kommen dabei Tiere vor, ich weiß nicht warum, Löwen, Tiger und Bären. Und neulich hat mir jemand gesagt: Du kommst aus Berlin, das ist der Bär; ich weiß nicht, ob es damit zu tun hat. Ich will Ihnen nicht erzählen, was im KZ losging, das würde zu lange dauern, aber es war fürchterlich. Das Lager war zu dieser Zeit, 1939 und 1940, ein Trainingslager für junge SS-Männer, die später in den Osten geschickt wurden, um das anzuwenden, was sie dort gelernt hatten. Es ging also viel wilder zu als ungefähr ein Jahr früher, 1938, als viele Juden dorthin gebracht worden sind und nach ein paar Wochen wieder freigelassen wurden. Keiner wurde freigelassen, und das Interessante war wieder, daß mein Vater mich gerettet hat. Er hatte sich in seiner Verzweiflung – erst einmal, weil ich im KZ war, hat er seine ganzen Auswanderungspläne zur Seite geschoben – sich sein Eisernes Kreuz II. Klasse vom Ersten Weltkrieg angesteckt und ging zu seinem ehemaligen Befehlshaber, wahrscheinlich einem *Colonel* oder irgend so etwas. Und der hat es mit seinen Beziehungen zur Nazi-

Hierarchie fertiggebracht, mich frei zu kriegen. Ich wurde als einziger von 23 000 Häftlingen an dem Tag entlassen, darunter waren Juden, aber auch katholische Pfarrer, ein ganzer Block mit katholischen Pfarrern, zwei Blocks mit Zigeunern, ein Block mit Bibelforschern, ein anderer Block mit Homosexuellen und dann mehrere Blocks mit Kommunisten, die schon seit 1933 dort waren. Mir haben einige von diesen Kommunisten das Leben gerettet, weil sie mir gesagt haben, was man tun muß, um sich zu retten. Soll ich Ihnen ein paar Sachen erzählen?

Bitte.

Howard Heinz Wisla: Wir wurden sehr geschlagen. Wir waren 320 Menschen in unserem Block und ein Kapo. Von diesen Menschen starben jeden Tag oder wurden gestorben 30, 28, 33, 31, immer um 30 herum. Und wir bekamen immer neue Juden herein in unseren Block. Meistens wurden wir mit Nagelschuhen, mit Nagelstiefeln getrampelt – aber richtig ins Gesicht –, so daß Menschen davon starben. Mir hat dann dieser Kommunist, der in einem Block zwei Straßen weiter untergebracht war, gesagt: „Junge, komm her, ich werde dir sagen, was du machen sollst. Das erste: Ein Nazi, ein SS-Mann, wird dir niemals etwas tun, wenn du eine Leiche trägst. Die haben Angst vor Ansteckungsgefahr. Und ebenso vor nassen Heuballen." Darauf haben wir geschlafen, später wurden die weggenommen, und wir mußten auf der kalten Erde schlafen, auf Betonboden; dabei hatten wir nur unsere dünnen, blau-weißen Pyjamas an. Ich bin dann entweder mit nassen Betten oder später – als man die Betten wegnahm – mit Leichenbahren herum gelaufen. Ich habe mir mit einem anderen Freund eine Leiche genommen, wir haben die Leiche heraufgetan und sind mit ihr spazierengegangen. Am Schluß haben wir sie dort abgeliefert, wohin wir sie eigentlich bringen sollten, bei der Verbrennung. Die SS-Leute haben, wenn sie uns gesehen haben, einen weiten Bogen um uns gemacht, dadurch ist uns nichts passiert. Ein anderer Trick war: Die Nazis haben sehr oft folgenden – sie nannten das so – „Sport" getrieben: Die kamen auf Fahrrädern an und stellten sich auf Tische. Wir mußten die Tische sogar hinstellen in einer Straße, wo auf der einen Seite ein Tisch war, auf der anderen ein anderer Tisch, und auf jedem stand ein SS-Mann mit einer langen Peitsche, einer richtig langen Peitsche. Und wir drei Judenblocks – das waren neunhundert Menschen – wurden von anderen SS-Leuten mit Stahlruten usw. getrieben und mußten vorbei an diesen beiden SS-Leuten. Das war ungefähr so wie „Spießrutenlaufen", nur daß sie das mit Peitschen gemacht haben. Und da hat mir der Kollege von den „Roten"– wir haben sie die Roten genannt – gesagt, wenn einer eine lange Peitsche hat und du ihm über die Füße läufst, kann er dich nicht peitschen, das geht einfach nicht. Das habe ich gemacht, und es ging gut. Ein anderer Trick war: Die SS-Leute haben uns sehr oft besucht und alles an uns ausprobiert; sowie die durch die Tür kamen, bin ich aus dem Fenster gesprungen. Ich saß immer an einem Fenster mit einem Lappen, und wenn jemand mich erwischt hat, habe ich gesagt, ich bin der Fensterputzer, ich muß herausspringen um jetzt von außen zu putzen. Das ging sehr glatt ab. Dadurch wurde mir nicht sehr viel getan. Aber ich bin trotzdem mit erfrorenen Ohrläppchen, gebrochenen Fingern herausgekommen; ich hatte drei gebrochene Finger, einen gebrochenen Arm und den anderen angebrochen. Das war das Resultat. Aber wie gesagt: Das waren nur fünf Monate. Ich kam heraus und habe damals 44 Kilo gewogen, was nicht sehr viel ist für einen zwanzigjährigen, jungen Menschen.

Ich war dann drei Wochen in Berlin, meine Mutter päppelte mich auf. Das Interessanteste war: Als ich in meiner Zivilkleidung wieder aus dem KZ herauskam und den schmalen Weg zur S-Bahn-Station Oranienburger Straße entlanglief – damals war das die Endstation –, da kam mir ein Mann auf einem Motorrad entgegen. Das war der Führer des Lagers. Ich weiß nicht, wie der Mann hieß, aber wir haben ihn „Der Eiserne Gustav" genannt. Der fragte mich nach meinem Entlassungsschein. Er hatte gesehen, daß ich Jude bin – denn wir mußten alle einen zweiten Namen tragen: „Israel" für Männer und „Sara" für Frauen –, und ich dachte, jetzt kriege ich noch meine letzte Ohrfeige. Aber er hat nicht gesagt: „Mach's gut", sondern „Schade", hat er gesagt, „mach, daß du weiterkommst". Ich kam zu einer Ecke, einen Häuserblock vor der S-Bahn-Station mit einem Zeichen, daß man dort einen Fernsprecher hatte. Da wollte ich hineingehen und telefonieren, ich hatte aber nur Mark-Scheine, und man mußte Kleingeld haben. Ich bat die Bäckerin, ob sie so gut sein und mir ein Markstück wechseln könne, da fragte sie, warum, worauf ich sagte: Erstens möchte ich mir gerne etwas kaufen und zweitens möchte ich meine Eltern anrufen. Da hat sie mir das Geld gegeben und sich geweigert, Geld von mir zu nehmen und mich gefragt: „Was für einen Kuchen hättest du gerne?" Und da ist mir so herausgerutscht: „Amerikaner". Das ist dieses schwarz-weiße Kleingebäck – bei uns in Amerika nennt man die *black and white* –, und ich habe das sozusagen mit vollem Herzen gegessen. Meine Eltern erwarteten mich auf dem Bahnhof Friedrichstraße, nahmen mich mit nach Hause, ich kam in eine heiße Badewanne und die Läuse schwammen nur so oben. Dann wurde ich zum Arzt geschickt, wurde verbunden, die Arme wurden geschient. Drei Wochen später – das war die Abmachung – mußte ich heraus aus Deutschland, und mit zehn Mark in der Tasche, nicht einen Pfennig mehr durfte man haben, bin ich über die Grenze zwischen Wien und Preßburg, Bratislava, gegangen und kam sofort wieder in ein Konzentrationslager. Aber das war verglichen mit Oranienburg sozusagen ein Ferienclub. Die bewaffneten Slowaken waren nicht unanständig, aber auch nicht anständig. Drei Wochen war ich in dem Lager, und dann erschien ein Schiff im Hafen von Bratislava, auf das wir steigen sollten: Die „Penschel", das war ein Dampfer, ein uraltes Schiff, verrostet, das man gekauft hatte oder gemietet, ich weiß nicht. Das sollte uns zu einem anderen Schiff bringen, das uns dann durch das Schwarze Meer und zum Mittelmeer nach Palästina bringen sollte. Kurz und gut: Es dauerte sechs Monate, bis wir zum Schwarzen Meer kamen. Dort waren dann Pogrome bei den Rumänen, und mit Maschinengewehren bewaffnete Schnellboote zwangen unser Schiff aufs Meer. Unser Schiff war ein Raddampfer mit Rädern an beiden Seiten, und in einem großen Sturm, bei dem wir beinahe gekentert wären, sind wir dann durch die Dardanellen, durch Konstantinopel gefahren. Wir bekamen weder Wasser noch Proviant von den Türken und erreichten Athen in derselben Nacht, in der die Italiener sich entschlossen hatten, Griechenland anzugreifen und Athen zu bombardieren. So mußten wir heraus aus Piräus, kamen vorbei an verschiedenen Inseln. Dann brach eine Meuterei aus bei den Piraten, die unsere Mannschaft war – das waren Bulgaren und Türken. Der Kapitän war ein Weißrusse mit einem Bein, war die ganze Zeit über in der Kajüte mit seiner Frau und spritze sich Gift. Er war nicht imstande, das Schiff zu leiten, das haben andere gemacht – Juden, die etwas davon verstanden. Ich selbst habe auch mitgeholfen wie ein Matrose. Dafür durfte ich oben auf Deck sein. Das Schiff hatte Schweine transportiert, dreihundert Schweine an der unteren Donau in Bulgarien, Rumänien; und wir waren 520 Juden, das heißt, wir wurden eingepfercht: Wo sonst ein Schwein lag, waren zwei Juden. Deshalb habe ich mich schnell als Matrose gemeldet und auf Deck geschlafen. Wir hatten alle falsche Visa, manche hatten uruguayische, ich hatte ein paraguayisches Visum, das nicht echt war, irgend jemand hatte es mir für viel Geld verschafft. Im Mittelmeer wurden wir dann von italienischen Schnellbooten angehalten. Die kamen an Bord mit Maschinengewehren und verlangten die Pässe zu sehen. Ein Offizier in weißen kurzen Hosen und einer herrlichen weißen Uniform – er war sehr stramm und die Frauen waren ganz verrückt nach ihm – hat sich folgendes geleistet: Er hat gegrinst: „Das ist doch Südamerika, ihr seid doch falsch gefahren" und zeigte: „Das ist doch dort und nicht dort." Und wir fuhren nach Palästina. Er sagte: „Zum Glück haben Sie mich getroffen, sonst wären Sie noch falsch gefahren" – was sehr nett war von ihm. Das geschah zwei Tage, bevor das Schiff in einen Sturm geriet. Die Mannschaft hatte irgend etwas am Steuer gemacht, so daß man nicht mehr wenden konnte, die hatten das Öl, das das Schiff antreibt, entweder abgelassen in die See oder abgestellt. Es ging einfach nicht mehr, und da haben wir die Leute, die Bettwäsche mithatten, gebeten, uns Laken zu geben. Aus den Laken wurde von Schneidern ein riesiges Segel gemacht – wo immer Juden sind, sind Schneider –, die wurden am Schornstein befestigt, und so versuchten wir nach Palästina zu segeln. Es ging nicht. Die sind im Sturm zu Fetzen zerrissen. Derselbe Sturm hat uns dann auf eine Felseninsel getrieben, und um Mitternacht ist das Schiff auf Felsen aufgelaufen und Leck geschlagen, blieb aber noch auf dem Felsen in der Nacht. Es ist nicht einer von uns gestorben in dieser Nacht. Wir haben uns alle an Land retten können; wie, weiß ich nicht mehr, aber mit Hilfe von Leitern und Stöcken und Seilen usw. Alle – Männlein, Weiblein und Kinder – sind gerettet worden. In der nächsten Nacht, der Sturm ging weiter, ist das Schiff vollkommen zerbrochen und gesunken. Aber am Tag zuvor waren wir in der Lage, Holz und andere Sachen herauszubekommen, damit wir Feuer machen konnten. Wir hatten kein Radio an Bord – man nahm übrigens an, daß wir im Mittelmeer gesunken waren – und blieben, die Frauen elf Tage, die Männer zwölf Tage, auf der Insel. Die Insel war ungefähr so groß wie Schildhorn[125], bestand nur aus Felsen; nichts wuchs dort und kein Mensch hat dort gelebt. Da gab es eine Höhle, in der ich in der dritten Nacht Zuflucht gefunden hatte, und in der vierten Nacht war ein Erdbeben auf der Insel. Die Flasche mit Wasser, die dort stand, ist umgefallen und zerbrochen, also es muß ein ganz schönes Erdbeben gewesen sein. Wir sind herausgestürzt und in die See gesprungen. Am nächsten Tag haben uns italienische Schiffe abgeholt – erst die Frauen, dann die Männer – und uns zur Insel Rhodos gebracht.

Das war früher eine griechische Insel, aber die Italiener hatten sie übernommen. Dort wurden wir gezwungen, ein Telegramm an den „Duce" zu schicken, in dem wir ihm dankten, daß er uns das Leben gerettet hatte. Dann sperrte man uns ein im Stadion von Rhodos, das vorher schon als Kriegsgefangenenlager für Griechen und Engländer, Malteser und Ägypter benutzt wurde. Jetzt kamen wir hinzu: fünfhundert meistens jüngere Leute, 150 davon aus KZs, oft kleineren KZs, aber auch aus Buchenwald und Dachau. Ich war der einzige aus Sachsenhausen. Wir waren dort drei Monate eingesperrt in diesem Sportstadion, Typhus brach aus, die Zelte, die man uns gab, standen im Wasser. Eine kleine jüdische Gemeinde hat Matratzen gekauft und geschickt, und man hat uns dann später im Erdgeschoß einer Kaserne untergebracht. Die Italiener hatten selbst nichts zu fressen, die Insel war vollkommen von den Briten blockiert. Mir gelang es dann, wiederum als einzigem, herauszukommen. Ich hatte, Gott sei Dank, einen Cousin in New

---

125 Halbinsel in der Berliner Havel.

York, einen Südafrikaner, der sehr reich war und mir ein kubanisches Visum besorgte und eine Schiffskarte von Lissabon. Damit in der Hand schrieb ich Briefe und Briefe und Briefe an den Papst, an den Vatikan, an das Internationale Rote Kreuz in Genf und bekam sogar Antworten. Und nachdem ich das drei Monate lang getan hatte – wahrscheinlich länger, denn ich blieb dort auf der Insel neun Monate – war der Erfolg da: Mit Erlaubnis des Kommandanten von Rhodos wurde ich mit einem Rot-Kreuz-Schiff, das Medikamente auf die Insel brachte, abgeholt und erreichte Rom.

In Rom versuchte man mit mir – als Zeugen sozusagen –, die Leute zu befreien und sie entweder in die Türkei zu schicken oder ins Mutterland nach Italien, damit sie nicht so hungern mußten. Es ging aber nicht. Da war ein deutscher Padre, sein Name war Padre Weber, ich habe ihn vor sechs Jahren noch als Achtzigjährigen in Rom wieder getroffen, der vielen Menschen geholfen hat – ganz egal, ob sie Juden waren oder Christen oder Mohammedaner oder, wer weiß, später vielleicht sogar Nazis, die nach Südamerika gegangen sind. Mir hat er zu helfen versucht. Ich war gezwungen, eine Fälschung in meinem deutschen Paß vorzunehmen: Die Spanier erlaubten nicht, daß ich durch Spanien nach Lissabon fahre, weil ich zu jung war; wahrscheinlich hatten die Deutschen sie darum gebeten. Ich sollte sogar mit einem Flugzeug über Spanien fliegen, mit einem Zwischenstopp in Barcelona. Das hat man abgelehnt, weil ich nicht alt genug war. Da hat der Padre Weber gesagt – die Altersgrenze war damals 31 Jahre, ich war damals 21 –, er als Padre kann das nicht machen, aber ich soll zur nächsten Ecke laufen, da ist ein Papierwarengeschäft, und da soll ich eine Tinktur kaufen, er hat mir den Namen aufgeschrieben, und dann zurückbringen. Danach hat er mir gezeigt, was ich aus meinem Geburtsdatum machen soll: Aus dem 7. Januar 1920 haben wir die 2 ausgelöscht und eine Stunde gewartet; dann haben wir schön – ich habe es gemacht, er hat es mir gezeigt – mit derselben Tinte, ich habe ausprobiert, daß es dieselbe war, geschrieben: 1910 geboren.

Als ich die Audienz beim Vatikan bekam, bei Pius XII., hatte ich zwar eine Einladung zu einer Privataudienz in der Tasche gehabt; aber so doof wie ich bin, als ich einen Mann von der Schweizer Garde mit einer Hellebarde sah, kriegte ich es ein bißchen mit der Angst zu tun, denn ich hatte Angst vor allem, was Uniform anhat. Der fragte mich nach meinem Paß. Ich hätte ihm meine Einladung zur Privataudienz zeigen müssen – ich zeigte ihm statt dessen meinen deutschen Paß. Und er sagte: „Erstes Zimmer oben rechts." Ich betrat das Zimmer, da standen schon dreißig Afrikakorps-Soldaten, die meisten in Uniform. Zusammen mit denen kam ich zum Papst. Er sprach Deutsch, er war Nuntius in München, glaube ich, und er sprach mit jedem einzelnen, gab ihm den Segen, bekreuzigte ihn, damit er jetzt nach

Afrika gehen konnte. Zu mir hat er auch gesprochen, und ich habe dann versucht, in schlechtem Italienisch zu antworten. Da sagte er zu mir: „Mein Sohn, bist du nicht Deutscher?" Da sagte ich: Ich bin in Deutschland geboren, aber ich bin Jude, und ich bin eigentlich hier wegen einer Gruppe von Menschen, die aufgehalten worden sind in Rhodos und gerne nach Italien kommen möchten. Die Leute kamen wirklich zwei Monate später auf einem Schiff durch den Kanal von Korinth nach Süditalien, wurden in ein Lager – es hieß Ferramonti – gebracht, wo den Italienern nichts getan wurde, weil es ein katholisches Lager war, denn es gehörte dem Vatikan, und die Nazis haben sie auch nicht hereingelassen. Die ganze Zeit wurde keinem der Juden – und die Deutschen waren zu jener Zeit in Italien – etwas getan, bis auf einen Toten bei einem englischen Bombenangriff. Ich aber sollte auch in das Lager gehen; die Italiener sind ganz anders, die kommen nicht nach Hause und verhaften dich, die schicken dir einen Brief und eine Karte und sagen: Du gehst nach Ferramonti, melde dich dort in zwei Tagen. Ich hatte einen Freund, der hieß Baron Ehrlich Walter von Neumann, ein Jude aus Wien. Ich glaube, sein Vater war ein Baron, und er hat sich dann auch Baron genannt, der war genauso mittellos wie ich. Ich habe nachgedacht, was man mit einem Baron anfangen könnte und habe Visitenkarten drucken lassen mit einer siebenzackigen Krone und Baron Walter von Neumann. Sie hat uns Türen geöffnet in Italien. Wir haben uns ausgegeben als Schriftsteller aus Wien und Berlin, sind in die Scala gegangen und haben nicht in, aber neben der Königsloge kostenlos eine Oper gesehen, sind zu Boxkämpfen gegangen, der Schweiß ist uns nur so herunter gelaufen, weil wir ganz vorne in der Presseabteilung waren, wir haben uns amüsiert. Wir haben Schokolade von Schmugglern in Lago di Como – das ist ein Ausflugsort von Mailand – abgekauft und sie dann nach Mailand geschmuggelt. Wir wohnten in einer Pension und haben die Schokolade dort unter das Bett getan, sind dann herumgelaufen und haben versucht, eine Liste von jüdischen Gemeindemitgliedern zu bekommen, die hat uns aber die Gemeinde nicht gegeben. Wir haben sie dann einem „Schnorrer" abgekauft, sind dann in den Vorstädten herumgelaufen und haben die Schweizer Schokoladentafeln verkauft, aber viele nahmen wir unter dem Bett hervor und aßen sie selbst.

Dann geschah etwas, was Sie auch interessieren wird, weil es nicht nur immer schlechte Deutsche gab, schlechte Nazis: Ich war damals ein Läufer für eine Schwarzmarktgruppe in Mailand. Ich hatte nichts anderes zu tun, als irgendwelche Sachen abzuholen und mit Leuten irgend etwas zu besprechen. Die hatten herausbekommen, daß ich perfekt Deutsch spreche, und baten mich, eine Sache für sie zu tun, die sie nicht selbst machen wollten. Die meisten von denen, die mit mir verhandelten, waren Juden. Es gab dort einen Zug mit dreißig bis vierzig bis oben hin gefüllten Waggons von Kernseife der deutschen Regierung für die Italiener. In der Woche, als der ankam, hat der Nazi, der im zuständigen Amt in Mailand saß, sich dahingehend mit den Schwarzmarktleuten in Verbindung gesetzt, daß ein Waggon abgekoppelt werden sollte, um den Inhalt zu verkaufen. Ich sollte mit ihm verhandeln, auf welches Konto in der Schweiz er seine Dollars bekommen und wo unsere Lastwagen die Kernseife dort auf dem Güterbahnhof abholen würden. Ich sollte ihn in einem Hotel am Domplatz treffen. Ich ging in dem Hotel an die Bar, wie das verabredet war, wir trafen uns, nahmen einen Drink zusammen, sprachen, und da rutschte es mir so heraus – weil er mir sagte, er sei früher ein SS-Mann gewesen –: Ich möchte Ihnen eines sagen. Ich mache das Geschäft hier mit Ihnen, und ich erledige alles, was man mir gesagt hat, aber ich muß Ihnen sagen: Ich bin Jude, und ich war in einem KZ, und so können sie sich vorstellen, wie ich denke. Darauf sagte er ganz ernst: „Ich möchte näher mit ihnen sprechen, kommen sie bitte mit auf mein Zimmer." Ich dachte schon, es kann mir etwas geschehen, aber ich hatte immer ein schwedisches Fahrtenmesser in meinem Strumpf – ich bin sonst sehr feige, aber ich hätte mich wahrscheinlich gewehrt. Ich komme herauf in sein Zimmer, er bat mich, ich solle mich auf das Bett setzen, und da kniete er vor mir nieder und fing an zu heulen und erzählte mir seine Geschichte. Er war als SS-Mann in einem nicht bekannten Lager in Deutschland selbst und mußte diese Sachen machen. Er war nicht älter als ich, Anfang Zwanzig. Er mußte Sachen machen, die ihm nicht gefallen hatten – im Gegenteil, er konnte es nicht aushalten. Sein Vater war ein großer „Macher" bei den Nazis, und er hatte seinem Vater gesagt: Du hast mir diesen Drückeberger-Job verschafft mit den Waggons. Mir sagte er folgendes: „Sie sind der erste Jude, den ich außerhalb eines Konzentrationslagers im Ausland getroffen habe. Ich kann nachts nicht schlafen, ich habe Alpträume, und ich denke an das, was ich gesehen habe. Können Sie mir helfen?" Stellen Sie sich vor: Ein SS-Mann! „Ist da irgend etwas, was ich für sie tun kann?" fragt er. Ich sagte: Nicht für mich, aber meine Eltern, die arbeiten als Zwangsarbeiter bei Siemens & Halske in Berlin. Können Sie mir die herausbringen. Er sagt: „Ich könnte das machen" – es war ungefähr September, als ich mit ihm sprach – „aus bestimmten Gründen am 24. Dezember, wenn Ihre Eltern erscheinen können vor dem „Hotel Vierjahreszeiten" in München, um fünf Uhr nachmittags; die meisten Leute sind dann zu Hause, besoffen. Ich habe einen Stabswagen, ich bringe Ihre Eltern und Ihren Bruder" – ich hatte es für meinen Bruder auch verlangt – „über die Grenze, reibungslos, nach Mailand über den Brenner." Dann habe ich das meinen Eltern – wir haben einen Code ausgemacht, es war „Tante Minna", das fünfte Wort in jedem Satz, nachdem die „Tante Minna" erscheint – geschrieben; es ist eine schwere Arbeit, so etwas zusammenzustellen. Dann kam der Brief aus Berlin zurück: Wir können es nicht, wir können uns noch nicht einmal auf eine Bahn setzen, wir müssen Papiere haben. Wir möchten gerne, aber wir können leider nicht, wir müssen weiter aushalten.

Das war das. Dann war noch eine Geschichte – ich habe meiner Frau versprochen, daß ich das nicht in Deutschland erzähle, nicht daß ich mich geniere, aber es paßt nicht. Ich mußte raus aus Italien, die Deutschen waren hinter mir her. Und zwar hat mir die Inhaberin eines Bordells, wo ich manchmal erschien, gesagt, daß die Deutschen nach mir suchen würden und ich raus muß, so schnell wie möglich. Padre Weber – wir haben ihm nichts gesagt, nur daß ich schnell weg muß – hat mir trotz aller Schwierigkeiten innerhalb von 48 Stunden ein Visum nach Barcelona verschafft, *he couldn't do more* – spreche ich jetzt wieder Englisch –, basierend auf der Schiffahrtskarte eines nicht existierenden Schiffes, das gerade eine Woche vorher im Golf von Biscaya gesunken war. Der Kontakt den er hatte, die wollten wahrscheinlich noch Schiffahrtskarten loswerden, wußte davon. Ich ging zu den Italienern, ich mußte eine Ausreiseerlaubnis haben. Da zeigte sich wieder, wie anständig die Italiener waren. Da hat mir der Mann eine dicke Akte über mich und Baron von Neumann gezeigt – die wußten in welcher Pension wir illegal gewohnt haben, die wußten, daß wir mit Schokolade gehandelt haben, daß wir im Schwarzmarktgeschäft gewesen waren. Ich sagte: Warum habt ihr uns nicht verhaftet. Da sagte er: „Ihr seid Jungs gewesen" – er hat Italienisch gesprochen –, „die nichts Schlimmes getan haben, hier ist der Stempel." Er hat mich herausgelassen aus Italien.

Ich erschien dann mit dem falschen Visum und der falschen Schiffskarte in Barcelona – es war noch eine andere Dame dabei, die schwer krank war und die nach Amerika fahren sollte, auch das hatte Padre Weber arrangiert – auf dem Flugplatz. Wir wurden verhaftet, aber nicht ins Gefängnis gesteckt, mußten unsere Pässe abgeben und uns jeden Sonnabend im Polizeipräsidium im Zentrum von Barcelona melden, und im Paß wurde abgestempelt, daß wir da gewesen waren. Wir waren ein paar Monate in Barcelona, es war sehr schön, ich habe wieder Schlagsahne essen können, Kuchen und alles, was es gab. Dann waren die Deutschen wahrscheinlich wieder hinter mir her, sogar in Spanien, denn ich bekam einen Anruf von einem spanischen Polizeileutnant, der mir sagte, daß er mich nicht kennt; er sprach sehr langsam Spanisch, ich konnte ein bißchen Spanisch. Er hatte den Befehl, mich am nächsten Morgen um sechs Uhr früh abzuholen und mich mit einem Auto mit zwei anderen Soldaten an die deutsche Grenze in Irun, das war das okkupierte Frankreich, zu bringen. Ich mußte innerhalb von Stunden weg. In meiner Verzweiflung ging ich zum englischen Konsulat, ich hatte da einen Bekannten, und dieser Mann war ein Attaché, und der besorgte mir einen „Salvo conducte", eine Begleitperson; das war ein Rotspanier, der aus einem Konzentrationslager in Frankreich entlassen oder geflohen war und der Flugzeugmechaniker war. Mich wollten die Engländer nicht haben, man hatte mir aber versprochen, mir zu helfen. Zusammen gingen wir zur Bahn und erreichten den 12-Uhr-Zug nach Madrid. In Saragossa und zwei anderen Städten sahen wir Leute mit verbundenen Händen, die abgeführt wurden, weil sie keine richtigen Papiere hatten, unsere Papiere waren in Ordnung. Ich trug – das war ein guter Gedanke von diesem Spanier – ein schwarzes Band am Arm, weil mein Spanisch nicht so gut war wie auch mein Italienisch und mein Portugiesisch, wie auch mein Deutsch jetzt nicht mehr gut ist, damit mein Spanier dann sagen konnte: „Laß ihn in Ruhe, seine Mutter ist gestern gestorben." Ich hatte auch ein Fußballabzeichen. Wir erreichten Madrid, gingen schnurstracks zur Englischen Gesandtschaft, und dort wurde uns an einer Wandkarte gezeigt, welcher der beste Übergang nach Portugal ist. Man gab uns Geld, denn wir konnten nicht mehr zu jüdischen Organisationen gehen, weil wir Illegale waren. Dann hat man uns viel Glück gewünscht, und wir gingen heraus – die Botschaft war in einem Vorort von Madrid – und sahen gegenüber auf der anderen Straßenseite an eine Laterne gelehnt, wie im Kino, zwei Männer mit Regenmantel und Schlapphüten. Ich hatte genug von solchen Romanen gelesen, daß ich meinem Spanier gesagt habe, was das für Leute sind: Du rechts und ich links, wir treffen uns am Bahnhof, *he never made, I was able to run fast and jump on a trolly car and than get a Taxi and a Bus, I arrived at the station, waited until the train allready moved, he was in prison, they both then after him.*

In einem schönen Ort mit dem Namen Valencia del Cante – ich habe noch die Bilder – kam es zu einer Szene mit einem Beamten: Ich war zusammen mit zwei Bauern. Wenn die Spanier etwas zu essen haben, bieten sie es allen Leuten an, und man muß etwas nehmen, sonst sind sie beleidigt. Einer von den beiden hatte mir so ein Gefäß in die Hand gedrückt, das einen Schnabel hatte. Man mußte es in die Luft halten, dann floß der rote Wein in den Mund, wenn man den Mund richtig aufmachte. Mir ist er übers ganze Gesicht gelaufen. In dem Moment geht die Tür auf – und da kommt wieder ein Beamter und fragt nach den Papieren. Ich muß sehr aufgeregt gewesen sein, ich hatte schon die ganze Nacht und die vorhergehende nicht geschlafen. Mein Spanisch hat mich verraten, der Zug fuhr gerade wieder los und er sagte: „Sie bleiben hier sitzen, und an der nächsten Station Baddacos – das ist die Grenzstation – kommen Sie mit mir zum Stationsvorsteher, und dann müssen wir Madrid anrufen." Da wußte ich, was los ist. Da hatte ich den glorreichen Gedanken – er ging ins nächste Abteil, der Idiot –, ging zur Tür und sprang so wie ich war hinaus. Es war dunkel und der liebe Gott hat immer geholfen und hat mir dort hin einen Sandhaufen gestellt. Es ist mir nichts passiert. Diesen Sandhaufen habe ich später versucht, zu fotografieren, als ich ein amerikanischer Geschäftsmann war für „ITT", International Telefon Telegraph als Marketing Manager. Da war ich in Lissabon und Madrid, und an einem Sonntag habe ich mir einen Wagen genommen, bin an die Grenze gefahren und habe einen Sandhaufen fotografiert: Es war sicherlich derselbe Sandhaufen in Valencia del Cante, und das Haus, wo wir gegessen hatten usw. Um die Sache kurz zu machen: Ich ging um das Dorf herum, Hunde hatten gebellt, und die Morgenröte begann gerade dort über den großen, hohen Bergen, und ich lief auf die Grenze zu. Und an einer Stelle, wo zwei Wege zusammenliefen, kam ein anderer Mann mit einem Rucksack, und das war der richtige Mann; das war einer, der im Gebirge auf der portugiesischen Seite lebte. Er war – so sagte er – früher der Bürgermeister von Santander im Norden von Spanien gewesen und machte jetzt sein Geld mit Schmuggel; er hatte Zigaretten oder so etwas. Der hat mich mitgenommen zu seinen anderen Rotspaniern in eine Höhle. Da habe ich eine Nacht mit denen verbracht und Rotwein gesoffen. Und am nächsten Tag bestand mein Freund, dieser Spanier, darauf, daß wir in eine Kneipe gehen und noch einmal darauf anstoßen, bevor ich in meinen Zug steige. Aber in der Kneipe – irgend jemand muß uns verraten haben – wurden wir verhaftet von zwei portugiesischen Polizisten, die uns in die nächste Stadt, Portalegre, brachten. Wir kamen ins Gefängnis der dortigen Polizeistation, in den Keller. Dem Spanier habe ich gesagt, er solle sich als Mexikaner ausgeben, denn Mexiko trat gerade in den Krieg ein, und die Portugiesen waren auf Seiten der Alliierten. Ich selbst habe mich – wie es mit der Englischen Gesandtschaft in Madrid abgemacht war – ausgegeben als Henry Wisly, nicht als Howard Heinz Wisla, und ich war auch ein entflohener kanadischer Sergeant der Canadian Royal Air Force. Dadurch haben wir irgendwie den lieben Polizeidirektor von Portalegre überreden können, daß er uns freilassen sollte. Was den Anstoß dazu geben sollte: Ich habe durch den Barbier, der auch den Engländern gegenüber freundlich eingestellt war, ein Telegramm schicken lassen an einen deutsch-jüdischen Geschäftsfreund meines Vaters – ich hatte die Adresse im Kopf –, ein Herr Blauwohl, und den gebeten, er soll zum Militärattaché der Englischen Gesandtschaft in Lissabon gehen, um den kanadischen Sergeant Henry Wisly zu befreien, damit der nach Lissabon kommen kann, was natürlich unser lieber Herr Blauwohl mit Freuden tat. Zum ersten Mal konnte er etwas für den alliierten Krieg tun, und er ist hingegangen. Als ich ihm über den Barbier kabelte, sollte er uns nur sagen, daß er dort war. Das hat er getan, und es hat geholfen. Am nächsten Tag hat uns der Polizeidirektor von Portalegre an die Bahnstation gestellt und uns *good bye* gewinkt. Wir sind nach Lissabon gefahren, nur der Spanier stieg an der nächsten Station aus und rannte zurück zu seinem Schlupfloch in den Bergen. So kam ich nach Portugal.

Ich erschien am Sonntagmorgen um sieben Uhr früh bei Herrn Blauwohl. Das Dienstmädchen öffnete die Tür, die Zehen kamen mir durch die Schuhe hindurch, und dieser nette Herr Blauwohl – ich war ja der Sohn eines Geschäftsfreundes aus Berlin – nahm mich für drei oder vier Wochen in seinem Haus auf. Dort in Portugal ging es mir gut. Ich war illegal da für ungefähr einunddreiviertel Jahr, und dann wurden alle Illegalen in Lager, nein, keine Lager, sondern in Badeorte gebracht, das war „forcierte Residence", „residencia fixa" – dazu gibt es im Jüdischen einen Ausdruck, der allen jüdischen Kindern gesagt wird. Wir bekamen einen Dollar am Tag, und das reichte aus für das Hotel und für das Frühstück; Mittagessen und Abendbrot haben wir uns selbst gemacht. Mittags bekamen wir Hummer in diesem Ort, Ericeira– der dreißig Meilen von Lissabon entfernt am Meer liegt, im Sommer ein Badeort und während des Jahres ein Fischerdorf war –, und die Spezialität dort waren Hummer, denn es gab im Krieg niemanden, der den Portugiesen Hummer abkaufen wollte. Und so waren sie überladen mit Hummer. Deshalb konnten wir für dreißig Cent zwei Pfund schwere Hummer haben, die armen Emigranten, jeden Tag. Die Portugiesen waren furchtbar anständig, die waren freundlich und haben uns bei den Tänzen und Volksfesten mitmachen lassen, und wir haben zusammengearbeitet. Ich wurde später gebeten, ob ich nicht bei einer *Hachschara*[126] mitmachen wolle. Wir machten das mit Hilfe eines Bauern, der seinen Grund und Boden dafür hergab, seine Instrumente wie Hacken usw. Ich verstand ja auch nichts davon, aber ich habe es dann mit Hilfe des Portugiesen allen beigebracht. Wir haben gehackt und geharkt und gesät, noch nicht geerntet. Inzwischen kam ein Herr aus Berlin, ein Herr Wilfried Israel, Sohn eines reichen Kaufhausinhabers, der in England saß und sich betätigte, um anderen Menschen zu helfen. Er wollte diejenigen, die den Wunsch hatten, nach Palästina bringen, hatte Beziehungen zu den Engländern und zu Juden in Israel und brachte es fertig, für ungefähr achtzig Leute legale Visa zu beschaffen. Da ich schon einmal auf dem Weg war, war es logisch, daß ich auch dabei war. Eines Tages fuhren wir mit einem portugiesischen Schiff, der „Nyassa", hell erleuchtet, los. Es gab eine Abmachung, die auch Wilfried Israel arrangiert hatte: Während man die Juden mit diesem Schiff nach Palästina brachte, wurden

---

126 Hachschara (hebr.): Pioniergruppen für die Landwirtschaft.

sie von den Deutschen in Ruhe gelassen; im Gegenzug hatten die Engländer den Deutschen versprochen, dann deutsche Kriegsgefangene mit demselben Schiff von Madagaskar nach Deutschland zu bringen. Das wurde gemacht. Wir kamen schließlich in Palästina an.

Ich wurde wieder drei Wochen in ein Lager gebracht, das ist im Krieg gang und gäbe gewesen, kam frei und fing mein Leben an. Ich habe dort meine Frau kennengelernt, Ursula aus Breslau, die 1933 mit ihren Eltern, die beide Zahnärzte waren, nach Tel Aviv ging. Ich habe sie überredet, mit mir nach St. Moritz zu gehen, weil ich mir Briefe von drei jüdischen Zeitungen besorgt hatte – einer englischen, einer hebräischen und einer deutschen, um in St. Moritz zur Olympiade 1948 als Berichterstatter Artikel zu schreiben und Fotos zu machen, was ich auch ohne Bezahlung tat. Ich bekam aber eben die Briefe, und mit den Briefen bekam ich sofort ein Schweizer Visum. Und mit meinem Ausweis – ich habe den Presseausweis von den Olympischen Spielen übrigens noch heute – war ich zwar kein Angehöriger der Presse, aber quasi die ganzen vierzehn Tage über in der Presseloge. Ich schrieb kräftig Artikel, und die erschienen alle in den Zeitungen ohne Bezahlung. Von der Schweiz aus ging ich dann nach Deutschland, um zu sehen, ob ich irgend etwas wiederfinden würde. Ich habe bei christlichen Freunden meiner Eltern in Berlin vierhundert Kilo Gepäck wiedergefunden – Möbelstükke, Schreibmaschinen, Nähmaschinen, Fahrräder, habe alles in große Kisten gepackt und nach Genf geschickt. Wir blieben nur noch kurz in der Schweiz und gingen dann für anderthalb Jahre nach Paris, bis wir unser amerikanisches Einreisevisum bekamen. Die Eltern meiner Frau schickten uns inzwischen die Koffer, denn wir hatten nur unsere Skiausrüstung. Dann wanderten wir 1949 in Amerika ein; meine Frau bekam sofort ein Baby, sie war Modistin, und ich bekam einen Job als Zahntechniker, hatte aber nicht gerne mit Zähnen, sondern lieber mit Menschen zu tun, ging in die Werbung und wurde Werbeleiter für eine deutsche Zeitung, später der Mann, der die elektronischen Leuchtreklamen am Times Square verkauft hat an Coca Cola und andere Firmen. Durch meinen deutschen Akzent war ich jemand, der überall in die großen Büros der Leute, die Entscheidungen treffen, hineinkam. Zu dieser Zeit ging das sehr gut. *Alright* – ich konnte mir das erste Haus kaufen und dann das zweite Haus – ich weiß nicht, wie es bei Ihnen ist, aber in Amerika, da geht man in der Werbebranche von einem Job zum nächsten. Ich habe eine ganze Seite mit *Business*-Karten, so kommt man vorwärts. Jetzt aber bin ich pensioniert. Aber ich kann nicht stillsitzen und arbeite nun für verschiedene Reisebüros. Dadurch bekomme ich meine eigenen Reisen billiger, aber ich helfe auch gerne anderen Leuten, helfe ihnen, nette Reisen zu machen. Auch diese Reise habe ich durch mein Reisebüro gemacht und bekomme im nächsten Monat meine fünf Prozent Kommission. Und ich unterrichte Deutsch, Italienisch, Portugiesisch und Spanisch als multisprachliche Einführung für Reisende. Ich erkläre den Leuten, was sie brauchen, und sie mögen das sehr.

Frau Arons – Alfred Döblin hat Portugal als eine „bunte, südliche und friedliche Welt" beschrieben. Wie erinnern Sie das Land in jenen Jahren?

Ruth Arons: In den Jahren während des Krieges: Bunt war es schon und friedlich auch.

Worin unterschied sich das Exilland Portugal von anderen Orten der Emigration – Portugal hatte dabei eine sehr ungewöhnliche Rolle, so bunt und fröhlich und schön war es wohl nicht?

Ruth Arons: Nein, durchaus nicht. Es war ein sehr armes Land, ein sehr enges Land mit sehr kleinen Horizonten, sehr kleinbürgerlich. Die Leute waren kleinlich, sie waren sehr bescheiden, gute Menschen, sehr hilfsbereit und freundlich, besonders Ausländern gegenüber. Gerade weil Portugal so klein und eng war, fanden die Portugiesen, daß alles, was ausländisch ist, besser ist: Es gab alle Prioritäten für Ausländer, denen auch gestattet wurde, Dinge zu machen, die Portugiesen vielleicht nicht anständig fanden – besonders für Frauen und Mädchen. Bei Ausländern fand man das richtig und schön – alles, was ausländisch war, war besser.

Wie haben Sie damals die Brüche dieser Welt wahrgenommen – ich glaube, Sie haben mit dreizehn Jahren Berlin verlassen, Ihre Eltern sorgten dafür und haben Ihnen gesagt, es sei eine Urlaubsreise. Sie sind dann nach Portugal gekommen, waren ein junges Mädchen, und haben nun diese Welt wahrgenommen als, Sie sagen nun aus heutiger Sicht: sehr kleinbürgerlich, sehr eng. Was nahmen Sie wahr von dem Unheil, was dort an der Tagesordnung war?

Ruth Arons: Portugal war ein ruhiges Land, das lag hinter dem Mond, und plötzlich kamen diese Horden von Ausländern. Die Portugiesen haben sich natürlich gewundert, sie haben den Antisemitismus nicht verstanden; Antisemitismus war in Portugal etwas, was nicht verstanden wurde. Die Kinder fragten mich immer: „Warum waren die Leute gegen dich, du siehst doch aus wie wir, du bist doch wie wir, was ist da für ein Unterschied?"

Was haben Sie den Kindern in Ihrem jungen Alter geantwortet?

Ruth Arons: Ich habe gesagt: Doch, wir sehen anders aus, und sonst haben wir ja keine Schuld, daß wir Juden sind. Aber die Deutschen haben eben die Juden gehaßt, sie mißhandelt und aus allen Posten ausgewiesen, aus allen Stellungen und von allem weggejagt – das haben die Portugiesen aber nicht verstanden. Und dann kamen diese vielen, vielen Ausländer. Die Portugiesen haben gestaunt, daß die Frauen irgendwie freier waren, haben gestaunt, daß die Leute auf den Straßen sitzen wollten, also vor den Cafés statt in den Cafés. Eine portugiesische Frau ging ohne ihren Mann nicht auf die Straße und in ein Café überhaupt nicht, auch nicht mit dem Mann, da waren nur Männer. Die jüdischen Frauen – für die Portugiesen waren es Ausländer, sie wußten nicht, ob es Juden sind oder nicht, für sie waren es Flüchtlinge – und die Flüchtlinge, die gingen ins Café, die Frauen wie die Männer, dann wollten die draußen sitzen in der Sonne. Das war alles sehr fremd für die Portugiesen, aber sie haben es nachher schon nachgemacht. Heute sitzen alle Leute draußen, heute gehen alle Frauen ins Café, genau wie die Männer. Kulturell war das irgendwie ein Schnitt, es war ein Erweitern; irgendwie kam plötzlich die äußere Welt in das Land, denn von Krieg und von Konzentrationslagern wußte man noch nicht so viel. Es war alles sehr weit weg. Es hat die Leute nicht direkt berührt, nur indirekt, weil es nachher Mangel an vielen Dingen gab und das Essen, viele Lebensmittel, auch rationiert wurde. Aber das kam eigentlich erst später.

Als die Deutschen Frankreich besetzten, flüchteten die ersten Juden nach Portugal. Wie war das Klima zwischen den Einheimischen und den Emigranten, gab es da eine Veränderung, gar eine Verschlechterung im Miteinander, oder blieb das gleich?

Ruth Arons: Es kommt ganz darauf an. Also ich weiß, daß dort, wo sich die Leute aufhalten mußten, wie in Ericeira oder Gravesterina und anderen Orten, die Leute sehr nett aufgenommen wurden von den Portugiesen. Die Portugiesen waren natürlich neugierig und wollten verstehen, was los war. Und dann waren die Männer natürlich sehr hinter den Mädchen und Frauen her. Das war weniger schön, denn für die portugiesischen Männer waren sie irgendwie Freiwild, es waren exotische Frauen, anders, sie waren nicht feige und haben sich wirklich nichts Böses gedacht, und die Männer haben wirklich nur an Böses gedacht, also das war ein Schock.

Es wird berichtet, daß Kinder alleine als versprengte Flüchtlinge nach Portugal kamen. Wie wurden diese Kinder versorgt, gab es denn eigentlich keinerlei staatliche Hilfe? Gab es damals überhaupt so etwas wie internationale Hilfe für diese armen Kinder, deren Eltern oft schon deportiert waren – wissen Sie davon?

Ruth Arons: Es gab verschiedene internationale Organisationen, besonders amerikanische. Es gab eine Quäkerorganisation, ein „Joint Distribution Committee" und verschiedene jüdische und nichtjüdische Organisationen.

Howard Heinz Wisla: Aber für Kinder gab es nichts besonderes, sie wurden eingegliedert mit den anderen. Ich weiß zum Beispiel, daß das „American Friend Service Committee", die Quäker, einen Mann hatten, nach dem ich mich genannt hatte. Sein Name war Howard Riggins, und deshalb nannte ich mich auch Howard, als ich nach Amerika kam. Howard Riggins hatte vielen Kindern, die ganz alleine von Belgien über die Pyrenäen – von einem zum anderen geschickt – kamen und manchmal alleine blieben, weil andere irgendwo in ein katholisches Heim gekommen waren. Die kamen also endlich ganz allein in Portugal an. Sie waren Waisenkinder. So ein Waisenkind, ein junges sechzehnjähriges Mädchen, sollte ich drei oder vier Tage in meine Obhut nehmen, und ich habe mich gewundert, daß man mich dafür von den Quäkern ausgesucht hat, aber ich habe mich gefreut, daß man mir so etwas anvertraut. Ich habe das Kind aufs Schiff gebracht, auf dem es dann nach Amerika zu seinen Verwandten gelangte. Es war nichts organisiert außer diesen drei oder vier Gruppen: Das war die Israelitische Gemeinde von Lissabon, das „American Joint Distribution Committee" und „HIAS"[127] hier in Amerika. Die Portugiesen selbst waren sehr anständig und haben in solchen Fällen geholfen, zumindest auf dem Lande.

Ruth Arons: Aber nicht offiziell, sondern Privatleute.

Howard Heinz Wisla: Ich muß ehrlich sagen, wenn die Portugiesen nicht da gewesen wären, wäre vielen Leuten nicht das Leben gerettet worden, die wären umgekommen. Und die Italiener auch: Die Italiener waren auch bessere Menschen, haben Herz gehabt. Viele Leute kennen die portugiesische Sprache nicht: Typisch für Portugal sind die Wochentage – Sonntag ist Domingo und Sonnabend ist Sabato. Das Wort Montag ist Secunda fera und Dienstag ist Terza fera ...

Ruth Arons: Fera ist Jahrmarkt, also der zweite Jahrmarktstag, der dritte Jahrmarktstag, der vierte, fünfte, sechste ...

Das sagt natürlich viel über die Mentalität aus ...

Howard Heinz Wisla: Die Menschen waren immer freundlich und nett. Wie gesagt: Zu uns, die wir so verfolgt waren. Wir waren meistens Jugendliche, und plötzlich sind dort Menschen, die uns nicht kennen und die uns mitnehmen ins Kino, die für uns zahlen, weil wir doch die armen Immigranten sind; die uns einladen, mitzukommen zu Feierlichkeiten, die sogar stark ka-

---

127 „Hebrew Sheltering and Immigrant Aid Society" in New York; ICA, „Jewish Colonisation Assoziation", in Paris ins Leben gerufen durch Baron Maurice de Hirsch; „Emigdirekt", 1921 gegründet in Berlin, um jüdische Auswanderungsorganisationen zu koordinieren – diese drei jüdischen Auswanderungsorganisationen schlossen sich im Jahre 1927 zusammen zur HICEM. Deren Hauptaktivitäten waren Informationen für die Flüchtlinge und Beratung bei Visa-Anträgen und Transportfragen.

tholisch waren; die uns die portugiesischen Volkstänze beibrachten und die Lieder – wie ging das – „U Padero". Es war eine schöne Zeit für uns. Und wir wurden natürlich von den Organisationen aufgepäppelt. Ich war eines Tages wieder im Gefängnis, einer Festung bei Lissabon, gelandet, weil ich irgendwie ausgerückt war nach Lissabon, wahrscheinlich um ein Mädchen zu sehen. Man hatte mich wieder eingefangen und für zwei Wochen in die Festung gesteckt. Um Ihnen zu verdeutlichen, wie nicht nur die Portugiesen, sondern auch die anderen Leute, die in dieser Atmosphäre gelebt haben, reagierten: Die Engländer glaubten, daß ich Propaganda-Material an die Bauern verteilt hatte; das „American Joint Distribution Committee" glaubte, daß ich irgend etwas getan hatte, was nicht im Sinne der Immigranten war und halfen mir dennoch, das heißt, sie konnten mir nur helfen, indem sie mir Lebensmittel brachten und mich in der 1. Klasse dieses Gefängnisses unterbrachten. Dieses Gefängnis hatte drei Klassen: Die unterste, das waren die gewöhnlichen Verbrecher, die auf der Erde auf Strohmatratzen schlafen mußten; dann gab es die 2. Klasse, vielleicht zwanzig Leute in einem großen Raum, die arbeiten mußten für die 1. Klasse, Betten machen usw., denn in der 1. Klasse gab es nur vier Betten. Ich bekam von allen Seiten etwas zu essen, aus den umliegenden Hotels wurden vierstöckig Töpfe gebracht, Suppen, Vorspeise, Hauptspeise und Nachtisch. Das hatte irgendeine Organisation bezahlt, weil sie dachten, ich sei ihretwegen im Gefängnis. Alle Menschen dort sind irgendwie angesteckt von dieser Freundlichkeit, man sieht es auch in manchen Ländern Lateinamerikas und in Zentralamerika.

Was bedeutet für Sie, Frau Arons, heute der Begriff Heimat?

Ruth Arons: Heimat ist für mich, wo man lebt, wo man seine Familie hat, wo man arbeitet, wo man in Frieden lebt. Und das ist Deutschland nicht mehr für mich. Das ist für mich Portugal.

Und für Sie, Herr Wisla?

Howard Heinz Wisla: Ich habe sozusagen auch meine Brücken abgebrochen. Wenn man eine Familie hat und die Kinder als Amerikaner aufwachsen, so wie Frau Arons' Kinder als Portugiesen aufwachsen. Ich würde mich persönlich als einen Menschen der Welt bezeichnen. Ich fühle mich als Europäer deutscher Herkunft jüdischen Glaubens. Ich sage mir immer nur: Ich habe es gerne, mit netten und guten Menschen zusammenzusein, ganz egal welcher Religion oder Nationalität sie angehören, und weise die ab, die mir nicht gefallen.

Was bedeutet für Sie beide der Begriff jüdische Identität?

Ruth Arons: Jüdische Identität ist etwas sehr Starkes, denn ich selber glaube, daß ich weder jüdisch noch überhaupt religiös bin, gar nicht religiös, aber ich fühle mich durchaus jüdisch, habe mich immer sehr jüdisch gefühlt. Und jedesmal, wenn die Juden verfolgt wurden, fühlte ich mich noch viel mehr jüdisch, irgendwie als Widerspruch: Jedesmal, wenn die Juden verfolgt werden, dann kommt es hervor, daß ich Jüdin bin, sonst bin ich es nicht, ich bin ganz indifferent.

Howard Heinz Wisla: Ich bin als religiöser Jude erzogen worden, meine Familie hat einen koscheren Haushalt gehabt, und wir sind in die Synagoge gegangen. Ich habe das im KZ verloren. Ich bin ein gläubiger Jude als Jude, aber ich gehe nicht in die Synagoge. Ich bin stolz, ein Jude zu sein, und verschleiere das niemals, aber ich bin – wie bereits gesagt – ein Mensch der Menschheit. Ich glaube an das Gute in der Menschheit, überall. Und man muß leider die Schufte ausmerzen, muß manchmal leider mehr Gewalt benutzen, wie in Jugoslawien oder mit der Todesstrafe. Meine Kinder sind wieder religiös geworden, sogar von selbst. Das findet man – zumindest in Amerika – sehr oft, daß die junge jüdische Generation sehr bewußt jüdisch ist, das überspringt immer eine Generation. Mein Vater war streng, nicht orthodox, aber liberal; Milch und Fleisch wurden getrennt, aber wir Kinder und meine Mutter hatten Schinken sehr gern und brachten meinem Vater und meiner Großmutter, die auch bei uns lebte, bei, das sei „neo-koscher". Man kann ein Butterbrot haben und darauf eine Scheibe Schinken und eine Scheibe Käse legen, solange sie durch Plastik getrennt waren. Damals gab es kein Plastik, es war Pergamentpapier, und dann ist es in Ordnung ...

Ruth Arons: (lacht)

Howard Heinz Wisla: Und die Großmutter hat gesagt: „Nein, nicht für mich. Wenn ihr das machen wollt, es ist die neue Zeit ..." Mein Vater hat es auch nicht mitgemacht, aber so war es.

Wann haben sie Ihren Kindern berichten können, was Ihnen bis 1945 widerfahren ist?

Ruth Arons: Ach Gott, mit der Zeit, als sie aufwuchsen und auch Geschichte lernten und lernten, bewußt in die Welt zu gucken, da habe ich angefangen es ihnen zu erzählen.

Haben Sie es ihnen erzählt oder haben sie gefragt?

Ruth Arons: Wahrscheinlich beides. Aber jedenfalls waren sie ja auch aufgewachsen in einem Land, das eine Diktatur war, die von Salazar.[128] Ich war

---

128 Antonio Salazar (1889–1970), führte als Ministerpräsident von 1932–1968 ein diktatorisches Regierungssystem in Portugal. Erst nach der Besetzung Frankreichs durch

immer – von klein auf – ein Opfer des Faschismus, und das haben sie verstanden und wendeten sich dadurch auch sehr früh bewußt politisch gegen den Faschismus – noch mehr durch das, was ich erlebt habe.

Dreihundert Emigrantenfamilien sind – glaube ich – nach dem Krieg in Portugal geblieben. Wie ist denn da die Integration gelungen, denn bis 1974, bis zur „Nelkenrevolution", war Portugal eine Diktatur?

Ruth Arons: Gerade von den jüngeren Leuten sind verschiedene nach Israel ausgewandert. Die jüdische Kolonie ist eigentlich immer kleiner geworden, es sind nun nicht mehr dreihundert Familien. Jetzt, im Moment, sind es jüdische Kaufleute und Ausländer, die in Portugal zu tun haben. Deshalb ist die Gemeinde wieder größer, aber von den Juden von früher sind sehr wenige geblieben.

Wie haben Sie, Herr Wisla, Ihren Kindern davon berichtet, was Ihnen passiert ist in jenen schrecklichen Jahren?

Howard Heinz Wisla: Ich habe es unseren Kindern erzählt und ihnen manchmal auch Teile aus meinem Buch vorgelesen, mein Buch war in drei Sprachen erschienen. Ich muß Ihnen ehrlich sagen, ich habe das Gefühl, daß meine Kinder – obwohl zwei Rechtsanwälte sind und einer Experte für soziale Angelegenheiten, Master Degree – selbst nicht so religiös waren. Später, als sie selbst Kinder hatten, unsere Enkel, sind sie natürlich in die Synagoge gegangen. Aber einer von meinen Jungen hat ein christliches Mädel geheiratet und erzieht seine Kinder in beiden Religionen; sie feiern sowohl jüdische als auch christliche Feiertage, was gar nicht schlimm ist. Ich glaube immer, daß eine Generation die nächste überspringt.

Wenn Sie heute zurückschauen, was würden Sie sagen: War 1933 für Sie eine Zäsur, wurde Ihnen dort erst bewußt, daß Sie Juden sind, wie es viele deutsche assimilierte Juden später geschildert haben, wurden Sie also durch Hitler zu Juden gemacht, oder war das vorher schon in Ihnen, lebten Sie jüdisches Leben?

Ruth Arons: Ich lebte jüdisches Leben. Meine Eltern waren Juden, bei meinen Großeltern wurden die Feiertage gefeiert, die gingen auch in die Synagoge, das war schon vorher. Aber wir wurden nachher mit der Verfolgung sehr viel bewußter, man fühlte sich doch noch mehr als Jude. Aber ich war immer Jüdin gewesen.

Können Sie sich an Ihre erste antisemitische Erfahrung hier in Berlin erinnern?

Deutschland 1940 wurde Portugal zum einzigen „Hafen der Hoffnung". Flüchtlinge aus Deutschland wurden von der portugiesischen Bevölkerung freundlich Und hilfsbereit aufgenommen. Auf Druck der Alliierten duldete der Diktator Salazar die Verfolgten aus Nazi-Deutschland.

Ruth Arons: Mein Vater hat mich sofort umgeschult, nachdem 1935 die Nazi-Gesetze, die antisemitischen „Nürnberger Gesetze", veröffentlicht wurden. Ich wußte, warum: Eben, um mich zu schützen vor Antisemitismus. Ich kam in eine katholische Schwesternschule, da wurde ich nicht antisemitisch behandelt, aber ich merkte dann doch mit der Zeit, daß es Kinder gab, deren Eltern nicht erlaubten, mit jüdischen Kindern zu spielen. Damit fing es schon an. Und dann gab es auf der Straße die Parolen und diese Zeitung *Der Stürmer*[129]. Dieses scheußliche Hetzblatt war in Schaukästen auf der Straße ausgestellt. Ich wurde manchmal auch angepöbelt auf der Straße, man konnte ja sehen, daß ich Jüdin war.

Wie gestaltete sich Ihre erste Konfrontation mit Antisemiten, Herr Wisla?

Howard Heinz Wisla: Ich war in einer gemischten Gruppe von Pfadfindern aus Juden und „Halbjuden", und wir sahen fast so aus wie die „Hitlerjugend", weiße Strümpfe und Koppel und so ein Riemen darüber. Wir haben Fahrräder gehabt, die wir genauso angemalt haben. Wir trafen „Jungvolk" und „Hitlerjugend" in den Wäldern. Wir haben alle genauso Deutsch gesprochen, unser Lagerfeuer war genauso schön und hoch wie ihres, wir haben dieselben Landsknechtslieder gesungen, wir haben denen aber, glaube ich, nicht erzählt, daß wir Juden sind. Es war uns irgendwie peinlich, daß die nicht gewußt haben, mit wem die da am Lagerfeuer saßen. Mich hat es nicht berührt. Meine Eltern waren erstaunt, was ich da tue. Ich weiß noch eines, und ich muß das leider gestehen: 1933, ich war gerade Bar-Mizwa geworden am 14. Januar, am 30. Januar kam Hitler an die Macht. In der Nacht wurde ein Fackelzug veranstaltet, und wir hörten es – damals gab es noch kein TV – im Radio und lasen es am nächsten Tag in den Zeitungen. Ich hatte einen inneren Drang, dort mitzumarschieren, ich wußte nicht, warum, aber ein Fackelzug durch das Brandenburger Tor ist doch eine phantastische Sache; es hat mich irgendwie angezogen, aber ich habe mich dann gezügelt. Ich war dreizehn Jahre alt. Ich bin weiter mit den Jungen auf Fahrt gegangen, nachher nur noch mit jüdischen Gruppen zusammen, und man hat langsam gelernt, was los ist in der Welt und besonders in Deutschland, daß man uns nicht haben wollte. Das Leben ging irgendwie trotzdem weiter – man hat gegessen, man hat getrunken, man hat geschlafen, man hat sich manchmal erfreut, indem man ins Kino oder Theater ging. Später durfte man nicht mehr in die Theater gehen, da gab es dann jüdische Theater, die sehr gut waren, ausgezeichnet. Da gab es den „Jüdischen Kulturbund"[130] in Berlin, der groß-

---

129 Antisemitisches Hetzblatt von Julius Streicher.
130 Der „Kulturbund deutscher Juden", gegründet im Sommer 1933, formierte sich als Selbsthilfeorganisation, um die bedrohte kulturelle Identität des deutschen Judentums zu bewahren. Geleitet von Kurt Singer, entfaltete die Vereinigung von ihrer Berliner

artig war, und mein Vater gehörte dem C.V.-Verein an, das war der „Central-Verein deutscher Staatsbürger jüdischen Glaubens". Die glaubten, daß sie Deutsche jüdischen Glaubens sind. Man hat ihnen das ziemlich ausgeredet. Außerdem gehörte er zum „Reichsverband Jüdischer Frontsoldaten". Das hat ihm auch nicht viel geholfen. Ich will noch eine Geschichte aus dem KZ erzählen: Am ersten Tag riefen die SS-Leute: „Alle jüdischen Frontsoldaten drei Schritte vor." Von der ganzen Gruppe von vielleicht sechshundert Leuten, es waren zwei Blocks, die dort eingeliefert worden waren, liefen verschiedene Leute vor, und dann hat man denen befohlen, die Latrinen sauber zu machen. Dann hieß es: „Alle Ärzte vortreten", und man hat ihnen ähnliche Jobs gegeben. Es war sehr erniedrigend. Wir mußten den riesigen Appellplatz, auf dem jeden Morgen alle Menschen aufmarschierten mit den Toten, mit den Verwundeten reinigen. Es gab Leute, die hatten Krankheiten, die haben sich geschüttelt und haben Anfälle bekommen, und die mußten wir dann hochhalten, während sie den Anfall hatten, damit sie strammstanden. Wir haben den Boden entlangrutschen müssen und jeden Strohhalm auflecken müssen auf dem Paradeplatz, jedes Stück Papier, das irgendeiner aus der Tasche hat fallen lassen – es war sehr saftig.

1990 ist Deutschland wiedervereinigt worden. Sie haben das wahrgenommen aus Lissaboner und aus New Yorker Sicht und sind gerade zurückgekehrt nach Berlin zu einer Tagung über die Emigrationsgeschichte Lissabons: Wenn Sie jetzt hier wieder in Berlin sind, wie nehmen Sie dieses Berlin wahr?

Ruth Arons: Daß die Mauer gefallen ist, das war natürlich ein Ereignis überall, für alle Menschen, und es war auch ein Zeichen der Freiheit. Aber ich muß sagen: Freunde von mir, die mich extra angerufen haben, weil sie sich so gefreut haben, haben sich mehr gefreut als ich. Ich hätte mich genauso viel oder wenig gefreut, wenn es in China passiert wäre oder weiß ich, wo. Deutschland ist ein schönes Land, es ist ein Land wie jedes andere. Berlin finde ich eine schöne Stadt. Ich meine, ich freue mich, daß ich in Berlin geboren worden bin, weil es eine schöne Stadt ist, es ist schön grün und irgendwie gemütlich. Aber: Eine Stadt, wo man geboren ist, muß man ja haben, bei mir ist es gerade Berlin, aber es ist nicht meine Heimat.

Howard Heinz Wisla: Bei mir ist es auch so ähnlich, nur denke ich an die Berliner, an die Menschen als außergewöhnliche Typen von Menschen, die heiter sind, die irgendwie einen kessen Ausblick auf das Leben haben, die

---

Zentrale aus Aktivitäten in allen künstlerischen Genres – Oper, Konzerte, Schauspiel, Kabarett, Ausstellungen. Rigide kontrollierten die Nazis alle Veranstaltungen. 1941 ordnete die Gestapo die Auflösung des nunmehr „Jüdischen Kulturbunds in Deutschland" an. Es folgten Massendeportationen in Ghettos und Vernichtungslager.

eine Frechheit besitzen, mit der sie immer durchkommen, die immer obenauf schwimmen wie ein Korken im Wasser. Und das gefällt mir an den Berlinern. Als ich gehört habe, daß die Mauer, die ich häßlich fand, als ich hier war, gefallen ist, habe ich mich gefreut und dann sofort gedacht: Entschuldigung, du bist doch nicht mehr dort, du bist doch Amerikaner. Aber ich habe mich gefreut in dem Moment, als ich das gesehen habe im TV und in den Zeitungen und im Radio.

Ruth Arons: Ich wollte noch zu den Berlinern sagen: Wenn ich während meines Lebens einmal irgendwelche Leute getroffen habe, die aus Berlin stammten, gab es immer irgendwie eine gegenseitige Sympathie ...

Howard Heinz Wisla: ... eine chemische ...

Ruth Arons: ... ja, irgend etwas Chemisches, ganz komisch, daß man sagt: Natürlich, ein Berliner, daher die Sympathie. Aber wirklich: Juden, Nichtjuden, ganz egal, das ganze Leben lang. Und Deutschland sonst: Natürlich dasselbe, aber weniger, Berlin ist eigentlich eine Ausnahme. Ich war früher ganz gegen Deutschland, heutzutage, nach allen Bemühungen Deutschlands und der deutschen Regierung für „Wiedergutmachung" und den Initiativen von Leuten wie Ihnen und Frau Christa Heinrich[131] und vielen anderen – ich habe Deutschland durchaus verziehen, aber nicht vergessen, es darf nicht vergessen werden.

Howard Heinz Wisla: Mir geht es auch so. Ich freue mich, wieder in Berlin zu sein. Als ich das vorletzte Mal hier war, bin ich vom Regierenden Bürgermeister eingeladen worden und bin sehr stolz darauf gewesen; ich bin mit meiner Frau gekommen, die sich erst sehr gesträubt hatte. Da ist folgendes passiert: An dem Tag, an dem wir herumgeführt wurden, wurden wir auch zum Reichstagsgebäude geführt. Das wurde gerade an dem Tag eröffnet, und irgendein großer „Macher" der Deutschen – ich habe den Namen vergessen –, der Richter war während des Krieges, schwang da eine Rede, er war natürlich kein Nazi mehr, vor Jugendlichen. Sie waren gegen ihn und versuchten in den Reichstag einzudringen. Es gelang ihnen, und sie wollten ihn „vermöbeln". Es war ein großes „Tohuwabohu". Wir waren oben in der Galerie. Neben mir saß eine ältere Dame aus Amerika oder Australien, und ich schrie plötzlich auf, denn die Leute riefen dem Mann zu: „Raus! Raus", er sollte nicht weiterreden. Und da fragte diese Frau: „Was, es geht schon wieder los? Man will uns wieder heraushaben?" Sie hat es falsch verstanden. Ich bin damals interviewt worden und wurde gefragt, was ich denn

---

131 Soziologin, verantwortlich für das Konzept der Ausstellung „Lissabon 1933–1945. Fluchtstation am Rande Europas" des Goethe-Instituts Lissabon 1995.

gefühlt habe, als dieses Durcheinander im Reichstag war. Da habe ich gesagt, daß ich mich gefreut habe wie ein Schneekönig, denn ich habe gesehen, daß die Deutschen endlich aufwachen und sagen, was sie denken. Und dann fragte mich der Reporter, was denn gewesen wäre, wenn ich da gewesen wäre. Und da habe ich gesagt: Ich hätte auch feste mitgemacht und auch geschimpft, aber das ist der Grund: Damals ist keiner gekommen und hat es getan, und deshalb bin ich weggelaufen, und bin jetzt Ausländer.

Zvi Kolitz

(geb. 1919 in Alytus, Litauen)

Geboren wurde Zvi Kolitz im litauischen Städtchen Alytus als Sohn eines hoch angesehenen Rabbiners und Talmudgelehrten. Die jüdische Kultur Litauens blühte zu jener Zeit, denn die jüdische Aufklärung, die „Hascala", die in Deutschland entstanden war, hatte in Litauen das Judentum gestärkt wie nirgendwo sonst. Siebenhundert Jahre lebten die Litauer respektvoll mit ihren Juden zusammen, bis der Ausbruch des Zweiten Weltkriegs plötzlich alles beendete, wie Paul Badde, der Herausgeber von Zvi Kolitz in Deutschland, betont.

Zvi Kolitz hatte 1937, zusammen mit seiner Familie, Litauen für immer verlassen, noch bevor Hitler und Stalin die baltischen Republiken unter sich aufteilten. Kolitz war überzeugter Zionist, als er in Florenz Geschichte studierte. Er wurde gerade volljährig, als er Jerusalem 1940 allein erreichte. Im damaligen Palästina kämpfte Zvi Kolitz nach dem Zweiten Weltkrieg für die Errichtung eines jüdischen Staates. Im Mai 1948 rief dann David Ben Gurion tatsächlich den Staat Israel aus.

In Argentinien hatte er als 28jähriger Journalist die Erzählung *Jossel Rakovers Wendung zu Gott* – die erstmals am 25. September 1946 in *Di Jiddische Zeit* in Buenos Aires erschien – zu Yom Kippur, dem jüdischen Versöhnungsfest, geschrieben: ein fiktives Testament. Ein junger jüdischer Widerstandskämpfer im brennenden, sterbenden Warschauer Ghetto schreibt einen Brief an Gott und versteckt den Text in einer Flasche. Zvi Kolitz' Text wirkt in seiner Radikalität so echt, daß er beinahe für historisch gehalten wird. Das Manuskript ging um die Welt und immer wieder verloren. Kurz nachdem das Original 1993 wieder entdeckt wurde, wurde es bei einem Terroranschlag auf die Jüdische Gemeinde in Buenos Aires zusammen mit einer ganzen Bibliothek endgültig vernichtet.

Zvi Kolitz lebt heute in New York. 1996 besuchte er gemeinsam mit seinem Freund Paul Badde Deutschland, um den seinerzeit erstmals seit fünfzig Jahren vollständig als Buch[132] gedruckten Text vorzustellen. In Berlin kam es zu einer Begegnung.

---

132 Zvi Kolitz, *Jossel Rakovers Wendung zu Gott*, zweisprachige Ausgabe, mit einem Faksimile des rekonstruierten Originals; aus dem Jiddischen übertragen, herausgegeben und kommentiert von Paul Badde, Transkription aus dem Jiddischen von Arno Lustiger, München 1999.

David Dambitsch: *Am Neujahrstag – an Rosh-ha-Shana – fällt Gott sein Urteil über die Menschen; zum Versöhnungstag Yom Kippur wird es gewogen, so heißt es in der jüdischen Religion. Welche Rolle spielten für Sie die jüdischen Traditionen zum Versöhnungstag, als Sie den Text* Jossel Rakovers Wendung zu Gott *konzipierten?*

Zvi Kolitz: Ich habe *Jossel Rakover* geschrieben zu einem Yom Kippur, aber das heißt nicht grundsätzlich zu Yom Kippur. Nicht nur Yom Kippur, sondern jede jüdische Tradition ist mir sehr heilig. *Jossel Rakover* ist nicht ein Resultat von jüdischen Gebeten, sondern von biblischen Gestalten. Jacob ist – wie wir sagen: „restless with god", „struggle with god", wie uns die Bibel sagt, „Hiob who speaks back to god". Das Thema besteht also nicht aus biblischen Gebeten, sondern das Thema ist die biblische Gegenwart. Biblische Gestalten, biblische Gebete sind also die Haupt-Stimuli für *Jossel Rakover.*

Ihre Arbeit ging um die Welt. Sie haben die Menschen damit so ergriffen, daß viele nicht glauben konnten, daß darin eine Wahrheit beschrieben ist, die der Fiktion entstammt. Was wußte man 1946 in Argentinien über die Kämpfe im Warschauer Ghetto?

Ich kam aus Israel nach Argentinien. Und in Israel hat man alles gewußt. Ich war drei Wochen in Argentinien, als ich begann, das Buch zu schreiben. Wir haben alles gewußt, jedes Detail. Ich habe meine Informationen nicht aus argentinischen Quellen geschöpft, sondern erst aus palästinensischen, dann israelischen – und wir haben alles gewußt. Ich habe dort sogar mit einigen Menschen gesprochen, die das Warschauer Ghetto überlebt hatten, ich habe sie in Israel gesehen.

Wann haben Sie zum ersten Mal erfahren von der Existenz der Konzentrationslager?

1944, in der zweiten Jahreshälfte. Es kann sein, daß wir von den Konzentrationslagern ein Jahr früher gehört haben, aber wir haben nicht gewußt, was dort passiert ist. Man hat gesagt, daß es ein Gefängnis gewesen sei. Aber daß man dort Gaskammern gehabt hat, das ist uns in der zweiten Jahreshälfte 1944 klar geworden.

Wie reagierten die Menschen, als sie erfuhren, daß Sie der Autor von Jossel Rakovers Wendung zu Gott *sind?*

Schriftsteller und Denker haben gesagt: Das macht es noch stärker, daß es von einem lebendigen Juden geschrieben ist und nicht von einem toten Juden. Es ist niemandem eingefallen, zu sagen oder zu denken, daß es deshalb – weil der Autor lebt – weniger wert ist. Die erste Reaktion, als man dachte, das Buch sei von einem Menschen geschrieben worden, der im Ghetto gestorben ist, und die zweite Reaktion, als man wußte, daß der Autor lebt, waren gleich stark.

Welche Einstellung dominierte denn in Argentinien kurz nach dem Untergang des sogenannten „Tausendjährigen Reiches"— Südamerika galt ja den Nazis auf der Flucht als relativ sicherer Ort?

Nun, als ich das Buch 1946 geschrieben habe, wußte ich nicht, daß zur selben Zeit viele Nazis nach Argentinien gekommen sind, wie Eichmann, nach Paraguay und anderen Orten, um sich vor der Welt zu verstecken. Erst viel später habe ich es erfahren. Und als ich es erfuhr, habe ich darin ein übernatürliches Zeichen gesehen, daß ich das Buch zu der Zeit geschrieben habe, als die Nazis als Verfolgte kamen, um dort Schutz zu suchen. Aber 1946 hat man in Argentinien nicht gewußt, daß dorthin jeden Tag Nazis kamen. Erst sehr viel später wurde es bekannt.

Ihr Text galt lange Zeit als verschollen, wurde dann 1993 endgültig wiederentdeckt, doch kurz danach fiel er mit zahlreichen anderen Büchern einem Terroranschlag in der Bibliothek von Buenos Aires zum Opfer. Welche Gefühle begleiten Sie, wenn Sie diesen Text heute zur Hand nehmen?

Was 1993 in Buenos Aires geschehen ist, als die Bibliothek der Jüdischen Gemeinde zusammen mit dem Originaltext von *Jossel Rakover* in Flammen aufgegangen ist, hat nur bestätigt, daß *Jossel Rakover* für uns heute etwas zu sagen hat, für heutige Nazis ebenso wie für die Nazis vor fünfzig Jahren. Das Buch ist auch etwas für die jungen Nazis – etwa in Deutschland oder auch in Amerika –, die man „Skinheads" nennt. Wenn ich die sehe, fühle ich genau wie Jossel Rakover. Wenn er in der Geschichte sagt: Wenn meine Feinde derart gegen mich kämpfen – wer bin ich? Das ist exakt das, was ich gefühlt habe, als das Original verbrannt ist. Oder wenn ich hier und dort einen Nazi sehe, wenn meine Feinde mich so bekämpfen, welche Botschaft bedeutet das für mein Denken?

Sie sind erstmals wieder in Berlin, nachdem Sie die Stadt 1990 – kurz nach Deutschlands Einheit – besucht haben. Wie denken Sie beim Wiedersehen über dieses Land, über diese Stadt mit deren besonderer, schrecklicher Geschichte, welche Gedanken begleiten Sie, wenn Sie hier sind?

Ich war dreimal in München in den letzten drei Jahren als Gast einer christlichen, katholischen Gesellschaft, die ihre Wurzeln im Judentum sucht, eine sehr wunderbare, integrierte Gemeinde. Man hat mir gesagt, daß fünfzehn Meilen von München entfernt das ehemalige KZ Dachau liegt. Ich hielt mich in München zu einer Jahreszeit auf, als wunderbare, unvorstellbare Farben in der Natur, in den Bäumen zu sehen waren, unweit von München. Eines der Dinge, die ich nicht begreifen konnte oder auf die ich keine Antwort bekam, war, wie es möglich ist, daß – während Tausende in Dachau getötet wurden – dieselben Farben in der Natur zu sehen waren. Als mich mein Freund Paul Badde gefragt hat, ob ich nach Dachau fahren möchte, habe ich nein gesagt. Im Winter wäre es möglich gewesen, aber im Sommer – einer Zeit, wenn alles blüht – kann ich nicht daran denken. Man hat mir auch, als ich dort war, erzählt, Dachau sei eine wunderschöne kleine Stadt. Deshalb werde ich dort nicht hingehen. Wenn Sie mich also nach meinen Gefühlen über Deutschland fragen: Wenn ich daran denke, kann ich es nicht begreifen, weil das ein Deutschland ist, das einmal war. Ich will glauben, daß es heute ein anderes Deutschland ist. Die Leute, die ich heute in Deutschland kennengelernt habe, sind andere Menschen. Die Leute in der integrierten Münchner Gemeinde sind andere Menschen; die Frau, die sie früher gegründet hat, hat am Tag nach der Befreiung Dachau gesehen. Und sie hat gesagt: Von hier aus muß etwas Neues kommen. Und sie probiert es bis heute und hat mit ihrer Arbeit ein Wunder geschaffen. Ich gehe nur zu jenem Deutschland, das anders ist. Ich kenne das alte Deutschland nicht, aber ich weiß, was passiert ist. Man sagt mir, auch heute gibt es Antisemiten. Ich weiß es. Wenn ich Antisemiten sehe, bestätigt sich mir das Jossel-Rakover-Gefühl über die Häßlichkeit meiner Feinde. Das ist alles.

Was bedeutet für Sie persönlich der Begriff Heimat?

Heimat – für mich hat dieser Begriff zwei Bedeutungen: eine nationale und eine religiöse. Ich habe beide Gefühle, das religiöse und das nationale. Ich habe viele Jahre meines Lebens in Israel gelebt. Und jetzt lebe ich in Amerika. Es gibt auch eine biologische Heimat: Das ist Litauen. Und das ist meine tragische Heimat. Denn dort hat das Judentum das Beste geschaffen, und dort wurde es verurteilt zum Ärgsten. Das ist eine Heimat. Meine geistige Heimat ist Israel. Bin ich zufrieden mit Israels Politik heutzutage? Ich bin nicht zufrieden. Aber das ist meine geistige Heimat. Zur gleichen Zeit glaube ich, daß die Vereinigten Staaten von Amerika die letzte Hoffnung der freien Menschheit sind, daß die USA das großzügigste Land der Welt sind, und ich bin sehr stolz darauf, Bürger von Amerika zu sein. Religion hat nur eine Quelle, keine Heimat. Die Quelle ist Israel, nicht nur für die Juden, sondern für die ganze Menschheit. Wie der Prophet sagt: weil mein Haus ein Haus des Gebets sein wird für alle Völker. Einer der prominentesten Literaturkritiker der Gegenwart, George Steiner, hat einen berühmten Essay geschrieben mit dem Titel *Der Text unserer Heimat.* Er hat gemeint: Der Text meiner Heimat ist die Bibel. Das muß auch meine endgültige Antwort sein. Heimat ist die Bibel – das ist meine Heimat.

Der Schriftsteller Edgar Hilsenrath aus Berlin sagt auch von sich: Die ganze schreckliche Zeit über war die Sprache seine Heimat. Er sieht Sprache als einzigen Ort, sich zu Hause zu fühlen. Wie erleben Sie heute, in dieser säkularisierten Welt, als ein sehr gläubiger Jude das, was von der Religion geblieben ist?

Als ein Jude, dessen geistige Heimat die Bibel ist: Was ich sehe, ist eine Erfüllung der biblischen Prophetien. Was Sie einen Prozeß der Säkularisierung nennen, das wurde schon vorher unter anderem Namen wahrgenommen. Die Namen sind zum Beispiel *paganism* [Heidentum] oder *idolatry* [Götzendienst], es sind dieselben Worte. Man muß doch staunen, wenn man sieht, daß der Talmud dem Thema Heidentum einen ganzen Traktat gewidmet hat: Man wird unglücklich werden und ist heutzutage unglücklich. Eigentlich waren die zwei größten Mörder des 20. Jahrhunderts, Stalin und Hitler, Götzenverehrer. Heute gibt es überall Götzendienerei. Man kann zum Beispiel Drogen usw. nennen. Noch nie in einer zivilisierten Gesellschaft waren so viele junge Männer und Frauen depressiv wie heute. Den Platz Gottes, den heutige Menschen verlassen haben, hat nichts neu ausfüllen können. Die einzige Sache, die neu hinzugekommen ist, ist ein Vakuum, eine schreckliche Leere. Die heutige Säkularisierung ist die Lehre von einer Leere. Menschen haben viele Dinge zerstört und wissen nicht, wohin sie gehen. Die einzigen Menschen, die noch wissen, wohin sie gehen, sind die, die noch einen Gott haben. Und ich sehe, daß die Zahl der jungen Männer und Frauen in Amerika und in Israel und Deutschland, die zur Religion zurückkehren, größer wird. Die Älteren sind religionslos – die Kinder kehren zurück. Nach den Drogen kehren sie zur Religion zurück. Die Säkularisierung ist bankrott – sie hat den Menschen nichts gegeben. Ich habe bei anderer Gelegenheit gelernt, daß im 19. Jahrhundert ein großer amerikanischer Denker gesagt hat, daß der größte Verlust im 19. Jahrhundert der Verlust des Glaubens war. Hitler und Stalin folgten auf die Ruinierung des religiösen Glaubens. Nationalsozialismus und Kommunismus konnten nur geschehen in den Ländern Europas, die den Glauben verloren hatten. Aber nach dem Nationalsozialismus und nach dem Kommunismus kehrt er zurück. Das ist jetzt ein neuer Prozeß auf der Welt. Ich sehe es sogar in Israel: Niemals haben so viele junge Juden die Tora[133] studiert wie jetzt, auch in Amerika – ich weiß nicht, wie es in Deutschland ist – , und in Frankreich. Junge französische Philosophen wie Bernard-Henri Lévy[134] und andere Schüler des großen

---

133 Tora, wörtlich „Lehre", umfaßt die fünf Bücher Mose, also Genesis, Exodus, Leviticus, Numeri, Deuteronomium. Mit den prophetischen und historischen Büchern bildet die Tora die schriftliche Lehre, während der Talmud als mündliche Lehre gilt.
134 Bernhard-Henri Lévy (geb. 1948 in Beni Saf, Algerien) französischer Philosoph, der in zahlreichen Essays über das Verhältnis von jüdischem Monotheismus und der Geburt der Menschenrechte infolge der Französischen Revolution nachgedacht hat.

Emmanuel Lévinas[135] sind religiöse Juden, die Elite von französischer, geistiger Kultur immerhin. In Frankreich ist das sehr, sehr erfrischend.

Was kann die Bibel den Heutigen denn konkret bedeuten?

David Ben Gurion hat gesagt: Die Bibel ist Weltgeschichte, geschrieben mit der Faust. Und das sieht man jeden Tag im Leben, wenn man die Bibel lernt und kennt. Der Zweite, der dazu etwas gesagt hat im 19. Jahrhundert – man weiß sehr wenig von ihm –, war Elia Benamozegh, Philosoph, Kabbalist und Direktor des Rabbinerseminars in Livorno. Der hat gesagt: Die Bibel ist Weltgeschichte – geschrieben im voraus. Ich sehe das im Leben, wie es geschieht jeden Tag.

Aber wie beurteilen Sie die fundamentalistischen Schattenseiten der zunehmenden Religiosität?

Es existiert ein schreckliches Mißverständnis über die Bedingungen des Fundamentalismus. Wenn Menschen von Fundamentalismus sprechen, meinen sie nicht Fundamentalismus, sondern Buchstabenglauben. Die Kabbala[136] sagt, der, welcher sagt, daß die Bibel buchstäblich verstanden werden soll – nicht nur die Gesetze, sondern die gesamte erzählte Geschichte –, vergleicht Menschen, die nicht an Gott glauben. Fundamentalisten buchstabieren den Koran – wir Juden kennen das nicht. Der Talmud sagt: Siebzig Gesichter hat die Tora. Es gibt auch bei uns noch Fundamentalisten, die eine einseitige Sicht haben, kleine fanatische Gruppen in New York und Jerusalem. Ich kenne die – aber das sind nicht biblische Juden, sie leben nicht das Richtige.

---

135 Emmanuel Lévinas (1906–1995), Kindheit und Jugend in Kaunas, Litauen, gilt als bedeutendster jüdischer Religionsphilosoph Frankreichs; 1923 verließ er Litauen, das Land, aus dem auch Zvi Kolitz stammt, um zunächst in Frankreich und in Deutschland (bei Husserl und Heidegger) zu studieren. Sein Interesse ist es, die Probleme des Talmud in die Perspektive der Philosophie zu stellen; dabei geht er davon aus, daß es eine gemeinsame jüdisch-christliche Ethik gibt und ihre Grundlage die Nächstenliebe ist. Seine Eltern, die Eltern seiner Frau und seine Brüder wurden von den Nazis ermordet, weshalb Emmanuel Lévinas nach seiner Rückkehr nach Frankreich das Gelübde ablegte, nie wieder einen Fuß auf deutschen Boden zu setzen.

136 Kabbala (hebr.): „Überlieferung" – ist der Name einer mystischen Bewegung, die im 12. Jahrhundert in der Provence entstand und Mitte des 13. Jahrhunderts im nordspanischen Gerona mit dem Buch *Sohar* zu einer ersten Blüte gelangte. Von dort aus verbreitete sich die Kabbala rasch in der gesamten Judenheit. Im 16. Jahrhundert war die Stadt Safed in Galiläa ihr Zentrum. In der Neuzeit wurde erst durch den Religionsphilosophen Gershom Scholem die Erforschung der Kabbala zu einer historisch-kritischen Wissenschaft.

Eveline Goodman-Thau

(geb. 1934 in Wien, Österreich)

Sie selbst stellt sich als unorthodoxe, orthodoxe Frau vor. Für Eveline Goodman-Thau liegt darin kein Gegensatz, sondern eine Herausforderung. Die Hochschulprofessorin ist seit dem Jahr 2000 Rabbinerin. Frauen in diesem Amt sind eigentlich nur innerhalb des liberalen oder des Reformjudentums anerkannt. Doch Eveline Goodman-Thau bleibt der orthodoxen Tradition, aus der sie stammt, verbunden. Die liberale Gemeinde „Or Chadasch" in Wien, in der sie seit März 2001 amtiert, mußte sich deshalb daran gewöhnen, daß Rabbinerin Goodman-Thau den Text im Gottesdienst nicht spricht, sondern singt. Die Frage, ob sich dann irgendwann auch einmal die Anhänger der orthodoxen Tradition an eine Frau als Rabbinerin gewöhnen können oder wollen, bleibt davon noch unberührt. Und im Grunde ist diese Frage für das, was Eveline Goodman-Thau als Rabbinerin zu sagen hat, auch zweitrangig.

Eveline Goodman-Thau wurde in Wien im Juni 1934 geboren. Vom siebten bis zum zehnten Lebensjahr verbrachte sie ihre Kindheit mit Schwester, Bruder und Eltern im Versteck in Holland, also damals mitten im Herrschaftsgebiet des deutschen NS-Regimes. Deutsch war den Kindern selbstverständliche Mutter- und Vatersprache. Obwohl die Eltern Österreich nach dem Ende des Rassenwahns niemals mehr betraten und sogar ihren österreichischen Paß zurückgaben, wurde zu Hause weiterhin Deutsch gesprochen. Ihr Vater, der einer chassidischen Rabbinerfamilie entstammte, war noch Schüler des berühmten Wiener Oberrabbiners Zvi Peres Chajes gewesen. Die Synthese zwischen Altem und Neuem galt im Elternhaus als der ideale Weg.

Nach dem Ende des Krieges studierte Eveline Goodman-Thau in Amsterdam englische Literatur und gründete den ersten hebräischsprachigen Kindergarten der Stadt. 1956 heiratete sie und wanderte zusammen mit ihrem amerikanischen, in Jerusalem geborenen Mann Mosche nach Israel aus. In den folgenden Jahren widmete sie sich ganz der Familie. Doch dann zog es die Mutter von fünf Kindern zurück zum Studium. Unter anderem studierte sie bei Gershom Scholem die Geschichte und Philosophie des Judentums.

Als Professorin besuchte sie Anfang der achtziger Jahre zum ersten Mal Deutschland. Immer deutlicher wurde ihr seitdem, daß Israel die Verbindung zu den Forschungsstätten der großen jüdischen Denker seit der Aufklärung verloren hat; daß es notwendig ist, diesen Abgrund, der infolge der Shoah entstanden ist, zu überbrücken. Auch für Deutschland ist dies wichtig – davon ist Eveline Goodman-Thau überzeugt –, denn nur in der Entdeckung der gemeinsamen Geistesgeschichte kann man auch in Deutschland den durch die Shoah entstandenen Verlust im Hinblick auf die eigene Identität ermessen. Zwischen Jerusalem, Wien und Berlin pendelnd, wirkt sie heute in diesem, brückenbauenden Sinne. Das Gespräch mit ihr fand 2001 im Berliner Haus der Kirche statt.

David Dambitsch: *Sie sind in der orthodoxen Tradition des Judentums erzogen worden und fühlen sich dieser Tradition nach wie vor verbunden. Sie haben als erste Frau nun von einem orthodoxen Rabbiner die Ordination erhalten, und dennoch sind Sie strenggenommen keine orthodoxe Rabbinerin. Wie erklären Sie das Menschen, die sich mit den unterschiedlichen Richtungen des Judentums – orthodox, konservativ und reform – nicht auskennen?*

Eveline Goodman-Thau: Das Judentum war nie monolithisch, es war immer sehr pluralistisch. Denken Sie nur daran, daß die Offenbacher „Chasside Aschkenas"[137] im 12., 13. Jahrhundert die Schriften von Maimonides[138] aus dem Mittelalter verbrannt haben, weil sie gesagt haben: „Dieser spanische Philosoph wird uns nicht vorschreiben, wie wir das Judentum zu leben und zu interpretieren haben." Also: Zwei Juden, drei Meinungen. Wichtig war im Judentum, daß die Gemeinde zusammenhält, daß also ein Konsens vorhanden ist. Und die Halacha, das jüdische Gesetz, ist aus dem Brauch gewachsen, nicht aus einer dogmatischen Sichtweise wie im Christentum. Eine Institution Kirche, das gibt es bei uns nicht, es gibt keine Institution Synagoge. Das Sanhedrin[139] ist nach der Zerstörung des Tempels[140] nicht zusammengekommen, konnte also nicht wirklich Entschlüsse fassen. Am Anfang ging das noch ein bißchen, aber dann nicht mehr. Was wir jetzt haben, sind Gemeinden, die praktizieren, wie sie praktizieren. Darum ist im jeweiligen Judentum der kulturelle Kontext viel wichtiger als die Strömun-

---

137 Chasside Aschkenas, die Frommen Deutschlands. Bedeutendster Vertreter der Chasside Aschkenas war Jehuda ha Chassid (1150–1207), der mit seinem *Buch der Frommen* die jüdische Mystik inspirierte.
138 Moses Maimonides, Rabbi Mose ben Maimon (1135–1204), jüdischer Philosoph und Arzt, kodifizierte mit seiner Mischne Tora, „Wiederholung des Gesetzes" (1180), die jüdische Lehre.
139 Sanhedrin, rabbinischer Gerichtshof und die legislative Instanz in hellenistisch-römischer Zeit.
140 Tempel (hebräisch: Bet ha-Mikdasch, „Heiligtum"), altjüdisches Zentralheiligtum zu Jerusalem: Erster Tempel von Salomo, zweiter Tempel von Serubabel erbaut. Am Ende des römisch-jüdischen Kriegs im Jahre 70 zerstört. Heute existiert davon nur noch die westliche Mauer, genannt Klagemauer, in Jerusalem.

gen. Ob es Judentum, Christentum, ob es ein Reformjudentum oder ein konservatives Judentum gibt, hat vielmehr damit zu tun, wie die kulturelle Verbindung mit dem jeweiligen Land ausgesehen hat. Wenn man in einem mehr christlich geprägten Land gewesen ist, hat man sich mehr als Reformjudentum in der Moderne gesehen; wenn man als Jude mehr aus orientalischen Ländern stammt, ist man viel traditioneller orientiert. So soll man eigentlich das Judentum sehen. Sie haben nach meiner Ordination gefragt – ich nenne mich, erstens, Rabbinerin. Ich glaube, daß dies sehr wichtig ist. Rabbiner ist ein Titel, der Männern gegeben wird, und wenn man Frau ist, muß man das auch betonen, daß man Rabbinerin ist, denn man ist kein Mann, man ist eine Frau. Wie es auch klar ist, daß man – man natürlich als Frau – aus einer bestimmten Tradition stammt und daß diese Tradition einen geprägt hat.

Meine Eltern stammen aus Galizien, meine Mutter aus einer großen Mitnaggedim[141]-Familie, eine Familie, mehr rational geprägt: Familie Meisels, eine große Rabbiner-Dynastie. Ich sehe mich also so ein wenig als jüdisch-geistigen Adel Europas. Dov Beer Meisels war Kreisrabbiner von Krakau, das geht zurück bis zu Isserlis, also bis ins 15. Jahrhundert. Der andere Zweig war in Prag, wo es noch immer die Maiselova-Straße gibt, auch in Krakau übrigens. Mein Vater stammte aus einer chassidischen Familie, auch aus einer Rabbinerfamilie – Kossover Chassidim. Darum glaube ich, daß ich auch in meinem Studium sofort gespürt habe: Ich möchte nicht nur akademisch tätig sein, ich möchte wirklich Rabbinerin werden. Für mich ist es ganz klar, daß, wenn man aus einem geistigen, traditionellen Hintergrund kommt, man natürlich auch modern ist, man will erneuern. Dafür braucht man nicht sofort Reformjude zu werden, denn das bedeutet wieder, eine Etikette aufzusetzen. Vielleicht bedeutet Rabbinerin für mich auch: Weg mit den Etiketten, weg mit den Denominationen. Ich nenne mich deshalb auch transdenominational – über die Denomination hinaus. Ich denke, wir sind alle – ob wir jetzt Juden, Christen oder Muslime sind – in eine Periode gekommen, wo wir interkulturell miteinander umgehen, die jeweiligen Traditionen in das Leben einbringen und fragen: Wie können wir religiöse Traditionen in moderne Denkformen umsetzen? Die politischen Streitereien zwischen den verschiedenen Gerichtshöfen, ob sie nun reformorientiert sind oder orthodox, sind für mich weniger wichtig. Noch eine Bemerkung, die Sie vielleicht erstaunen wird: Der Rabbiner, der mir die Ordination gegeben hat, Rabbiner Jonathan Chipman, hat seine Ordination selber von einem Rabbiner Gerschuni, der in Jerusalem sehr bekannt ist, bekommen. Bei einer großen

---

141 Die Mitnaggedim, Gegner des Chassidismus.

Konferenz orthodoxer Frauen – schon die zweite Konferenz in einem so großen Rahmen in Jerusalem – hat er, weil natürlich viele Fragen gekommen sind, ein Papier vorgelegt, in dem er alle Responsa[142] und halachischen Entscheidungen über Frauen zusammengesucht hat. Es ist besonders gut angekommen, ich habe dazu bereits einige telefonischen Rückmeldungen früherer Kolleginnen und Kollegen erhalten. Ich merke, daß die Orthodoxie sich viel leichter damit tut, diese Ordination zu akzeptieren –ich suche auch keine Anerkennung, ich habe jetzt einfach die Verantwortung auf mich genommen –, als im Reformjudentum. Vielleicht hat das auch mit einer bestimmten Schwäche zu tun. Wenn man sich Reform nennt, aber immer noch darum kämpft, angenommen zu werden, dann ist man in Bedrängnis. Was wir heute Orthodoxie nennen, war einfach immer ein traditionelles Judentum. Als das Reformjudentum oder das konservative Judentum begonnen haben, haben die Orthodoxen gesagt: „Wir sind orthodox." Aber Orthodoxie ist so breit.

Wie ist Ihre Semicha[143] vor sich gegangen?

Die Semicha ist eine Privatsemicha, eine Privatordination, auf der steht, daß ich „rav" und „more zedek" bin, nicht nur „more zedek", also nicht nur lehren darf, sondern auch „rav" bin. Der sephardische Oberrabbiner Iszaels Bakschi Doran hat nun auch erklärt: „Es ist nichts dagegen zu sagen, daß eine Frau Rabbinerin werden kann." Es ist also ein kulturelles Problem, und ich denke, es hängt sehr von der Person ab. Ich bin, wie Sie wissen, Großmutter, ich bin sehr bekannt in Israel und in der jüdischen Welt und mittlerweile auch in Europa. Menschen, die mich kennen, wissen, daß das keine leichte Entscheidung für mich war. Ich habe immer gesagt: Ich bin eine unorthodoxe, orthodoxe Frau. Ich bin in das Geschäft eingestiegen, als ich gesehen habe, daß Frauen keine Scheidung bekommen können, da – halachisch gesprochen – es nur der Mann ist, der diese zitieren darf. Es war auch ein soziales Netzwerk, das wir aufgebaut haben. Ich bin froh, daß nach so vielen Jahren Frauen, nicht nur ich, sich auf das Rabbinat vorbereiten. Etwas, was vielleicht auch noch wichtig ist zu wissen: Der Scheidungen wegen gibt es jetzt Frauen, die nicht nur in den Gerichtshöfen als To' anot plädieren dürfen, in religiösen Gerichtshöfen in Israel, sondern sie sind jetzt auch zum Status der Jo' azot ernannt worden. Das bedeutet, sie können jetzt

---

142 Responsen (hebräisch: Teschuvot, „Antworten"): Auf briefliche Fragen der Gemeinden (Scheelot) an die großen talmudischen Lehrer ihrer Zeit erhielten diese in der Regel autoritative Gesetzesbescheide.
143 Semicha (eigentlich „Stütze"): Handauflegung auf das Haupt des Sühneopfertiers. Talmudische Bezeichnung der Weihung eines Gelehrten zum Rabbi (Ordination).

Ratschläge geben, also halachische Entscheidungen vorbringen, denn es hängt, wie Sie wissen, immer wieder davon ab, wie man ein Problem löst. Ich bin jetzt ein halachisches Problem geworden, und ich vertraue auf die Rabbinen, daß sie es lösen werden.

Welche Unterschiede zwischen den einzelnen Richtungen sind für Sie denn überhaupt so wichtig, daß sie der Diskussion bedürfen?

Ich glaube, es gibt Nuancen und Unterschiede. Wie ich schon sagte, ist es eine gefühlsmäßige, eine kulturelle Sache und, wissen Sie: Religion ist soziales Netzwerk. Man geht in die Kirche oder in die Synagoge, um Freunde kennenzulernen etc. Das ist mir auch in Wien sehr deutlich geworden. Für viele moderne Juden ist Religion weniger wichtig geworden, aber Identität ist wichtig – wie kann ich meinen Kindern eine moderne, jüdische Identität vermitteln. Die Shoah hat natürlich einen Bruch verursacht. Wenn die Schüler von Martin Buber, von Hermann Cohen und Franz Rosenzweig und Leo Baeck da wären, dann hätte das ganz anders ausgesehen. Zacharias Fraenkel, einer der Gründer der Reformbewegung, hat über Halacha geschrieben. Die Reformbewegung selbst hat jetzt für die Feier – zweihundert Jahre Reformbewegung – in New York, wo aus diesem Anlaß eine sehr große Tagung stattfand, das Thema gewählt: Halacha. Man hat die großen halachischen Experten aller Richtungen eingeladen und darüber diskutiert. Halacha, das jüdische Gesetz, als Grundlage des religiösen und sozialen Lebens, ist also immer das Thema, Offenbarung ist immer das Thema. Wie geht man mit Frauen um, ist auch immer ein sehr wichtiges Thema, darum natürlich auch das Rabbinerin-Werden. Es gibt überhaupt keinen Bereich im Leben, wo das kein Thema ist. Was wir sehen, ist, daß es heute das liberale Judentum in England oder in Holland gibt, das anders aussieht als das Reformjudentum in, sagen wir einmal, Los Angeles oder in Pittsburgh – genauso wie es in der Orthodoxie im Mittelalter verschiedene Bräuche im Kontext unterschiedlicher Kulturen gegeben hat. Es hängt sehr vom Rabbiner ab und von der Gemeinde, zum Beispiel auch davon, wie man Lesben und Schwule aufnimmt. Ich habe gerade einen Erev Pride-Gottesdienst in Wien gemacht, wo die Lesben und Schwulen aus unserer Gemeinde selber den Gottesdienst geleitet haben. Ich habe eine Predigt gehalten: Es war der Abschnitt Korach, die Rotte von Korach, die einen Aufstand gegen Moses macht, und Aaron sagt: „Genug, wir sind alle heilig." In dieser Gemeinde ist jeder heilig. Die Beziehung also zwischen zwei Menschen, ob sie Mann und Frau sind, ob sie Mann und Mann sind oder Frau und Frau – wenn sie eine heilige Beziehung ist, dann ist sie etwas, worauf wir stolz sein müssen: Daß Menschen diese Spiritualität leben und nicht auf alles verzichten wollen.

Die jüdische Tradition basiert seit Jahrtausenden erfolgreich auf der Familienüberlieferung. Welche Bedeutung hat in diesem Zusammenhang die Frau als diejenige, die die religiösen Antworten auf die Fragen der Zeit formuliert?

Ich finde das sehr wichtig, daß Sie es auch so formuliert haben. Die jüdische Frau war sehr geschützt durch die Heirat – man muß sie versorgen, sie ist Akeret habajit: Sie ist die Hausfrau, und sie ist das Wichtige, die zentrale Figur also. In der Bibel steht zwischen dem Mann und Gott die Frau. Den Männern werden die Verheißungen in den biblischen Geschichten zuteil, aber wenn man nicht weiß, wie es weitergeht, dann schickt man die Frau vor, als Retterin, als Initiatorin etc., und dann geht es doch am Ende gut aus; man kann sie dann natürlich auch wieder beschuldigen, wenn alles schiefgegangen ist. Das Interessante ist nun, daß sich in der Tradition der Juden die Geschichte umdreht, und zwischen Frau und Gott steht der Mann. Das ist natürlich ein Problem, denn die religiöse, institutionalisierte Vermittlung geht durch den Mann. Die Frau ist ausgeschlossen aus dem Gebet, dem Vorlesen der Tora, dem Lernen und darum auch dem Lehren. Dies verursacht eine Schieflage in der Moderne. Ich habe zum Beispiel eine Tochter, die Rechtsanwältin, und eine, die Ärztin ist, und sie können im Judentum nicht vollständig agieren, weil sie etwa in der Frage „Kann eine Frau Zeugin sein?" nicht mündig sind. Heutzutage ist das nicht so wichtig, weil es ein Zivilgericht gibt, aber klassisch gesprochen. Die religiöse Identität von Männern und Frauen ist also gefährdet. Frauen sind Lehrerinnen und müssen jetzt die Verantwortung für die Tradition auf sich nehmen. Die Einsichten, die daraus wachsen können, werden einen ungeheuren Impetus für unsere religiösen Traditionen geben – da bin ich ganz sicher. Und man sollte keine Angst haben davor. Josef Karo [1488–1575] sagt im „Schulchan Aruch": „Warum sollten Frauen nicht lernen und lehren." Weil sie, wie der Talmud sagt, zweitens keine Motivation haben, intellektuell nicht imstande sind, zu lernen: „Wer seine Tochter Tora lehrt, lehrt ihr Unsinn", heißt es. Der dritte Grund aber, nach Karo, ist der: „Sie könnten es anders auslegen." Daran sieht man natürlich viel. Die Tradition ist von Männern gestaltet, und, wie es im „Schema Jisroel"[144] heißt, „Du sollst es deinen Söhnen lehren". Wenn die Rabbinen immer wieder sagen: „Wenn Söhne geschrieben steht, sind Söhne und Töchter gemeint", machen sie, an dieser Stelle, fast einen Salto mortale in ihren Argumentationen, um zu beweisen, daß darin nur Söhne stehen soll. Ein Vater also hat nicht die Pflicht, die Tochter Tora zu lehren; sie darf lernen, aber sie braucht eigentlich nicht zu lernen, und darum ist sie ausgeschlossen aus der Kette der Tradition, auch im Gebet. Noch

---

144 „Schema Jisroel" („Höre Israel"): Jüdisches Glaubensbekenntnis.

Maimonides sagt: Eine Frau darf beten, das „Schema" soll sie in jedem Fall noch sagen – aber sie kriegt nicht dieselbe Belohnung für das Gebet wie ein Mann, weil sie die Mizva[145] nicht wirklich tun muß, sie ist sozusagen „freigestellt", aber verliert dadurch an Status in der Gemeinde. Frauen haben immer sehr viel auf sich genommen, und es wäre ein Mißverständnis, zu denken, daß die jüdische Frau unterdrückt war; man hat immer auf sie gehört, wenn sie geschrien hat. Ihren Schrei müßte man heute hören und keine Angst haben. Wir sind eine Konkurrenz. Religion hat auch viel mit Macht zu tun, und ich entwickele mittlerweile eine dicke Haut.

Wir leben heute in Zeiten, in denen die Frauen überall auf der Welt neue Lebensentwürfe für sich selbst entdecken und formulieren. Wo paßt da überhaupt die jüdische Überlieferung noch hinein?

Ich glaube, sie steht im Zentrum. Wie Sie wissen, habe ich mich viel mit abendländischer Philosophie und Literatur beschäftigt, meine Publikationen zeugen davon. Dabei fällt mir immer wieder auf – es ist mir immer wieder ein Staunen und fast ein Rätsel –, auf welche Art und Weise die uralten Texte der Rabbinen, die im 1. Jahrhundert auch als eine Reaktion auf das griechische Denken entstanden sind, also Athen und Jerusalem, eine der besten Quellen für das Abendland sind: Die Übersetzung aus einem alten Midrasch[146] – wie es dann in der Kabbala aussieht und wie es dann vielleicht bei Rosenzweig oder bei Hermann Cohen noch einmal auftaucht. Der zweite Grund, warum ich glaube, daß das Judentum besonders wichtig ist, ist der folgende: Das Abendland ist christlich geprägt, darüber sollten wir uns nichts vormachen. Auch nach der Aufklärung – die Aufklärung ist eine Aufklärung von der Religion und nicht in der Religion – hat der Historismus des 19. Jahrhunderts mit seiner Trennung zwischen Philosophie und Philologie es dann noch einmal verstärkt. Heute reden wir über Werte, über Ethos. Ich bin dafür, daß wir sagen: Wenn wir wieder eine kulturelle Ethik entwickeln wollen, auch in der LER- und der Religionskundeunterricht-Debatte[147], müssen die jeweiligen Traditionen aus ihren Quellen schöpfen. Sie sind aufgefordert, nicht nur zu sagen, jetzt wollen wir Religionskundeunterricht à la Christentum oder à la Judentum oder à la Islam, sondern wirklich zu sagen: Es betrifft uns alle. Ich bin sehr betrübt darüber, daß eine islamische Lehrerin nicht mit Kopftuch im Unterricht sein darf, als Lehrerin, weil ich mir

---

145 Mizva („Gebot"), Plural „Mizvot": Eines der 613 Gebote der Bibel. Ebenso allgemein eine gute Tat. Auch eine Ehrung in einem Synagogengottesdienst.
146 Midrasch („Schriftauslegung"): Bezeichnung für eine bestimmte Hermeneutik, die vor allem in der Antike und im Mittelalter entstand.
147 LER: Lebenskunde, Ethik, Religionskunde – Lehrfach vor allem im Bundesland Brandenburg der Bundesrepublik Deutschland.

sage, was passiert dann, wenn eine Rabbinerin oder ein Rabbiner eine Kippa[148] aufsetzt und Tora mit Kippa lehren will. Ich habe nie Gottes Name ausgesprochen, wenn ich Bibel lehre, ich sage immer: Ha'shem, der Name. Viele jüdische Forscher machen das auch an der Universität. Und das heißt doch: nicht missionieren. Wenn also christliche Kultur sich gegen Missionare wehren muß – und das ist ein christliches Problem, daß das Christentum missioniert hat –, dann brauchen wir dafür den Preis nicht zu bezahlen. Die Kulturkritik, die hier noch einmal ausgesprochen werden kann durch die jüdische Tradition, die vernachlässigt und verdrängt ist, ist unentbehrlich: Auch der Islam, der verdängt wurde, kommt jetzt auf. Man sollte jetzt nicht wieder scheitern an diesen Traditionen, die Europa geprägt haben. Wir sollten dankbar sein, daß Europa multikulturell ist, daß die religiösen Traditionen hereinkommen. Wir sollten uns als vernünftige Menschen – nicht als Hierarchie, als Rabbiner, vielleicht bin ich darum Rabbinerin und nicht Rabbiner – wehren, Leuten vorzuschreiben, wie sie Gott zu dienen haben. Wir sollten denen die Quellen eröffnen und sagen: Wie möchtest du, wenn du den Willen und die Macht hättest, die Welt zu ändern, das an deine Kinder und Enkelkinder weitergeben.

Welche Beobachtungen haben Sie dabei in ihrem eigenen Leben gemacht? Welche Entwicklung hat sich vollzogen von dem, was für Sie Religion bedeutet hat, hin zu dem, was heute ihre Enkel empfinden?

Es ist fast unheimlich: Meine Enkeltochter, die anläßlich meiner Ordination zur orthodoxen Rabbinerin nach Wien gekommen ist, hat dort eine Rede gehalten. Ich habe auch eine Inaugurationsrede im Prunksaal der Nationalbibliothek in Wien gehalten – es war unglaublich. Ich bin in Wien geboren worden, bin als kleines Kind, Gott sei Dank, noch mit dem letzten Zug nach Holland geflüchtet, wo ich den Krieg überlebt habe. Ich habe gespürt, daß während dieser Zeremonie eine Versöhnung stattfindet: In der Stadt, wo das Judentum vernichtet ist, steht jetzt eine gebürtige Wienerin im Prunksaal, und die Meinen, einige von ihnen haben dort oben im Himmel gelächelt. Das zweite, was mir deutlich geworden ist, weil meine Enkeltochter da war: Daß ihre und meine Rede aus einem Guß war, es war fast unheimlich. Sie hat gesagt: „Obwohl ich noch nie hier gewesen bin, bin ich hier, weil ich Wien durch meine Großmutter kenne." Sie ist die älteste Tochter meiner Tochter, genannt nach meiner Tante, die aus Wien deportiert und umgebracht wurde, und so standen da drei Generationen. Noch wichtiger war, daß sie gesagt hat: „Es ist wie im fünften Buch Mose, daß Mose zu den Kindern

---

148 Kippa („Bedeckung"): Kopfbedeckung, die einige ständig, andere nur während des Gebets tragen.

Israel sagt: ‚Ich schließe diesen Bund nicht mit euch, aber' – sagt Gott dann – ‚mit allen, die nach euch kommen.' Und meine Enkeltochter sagt dann, daß man „einen Bund schließen kann mit jemandem, der nicht da ist" – das ist das Unmögliche, aber auch das Mögliche, weil wir eine gemeinsame Tradition haben. Ich möchte also fast sagen: Es hängt davon ab, ob wir erneuern können. Und erneuern bedeutet, daß jeder Mensch seine Einsicht gibt, ein lebendiges Glied wird in der Kette der Traditionen und dann einfach die unvollbrachte Arbeit weiterreicht an die nächste, die nächste, die nächste – bis der Messias kommt.

Sie sind in Wien geboren, dann zusammen mit ihren Eltern nach Holland geflohen, wo Sie die Shoah überlebt haben. 1956 sind Sie nach Israel emigriert. Welches jüdische Fest haben Sie als Mädchen am meisten geliebt und konnten sich damit am stärksten identifizieren?

Zwei Feste: Das Pessachfest[149] und das Purimfest[150]. Das Pessachfest ist ein ganz besonderes Fest für mich, weil es nicht heißt: „das Fest der Erlösung", sondern „das Fest der Freiheit". Also: Sklaven in Ägypten zu sein und dann Gottes Knecht werden. Es ist dasselbe Wort, aber etwas ganz anderes. Und wie der Prophet Jeremia später sagt: „Du bist mir gefolgt in die Wüste." Für mich ist das Pessachfest nach wie vor die Geschichte, sie so zu erzählen, daß es mir passiert ist, mir als Frau. Frauen haben das Pessachfest möglich gemacht durch die Rettung von Moses und der männlichen Kinder etc. Und dann am Berge Sinai zu stehen und zu sagen: „Wir werden tun und wir werden hören", also: Durch das Tun werden wir etwas anfangen zu verstehen. Das Pessachfest ist mir sehr wichtig, auch durch eine Geschichte, die wirklich passiert ist: 1938, „Anschluß" Österreichs. Es war viel Krawall – mein Vater erzählt davon in einem kleinen Film, der in Holland in den sechziger Jahren gedreht worden ist –, und meine Schwester, die drei Jahre älter ist als ich, sie war damals etwa sieben Jahre alt, kann nicht einschlafen. Mein Vater fragt sie: „Warum kannst du nicht einschlafen?" Und da sagt sie: „Wir haben doch gerade gelernt, daß Pharao alle Juden umbringen wollte; jetzt ist Hitler da und will doch auch alle Juden umbringen." Da sagt mein Vater,

---

149 Pessach („Passach", wörtlich: Vorübergehen): Fest, an dem der Auszug aus Ägypten gefeiert wird. Seder-Feier am ersten und zweiten Abend mit Verlesung der Pessach-Haggada; Genuß ungesäuerten Brotes („Mazza") an allen acht Tagen.
150 Purim („Lose"), Freudenfest anläßlich der Errettung der jüdisch-persischen Diaspora vor dem Anschlag Hamans. Der erste Minister des persischen Königs Xerxes wollte diesen zur Vernichtung aller Juden im persischen Reich bewegen. Dies verhinderte Königin Esther. Haman wurde gehängt. Die Geschichte dieses Festes erzählt das biblische Buch Esther.

1938: „Wir wissen nicht, ob wir den Krieg überleben werden, aber genauso, wie es Pharao nicht gelungen ist, das jüdische Volk zu vernichten, wird es auch Hitler nicht gelingen, das jüdische Volk zu vernichten." Ich habe dies auch erzählt, als ich für die Gemeinde „Or Chadasch" in Wien den ersten Seder gefeiert habe, in der Leopoldstadt, wo neben jeder Synagoge eine Kirche stand, das ist unglaublich.

Das zweite Fest ist Purim, weil ich mich immer sehr mit Esther identifiziert habe, obwohl mein Name Eva ist, aber Esther, weil sie sich sagt: „Bin ich vielleicht für diese Zeit in die Welt gekommen, vielleicht habe ich eine Aufgabe, die ich machen muß, ein Mandat, das niemand mir gegeben hat, aber welches ich auf mich nehme." Ich denke, daß es viele Arten von Rettung gibt. Ein Kollege, der auch mein Lehrer war, ein Professor von der Hebräischen Universität, der orthodox ist, war in Wien, und ich habe zu ihm gesagt: „Was hältst du davon, daß ich jetzt hier Rabbinerin bin in einer liberalen Gemeinde?" Und er sagte sofort: „Das ist ja eine ‚Mizva', du rettest eine Gemeinde." Die Gemeinde hat viel Unterstützung nötig, weil sie erneuern will, weil sie auch viele Nichtjuden hat, die Juden werden wollen, die sozial nicht integriert sind. Viele junge Menschen haben dort auch ein Zuhause, weil sie selber als Nichtjuden erzogen worden sind, ihre Väter und Mütter haben Nichtjuden geheiratet nach dem Krieg in Österreich, sie wollten nicht, daß ihre Kinder dasselbe Schicksal haben werden. Diese jungen Menschen sind in Jesuitenschulen gewesen, sind getauft und kommen jetzt langsam zurück zum Judentum; viele sind sehr religiös, aber nicht unbedingt orthodox. Da hilft es natürlich, unorthodoxe, orthodoxe Frau zu sein.

Wann haben Sie selbst zum ersten Mal wahrgenommen, daß Jüdin zu sein im 20. Jahrhundert nicht nur heißt, einer bestimmten Religion anzugehören, sondern auch die Konfrontation mit Rassenverfolgung?

Ich habe das eigentlich durch meinen Vater gelernt, der – wie gesagt – ein Schüler des bis heute berühmten und einflußreichen Wiener Oberrabbiners Zwi Perez Chajes war, der ein sehr aufgeklärter Rabbiner war. Auch hatte mein Vater noch Vorlesungen bei Martin Buber gehört. Er kam aus Zablotov, derselben Stadt, aus der auch Manès Sperber stammte, gelegen in Ostgalizien, also der Bukowina. In Czernovitz hatte er studiert. Mehr und mehr sehen wir, daß diese ganze Gruppe in Czernovitz, Bukowina, fast eine Multikulturalität, eine kosmopolitische Geistigkeit war, die unüberbietbar ist: Das ist Mitteleuropa. Da war es für mich sofort deutlich, daß es überhaupt nicht wichtig ist, ob man Jude ist oder Nichtjude, ob man so oder so praktiziert, sondern wenn man Themen anspricht – Unterdrückung, Verfolgung usw. – und dafür sofort die Quellen finden kann in der Tradition, die uns geprägt hat. Vielleicht können Chinesen chinesische Quellen bringen, wir müssen aber eben jüdische Quellen nehmen, denn das ist das, was uns am nahesten ist. Da kommt, glaube ich, auch Dichtung und Denken zusammen und auch, daß die Literatur unbedingt ein Teil davon ist. Sie ist der Ort, wo Geschichte und Biographie sich kreuzen, wo man kulturell noch einmal ganz anders denken kann. Es ist mir jetzt auch in Wien deutlich geworden, daß dies dort vor allem von Juden gemacht worden ist – in Berlin haben Juden eine Kultur vorgefunden, in Wien haben sie diese von Anfang an geprägt. Vielleicht ist auch die Osterweiterung, die Europa jetzt bevorsteht, noch einmal ein Zurückgewinnen ganz anderer Art, mit Traditionen und mit Kultur umzugehen und die jüdische Kultur sogar als eine der Paradigmen für die Moderne wirklich nicht nur anzuerkennen, weil das weniger wichtig ist, sondern einfach zu benützen.

Sie haben in Israel sehr lange als ihren Hauptberuf angesehen, Mutter und Hausfrau zu sein. Welche Konflikte haben Sie in dieser Zeit bewegt – das Erbe der Shoah, das gewaltige religiöse Erbe aus Jahrtausenden, die akute äußerliche Bedrohung? Oder blendet man dann das alles aus und widmet sich ganz den alltäglichen Sorgen? Wie sehen Sie das?

Nach dem Krieg hat mein Vater gesagt: „Ich hasse die Deutschen nicht", obwohl meine Eltern nie nach Österreich zurückgegangen sind. Sie haben als erstes ihren österreichischen Paß zurückgegeben. Wir waren fast zehn Jahre staatenlos, aber sie haben gesagt: „Besser keinen Paß, als einen österreichischen. Wir sind jetzt Holländer." Holland hat dann automatisch alle naturalisiert, also zu Holländern gemacht. Mein Vater hat gesagt: „Europa hat uns alle geprägt, wir haben diese Kultur alle mitgeprägt, aber es hat uns ausgespuckt, und ihr müßt nach Israel gehen oder nach Amerika, aber besser noch nach Israel." Er hat uns zionistisch erzogen, religiös sehr frei und offen. Wir haben sofort Hebräisch gelernt, das war selbstverständlich. Ich habe als Sechzehnjährige einen hebräischen Kindergarten besucht, dessen Kinder vier, fünf, sechs Jahre alt waren und habe mit denen Lieder gesungen und Gottesdienste abgehalten. Das war alles selbstverständlich, daß man anfängt, wo es aufgehört hat, daß man keine wirklichen Lehrer hat und daß man es selber machen muß. Dann bin ich nach Israel gekommen, und das Ethos in den fünfziger Jahren dort war: Kinder haben. Ich habe fünf Kinder in sechs Jahren bekommen, am Ende waren es Zwillinge. Wir alle haben gesagt: Wir wollen dem Hitler nicht dieses Geschenk machen – er hat eine Million Kinder umgebracht, wir müssen einfach Kinder haben. Das war wirklich ein Ethos. Mein Vater hat auch gesagt: „Es ist der letzte Test für das jüdische Volk: Als es noch in der Diaspora war, konnte es noch sitzen und lachen über die Völker, daß sie keine Gerechtigkeit pflegen. Jetzt sind wir Herr im eigenen Haus, wir müssen Gerechtigkeit pflegen." Er war ein religiöser Zionist, ein sehr aufgeschlossener, liberaler, sehr für Dialog im Sinne von Buber.

Die große, große Sorge und Enttäuschung, die ich heute habe – und ich denke, viele Menschen in Israel denken so, obwohl in den Schlagzeilen vielleicht etwas anderes steht –, ist, daß es uns nicht gelungen ist, in fünfzig Jahren endlich einen Frieden zu machen. Mein Mann ist in der Armee gewesen, meine Kinder, meine Söhne, meine Schwiegersöhne. Mein Enkelsohn ist jetzt sechzehn Jahre alt, wird siebzehn, ist bald wehrpflichtig, wenn mir das jemand gesagt hätte. Dazu fällt mir ein: Ich habe hier in Berlin eine Freundin, Islamwissenschaftlerin, die mir einmal gesagt hat: „Ich bin viel im Ausland gewesen, ich wollte nicht, daß meine Söhne je eine Uniform tragen." Sie ist Deutsche. Da habe ich angefangen zu weinen und habe gesagt: „Das wollte ich auch." Daß wir diese Wahl nicht gehabt haben als Menschen, weil wir aus dieser Generation stammen, daß diese Tragödie aufeinanderprallt, ist so schrecklich. Die Araber sind nicht daran schuld, daß wir Shoah-Überlebende sind, daß wir das tragen, daß wir Angst haben, daß Europa uns verfolgt und vernichtet hat. Die historischen Umstände haben uns beide, Araber und Juden, in eine Situation gedrängt, die auch post-imperialistisch ist, post-kolonialistisch. Beim Suez-Krieg haben sich England und Frankreich noch eingemischt, heute steht Europa irgendwo ganz anders. Darum ist mein Fazit nach wie vor: Israel hat das Hinterland Europa verloren. Das ist ein geistiger Bruch für Israel, und das humanistische Europa, das uns in der Moderne geprägt hat als Juden – denn ich bin das Produkt von einem humanistischen Europa und von dem Judentum –, dieses Zusammenwirken hat die Shoah zerstört. Wir müssen Koalitionen mit Europa bauen – geistige Koalitionen –, die zum Frieden führen, und nicht Politik machen. Politik und Kultur müssen zusammenfinden. Das ist auch der Grund, warum ich hier lehre, Brücken nach Jerusalem baue, jetzt vielleicht nicht genug in Israel bin – ich sehne mich sehr nach meinen Enkelkindern –, und ich habe das Gefühl, daß von beiden Seiten ganz viel kommen muß. Meine Kinder, die alle sehr links sind, viel mehr links als ich, sagen mir alle: „Die Araber wollen den Frieden, und wir wollen den Frieden, aber irgendwie kommt das nicht zustande, und wir sind ratlos."

Welche Chancen sehen Sie, den Konflikt zwischen Israeli und Palästinensern zumindest einer Lösung näher zu bringen?

Ich glaube, das Näherbringen heißt – meiner Meinung nach – heute, daß, irgendwie, jemand ein klares Wort sprechen und beide Seiten zwingen muß, jetzt einfach erst einmal ein Moratorium anzunehmen, was für beide Seiten nicht einfach sein wird. Und dann zu sagen: Laßt uns jetzt ruhig darüber reden. Mein Gefühl ist, daß die Lösung – langfristig – gefunden werden muß in einer Föderation mit den zwei Ländern, die bereits einen Frieden mit Israel haben und die über sehr große Gebiete verfügen. Die Palästinenser haben keinen Raum zum Leben. Wenn sie nur einen „Schweizer Käse" kriegen in der Westbank oder die ganze Westbank und Gaza, dann ist ihr Land zerstückelt, dann werden sie Israel immer von beiden Seiten bedrängen. Ägypten und Jordanien sind große Länder, die ganze Küste von Gaza- El-Arisch bis Alexandria ist eine phantastische Küste, die Halbinsel Sinai muß entwickelt werden als ein Ort, wo auch Villen gebaut werden können, nicht nur ein Flughafen. Ich denke, daß Mubarak und Abdallah das in die Tat umsetzen werden, auch keine Angst haben vor den Palästinensern, die wahrscheinlich politisch Interesse an einer solchen Lösung haben: Eine Föderation wäre unglaublich gut und auch noch einmal ein ganz neuer Weg. Shimon Peres betonte das auch immer wieder: „Die Vereingten Staaten des Nahen Ostens" müssen jetzt als Partner Europas entstehen, wo Israel kein Fremdkörper ist – wie in Europa, wo die Juden wie ein Fremdkörper vernichtet wurden – wie noch zur Zeit, wo Israel zum Fremdkörper im Nahen Osten geworden ist. Wir müssen das Fremde an beiden Seiten integrieren und sagen: Wir haben Verantwortung für unsere Kinder und Enkelkinder, weil sich – sogar wenn eines Tages der Frieden kommt – keine palästinen-sische Mutter und keine israelische Mutter wie Rachel trösten lassen wird auf dem Weg nach Bethlehem, weil ihr Sohn, wenn er gefallen ist, nicht da ist.[151]

Der israelische Schriftsteller David Grossman hat einmal geschrieben, daß der israelisch-palästinensische Konflikt in den Geburtshilfestationen der Krankenhäuser entschieden wird. Demnach gewinnen die Palästinenserinnen rein zahlenmäßig. Wie sehen Sie das?

Ich denke, er hat recht. Ich muß das folgende berichten: Ich habe eine Tochter, die ist Kinderärztin. Ihr erster Job war in einer Klinik in Ost-Jerusalem. Wir haben alle gesagt: Michal, willst du das wirklich machen, und sie hat gesagt: „Das ist die beste, sicherste Station, denn daneben ist die Polizei." Sie hat also Arabisch gelernt, ihre Babys dort waren alle arabisch, und sie hat auch immer wieder gesagt, daß im Krankenhaus etwas anderes entschieden wird –, und das möchte ich David Grossman antworten: Im Krankenhaus wird entschieden über Leben und Tod. Dort sieht man, wie Ärzte genauso um das Leben eines arabischen Kindes oder eines arabischen Erwachsenen wie um das eines jüdischen kämpfen. Eine andere Geschichte, die meine Tochter auch immer wieder erzählt hat: „Da kommt man herein mit einem

---

151 Eveline Goodman-Thau spielt hier an auf *Jer.* 31,14.

arabischen Kind, das von einer Gummikugel getroffen wurde. Bevor es von dieser Gummikugel getroffen wurde, war es der Feind. Und dann kommen die israelischen Soldaten herein und stehen da auf der Wache, gehen nervös auf und ab, hoffend, das es überleben wird." Das ist die Realität, Leben und Tod passieren im Krankenhaus. Wenn diese arabischen Frauen, die vielleicht mehr Kinder haben werden – ich meine, die orthodoxen bei uns haben auch viele Kinder, sind aber nicht so zionistisch und wollen vielleicht auch einfach in einem arabischen Staat ihre religiösen Pflichten gegenüber Gott einhalten –, wenn wir nur das schaffen können, daß wir als Frauen sagen können: Wir schicken unsere Kinder nicht mehr in den Krieg! Vielleicht ist es das, was den Frieden bringen wird. Denn, wissen Sie: Frieden ist nicht ein Entschluß zum Frieden. Es ist eine Entscheidung über den Verzicht auf Krieg.

Israel gehört zu den führenden Nationen der Gentechnologie, ein Bereich, der sozusagen an die Geburtshilfestationen angrenzt. Wo sind für Sie die Grenzen des Erlaubten, welche biblischen Weisheiten beinhalten Ihrer Meinung nach die Antworten auf diese Frage?

Die Bibel ist, glaube ich, ein Buch des Lebens. Ich werde immer wieder durch meine Kinder zitiert mit dieser Stelle in der Bibel: „Ich gebe vor euch das Leben und den Tod und ihr wählt das Leben" (*Deut.* 30,15) Es geht also um das Leben. Es geht einerseits um „Kiddusch-ha-shem", das Märtyrertum, aber wichtiger noch um „Kiddusch-ha-chajim", Heiligung des Lebens. Diese Heiligung des Lebens, denke ich, muß der Leitfaden sein in der ganzen Debatte über Gentechnik. Das bedeutet: Wenn Gentechnik und Forschung vorhanden ist, um Leben zu retten – also Menschen, die leben und Organe nötig haben – oder um Krankheiten zu heilen, dann ist es ganz klar, daß es halachisch erlaubt ist. Wo es problematisch wird, ist der Umstand, daß es sich manche Menschen dann leisten können, länger zu leben, und manche Menschen es sich nicht leisten können. Da geht es plötzlich um Selektionen. Das ist schon bei Organspenden so. Manche Menschen können sich im Ausland eine Niere oder eine Leber kaufen, und andere können das nicht tun. Da wird es gefährlich. Und auch, daß andere, ärmere Leute, Nieren verkaufen, einfach, um zu überleben. Da wird es schwierig. Chaim Cohn, früherer Oberrichter in Israel und ein persönlicher Freund, hat gesagt: „Jeder hat die Pflicht, zu leben, und das Recht, zu sterben." Wenn wir das beides zusammennehmen, heißt das, wir haben gegenüber jemand anderem die Pflicht, ihm zu helfen zu leben, aber wir haben nicht das Recht, über Leben und Tod zu entscheiden. Diese Verpflichtung, die wir über Leben und Tod dem anderen gegenüber haben, soll also nicht auf Kosten einer Entscheidung gehen. Leben und Tod ist in der Hand Gottes, und das sollten wir nicht machen. Sie sehen, ich rede religiöse Sprache, aber sie ist auch moderne Sprache. Es ist kein Zufall, daß diese gentechnischen Fragen sofort mit den Begriffen „Würde des Lebens", „Würde des Menschen" in Zusammenhang gebracht werden – das waren die ersten Themen des Monotheismus. „Mensch in Gottes Ebenbild geschaffen" – was bedeutet das?! Darum sage ich: Wir müssen Ethikkommissionen haben, in denen auch Rabbiner, Theologen, Imams sitzen und diskutieren: Was bedeutet das für uns, daß Gott uns diese Weisheit jetzt gegeben hat? Wir sagen im Gebet: „Ha shem chonen la' adam" – „Gott gibt den Menschen Weisheit." Er sagt nicht: Bleib dumm und forsche nicht. Nein, forsche! Ich gebe dir dieses Organ Gehirn, ich gebe dir alle diese Ideen und Fähigkeiten, Maschinen zu bauen, die klüger sind, weil sie rascher denken können als dein Organ hier. Aber eines kann der Computer nicht für uns tun: Die ethische Entscheidung übernehmen. Das ist die Verantwortung, die Antwort auf alle diese Fragen, wo es kein klares Ja oder Nein gibt, wo Zweifel sind, wo wir aber eigentlich nur aus der Begegnung und der Beziehung zum anderen entscheiden können, ob wir klonen, ob wir einen Menschen in die Welt setzen, der stärker ist, der schöner ist, der klüger ist, oder ob wir einfach dieses dem lieben Gott überlassen wollen – in manchen Fällen –, weil wir doch nicht klug genug sind, das noch zu entscheiden.

2. Teil

Von Generation zu Generation

Gila Lustiger

(geb. 1963 in Frankfurt am Main, Deutschland)

Arno Lustiger

(geb. 1924 in Bedzin, Polen)

Gila Lustiger kennt die Schicksale von Menschen, die dem Holocaust entronnen sind, aus ihrer Familie. Weil sie verstehen wollte, was genau geschehen ist, hat sie die sozialen und politischen Strukturen des Nationalsozialismus ins Auge gefaßt und versucht, einen eigenen Standort und ein eigenes Stilmittel zur Beschreibung dieses schwierigen Themas zu finden. Es entstand eine Art Mosaik und daraus ihr Buch *Die Bestandsaufnahme*[151]. Mehr als dreißig Episoden hat sie miteinander verwoben: Scheinbar harmlos beginnen die meisten Geschichten und enden immer irgendwie am Abgrund – ihre Figuren erleiden Verhaftung, Folter, Vertreibung, Zwangssterilisation, Deportation in den Tod. Nur in Form eines Mosaíks, meint sie, könne man über den Nationalsozialismus berichten, weil dieser sich aus vielen kleinen Geschichten zusammensetzte.

Bis sie dieses Buch schreiben konnte, hat Gila Lustiger einen langen Weg zurückgelegt. 1981 hatte sie Frankfurt verlassen, um in Tel Aviv an der Hebrew University Germanistik und Komparatistik zu studieren. Zwischen 1983 und 1986 arbeitete sie zudem als Lektorin für deutsche Literatur und Kinderliteratur beim israelischen Verlag „Am Oved". Dort lernte sie ihren Mann, den französischen Dichter Emmanuel Moses, kennen. Von 1987 bis 1989 arbeitete sie als Journalistin für die deutsche Kulturredaktion von „Radio France International" sowie für das Pariser Büro des ZDF. Danach betreute sie als Lektorin beim Verlag „Albin Michel" deutsche, französische und hebräische Literatur. 1990 bekam sie ein Stipendium an der Académie Carat Espace als Drehbuchautorin.

Seit 1987 lebt Gila Lustiger mit Emmanuel Moses und ihren zwei Kindern in Paris in „hilfreicher Fremde".

Biographische Angaben zu Arno Lustiger finden sich im einleitenden Essay des Gespräches mit ihm, das im ersten Teil dieses Buches abgedruckt ist.

---

151 Gila Lustiger, *Die Bestandsaufnahme*, Berlin 1995.

Das Gespräch mit Vater und Tochter fand statt im Haus ihres Verlegers in Frankfurt am Main; dort wurde im November 1997 Gila Lustigers zweiter Roman, *Aus einer schönen Welt*[152], vorgestellt.

David Dambitsch: In ihrem Buch Aus einer schönen Welt *beschreibt Ihre Tochter die Diskrepanz unserer Zeit zwischen äußerem Reichtum und innerer Armut. Diese innere Armut, Herr Lustiger – ist sie die Folge des Zivilisationsbruchs Auschwitz?*

Arno Lustiger: Ich weiß nicht, ob das unbedingt mit Auschwitz zu tun hat, das hat eher mit der Wohlstandsgesellschaft zu tun. Ich kann im Moment einen Zusammenhang mit der schrecklichen Vergangenheit nicht erkennen.

Wie haben Sie denn das wahrgenommen, als Ihre Tochter noch klein war: Die Wohlstandsgesellschaft, das Verdrängen von Auschwitz, diesen Zivilisationsbruch, der doch existiert?

Arno Lustiger: Es war natürlich äußerst schwierig für jemanden, der eine Auschwitz-Nummer hat, seinen Kindern überhaupt etwas zu vermitteln. Und viele lange Jahre habe ich das überhaupt nicht gemacht, weil ich glaubte, daß ich das meinen Kindern nicht zumuten kann, da sie ja gezwungen waren, in diesem Land zu leben, von wo aus alle diese schrecklichen Dinge ihren Ausgang genommen haben. Natürlich haben sie das später erfahren, zum Teil auch auf eine andere Weise. Zum Beispiel haben sie eine geheime Stelle in meiner Bibliothek gefunden, wo die Bücher versteckt waren, die sie nicht lesen sollten. Diese haben sie dann gelesen, und wir kommunizierten ohne voneinander zu wissen über diese Thematik.

Kam es denn nach der Lektüre zu einem direkten Gespräch?

Arno Lustiger: Erst sehr viel später. Aber da war es ein bißchen zu spät. Gerade in der Zeit, wo wir hätten darüber reden können, da war sie siebzehn Jahre alt, hat sie Deutschland verlassen.

Gila Lustiger, Sie sind 1963 geboren, somit als Kind bereits von den gesellschaftlichen Veränderungen durch die Studentenrevolte von 1968 beeinflußt. Wie hat die Abrechnung mit der älteren Generation, die auch noch das Klima zwischen den Generationen in den siebziger Jahren geprägt hat, auf Sie gewirkt?

Gila Lustiger: Ich bin mir nicht sicher, ob die 68er wirklich mit der Generation ihrer Eltern abgerechnet haben. Ein Beispiel für diese Vermutung ist, daß sie das gleiche Feindbild haben: Amerika. Bei den 68ern sind das die Imperialisten, bei den Eltern die „Sieger". Außerdem gibt es die gleichen

---

152 Gila Lustiger, *Aus einer schönen Welt*, Berlin 1997.

verkorksten Einstellungen zur Frau oder zur Sinnlichkeit der Frau oder zum Muttersein in den Anfängen des Feminismus. Da sehe ich oft so „Mutterdienste", in denen sich die Nazipropaganda widerspiegelt. Auch Ökologie ist mir etwas unheimlich. Also, ich würde erst einmal bezweifeln, ob die 68er wirklich mit den Werten ihrer Eltern abgerechnet haben.

Wie sehen Sie das, Herr Lustiger: Wann wurde die Geschichte des Vaters ein Thema für die Tochter? Erst nachdem sie Deutschland verlassen hatte?

Arno Lustiger: Das weiß ich nicht ganz genau. Ich kann mich nur an eine Veranstaltung erinnern, die die Zionistische Organisation organisiert hat. Da gab es Fragen von Eltern und Kindern, und dabei haben die Kinder ihre Eltern scharf angegriffen. Mir schien es damals so, als ob sie einfach ihre nichtjüdischen Freunde nachgeäfft hätten, die auch ihre Eltern angegriffen haben. Nur haben diese Kinder mehr Grund gehabt die Eltern zu kritisieren wegen der Vergangenheit, als uns, die wir die schlimme Zeit durchgemacht haben.

Welche Entwicklungen gingen denn ...

Gila Lustiger: Das kann ich so nicht stehen lassen. Nein, ich habe dich nicht angegriffen ...

Arno Lustiger: Du hast es vergessen ...

Gila Lustiger: Nein, aber was ich damals gesagt habe, das ist wirklich eine Frage, die sich stellt, aber nicht als Vorwurf. Es ist eine Frage, die ich mir gestellt habe und euch, also nicht nur dir, sondern deiner Generation: Wie hat man uns in Deutschland zur Welt bringen können? Das ist doch fast schon absurd. Und das heißt, wir sind in ein Vakuum hineingeboren worden, weil wir eben sehr früh mitbekommen haben, was wir nicht sind und nicht sein dürfen – nämlich so wie die anderen. In dieser Situation in Deutschland wurde uns auch keine richtige Identität mitgegeben, und das ist für Kinder eine sehr problematische Ausgangssituation. Aber ich habe dich nie persönlich angegriffen! Nie!

Arno Lustiger: Ich kann schon verstehen, daß insbesondere für dich diese Identitätsfrage eine sehr schwierige war: Die Mutter war Israeli, die nicht begeistert war, ihren Wohnsitz in Deutschland zu nehmen, als sie mich heiratete. Ich bin ja auch nicht in Deutschland geboren worden. Erst sehr viel später wurde ich deutscher Bürger, so daß diese Frage wirklich eine sehr schwierige war. Ich erkenne das auch an, diese Schwierigkeiten.

Welche Entwicklungen sind dem vorangegangen, wann haben sie beide überhaupt miteinander eine Sprache finden können für die sicherlich längst erfühlten Fragen oder Antworten?

Arno Lustiger: Um die Wahrheit zu sagen: Wir haben uns über ideologische Fragen dieser Art nur indirekt unterhalten, also nicht in Form von Frage und Antwort, sondern durch konkludentes Verhalten. Das habe ich vielleicht von meiner Familie gleich mitbekommen oder geerbt, daß man keine Gefühlsausbrüche hat, sondern durch Handeln – entsprechende Haltung auch zu verschiedenen Fragen – das vorlebt, an was man glaubt.

Und wie sehen Sie das?

Gila Lustiger: Auch so.

Das war so?

Gila Lustiger: Ja.

Ich würde diesen Aspekt gerne noch vertiefen. Mir ist aufgefallen, daß es doch nicht von ungefähr kommt, daß sie beide schließlich Bücher über die Zeit des Nationalsozialismus geschrieben haben – ist das das Handeln, das sie eben angesprochen haben?

Arno Lustiger: Man kann es auch so sehen, ja. Bei mir kommt noch hinzu, daß ich wahrscheinlich auf diese Weise das abarbeite, was ich für mich intern als „die Schuld", den Schuldkomplex bezeichne. Ich meine damit, daß ich mich oft schuldig fühle, weil ich am Leben geblieben bin, wo viele meiner Altersgenossen eben ermordet worden sind.

Gila Lustiger: Bei mir ist die Ausgangsmotivation, diejenige meiner Generation, ganz anders. Für die Generation meines Vaters ist das wirklich so etwas wie eine moralische Pflicht und für meine so etwas wie ein Verstehen-Wollen. Wenn wir uns mit dieser Thematik befassen, dann um sie schreibend zu verstehen.

Wie gehen sie mit ihren Kindern bzw. Enkeln um – was werden sie anders machen, und was ist einfach anders?

Arno Lustiger: Unsere Kinder und Enkelkinder haben viel mehr Zuwendung bekommen und werden auch weiterhin mehr bekommen, als wir sie selbst erfahren haben. Aber das war eine andere Zeit. Unsere Eltern standen im Existenzkampf, damals in den zwanziger, dreißiger Jahren. Das war nicht die Zeit von heute, wo man sich sehr viel mit den Kindern beschäftigt, wo etwa Väter ihre Kinder oder sogar Säuglinge herumtragen – das war damals undenkbar. Insofern sind unsere Kinder oder unsere Enkelkinder natürlich viel glücklicher, als wir es je sein konnten. Auf der anderen Seite fühlten wir diese Zuwendung, wie ich schon sagte, durch konkludentes Handeln. Wir wußten genau, daß wir uns auf unsere Eltern hundertprozentig verlassen können, auch in der allerschlimmsten Situation. Deshalb lebten wir unser eigenes Leben und haben unseren Eltern möglichst wenig von unseren Problemen und Sorgen mitgeteilt, weil die genug Probleme im täglichen Leben hatten.

Und wie, Frau Lustiger, werden Sie das mit Ihren Kindern machen, die jetzt noch sehr klein sind, das ist erzieherisch doch noch eine ganz andere Herangehensweise?

Gila Lustiger: An die Geschichte, meinen Sie ...

Ja, wenn es dann sozusagen in die dritte Generation geht ...

Gila Lustiger: Ich weiß, daß ich jetzt noch versuche, das zu verschweigen, was in Frankreich gar nicht so leicht ist, weil die Franzosen ein ganz anderes Verhältnis zur Geschichte haben. So haben wir zum Beispiel das Ende des Ersten Weltkriegs gefeiert, das war ein Nationalfeiertag; das Ende des Zweiten Weltkriegs wird gefeiert, in den Schulen wird das thematisiert, das ist auch ein Nationalfeiertag. Und dann kommt mein Sohn nach Hause und fragt mich: „Die Deutschen haben die Franzosen angegriffen – hat Opa die Franzosen angegriffen?" Und dann sage ich ihm: Nein, Opa war ein guter Deutscher. Ich versuche das jetzt also noch mehr in Mickey-Mouse-Form rüberzubringen, ein Kind kann sich mit so etwas auch gar nicht auseinandersetzen. Wie soll man einem Kind erklären, daß er einerseits Jude ist und daß man andererseits nur aus diesem Grund seine Glaubensgenossen vernichtet hat? Das geht nicht, das ist viel zu traumatisch für ein Kind. Ich handhabe das also so wie mein Vater: Ich verschweige alles.

Zofia Gottlieb-Jasinska

(geb. 1908 in Krakau, Polen)

Jacek Joav Schäfer-Jasinski

(geb. 1945 in Krakau, Polen)

In Krakau als verwöhntes Kind der besseren Gesellschaft geboren, lebte Zofia Gottlieb-Jasinska mit ihrer Mutter während des Ersten Weltkriegs in Wien und erhielt dort den ersten Tanzunterricht. Die Schulzeit von 1918 bis 1928 verbrachte sie wieder in Krakau und besuchte dort anschließend die Schauspielschule. Von 1929 bis 1933 lebte sie in Berlin, dem damaligen Zentrum der europäischen Filmindustrie. Sie drehte unter anderem Filme mit Willy Fritsch für die „UFA" und trat als Tänzerin in Shows auf. 1933 kehrte sie nach Krakau zurück und arbeitete dort bis 1939 als Schauspielerin. Als die Deutsche Wehrmacht dann Polen besetzte und damit den Zweiten Weltkrieg begann, bedeutete dies für Zofia Gottlieb-Jasinska das Ende ihrer Schauspielkarriere: Sie erhielt Auftrittsverbot. Wie alle Juden in Krakau wurde sie schließlich ins Krakauer Ghetto gesperrt. 1942 floh sie zuerst nach Warschau und setzte sich schließlich ab auf das von den Deutschen besetzte Landgut Potworów bei Radom – sozusagen in die Höhle des Löwen –, wo sie von 1943 bis 1945 als Köchin für deutsche Soldaten arbeitete. Wider alle Vernunft verliebte sie sich dort in einen Hauptmann der Feldgendarmerie der Waffen-SS. Natürlich ahnte der SS-Mann ihre wahre Identität nicht. Zofia Gottlieb-Jasinska wurde schwanger mit ihrem einzigen Sohn, Jacek Joav Schäfer-Jasinski, den sie 1945, nach ihrer Rückkehr nach Krakau, zur Welt brachte. 1956 verließ sie mit ihm Polen in Richtung Israel, kehrte jedoch 1964 nach Europa zurück. Sie lebt – genau wie ihr Sohn – heute in Frankfurt am Main. Der Sohn drängte die Mutter schließlich dazu, ihre Lebensgeschichte aufzuschreiben.

Nachdem ihr Buch *Der Krieg, die Liebe und das Leben*[153] 1998 erschienen war, besuchte ich Zofia Gottlieb-Jasinska und ihren Sohn in Frankfurt am Main, um Näheres über diese zugleich bemerkenswerte und verstörende Lebensgeschichte – die zwar ungewöhnlich, aber eben doch auch möglich war – zu erfahren.

---

[153] Zofia Jasinska, *Der Krieg, die Liebe und das Leben – Eine polnische Jüdin unter Deutschen*, Berlin 1998.

David Dambitsch: *In Ihrem Buch* Der Krieg, die Liebe und das Leben – Eine polnische Jüdin unter Deutschen, *Frau Gottlieb-Jasinska, erzählen Sie Ihre Erinnerungen. Da ist zunächst einmal die Kindheit: Als Sechsjährige während des Ersten Weltkriegs lebten Sie mit ihrer Mutter in Wien, danach verbrachten Sie Ihre Mädchenzeit in Krakau, wohlbehütet als höhere Tochter aus gutbürgerlichem, jüdisch-assimiliertem Elternhaus. Wie dachte man damals bei Ihnen zu Hause über das Stetl, über die jiddische Sprache?*

Zofia Gottlieb-Jasinska: Wir haben Polnisch gesprochen, auch ein bißchen Deutsch, Jiddisch konnten wir nicht. Meine Mutter hat Französisch gesprochen, aber leider haben wir nicht Jiddisch gesprochen.

Wie waren die Bedingungen in Wien, was sind Ihre ersten Erinnerungen?

Zofia Gottlieb-Jasinska: Erstens habe ich einen Film gemacht, mit dem Titel „Der Bubi als Wohltäter". Ich habe in Jungenkleidern gespielt. Meine Mutter war eine Sängerin; sie hatte noch als junges Mädchen das Konservatorium in Wien bei der damals sehr bekannten Rosa Papier absolviert, die die Leiterin jenes Konservatoriums war. Früher, vor Wien, hatte meine Mutter an der Oper in Klagenfurt gesungen. In Wien sang sie in Krankenhäusern für die verwundeten Soldaten und hat dafür sogar eine Auszeichnung von der Fürstin Stephanie erhalten. Als kleines Mädchen bin ich immer mit meiner Mutter herumgefahren zu den Krankenhäusern und habe einmal zu ihr gesagt: Mama, ich möchte gerne auch so etwas machen, ein bißchen Singen. Und meine Mutter hat gesagt: „Du bist doch klein, wie willst du das machen?" Und ich sagte: Ich kann doch ein Lied, vielleicht wird das den Soldaten gefallen. Ich hatte eine Puppe, als ich vielleicht noch ein Jahr jünger war, in Krakau, die hatte mir meine Großmutter gekauft. Die war angezogen als Krankenschwester. Und mit der Puppe habe ich vor den Soldaten gesungen. Ich weiß noch wie heute – komisch, das, was vor einer Woche war, daran kann man sich nicht erinnern –, daß ich ein weißes Spitzenkleid angehabt habe mit blauem Band und einen kleinen, schwarzen Strohhut, auch mit blauem Band. Und ich kann mich noch teilweise daran erinnern, was ich gesungen habe. Soll ich es Ihnen vorsingen? [singt] „War ein kleines braves Mädchen, drum hat in der Weihnachtsnacht, mir das liebe gute Christkind, mir die Puppe hier gebracht. Und die Puppe ist mein alles, ist wohl meine größte Lust, nehm' sie stets zu mir ins Bettchen, drück' sie fest an meine Brust. Werd' ich einst ein altes Mutterl, silbergrau sind meine Haar, muß ich stützen mich am Stocke, bin verlassen ganz und gar ...". Mehr weiß ich nicht. Das habe ich nach mehr als achtzig Jahren behalten [lacht]. Nun, selbstverständlich haben die Soldaten mir Beifall geklatscht, und ich war sehr glücklich, und meine Mama war sehr stolz auf mich. Wir waren die ganze

Zeit über in Wien. Mein Vater war österreichischer Offizier, weil Krakau damals durch die Teilung Polens zu Österreich gehörte. Er war nicht verwundet und ist glücklich zurückgekommen nach dem Ersten Weltkrieg. Dann sind wir wieder nach Krakau zurückgegangen.

Lassen Sie uns einen kleinen Zeitsprung machen: Wann wurden Sie sich des Ausmaßes der Gefahr bewußt, die vom deutschen Antisemitismus ausging – gibt es da ein Schlüsselerlebnis, vielleicht bereits im Deutschland, unmittelbar bevor Hitler zum Reichskanzler wurde, denn damals, von 1929 bis 1933, lebten und arbeiteten Sie ja in Berlin als Tänzerin und Schauspielerin?

Zofia Gottlieb-Jasinska: Gelernt hatte ich den Tanz bei Kata Sterna, das war die Schwester von Maria Solvig, die verheiratet war mit einem bekannten Schauspieler. Ich war ganz jung und habe in der „UFA" kleine Rollen gespielt, dabei den Willy Fritsch kennengelernt, der sehr nett zu mir war. Ich war ja sehr jung und er hat mich sehr bemuttert – damals hatte er gerade eine Liaison mit der Lilian Harvey. Er hat mir sogar einen russischen Regisseur vorgestellt, das war ein Film mit Lilly Danita, der Frau von Elor Flegel. Ich weiß nicht, ob das ein Begriff ist für Sie, das war ein sehr bekannter amerikanischer Schauspieler im Film „Das Spielzeug von Paris". Und da habe ich ein bißchen getanzt und eine ganz kleine Rolle gehabt. Ich war ziemlich lange in Berlin, bevor ich wieder nach Polen zurückgegangen bin.

Lassen Sie uns aber noch in Berlin verweilen, 1929: Gab es da für Sie ein Schlüsselerlebnis mit dem sich ausbreitenden Antisemitismus?

Zofia Gottlieb-Jasinska: Ich war in Krakau am Staatstheater, und mein Bekanntenkreis, das waren die Schauspieler. Wir haben sehr gut miteinander gelebt, da habe ich nichts davon gespürt. Aber selbstverständlich: Als ich noch ganz klein war und in die Schule ging, gab es Pogrome. In Berlin habe ich das aber überhaupt nicht gespürt. Es gibt Menschen, die Juden nicht lieben und die das auch zeigen; selbstverständlich gab es in meinem Bekanntenkreis auch solche Menschen. Ich habe keine Ausgrenzungsversuche gespürt, weil ich damals keine große Schauspielerin war, ich war ein kleines, junges Mädchen mit kleinen Rollen, und niemand hat sich so sehr mit mir befaßt, um mit mir über Politik und Juden zu diskutieren. Ich war froh, daß ich in Berlin war und bei der „UFA" kleine Rollen spielen konnte. Selbstverständlich hat man unterschiedliche Dinge gehört. In meinem Elternhaus zum Beispiel war es so: Meine Großmutter hat nicht nur jüdische Feiertage, sondern auch christliche Feiertage gefeiert – alles zusammen. Sie war auch assimiliert. Sie hat sich nicht hundertprozentig als Jüdin gefühlt. Ich habe nie darüber nachgedacht, daß ich eine Jüdin bin. Ich wußte, daß ich in Polen geboren worden bin, also war ich eine Polin. Auch meine Mutter und mein Vater waren sehr assimiliert.

Sie haben Deutschland sofort verlassen, nachdem Hitler die Macht an sich gerissen hatte, gingen dann zurück nach Krakau. Wie war das Lebensgefühl in Polen in den Jahren bis 1939 im Schraubstock zwischen Hitler und Stalin?

Zofia Gottlieb-Jasinska: Ich kann mich erinnern, als die Deutschen das erste Mal in Krakau einmarschiert sind. Da hörte ich von Bekannten, die aus Leipzig oder Dresden nach Polen gekommen waren: „Wer weiß, was Hitler machen kann?" Wir haben gelacht, wir haben uns überhaupt nicht vorstellen können, daß er tun könnte, was er dann tatsächlich getan hat. Und als die ersten Deutschen einmarschiert waren, junge Burschen, achtzehn, neunzehn Jahre, haben sie uns angelächelt, als ich auf der Straße war, um Brot zu holen. Sie marschierten durch die Straßen, und ich dachte mir: Was erzählen die Leute von Hitler, daß er so furchtbar ist, die Soldaten waren jung und lachten, die machen doch nichts. Das war der erste Eindruck, aber der hat nicht lange gedauert, denn es hieß gleich: Die Juden müssen das machen, die Juden dürfen jenes nicht machen, die Juden müssen Radios abgeben und Armbinden tragen. Es war kein angenehmes Gefühl, das alles zu hören.

Wobei ich mir vorstellen könnte, daß die Situation in Krakau bis 1939 eine besondere war, denn durch den Hitler-Stalin-Pakt waren Sie zwischen diese Schraubstöcke geraten. War die verhängnisvolle politische Entwicklung spürbar?

Zofia Gottlieb-Jasinska: Ich will Ihnen dazu etwas sagen: Ich war jung, ich war froh, daß ich am Theater sein konnte. Ich habe das Leben genossen, ich habe mir nicht viel aus Politik gemacht und nicht darüber nachgedacht.

Jacek Joav Schäfer-Jasinski: Mit dem Hitler-Stalin-Pakt hat man in Polen gar nicht gerechnet, das ist eine Überraschung gewesen. Das war auch eine hoch geheime Sache, davon konnte sie nichts wissen. Aber ich glaube, das Schlüsselerlebnis bei meiner Mutter – sie kann sich mit neunzig Jahren nicht auf Anhieb an alle Sachen erinnern – ist auch die Geschichte meiner Kindheit. Vielleicht darf ich ihr deshalb auch ein bißchen helfen: Eines Tages kam sie ins Theater, Krakau war schon besetzt – willst du das erzählen?

Zofia Gottlieb-Jasinska: Ich war damals im Vorstellungsraum des Theaters – ich hatte gerade nicht gespielt und hatte frei – und wollte mir das Stück anschauen. Da kam der Direktor zu mir und sagte: „Seien Sie mir nicht böse, aber kommen Sie überhaupt nicht mehr ins Theater, Sie können auch nicht mehr spielen. Kommen Sie nicht mehr ins Theater, es ist viel besser für Sie." Das war ein furchtbarer Schlag für mich, aber was sollte ich machen, ich bin eben nicht mehr hingegangen. Nun hatte ich begriffen, daß der Hitler wirklich nicht so harmlos ist, wie ich mir am Anfang gedacht hatte. Jeden Tag ist eine neue Vorschrift vom Hitler gekommen. Da hat man langsam angefangen zu begreifen, wie schlimm es ist. Mein Vater hat immer zu mir gesagt: „Was machst du dir solche Gedanken? Wenn wir das machen, was der Hitler will, kann er uns doch nichts antun. Also machen wir eben das, was er will." Er hat sich selbst auch keine Rechenschaft darüber abgelegt, was der Hitler ist und was er machen kann.

Sie sind dann in das Krakauer Ghetto gekommen, wollen Sie davon erzählen?

Zofia Gottlieb-Jasinska: Was soll ich Ihnen erzählen – es war furchtbar. Man hat die armen Leute gesehen, viele Menschen hatten nichts zu essen, manche hatten noch Geld. Es gab Momente, in denen man einen Brillantring gegen ein Stück Brot getauscht hat. Mein Vater hat immer gesagt: „Du bist jung, geh aus dem Ghetto fort. Man weiß nicht, was uns danach geschehen kann." Ich wollte sogar meinem Vater „arische" Papiere besorgen, aber mein Vater hat gesagt: „Mein Kind, ich bin immer geradegegangen, ich werde das nicht können. Man wird gleich erkennen, daß ich ein Jude bin. Laß mich, ich bin hier im Ghetto. Hitler will, daß wir Juden im Ghetto bleiben sollen, nun, dann werden wir im Ghetto bleiben. Es wird uns doch nichts anderes passieren." Niemand hat damals geahnt, was geschehen kann. Damals, als ich dort war, war es noch nicht so schlimm wie dann, als ich fortging – aber es war trotzdem sehr schlimm.

Wann sind Sie ins Ghetto gekommen?

Zofia Gottlieb-Jasinska: Vor 1942, weil mein Vater 1942 umgebracht wurde. Meine Mutter ist gestorben, als ich noch sehr jung war, an Krebs, und nachher hat mein Vater eine sehr liebe Frau geheiratet, die auch im Ghetto war, und mit ihr ist er umgekommen. Er hat immer gesagt: „Was wollen die von mir, was habe ich gemacht?" Er hatte ein lithographisches Unternehmen und war sehr angesehen in Krakau. Er konnte nicht begreifen, was man von ihm wollte. Er hat sich auch als Pole gefühlt. Meine Mutter hat nichts gefühlt im Judentum, aber mein Vater hat sich etwas als Jude gefühlt. Sagen wir es so: Er hat nicht alle Feiertage begangen, aber er sagte: „Ich bin ein Pole jüdischen Glaubens." Im Unterschied zu den frommen Juden, die gesagt haben: „Wir sind keine Polen, wir sind nur Juden." Aber er hat gesagt: „Ich bin Pole, ich bin hier geboren worden im jüdischen Glauben. Es gibt doch in der ganzen Welt viele Menschen, die einen unterschiedlichen Glauben haben und in verschiedenen Nationen zu Hause sind."

Im Krakauer Ghetto begann dann Ihr Kampf ums Überleben, zuerst gegen den Hunger und die Kälte im Ghetto selbst. Ab 1942, nach Ihrer Flucht in die Illegalität, folgte in

Warschau neben allem anderen auch noch der Überlebenskampf nach den Gesetzen des Untergrunds. Welche Erinnerungen, welche Bilder fallen Ihnen ein, wenn Sie das Wort Verrat hören?

Zofia Gottlieb-Jasinska: Es gab viele Menschen, sogar Juden, die gemeint haben, daß sie sich retten könnten, wenn sie andere Juden anzeigen. Es gibt ein Buch über eine solche Frau, *Stella*[154] : Sie war eine sehr schöne Jüdin und hat geglaubt, sie habe das für ihre Eltern getan, denn sie wollte ihre Eltern retten und hat deshalb Juden bei der Gestapo denunziert. In dem Buch steht sogar, daß sie auf der Straße ihre beste Freundin getroffen hat, und die hat zu ihr gesagt: „Du wirst mich doch nicht verraten", und sie hat sie doch verraten. Ich habe gehört, daß sie eine Tochter hat, die in Israel lebt. Sie selbst lebt in Berlin[155] , und die Tochter kennt die Mutter überhaupt nicht, will sie nicht sehen. In Krakau gab es Zwillingsbrüder, die zur besten Familie gehörten, auch sie waren Juden, und auch sie haben das getan. Sie sind mir einmal auf der Straße nachgelaufen, ich bin weggegangen und habe Angst vor ihnen gehabt. Dann habe ich eine gute Bekannte gehabt, man kann sogar sagen: eine Freundin, die war die Witwe eines Rechtsanwalts. Aus Berlin sind zwei ihrer Brüder gekommen, Juden, mit solchen Stiefeln wie auch die Deutschen sie getragen haben; sie hat mit dem einen zusammengelebt, ist ins Theater gegangen, hat eine Armbinde getragen. Einmal traf sie mich auf der Straße und fragte: „Sag mal, wo wohnst du?" Und ich sagte: Nirgends, ich habe kein Geld, ich wohne hier und dort. Ich habe furchtbare Angst vor ihr gehabt. Es gab aber auch die Leute, die Juden geholfen und sie versteckt haben.

Jacek Joav Schäfer-Jasinski: Entschuldige, daß ich mich einmische, aber es reicht nicht aus, das zu sagen. Sicher, es sind deine Gedanken, sicher war das Verrat dieser armen Juden. Nur: Die waren wie Tiere, die hatten Angst um ihr eigenes Leben. Es gab aber auch den anderen Verrat, wie in diesem Fall, den Verrat von polnischen Freunden, Mitbewohnern oder der polnischen Polizei. Davon hast du mir auch oft erzählt. Wenn du es nur auf diese Art erzählst, könnte man wirklich denken, daß es nur die Juden waren, die verraten haben. Die Juden, das war eine Randerscheinung! Das waren die Opfer – auch die, die verraten haben, waren die Opfer.

Zofia Gottlieb-Jasinska: Es gab auch viele Polen, die verraten haben. Polizisten haben manche Männer auf der Straße angehalten, in ein Haus gebracht und aufgefordert, die Hosen herunterzulassen, um zu sehen, ob sie beschnit-

---

154 Peter Wyden, *Stella*, Göttingen 1993.
155 Dies ist eine irrtümliche Annahme; tatsächlich lebt Stella Goldschlag in der Nähe von Stuttgart.

ten waren. Selbstverständlich, auf der ganzen Welt gibt es gute und schlechte Menschen. Ich hatte in Warschau ein Zimmer bei einer polnischen Gräfin gemietet, die eine wahnsinnige Antisemitin war, und gerade nebenan war das Ghetto in Warschau. Sie sagte: „Es ist gut, was den Juden geschieht." Ich konnte nichts dazu sagen. Einmal ist sogar sie, die große Antisemitin, aufgeregt nach Hause gekommen und hat mir erzählt, sie sei entlang der Straßen des Ghettos gegangen – man konnte nicht durch das Ghetto gehen! –, und in der Mauer war ein Loch, durch das die jüdischen Kinder herein und herausgekrochen sind, um für etwas zum Essen zu betteln. Da kam ein Gestapo-Mann vorbei, hat einen Jungen gepackt, hat die Kloake geöffnet und den Jungen dort hineingeworfen. Das hat sogar sie aufgeregt. Dann, als man das Ghetto liquidiert hat – ich wohnte nicht weit entfernt, wie gesagt –, ist die Hausmeisterin zu mir gekommen und hat gefragt: „Was soll ich machen? Eine junge Frau und ein junger Mann sind vom ersten Stock aus heruntergesprungen?" Dort war eine Ruine nach den Bombardierungen, die hatten sich dort versteckt. Ich habe gesagt: Machen Sie, was Sie wollen. Ich konnte doch nichts sagen. Und am nächsten Tag ist sie zu mir gekommen und hat gesagt: „Wissen Sie, ich habe zu denen gesagt, sie sollen weitergehen, ich habe Angst um meinen Kopf."

Sie haben sich dann während des Krieges als Jüdin in ihrem Versteck gewissermaßen verliebt – in einen SS-Offizier. Wie erklären Sie sich dieses Gefühl nun im Rückblick mit dem Abstand der Jahre?

Zofia Gottlieb-Jasinska: Schuld waren Kartoffelpuffer! Der Hauptmann Schäfer ist einmal zu mir in die Küche gekommen und hat zu mir gesagt: „Die Kartoffelpuffer waren vorzüglich, meinen Soldaten haben sie sehr gut geschmeckt, bitte backen sie noch welche." Und ich habe gesagt: Nein, es ist Schluß, ich habe schon so viele gemacht, jetzt backe ich keine Kartoffelpuffer mehr. Da sagte er: „Ich bitte sie aber darum, daß sie noch welche machen sollen." Ich mache aber keine, sagte ich. Und darauf sagte er: „Das ist aber ein Befehl." Nun, wenn es ein Befehl ist, dachte ich und habe wieder angefangen, welche zu machen. Aus Wut sind mir die Tränen in die Kartoffelpuffer gefallen. Abends hat der Hauptmann Schäfer auf mich gewartet – ich wohnte damals zunächst auf dem Gut und später im Dorf bei einem Bauern – und begleitete mich nach Hause. Da hat er gesagt: „Bitte entschuldigen Sie, ich wußte nicht, daß es solche Mühe macht, wenn man Kartoffelpuffer bereitet. Seien Sie mir bitte nicht böse." Und ich sagte: Schauen Sie, daß Sie weiterkommen und lassen Sie mich in Ruhe. Und von dem Tag an hat er jeden Tag abends auf mich gewartet und mich begleitet. Und ich habe ihm jedes Mal gesagt: Bitte belästigen Sie mich nicht, lassen Sie mich in Ruhe, ich will Sie nicht mehr sehen. Es war auch ein bißchen Mut, als versteckte Jüdin so zu sprechen. Vielleicht ist das meine Rettung gewesen, daß ich viel Mut gehabt habe. Da hat er mich gefragt: „Gefalle ich Ihnen nicht?" Nein, sagte ich, ihre Uniform gefällt mir nicht. Darauf sagte er: „Warum sehen Sie in mir den Deutschen – sehen Sie doch in mir den Menschen. Bin ich denn schuldig für das, was Hitler macht? Ich bin gegen Hitler, ich will nach Hause, ich will hier gar nicht kämpfen. Sehen Sie", sagte er zu mir, „ich bin zur Waffen-SS gegangen, weil der Hitler zuerst sehr viel Gutes gemacht hat – die Leute haben Arbeit bekommen. Aber jetzt sehe ich, was er macht: Er ist ein Mörder. Und warum sind Sie mit mir so böse." Und so hat es angefangen. Er hat sich in mich verliebt. Und eine Liebe, das ist ... Er hat nur daran gedacht, daß ich ihm nicht böse sein soll. Ich soll ihm verzeihen.

Jacek Joav Schäfer-Jasinski: Du schreibst aber auch im Buch, daß seine erste Reaktion war – und diese Geschichte kenne ich von klein auf, ich wußte nur nicht, daß sie von meinem Vater handelte –, daß er sich, als sie ihm gesagt hatte „Ihre Uniform gefällt mir nicht", umgedreht hat und weggegangen ist. Es hat einige Tage gedauert, bis er wiedergekommen ist. Das ist ein wichtiger Punkt. Dieser Punkt war auch bei dem Mann drin – seine Uniform, und genauso hat er reagiert.

Zofia Gottlieb-Jasinska: Es hat mir vielleicht ein bißchen leid getan, daß er nicht mehr gekommen ist. Ich hatte mich schon daran gewöhnt, daß er jeden Abend auf mich wartet.

Jacek Joav Schäfer-Jasinski: Nicht wahr, das erzählt sich so. Die Gefahr bei der ganzen Geschichte ist, daß man das mit dem heutigen Wissen über die Shoah, mit dem heutigen Wissen über die Opfer betrachtet. Aber damals war das eine Frau, die nur überleben wollte, die nicht wußte, was man nach dem Krieg erfahren hat, was man heute noch immer wieder erfährt. Das kann man nicht vom jetzigen Standpunkt aus betrachten. Ich nenne das: Die verkehrte Welt der Zofia J., der Zofia Jasinska. Warum? Sie, die verfolgte Jüdin, hat sich einfach geweigert, nur ein Opfer zu sein, bewußt oder unbewußt – ich würde sogar sagen: unbewußt. Sie hat sich geweigert ein Opfer zu sein, und so hat sie die ganzen Anordnungen der Nazis versucht zu umgehen, bewußt oder unbewußt. Sie hat gar nicht nachgedacht, sie konnte nicht anders. Sie hat den polnischen Bauern geholfen; sie hat den Baron, der das Gut verwaltete, im Zaum gehalten; sie hat sich Respekt bei den deutschen Soldaten verschafft; sie hat Mitleid mit einem SS-Offizier gehabt, später war er mein Vater und hat dadurch auch Schwierigkeiten bekommen. Sie hat diese „verbotene Liebe" gewagt und die Konsequenz – das Kind, das Kind bin ich. Und das ist für mich diese verkehrte Welt, denn, an den damaligen Ge-

gebenheiten gemessen, war es eigentlich unmöglich, daß eine Jüdin so handelt. Ich habe das Buch ein paar Mal gelesen, obwohl ich die Geschichte kenne; es sind die Geschichten meiner Kindheit. Ich habe schon als ganz kleines Kind vom Hauptmann Schäfer gehört, aber erst mit 21 oder 22 Jahren erfahren, daß er mein Vater ist.

Zofia Gottlieb-Jasinska: Man weiß nie, wie man handeln wird. Wenn mich jemand früher gefragt hätte, ob ich mit einem SS-Mann eine Liaison haben könnte, hätte ich vielleicht gesagt: Sind Sie verrückt, das ist doch unmöglich. Man weiß nie, wie man in einen bestimmten Moment handeln wird.

Jacek Joav Schäfer-Jasinski: Das war kein SS-Mann, sondern er gehörte der Feldgendarmerie der Waffen-SS[156] an. Obwohl sich auch Leute der Waffen-SS sehr viel zuschulden kommen haben lassen, ist es funktionell und historisch ein Unterschied, theoretisch, aber auch oft praktisch. SS-Männer, das waren diese Totenköpfe, und Waffen-SS-Leute waren Frontsoldaten, das ist noch ein Unterschied. Aber ich glaube, du hast in ihm gar nicht den Soldaten und den SS-Mann gesehen, sondern den Menschen. Und das ist vom heutigen Standpunkt aus nicht zu begreifen – für mich ja, denn du hast nur vom Menschen gesprochen. Sogar für gute Bekannte ist es nicht zu begreifen, denn sie sehen vom heutigen Standpunkt aus nur den SS-Mann.

Zofia Gottlieb-Jasinska: Ich bin auf das Gut gefahren, und da hat mir der Verwalter damals telefonisch mitgeteilt: „Wenn sie nicht in drei Tagen hier sind, brauchen Sie am vierten Tag nicht mehr zu kommen. Sie müssen mir einen Hund, eine Dogge, besorgen und dazu noch einen Koch." Ich bin in Warschau herumgelaufen und habe einen Koch besorgt und einen Hund. Leider stellte sich heraus, daß der Hund ein Mischling war und der Koch ein Trinker. Egal. Damals fuhr ich dorthin, und die Gestapo hat mich gepackt – zuerst den Koch, der „Gassi" gegangen war mit dem Hund –, und da habe ich gesagt: Was, wir sollen für die Deutschen kochen und man sperrt uns ein – ich war eine Verrückte, heute kann ich mir nicht vorstellen, daß ich so etwas getan habe –, wieso verhaftet man den Koch und den Hund, wir sollen doch deutsche Soldaten ernähren. Da kam ein Gestapo-Mann, der wunderbar Polnisch gesprochen hat. Ich stand zwischen Frauen, die unter ihren Röcken wunderbare Wurst und Speck hatten und mit mir, dem Koch und dem Hund zurück sollten nach Warschau. Da habe ich ihm, auch in polnischer Sprache, gesagt: Bitte, lassen Sie mich weiterfahren! Ich habe in Warschau nichts zum Leben, ich habe keinen Job, und dort soll ich doch für deutsche Soldaten arbeiten.

---

156 Die Feldgendarmerie ist 1942 in die Waffen-SS eingegliedert worden.

Jacek Joav Schäfer-Jasinski: Sie konnte nicht zurück nach Warschau, denn dort hatte man sie schon gesucht, das konnte sie sich gar nicht leisten.

Zofia Gottlieb-Jasinska: Da habe ich meine Tasche geöffnet, und er fragte: „Wollen Sie mir Geld geben?" Und ich sagte: Nein, ich will mein Taschentuch holen. „Um drei Uhr fahrt ihr alle nach Warschau zurück", sagte er. Da fuhr ein Kutscher von einem Gut vor, der auf uns gewartet hatte. Der sollte uns zu dem Gut bringen. Wir stiegen ein – der Koch, der Hund und ich –, und alle anderen gingen zu Fuß zur Bahn, selbstverständlich mit der Gestapo. Der polnischsprechende Gestapo-Mann stand auf dem Kutscherstieg und ist mit uns gefahren. Der Kutscher blieb vor dem Bahnhof stehen, währenddessen ging der Gestapo-Mann in das Bahnhofsgebäude. Das hat ein bißchen gedauert. Da sagte ich zu dem Kutscher: Der will bestimmt, daß wir weiterfahren sollen, fahren Sie weiter. Der Kutscher wollte weiterfahren, da kam der Gestapo-Mann heraus und fragte: „Wo wollt ihr denn hin?" Da bin ich wieder von der Kutsche heruntergestiegen und sagte zu ihm auf Polnisch: Ich bitte Sie, lassen Sie uns doch fahren. Und ich öffnete wieder die Tasche und er fragte wieder: „Sie wollen mir Geld geben?" Da sagte ich ihm: Nein, aber wie soll ich Ihnen danken? „Geben Sie mir die Hand." Als ich ihm die Hand gereicht hatte, sagte er: „Gott segne Sie, und fahren Sie glücklich weiter." Ich weiß nicht, ob das ein „Volksdeutscher" war, der ein bißchen Herz gehabt hat, oder jemand war, der mit der Untergrundbewegung zusammengearbeitet hat und sich in einer deutschen Uniform versteckt hat – jedenfalls hat er mich damals gerettet: Das war auch ein Gestapo-Mann.

Welche Reaktionen auf Ihre Lebenserinnerungen – ich meine nicht nur auf Ihr Buch, sondern generell – haben sie zu hören bekommen, als bekannt wurde, daß Sie als Opfer der Shoah ein Verhältnis hatten mit einem der Täter? Sie haben nach dem Krieg auch in Israel gelebt, wo bis heute zuweilen mit Unverständnis auf die Frage reagiert wird, wie man überhaupt als Jude in der Bundesrepublik, dem Land der ehemaligen Täter, leben kann.

Zofia Gottlieb-Jasinska: Das wurde erst mit der Herausgabe meines Buches bekannt. Man hat mir furchtbare Vorwürfe gemacht, daß so etwas überhaupt möglich war, daß ich ein Kind habe – nicht nur mit einem Deutschen, sondern mit einem SS-Mann. Ich habe mir auch Vorwürfe gemacht, aber dann habe ich mir gesagt: Auf der ganzen Welt sind gute und schlechte Menschen, er war aber kein schlechter Mensch, er war ein guter Mensch. Wenn er nicht so gewesen wäre, wie er war, hätte ich ihn ja gar nicht angeguckt. Er wurde zufällig als Deutscher geboren und hat zu Anfang an Hitler geglaubt, hat sich deshalb in die Waffen-SS einschreiben lassen. Später war er gegen alles, was der Hitler machte.

Und die Menschen in Israel, nach dem Krieg?

Zofia Gottlieb-Jasinska: Die würden mich nicht verstehen, wenn sie es wüßten. Oder es waren nur fromme Juden, die nur an den jüdischen Gott glauben. Ich meine: Wenn es einen Gott gibt, gibt es nur einen Gott. Die Menschen haben sich Religionen geschaffen. Wie viele Götter gibt es? Den jüdischen Gott, den katholischen Gott, den islamischen – aber es gibt doch nur einen Gott! Wenn die Menschen mehr mit Liebe leben würden als mit Gewalt, gäbe es weniger Kriege, und die armen Frauen müßten nicht mehr um ihre Söhne und um ihre Männer weinen. Aber leider gibt es immer mehr Gewalt, immer weniger Liebe.

Wie haben Sie, Herr Schäfer-Jasinski, von Ihrer Herkunft erfahren?

Jacek Joav Schäfer-Jasinski: Das habe ich erst erfahren, als ich von Israel nach Deutschland gekommen bin, das geschah auch gegen den Willen meiner Mutter, das haben meine Tanten, vor allem eine Tante, die Schwester meines Vaters, veranlaßt.

Sie gehören zur zweiten Generation nach der Shoah. Alle Kinder von Shoah-Überlebenden beschreiben, daß das Trauma von Auschwitz ihnen ein Stück weit mit in die Wiege gelegt worden ist, obwohl die Eltern zumeist durch ihr Schweigen über ihre Erlebnisse während der NS-Zeit das genaue Gegenteil erreichen wollten. Wie sehen Sie das für sich selbst?

Jacek Joav Schäfer-Jasinski: Ich war in Auschwitz. Ich habe damals meinen acht- oder neunjährigen Sohn mitgenommen, nachdem ich mir das reiflich überlegt hatte. Es war furchtbar, das zu sehen. Aber ich glaube, Sie haben Recht: Ich wußte schon vorher, was Auschwitz ist. Wenn man in Polen zur Welt kommt und dort als Kind elf Jahre nach dem Krieg lebt und dann, später, noch zehn Jahre in Israel, ist es unmöglich, nicht zu spüren, was Auschwitz war und was Auschwitz ist – nicht nur durch Erzählungen, sondern gerade durch dieses Schweigen, das Sie erwähnt haben. Ich habe diese Geschichten von meiner frühesten Kindheit an gehört – immer wieder, immer wieder, immer wieder. Ich habe aber erst begriffen, worum es wirklich geht, als ich im Internat war in Israel und von der Geschichte mit Eichmann, den man entführt hatte, hörte. Und da kam irgend etwas von meinem Unterbewußtsein in mein Bewußtsein; das, was ich in Polen und in Israel immer gespürt und gelebt hatte, wurde mir plötzlich richtig bewußt: Die Shoah als solche, das waren bis dahin nur einzelne Geschichten gewesen. Aber wirklich begriffen habe ich das, als ich als vierzehn- oder fünfzehnjähriger Junge allein in den Film „Mein Kampf" – das war ein Dokumentarfilm – gegangen bin. Ich wußte wirklich nicht, was mich dort erwartet. Zuerst habe ich gesehen, wie am Anfang die polnische Kavallerie mit Lanzen gegen die deutschen Panzer losging. Da haben noch einige Leute gelacht, ich habe da schon angefangen zu weinen. Dann kam alles andere: Auschwitz, die Ausrottung der Juden. Und ich saß da und konnte später, als der Film zu Ende war, gar nicht aufstehen. Obwohl ich das alles wußte, hat mich das Visuelle doch so weit gebracht, zu sehen. Vielleicht dachte ich bis dahin: Das sind nur Geschichten, das kann nicht so schlimm sein. Aber da habe ich es gesehen, den Dokumentarfilm. Fazit der Geschichte ist, daß ich lange Zeit jeden Abend für diese Leute gebetet habe, nicht weil ich irgendwie besonders religiös war, ich hatte so ein Bedürfnis, etwas für diese Leute zu tun, aber die waren doch alle tot. Und da habe ich einfach jeden Abend versucht, für sie zu beten. Ich habe eigentlich nicht für sie gebetet, sondern für mich selbst, weil ich dieses Bedürfnis hatte, etwas für sie zu tun.

In welchen Schritten haben Sie von der Lebensgeschichte Ihrer Mutter erfahren bzw. sind sich Ihrer eigenen Herkunft bewußt geworden?

Jacek Joav Schäfer-Jasinski: Meine Mutter hat es mir nicht leicht gemacht. Sie stammte aus einem sehr guten Haus, Geld hat da vor dem Krieg nie gefehlt. Nach dem Krieg war sie zwar keine Bettlerin, weil sie sehr viel gearbeitet hat, aber es war sehr schwer für sie, das eine Ende mit dem anderen zu verbinden. Ich habe das alles mitgekriegt, obwohl sie alles vor mir verheimlicht hat: meine jüdische Herkunft, meine deutsche Herkunft. Wahrscheinlich hatte sie deshalb nicht die Kraft, auch ihre finanziellen Schwierigkeiten vor mir zu verheimlichen. Das waren meine Probleme: wie meine Mutter unter ihren finanziellen Schwierigkeiten durch ihren sozialen Abstieg gelitten hat. Die meisten meiner Freunde – auch mein bester Freund, das hat sich so ergeben – waren Juden in Polen. Sie wissen, daß es nach dem Krieg in Polen auch Pogrome gab[157], und in Krakau, wo ich gelebt habe, hat man manchmal Kinder gehänselt und ich habe mich für meine jüdischen Freunde geprügelt. Nicht wahr, für mich, den Katholiken, ich war katholisch erzogen worden, war es selbstverständlich, für sie einzutreten. Wir hatten keine Familie, ich sehnte mich nach einer Familie. Meine Mutter sprach nie von meinem Vater, nur von ihrem ersten Mann, von dem wurde viel erzählt, von meinem Vater überhaupt nichts. Und so habe ich gefragt, was los sei mit meinem Vater, und sie sagte: „Er soll eine Schwester in Deutschland haben."

---

157 Ausgeprägte antisemitische Ressentiments in Polen erreichten im Juni 1946 ihren Höhepunkt, als der jüdischen Gemeinde ein „Ritualmord" an einem vermißten polnischen Jungen vorgeworfen wurde und der Mob daraufhin 42 Juden in Kielce ermordete und weitere fünfzig verletzte. Aufgrund einer antisemitischen Hetzkampagne nach einer regimefeindlichen Studentendemonstration am 8. März 1968 begann die Polnische Vereinigte Arbeiterpartei damit, 20 000 Menschen zum Verlassen des Landes zu zwingen.

Meine Familie, die ich nicht hatte, das waren die Leute, die auf dem Alten Friedhof in Krakau beerdigt waren. Hin und wieder bin ich mit meiner Mutter dorthin gegangen, um sie zu besuchen. Das war meine Familie.

Eines Tages sind wir in einer Straßenbahn gefahren, eine Frau kam hinzu, eine Bekannte meiner Mutter, und erzählte ihr, daß ein junges Mädchen erfahren hat, daß sie jüdischer Abstammung ist, daß sie nur adoptiert wurde. Die „guten" Leute auf der Straße mußten ihr das jetzt mit sechzehn Jahren eröffnen, und sie hat sich umgebracht. Da hat es bei mir Klick gemacht – in diesem Augenblick wußte ich, daß ich jüdischer Abstammung bin. Dabei hatte ich wirklich keine Anhaltspunkte dafür. Wir sind zu diesem Friedhof gekommen, dem Jüdischen Friedhof, aber ich habe ihn nicht als solchen identifiziert, ich wußte das nicht als Kind – und da habe ich zu meiner Mutter gesagt: Mama, ich bin wie dieses Mädchen. Erst einmal kam sie mit Ausflüchten, plötzlich dann hat sie mir die Wahrheit gesagt. Das war sozusagen die erste Etappe, wenn ich mich so ausdrücken darf. Ich habe mich sehr gefreut, auch jüdischer Abstammung zu sein, aber eigentlich hatte das für mich keine große Bedeutung. Ich bin weiter zur Kirche gegangen – so hat man mich erzogen –, nicht jeden Sonntag, sondern wenn sich das ergeben hat. Ich hatte von meiner Mutter schon diesen Keim in mir: Es gibt einen Gott für alle. Das ist eigentlich bis heute so geblieben. Ich habe das einfach so akzeptiert und gleichzeitig ein Gefühl der Begeisterung verspürt, selbst ein Geheimnis geknackt zu haben wie in meinen Büchern, es war so ein Abenteuer, die unbekannte jüdische Abstammung. Und dennoch stimmte etwas nicht. Manchmal habe ich mir gedacht: Vielleicht bist du adoptiert, denn ich spürte, daß etwas mit meiner Vergangenheit nicht stimmte. Ich habe versucht, die Papiere meiner Mutter zu durchstöbern, konnte diese aber damals noch nicht lesen. Ich habe sie zur Hand genommen und versucht, sie irgendwie auf mich einwirken zu lassen. Ich wußte, da ist etwas. Dann habe ich schnell Lesen gelernt, komischerweise konnte ich es nie laut, sondern leise, es kam mir nur darauf an, schnell lesen zu lernen. Doch als ich es konnte, stand da nichts über meinen Vater geschrieben. Ich war richtig enttäuscht.

Dann sind wir nach Israel ausgewandert. Das war für mich ein Abenteuer, und so habe ich nicht weiter über meinen Vater nachgedacht. Meine Mutter hatte mir nur erzählt, daß er gestorben sei und wahrscheinlich auch im Untergrund gegen die Nazis gekämpft habe. Wie ist meine Mutter auf diese erstaunliche Geschichte gekommen? Sie war vor dem Krieg bereits zum zweiten Mal verheiratet mit Tadeusz Jenkner. Am Anfang des Krieges hatte er sie verlassen und ihr gesagt, sie müsse allein überleben, er überlebe auch allein. Weil sie das sehr getroffen hat, hat sie es im Buch nicht erwähnt. Andererseits erzählte man ihr nach dem Krieg, daß er im Untergrund gewesen war. Ich weiß es nicht. Aber deshalb kam sie wahrscheinlich auf die Idee, mir so etwas zu erzählen, weil er auf dem Papier mein Vater war. In Israel war mir meine Mutter gleichzeitig Vater und Mutter, und ich habe mir keine weiteren Gedanken gemacht. Meine Mutter hatte ein sehr schweres Leben in Israel, und es zieht sich immer etwas in mir zusammen, weil es stimmt, was sie sagt. Für sie waren das leider schlimme Zeiten in Israel – für mich war das die schönste Zeit meines Lebens.

Nach dem Sechstagekrieg, meine Mutter war schon in Deutschland und ich noch in Israel – das ist eine Geschichte für sich, denn meine Mutter dachte, daß sie jetzt den Sohn im Sechstagekrieg verliert –, hat sie mich genötigt, nach Deutschland zu kommen, ich wollte das nicht. Sie hat mich mit allen Mitteln, die eine alleinerziehende Mutter hat, dazu gebracht, daß ich – ich hatte gerade die Schauspielschule beendet – nach Deutschland komme. Dabei habe ich zum zweiten Mal etwas Wichtiges über meinen Vater erfahren. Wir haben die Familie des Hauptmanns Schäfer besucht. Der war für mich ein Begriff seit meiner Kindheit, denn meine Mutter hat von ihm erzählt, nur nicht, daß er mein Vater ist. Eine seiner Schwestern hatte uns abgeholt. Ich begegnete dieser Familie mit sehr großen Vorbehalten, habe mir aber gleich ihre Hände angeschaut und gedacht: Vielleicht ist das die Schwester meines Vaters, die sollte doch in Deutschland leben? Also irgend etwas in mir hat schon gearbeitet. Über die Familie, die ich dort traf, war ich erstaunt. Diese Familie hätte genauso gut in Israel leben können oder in Polen. Ich sagte mir: Moment mal, so kann das doch nicht sein, die Keime des Nationalsozialismus müssen irgendwo in dieser Familie zu finden sein, aber das war eine ganz normale, nette, liebenswerte Familie. Wir fuhren dann zu der anderen Schwester, die im Nachbarort wohnte. Ich hatte in Polen nur ein Bild von meinem Vater gehabt, ein einziges, das ich mir manchmal stundenlang angeschaut habe, während ich mir vorstellte, was mit ihm geschehen war. Als ich eintrat, war das erste, was ich bemerkte, ein Bild meines Vaters. Ich stand davor – die Schauspielschule lag damals hinter mir – und habe mich wirklich zusammengenommen, schaue zu meiner Mutter, die das sieht und fast umkippt, die andere Schwester auch. Folgendes war geschehen: Alle hatten beschlossen, sämtliche Bilder meines Vaters abzunehmen. Nur die jüngere Schwester hatte absichtlich ein Bild an der Wand hängen lassen. Sie kam zu mir und sagte: „Das ist mein Bruder und dein Vater, es ist höchste Zeit, daß der Junge die Wahrheit erfährt." Und ich habe sie erfahren. Meine Mutter hat mich hineinkatapultiert in diese ganze Abstammung, jüdisch-deutsch-polnisch, und ich muß ihr dankbar sein, daß sie mir von klein auf beigebracht hat, daß es gute und schlechte Menschen gibt, sonst hätte ich das nicht bewältigen können. Durch meine Schauspielkunst, die ich damals noch beherrschte, habe ich das ganz locker aufgenommen. Meine Mutter hat sich später Sorgen um mich gemacht, doch ich habe ihr versichert, daß ich das akzeptiert habe. Aber ich weiß: Wenn mein Vater heute da wäre, hätte ich ihm meine Meinung gesagt, ich bin der gleiche Mensch, der ich vorher war, ob mein Vater nun Deutscher war oder nicht. Damals wußte ich noch nicht, daß er in der Waffen-SS war, das habe ich erst später von meiner Tante erfahren. Ich nehme an, meine Mutter wußte es selbst nicht, weil sie keine Ahnung hatte von militärischen Rängen usw. während des Krieges. Mit einem Teil der Familie meines Vaters haben wir ein gutes Verhältnis. Einmal besuchte mich meine Tante, als ich bei meiner Mutter in Offenbach wohnte. Sie wollte mich näher kennenlernen und fragte mich auf Deutsch: „Bist du deinem Vater böse?" Ich habe die Worte verstanden, doch mein Deutsch war noch nicht gut genug, um darauf einzugehen und ein Gespräch zu beginnen. Also habe ich nur gesagt: Nein. Mehr konnte ich dazu nicht sagen. Ich war ihm nicht böse, aber das war ja auch nicht der Punkt, nur gab es viel mehr dazu zu sagen. Aber meine Tante hat mich nie wieder darauf angesprochen und ich sie auch nicht. Es hat sich wahrscheinlich nicht ergeben.

Ich habe schließlich ein Buch darüber geschrieben – ich weiß nicht, ob es je herauskommt –, aus der Sicht des Sohnes; darin sind alle meine Gedanken, meine Erlebnisse und mehr enthalten. Ich war Schauspieler und habe allmählich den Eindruck, so viel erlebt zu haben, daß es mir als Schauspieler nach und nach die Sprache verschlagen hat. So habe ich mich auf das Schreiben von Geschichten verlegt. Ich wollte es gar nicht, das hat sich einfach ergeben. Ich denke, daß ich aus meiner Sicht eigentlich noch mehr betroffen bin als meine Mutter. Mein Buch habe ich keinem Menschen gewidmet, sondern Polen, Israel und Deutschland.

Wenn Sie heute an Ihren Vater denken: Was wurde für Sie entscheidend dafür, daß Sie die Anteile, die Sie selbst heute als Erbe Ihres Vaters in sich spüren, bei sich selber wahrnehmen, daß Sie diese annehmen können?

Jacek Joav Schäfer-Jasinski: Das ist eine sehr schwere Frage. Ich kenne meinen Vater gar nicht. Mich treibt die Idee um, wieder etwas zu schreiben, weil ich ihn nicht kenne: „Dialog mit dem Vater". Darin würden alle Fragen und alle Antworten enthalten sein – alle Fragen, die ich nie stellen konnte, und alle Antworten, die ich nie bekommen habe. Das nur nebenbei, weil es vielleicht dazugehört. Ich kann mich nur darauf verlassen, was mir meine Mutter und meine Tante über meinen Vater erzählt haben. Er war ein Mensch, der sich verleiten ließ, und ich weiß, daß er einer der ersten war, die in die Partei oder in die Waffen-SS eingetreten sind, weil das irgend etwas besonderes für ihn war. Ich weiß, daß er sich von Hitler erst abgewandt hat, als man zwei seiner Brüder in Rußland erschossen hat. Daran hat er nicht mehr den Russen die Schuld gegeben, sondern Hitler. Nur: Das war für mich ein bißchen zu spät. Während der Zeit auf diesem Landgut hat er nichts getan; was vorher war, weiß ich nicht. Trotzdem denke ich, daß ich nicht nur viel von meiner Mutter habe, sondern auch viel von meinem Vater habe. Rein intuitiv würde ich sagen: Er hatte auch gute Seiten – er liebte Kinder, war hilfsbereit, großzügig. Aber es ist nicht leicht im nachhinein einen Vater zu haben, der bei der Waffen-SS war. Eigentlich erst, seitdem das Buch herausgekommen ist, entwickele ich komischerweise mehr Gefühl für ihn, nicht nur Mitleid, sondern auch mehr Gefühl. Ich ahne die Zusammenhänge jener Zeit, die ihn dazu gebracht haben, ein Offizier zu sein, ein Soldat zu sein, an sein Vaterland zu glauben – aber ich würde ihm nie die für mich entscheidende Frage stellen: Hast du gewußt, was man mit Juden gemacht hat? Und das wird uns immer trennen.

Tom L. Freudenheim

(geb. 1937 in Stuttgart, Deutschland)

Die Familie stammt ursprünglich aus Berlin. Kein Geringerer als Alfred Döblin war sein Onkel. Während der zwanziger Jahre hatte sein Vater in Berlin mit Judaica gehandelt, bevor er 1932 nach Stuttgart übersiedelte, um dort eine Holzhandlung zu eröffnen. Sechs Jahre später – Tom L. Freudenheim war gerade neun Monate alt – verließen die Freudenheims Deutschland. 1942 wurde ihr Sohn Tom als US-Bürger naturalisiert. Doch ein Stück ihrer Heimat hatten sie mitgenommen: Tom L. Freudenheim wuchs in einem Elternhaus auf, in dem, wie er sagt, „alles aus Deutschland kam", jedoch nicht Deutsch gesprochen wurde. Dennoch erwartete der Vater, daß sein Sohn selbstverständlich die Schriften Goethes kannte.

Tom L. Freudenheim absolvierte 1959 ein Kunstgeschichtsstudium am Harvard College sowie am Institute of Fine Arts an der New York University und studierte anschließend am Hebrew Union College, Cincinnati, mit dem Ziel, Rabbiner zu werden. 1961 begann er seine Karriere zunächst als Assistent des Kurators im New Yorker Jüdischen Museum, später dann selbst als Kurator. Zwischen 1966 und 1986 war er Direktor von verschiedenen amerikanischen Museen, unter anderem des Baltimore Museums of Art, Maryland, und des Worchester Art Museums, Massachusetts. In der folgenden Dekade bekleidete er unterschiedliche Funktionen im Smithsonian Institut, Washington D. C., bevor er für zwei Jahre als Direktor zum renommierten YIVO-Institut für jüdische Forschung in New York wechselte. 1998 kehrte er ins Land seiner Geburt zurück und nahm seine Tätigkeit als Stellvertretender Direktor des Jüdischen Museums in Berlin auf. Inmitten der Vorbereitungen zur Eröffnung dieses Hauses fand er in mehreren Interviews Worte voller Freundlichkeit und zarter Ironie über seine Rückkehr nach Berlin. Im September 2000 wurde Tom L. Freudenheim zum Direktor der neu ins Leben gerufenen Gilbert Collection in London berufen.

David Dambitsch: *W. Michael Blumenthal hat mit* Die unsichtbare Mauer[158] *seine autobiographische Geschichte der Berliner Juden seit 1671 veröffentlicht. Sie selbst stammen auch aus einer Berliner jüdischen Familie. Welche Persönlichkeiten aus Ihrer Familie haben Ihnen mit Blick auf die Geschichte der Juden in Berlin, Preußen und Deutschland am meisten bedeutet?*

---

158 W. Michael Blumenthal, *Die unsichtbare Mauer – Die dreihundertjährige Geschichte einer deutschjüdischen Familie*, München 1999.

Tom L. Freudenheim: Ich habe nicht so viel von dieser Geschichte an mir wie etwa Michael Blumenthal, weil ich sehr jung war, als wir ausgewandert sind, ich war neun Monate alt. Aber ich wußte Kleinigkeiten. Als ich 1963 das erste Mal nach Berlin kam, kannte ich zum Beispiel schon die Namen von Straßen, ich weiß nicht genau, warum, aber ich habe sie zu Hause gehört. Ich wußte immer, daß meine Urgroßmutter und Großmutter in der Mommsenstraße gewohnt hatten, daß mein Vater an der Brückenallee geboren wurde. Obwohl ich es niemals ganz verstanden habe, kannte ich irgendwie schon Charlottenburg oder das Bayerische Viertel, das Hansaviertel oder Moabit. Und dann wußte ich immer, daß meine Vorväter in Weissensee bestattet worden sind, aber was sich hinter diesem Begriff verbarg – ob es ein See ist oder ein Platz oder ein Friedhof – war mir nicht bekannt, bis ich 1963 das erste Mal kam. Es war immer ein Konflikt zwischen dem, was man in der Vergangenheit erzählt hat und dem, was so bleiben soll, denn: Es ist nur Vergangenheit. Das war ein interessanter Konflikt, denn meine Eltern, besonders aber mein Vater, haben sich immer mit der Familiengeschichte beschäftigt – auch als mein Vater noch jung war, in Deutschland, bevor wir ausgewandert sind. Ich glaube, für ihn gab es einen Konflikt zwischen seinem Interesse an Familiengeschichte und gleichzeitig aber die Verknüpfung der Familiengeschichte mit den Orten Berlin und Samter, in der Nähe von Posen, woher die Familie eigentlich stammt: daß die Vergangenheit also mit Deutschland unauflöslich verknüpft war und man zugleich mit Deutschland nichts mehr zu tun haben wollte. Es war mir immer sehr unklar, aber dieser Einfluß war ziemlich groß.

Was war das für eine Berliner jüdische Familie, die Familie Freudenheim? Ihr Großvater und ihr Vater haben sich, wie Sie andeuteten, sehr beschäftigt mit der Familiengeschichte?

Soweit ich weiß, war es eine ganz normale Familie, aber was heißt schon normal. Sie waren jüdisch, aber nicht sehr religiös. Ich glaube zum Beispiel, die Freudenheims haben zu Hause nicht mehr koscher gegessen. Mein Vater hat immer erzählt, daß er als Teenager – in seiner religiösen Phase – in der Pessachwoche von zu Hause ausgezogen und zu Freunden gegangen ist, die orthodox waren. Da war er. Seine Eltern haben keine Pessach-Speisen[159] gegessen, aber sie waren auch nicht assimiliert. Sie haben wie alle diese Juden solche deutsch-jüdischen Worte verwendet, die so ähnlich wie Jiddisch klingen; aber man hätte niemals eingeräumt, daß es Jiddisch ist, denn deut-

---

159 Gemeint ist, daß an Pessach auf alle gesäuerten Produkte verzichtet wird; einige Haushalte haben ein besonderes Pessach-Geschirr, andere reinigen das normale in besonderer Art und Weise.

sche Juden wollten nichts wissen vom Jiddischen. Seine Eltern, wie die ganze Familie, waren auch keine Zionisten, im Gegensatz zu meinem Vater, der ein sehr aktiver Zionist war, erst in Deutschland und dann später in Amerika. Er war sehr von Herrmann Struck beeinflußt, der im gleichen Haus wie meine Großeltern in der Brückenallee 33 gewohnt hat. Wahrscheinlich war er der Arzt vom Kaiser [Wilhelm II.]. Mein Vater hat immer erzählt, wie einmal der Kaiser ins Haus kam und mein Vater, als er noch klein war, einen „Diener" machen mußte.

Ich schätze, die Freudenheims waren, wie wir sagen, *upper middle class*, das heißt nicht so reich wie die großen Bankiers und solche Leute. Aber sie hatten schon Geld, und das war nicht geerbt, sondern mein Großvater hatte es verdient; seine Eltern hatten ein kleines Geschäft in der Nähe von Posen, sie waren Kaufleute. Ich glaube, sie waren durchschnittliche Berliner Juden, wobei man heute immer diesen falschen Eindruck hat, daß die Juden in Berlin entweder sehr reich waren, sehr einflußreich und sehr assimiliert oder aber ganz arm, aus Polen kamen und in den Straßen vom Scheunenviertel lebten. Aber ich glaube, ein größerer Teil war wie meine Großeltern: Sie sind gereist, sie waren in Assuan und solchen Orten in Ägypten, wohin man damals fuhr. Sie waren auch in Italien und Frankreich, niemals jedoch in Amerika, weil man sehr reich sein mußte, um nach Amerika zu reisen. Ich glaube also, das waren ganz normale deutsche Juden.

Wie war das gesellschaftliche Umfeld Ihrer Eltern bis zu Ihrer Geburt 1937? 1933 kam Hitler an die Macht. Welche Kontakte gab es, wie war das gesellschaftliche Leben bis 1933 und dann nach 1933? Vielleicht schildern Sie noch einmal, was Sie von Ihren Eltern gehört haben.

Meine Eltern haben 1932 in der Synagoge in der Fasanenstraße geheiratet. Meine Mutter kommt aus Oberschlesien. Die standesamtliche Zeremonie war noch in Beuthen, Oberschlesien, aber der jüdische Heiratstag fand in Berlin statt, weil die Familie meines Vaters sehr stark und die Großmutter meines Vaters sehr alt war. Deshalb mußten sie in der Fasanenstraße heiraten, in Berlin. Die ganze Familie ist von Beuthen nach Berlin gekommen. Aber ich kenne nur Episoden: So hat meine Mutter erzählt, daß meine Eltern nach ihrer Heirat 1933 nach Stuttgart umgezogen sind, wo mein Vater viele Jahre seine Familiengeschäfte geleitet hat. Mein Vater hat sein Radio weggeworfen, weil er die Stimme von Hitler nicht hören wollte, was meiner Mutter leid getan hat, weil sie Musik sehr liebte. Mein Vater war äußerst aktiv als Zionist und in Stuttgart Vorsitzender der Jüdischen Gemeinde und auch Vorsitzender von Makkabi[160]. Ich fand es bemerkenswert, daß mein

---

160 Nicht nur deutsch-nationale, auch zionistische Turnvereine erfreuten sich um die vor-

Vater Vorsitzender eines Sportclubs war, obwohl er gar kein Sportler war. Darüber haben wir immer Witze gemacht. Aber er hat diese Funktion als Zionist ausgeübt, weil diese Sportclubs außerordentlich wichtig für junge Leute zur Vorbereitung der „Alija"[161] nach Palästina waren. Er hat diesen Leuten sehr geholfen. Zum Beispiel erzählte er mir, daß er manchmal junge Leute aus Deutschland herausschmuggeln mußte, weil sie ein Verhältnis mit einem christlichen Mädel hatten und deshalb im Gefängnis saßen. Da mußte man sie schnell von Stuttgart in die Schweiz und dann nach Palästina bringen. Es gab viele solcher Geschichten, aber nur als Episoden, nicht als eine Frage der Weltanschauung über die ganze Sache.

Mein Vater hat versucht, nach Palästina zu emigrieren. 1936 ist er nach Palästina gegangen und wollte dort eine Fabrik für synthetisches Gummi aufbauen – zufällig genau in dem Monat, als der arabische Widerstand in Palästina begann. Daraufhin haben seine Investoren, deutsche Investoren, sein Schwager, das Geld zurückgezogen. Es blieb ihm nichts anderes übrig, als nach Deutschland zurückzukehren, und das gesamte Projekt ist zusammengebrochen. Dann haben meine Eltern Pläne geschmiedet, um nach Amerika zu gelangen, aber die ganze Familie konnte nicht zusammen gehen, weil man eine Garantie von einem amerikanischen Staatsbürger benötigte. Die hat mein Vater für sich selbst von einem Verwandten in Amerika bekommen und ist allein fortgegangen. Meine Mutter sagte immer: „Das ist unglaublich", wenn sie später darüber nachdachte. Sie war damals 33 Jahre alt und blieb allein mit zwei kleinen Kindern und einem Dienstmädchen in Stuttgart zurück. Im November 1937 – ich bin im Juli 1937 geboren worden und war noch sehr klein – sind auch wir schließlich nach Amerika ausgereist, denn mein Vater hatte dort ein Geschäft aufgemacht, so daß er uns dann nachholen konnte. Aber auch das war sehr schwierig, denn meine Mutter mußte selbst die Affidavits[162] vom amerikanischen Konsul in Stuttgart abholen: Man mußte Geld unter dem Tisch geben. Das war wahrscheinlich ein großer Skandal, denn der Konsul wurde aus Stuttgart nach Amerika zurückbeordert, aber Gott sei Dank hat er uns gerettet, weil meine Mutter für den Paß Geld bezahlt hat.

Dann sind wir – meine Mutter, mein 1934 geborener älterer Bruder, ich und unser Kindermädchen – ausgewandert. Warum das Kindermädchen? Weil nach den „Nürnberger Gesetzen"[163] Juden keine Nichtjuden im Hau-

---

angegangene Jahrhundertwende großer Beliebtheit. Vereinsnamen erinnerten an jüdische Befreiungskämpfer in biblischer Zeit.

161 „Illegale" Einwanderung während der britischen Mandatszeit.
162 „Affidavit", nach angelsächsischem Verfahrensrecht Bürgschaftserklärung eines Staatsbürgers im Zielland, für den Unterhalt des Einwanderers aufzukommen.
163 Gemeint sind die „Rassengesetze" der Nationalsozialisten von 1935.

se haben konnten. Meine Mutter mußte das Kindermädchen meines Bruders entlassen und ist zu einem jüdischen Kinderheim gegangen, und von dort kam ein achtzehnjähriges Mädel zu uns. Als wir ausgewandert sind, war sie noch jemand Jüdisches, den man mitnehmen konnte. Sie ist mit uns gekommen, war bei uns im Hause, bis ich ungefähr acht Jahre alt war. Sie ist dann nach New York umgezogen, hat geheiratet und hat selbst Kinder bekommen. Sie lebt noch – leider hat sie Alzheimer – , ist jetzt 82 Jahre und hat fünf Enkelkinder. Es hat uns immer gefreut, daß von diesem einen Leben, es war nur unser Kindermädchen, zwei Familien, eine ganze Menge Leute, abstammen. Die Auswanderung selbst war wahrscheinlich sehr schwierig, denn man konnte kein Geld mitnehmen, und meine Eltern hatten Geld. Aber zu dieser Zeit war es noch möglich, Sachen aus dem Haushalt mitnehmen, wenn man es bezahlen konnte. So haben wir den Haushalt meiner Eltern mitgenommen, Gott sei Dank. Wir waren die, die Glück hatten. Ich glaube, ein paar Monate später war das nicht mehr möglich.

Also bin ich aufgewachsen in einem Haus – auch das ist so eine ambivalente Angelegenheit –, in dem alles aus Deutschland kam. Auf allen Sachen fand sich der Ausdruck „D.R.P.", „Deutsches Reichspatent": auf den Töpfen in der Küche – meine Mutter kochte noch mit den Töpfen aus Deutschland – , auf den Messern, auf dem Geschirr, selbst auf den Kleiderbügeln für die Anzüge. Alles kam aus Deutschland, auch die Möbel. Darunter waren viele schöne Sachen, denn meine Eltern waren sehr modern, und ich bin aufgewachsen in einem Haus mit Möbeln im „Bauhaus"-Stil. Viele habe ich noch, manche waren sogar wieder mit mir in Berlin. Das alles ist sehr interessantes, gutes Design, sehr europäisch, wie auch die Bilder; andererseits aber wollte man nichts mehr damit zu tun haben, weil sie aus Deutschland stammten.

Die Freunde meiner Eltern waren alle Amerikaner, meine Eltern waren niemals in Emigrantenkreisen. Meine Mutter hat nicht mit anderen deutschjüdischen Frauen Karten gespielt, wie viele Leute es getan haben. Die Freunde von uns waren alle nur Amerikaner, und deshalb wurde nur Englisch gesprochen. Wenn Emigranten gekommen sind, haben meine Eltern den Leuten geholfen. 1939 haben wir ein großes Haus gekauft. Man dachte zu dieser Zeit noch, daß man Leute retten könnte, wir benötigten daher Schlaf- und Badezimmer wie in einem Hotel, doch meistens hat man diese Leute nicht retten können. Trotzdem waren immer Emigranten bei uns, doch die Atmosphäre war wirklich sehr amerikanisch, sehr patriotisch. Heute sehe ich, daß das auch eine sehr deutsch-jüdische Angelegenheit ist, daß meine Eltern sehr amerikanisch-patriotisch waren. Die zwei größten Feiern, die in unserem Hause ausgerichtet wurden, fanden statt, zum einen als meine Eltern die amerikanische Staatsbürgerschaft erhielten; ich habe noch die Bücher mit allen Besuchern, die zu jenem Empfang gekommen sind – das war eine sehr große Sache, denn zu dieser Zeit waren meine Eltern erst fünf Jahre in Amerika, kannten aber schon alle wichtigen Leute in der Stadt. Die andere große Feier fand statt, als am 15. Mai 1948 der Staat Israel ausgerufen wurde. Ich glaube, das ist so ein Symbol der beiden Richtungen in meiner Familie [lacht]. Das ist sehr amerikanisch und sehr zionistisch und sehr deutsch!

Welche Rolle spielte für Sie Alfred Döblin?

Wirklich, beinahe gar keine Rolle. Es war nur ein Name für mich. Ich wußte, es gibt da einen berühmten Schriftsteller in unserer Familie, aber mehr nicht. Die Döblin-Familie kannte ich nur, weil ich in dem US-Staat, in dem ich aufgewachsen bin, Buffalo, einen Cousin – Rudi Döblin – hatte, der ein Neffe von Alfred Döblin war. Er war jemand, der uns besuchte und eine nichtjüdische Frau geheiratet hat. In Berlin war er Cellist gewesen und sehr früh im „Jüdischen Kulturbund"[164]. Rudi Döblin hatte großen Einfluß auf mich, weil ich das Cello schon immer sehr gerne gehabt habe. Das Orchester, dem er angehörte, spielte in der Konzerthalle, die in der Nähe unseres Hauses lag. Er hat immer bei uns im Haus für seine Konzerte geübt und zog dort seinen Frack an. Gelegentlich hat er von Alfred Döblin, von „Onkel Fritz", gesprochen, aber mein Vater haßte Alfred Döblin. Erstens, weil er getauft war, und zweitens, weil, ich weiß nicht, aber mein Eindruck war: er nicht sehr nett war. Es gab irgendwie einen Konflikt in der Familie, weil Alfred Döblins Vater seine Mutter verlassen hat. Tante Sophie hatte nach Stettin geheiratet, der alte Döblin kam von dort, und dann hat er sie in Stettin zurückgelassen und ist mit dem Kindermädchen nach Amerika fortgegangen. Die arme Frau, ohne Geld und mit vier oder fünf Kindern, hat er zurückgelassen. Mein Großvater war zu dieser Zeit nicht verheiratet, war also der Erbonkel. Er hat seine Schwester nach Berlin mitgenommen und sie unterstützt. Aber ich glaube, die wohnten dann im Scheunenviertel, irgendwo in Berlin Mitte, während mein Großvater schon im Hansaviertel lebte. Die Döblin-Familie, das waren immer die ärmeren Leute, und sie mußten immer zu meinem Großvater gehen, der wohl ein bißchen komisch war.

---

164 Der „Kulturbund deutscher Juden", gegründet im Sommer 1933, formierte sich als Selbsthilfeorganisation, um die bedrohte kulturelle Identität des deutschen Judentums zu bewahren. Geleitet von Kurt Singer, entfaltete die Vereinigung von ihrer Berliner Zentrale aus Aktivitäten in allen künstlerischen Genres – Oper, Konzerte, Schauspiel, Kabarett, Ausstellungen. Rigide kontrollierten die Nazis alle Veranstaltungen. 1941 ordnete die Gestapo die Auflösung des nunmehr „Jüdischen Kulturbunds in Deutschland" an. Es folgten Massendeportationen in Ghettos und Vernichtungslager.

Wahrscheinlich hatte das großen Einfluß auf Döblin – deshalb wurde er Sozialist und Linker und hatte seine Bourgeois-Familie nicht sehr gerne. In seinen Memoiren schreibt er darüber. Ich glaube auch, daß er seine Familiengeschichte weggeworfen hat, wo doch mein Vater so großes Interesse an ihr hatte. Deshalb war das irgendwie auch immer ein Streitpunkt. Trotzdem merkte ich, daß mein Vater irgendwie auch stolz war, weil das ein sehr berühmter Schriftsteller war, schließlich war das unsere Familie. Es war schon sehr komisch. Obwohl Rudi Döblin, der bei uns wohnte, nicht sehr viel von Alfred gesprochen hat, wußte ich immer, daß sie irgendwie miteinander verbunden waren. Rudi ist vor drei Monaten [im Jahre 2000] gestorben, seine Witwe und wir sind sehr befreundet und schicken uns jede Woche eine e-mail.

Ich habe Alfred Döblins Buch *Berlin Alexanderplatz* erst gelesen, als ich schon erwachsen war. Ich konnte es nur in Englisch lesen, und es ist leider nicht gut übersetzt. Andere Sachen sind schon besser übersetzt, und ich habe schon einiges, nicht alles von Döblin gelesen. Aber ob es einen Einfluß auf mich hat? Wirklich gar keinen, weil ich ihn nicht persönlich kannte. Sein jüngster Sohn, Stefan Döblin, wohnt in Paris. Wir haben jetzt wieder Kontakt aufgenommen, nachdem mich die Witwe von Rudi, Helga Döblin, gebeten hat, Stefan zu schreiben, um ihn kennenzulernen. Also habe ich ihm gemailt. Er ist wahrscheinlich sehr alt und hat mir eine e-mail zurückgesandt, worin er schrieb, daß er sich an mich erinnert, als ich sehr klein war – wahrscheinlich hat er meine Eltern besucht. Und dann schrieb er, er würde mich gerne kennenlernen, wenn ich nach Paris käme, aber er komme niemals nach Berlin. Da mußte ich schon sehr lachen, daß der Sohn von Alfred Döblin nie nach Berlin kommt. Vielleicht ist es nur, weil er alt ist. Ich weiß es nicht genau. Seit wir miteinander Kontakt haben, war ich nicht in Paris, aber ich werde bestimmt hinfahren und ihn besuchen.

Welche Bedeutung haben für Sie – aus heutiger Sicht – die Einschätzungen Gershom Scholems, wonach eine deutsch-jüdische Kultursymbiose zu keiner Zeit existiert hat?

Scholem kenne ich erst, seit ich mich für jüdische Sachen interessiere. Sein berühmtes Buch *Major trends in jewish mysticism*[165] habe ich schon an der Universität studiert. Aber erst viel später habe ich mitbekommen, daß er aus Berlin stammt und daß unsere Familien miteinander bekannt waren. Er war ein bißchen älter als mein Vater, aber wahrscheinlich kannten sie sich, weil ich später erfahren habe, daß mein Vater ihn in Jerusalem besucht hat.

Diese Berlin-Jerusalem-Achse[166] kenne ich erst seit zehn oder fünfzehn Jahren. Vorher war Scholem für mich nur ein wichtiger, berühmter jüdischer

---

165 Gershom Scholem, *Die jüdische Mystik in ihren Hauptströmungen*, Jerusalem 1957.
166 Gershom Scholem, *Von Berlin nach Jerusalem*, Frankfurt/M. 1977.

Wissenschaftler, der größte, der über Jüdische Mystik gearbeitet hat. Aber von dieser deutsch-jüdischen Sache weiß ich erst, seit ich vor zehn, fünfzehn Jahren seine Korrespondenz mit Walter Benjamin gelesen habe. Aber ich habe mich schon in Amerika für Berlin interessiert, lange bevor ich diese Sachen von Scholem zur Kenntnis genommen habe.

Ob es jemals eine deutsch-jüdische Kultursymbiose gab? Für mich ist das alles so fremd, ich habe wirklich keinen direkten Kontakt damit gehabt. Ich glaube, Scholem hat nicht recht. Der point de vue ist immer sehr vom eigenen Leben beeinflußt, und ich glaube, Scholem war irgendwie verbittert – man kann es ganz gut verstehen, auch mein Vater gehörte zu dieser Generation, die meistens sehr verbittert war – und konnte es daher nicht ganz klar sehen. Ich bin damit verbunden, aber nicht direkt. Irgendwie sehe ich das ganz anders.

Wie sehen Sie es?

Ich glaube, die Berliner Juden gehörten zu einer sehr besonderen Kultur, die ganz anders ist als zum Beispiel die der Frankfurter Juden. Die Berliner jüdische Geschichte ist eine ganz besondere Geschichte, weil sie viel mehr mit der ganzen Geschichte Berlins verbunden ist, und die ist die eines Treffpunktes von Ost und West. Das sieht man nur in Berlin, nicht in Hamburg, in München, in Frankfurt oder in anderen Städten. Wie man die besondere Kultur von Juden in Berlin genau beschreiben könnte, das kann ich nicht sagen, aber die Sprache war immer anders, und ich glaube, daß auch die Sensibilität im Hinblick auf Bildung für Juden hier eine ganz andere war. Ich habe das zwar niemals ganz verstanden, weil ich in einem Land aufgewachsen bin, in dem ein Bildungskonzept wie dasjenige in Deutschland nicht wirklich existiert hat. Das war eine deutsche Angelegenheit, die die Juden übernommen haben; das war sehr seriös, sehr wichtig. Ich denke, daß hier stets ein Konflikt bestand zwischen dieser sehr seriösen Bildungsrichtung und diesem osteuropäisch beeinflußten Humor, der immer auch für Berliner jüdische Kultur steht – ein Konflikt, den niemand jemals ganz richtig verstanden hat. Ich komme nicht aus einer Familie, für die Bildung eine sehr große Bedeutung hatte, dafür waren meine Eltern zu sehr amerikanisch orientiert. Mein Vater hatte zwar an der Universität in Freiburg studiert, nicht in Berlin, aber er war nicht promoviert, denn er mußte nach dem Tod seines Vaters zur Familie zurückkehren und das Geschäft übernehmen. Trotzdem hatte er die Bildung eines durchschnittlichen deutschen Juden: Er kannte seinen Homer; als er achtzig Jahre war, kurz bevor er starb, konnte er noch Homer und andere antike Schriftsteller auswendig aus dem Griechischen oder Lateinischen zitieren. In gewisser Hinsicht war mein Vater also sehr gebildet. Zugleich war er ein Kaufmann, ein Geschäftsmann. Ich glaube, er war stolz darauf, daß solch ein Bildungshintergrund immer bei jemandem vorhanden geblieben war, der in Deutschland studiert hatte, denn ein Geschäftsmann in Amerika würde normalerweise nicht Griechisch zitieren. Ich bin in einem Haus mit Musik aufgewachsen, mein Vater hat komponiert und hat sehr gut Klavier gespielt. In den zwanziger Jahren hat er Lieder für das Kabarett geschrieben, ich habe seine Notenblätter, viel Foxtrott und solche Sachen. Musik war sehr wichtig, Kunst war sehr wichtig. Mein Vater war Kunsthändler, als er in Berlin war. Aber dieses hohe Bildungsideal vieler deutscher Juden fand sich nicht in meiner Familie wahrhaft verwirklicht. Mein Vater hat sehr gute Geschichten erzählt, er hatte einen einfühlsamen Humor: Als er in seinem Bett lag und starb, hat er noch Witze über Leute erzählt, die sterben [lacht] – und niemand wußte, wie man reagieren sollte. Bestimmt mußten auch die Leute, die sehr reich waren, die Bankiers, ihre Bildung zeigen, selbst wenn es sie nicht interessierte, weil sie sonst nicht als richtig deutsch galten. Ich glaube, man findet das noch heute hier in der Kultur, aber ich glaube auch, die Juden haben das verändert. Und jetzt fehlt das natürlich.

Scholems These widerspricht auch, daß Ihre Eltern die aus Deutschland mitgenommenen Dinge noch ganz selbstverständlich weiter verwendeten, Deutsch allerdings wurde dann in Ihrem Elternhause gar nicht mehr gesprochen. Da gab es dann also doch einen Bruch...

Kurz nachdem sie ausgewandert waren – ich war noch sehr klein –, haben meine Eltern bestimmt noch Deutsch gesprochen, aber ich kann mich daran nicht mehr erinnern. Viele deutsche Worte wurden in den englischen Sätzen verwendet, jedoch nur so, wie man fremde Worte verwendet, deren englische Übersetzung man nicht kennt – ich habe also einen komischen Wortschatz. Aber deutsche Sprache als Sprache – nein. Und das hatte zwei Gründe: Erstens hat mein Vater immer gesagt: „Ich möchte nicht, daß meine Kinder die Sprache von Mördern lernen"; zweitens waren meine Eltern mit Amerikanern befreundet, sie hatten keine Gelegenheit, Deutsch zu sprechen. Ich erinnere mich nicht genau, glaube aber, daß meine Eltern, wenn Emigranten bei uns zu Besuch waren, mit ihnen Englisch gesprochen haben. Vielleicht war es nicht immer so, aber das ist meine Erinnerung. Und trotzdem sollten wir Goethe und Schiller und Heine kennen. Es war immer ein bißchen komisch, wenn es zu Hause hieß: „Das ist nicht Deutsch, das ist Goethe und Schiller und Heine." Und meine Mutter sprach niemals Deutsch.

David Grossman

(geb. 1954 in Jerusalem, Israel)

Unbeschwert und glücklich sollen die Sabres in Israel aufwachsen, die Kinder und Jugendlichen, die nach der Shoah in Israel geboren wurden. Sabre bedeutet Kaktus, denn so wünschen sich die Eltern ihre Kinder: Stachelig, widerspenstig und zäh, eine neue stolze Generation, niemals in Gefahr, wie „Schafe zur Schlachtbank" geführt zu werden.

David Grossmans Eltern emigrierten schon vor dem Krieg aus Polen ins damalige Palästina. Doch die Tatsache, im Umfeld der Überlebenden aus dem Herrschaftsgebiet von Nazi-Deutschland erzogen worden zu sein, prägte ihn als Kind. Als 1961 der NS-Bürokrat Adolf Eichmann in Israel vor Gericht gestellt wurde, war er sieben Jahre alt. Wenn sich David Grossman an seine Kindheit erinnert, denkt er vor allem an das „dumpfe Schweigen" der Älteren. Immer dann, wenn es um die Shoah ging, schwiegen alle, nur „ab und zu durch grausige Anspielungen durchbrochen". Für David Grossman hat das historische Ereignis Shoah grundsätzliche Bedeutung für die Menschheit: „Die Shoah hat für uns alle die Möglichkeit des letztgültigen Bösen formuliert", sagt er.

Grossman hat über das Thema auch Kinderbücher verfaßt und das Standardwerk der zweiten Generation nach der Shoah, in dem er einfühlsam die Traumata der Kinder von Überlebenden erzählt: *Stichwort: Liebe*[167], mit der Hauptfigur Momik Neuman, dem die Erwachsenen nichts vom Land „Dort" erzählen wollen. Während seiner Pubertät und Adoleszenz erlebte David Grossman drei Kriege in Israel mit. Am eindrücklichsten erinnert er den Sechstagekrieg mit dem nachfolgenden Siegesrausch und Eroberungstaumel, denn dieser fiel für den dreizehnjährigen zusammen mit seiner Bar-Mizva[168]. Der spätere Reserveoffizier der israelischen Armee attestiert sich selbst im Rückblick Ignoranz und Verdrängung über einen großen Lebensabschnitt hinweg. Folgerichtig engagiert sich der langjährige Redakteur von „Radio Israel" und bedeutendste israelische Erzähler seiner Generation seitdem in der israelischen „Peace now"-Bewegung und versucht so, den Dialog zwischen Israeli und Palästinensern zu fördern. Seine Bücher *Der gelbe Wind*[169] und *Der geteilte Israeli*[170] bringen dies zum Ausdruck.

167 David Grossman, *Stichwort: Liebe*, München, Wien 1991.
168 Bar-Mizva („Sohn der Pflicht") – im Alter von dreizehn Jahren werden Jungen zur Tora aufgerufen. Diese Zeremonie markiert den Beginn des jüdischen Erwachsenenalters.
169 David Grossman, *Der gelbe Wind – Die israelisch-palästinensische Tragödie*, München 1988.
170 David Grossman, *Der geteilte Israeli – Über den Zwang, den Nachbarn nicht zu verstehen*, München, Wien 1992.

Die Aufführung eines Kindertheaterstücks im Berliner „Grips-Theater" 1988 sowie Lesungen aus seinen Büchern führten ihn in den folgenden Jahren wiederholt nach Deutschland. Bei diesen Gelegenheiten ergaben sich Begegnungen und Gespräche mit David Grossman, aus denen das folgende entstanden ist.

David Dambitsch: *Kinder und was aus ihnen wird, wie sie leben – dieses Thema hat Sie immer wieder in Ihren Büchern und Theaterstücken beschäftigt. In Ihrem Buch* Der gelbe Wind *berücksichtigen Sie die Erziehung der Kinder als wichtiges Glied in der Kette der Gewalt zwischen Palästinensern und Israeli. Welche Chancen sehen Sie, um diesen Kreislauf zu durchbrechen: auf der palästinensischen Seite Erziehung zum Haß, auf der israelischen Seite das Aufwachsen der Kinder mit dem Bild von den Palästinensern als entmenschlichter Größe?*

David Grossman: Es sollte eine Erziehung stattfinden, die die Herzen und Gemüter einander näherbringt. Doch es genügt nicht, nur zu erziehen. Die heutige Realität in Israel ist eine Realität, die zu keiner richtigen Erziehung führen kann. Zuerst muß die Realität geändert werden. Das kann nur dadurch geschehen, wenn einer oder einige Politiker zur Tat schreiten und diese Realität ändern. Nur wenn eine neue Realität geschaffen wird, werden die Kinder auch anders erzogen werden können, werden auch die Erzieher ihre Arbeit leisten und die Kinder – sowohl die palästinensischen als auch die israelischen – zu Geduld und zum Frieden erziehen können, damit es keine Stereotype mehr gibt.

Es existiert in Israel die Auffassung, daß der Haß des palästinensischen Volkes auf die Israeli durch deren religiöse Oberschicht ins Volk getragen worden sei. Der Mufti von Jerusalem war ein Freund Hitlers,[171] das Volk soll den Israeli hingegen freundschaftlich gesonnen gewesen sein. Wie stehen Sie zu dieser Einschätzung?

Beiden Völkern ist die Religion sehr wichtig. Bei beiden Völkern gleicht die Religion die nationale Identität aus. Die Fanatiker in den Religionen gewinnen durch diese Probleme. Es gibt sehr viel Verzweiflung unter den Palästinensern in Israel, und je größer diese Verzweiflung ist, desto größer ist die Liebe und das Zugehörigkeitsgefühl der Menschen zur Religion. Die huma-

---

171 Mufti, islamischer Rechtsgelehrter, der in Fragen des religiösen Rechts (Scharia) berät und Rechtsgutachten (Fetwa) abgibt. Hajj Amin al-Husseini (1895–1974), Großmufti von Jerusalem, einer der bekanntesten arabischen Führer in Palästina, versuchte die „Achsenmächte" Deutschland und Italien zu überreden, die 1942 beschlossene „Endlösung der Judenfrage" auf die Juden Palästinas, des Nahen Ostens und Nordafrikas auszudehnen. Trotz ausreichender Beweise ist Husseini nach dem Zweiten Weltkrieg nicht als Kriegsverbrecher festgenommen und vor Gericht gestellt worden.

nistischen Menschen auf beiden Seiten sollten sich darum bemühen, eine schnelle Lösung zu finden, damit diese Entwicklung ein Ende findet.

Das israelische Volk ist in seiner Geschichte immer wieder Verfolgungen und versuchter Vernichtung ausgesetzt gewesen. Reagiert Israel Ihrer Meinung nach panisch, ist das, was das Militär tut, eine Angstreaktion?

Sicherlich hat das etwas damit zu tun. Das Volk in Israel lebt auf irgendeinem bebenden Abgrund der Vergangenheit. Die Menschen in Israel können sich von der Vergangenheit nicht absetzen, sie sind eher als andere argwöhnisch, sie vertrauen nicht so schnell, sie denken, daß ihnen von der anderen Seite nur vage Versprechungen gemacht werden. Das reicht ihnen nicht. Sicherlich hat das Militär panisch reagiert, als die „Intifada" begann, als die Krawalle auf der Westbank begannen. Sie waren darauf nicht vorbereitet, sie mußten in irgendwelche dunklen und grotesken Keller hineingehen, um wiederum groteske Waffen gegen die Demonstranten zu finden. Trotzdem finde ich es sehr erstaunlich zu sehen, daß es trotz allem Menschen gibt, die persönlich viel aufzugeben bereit sind, um Leiden von anderen Menschen zu mildern, um Menschen eines anderen Volkes zu helfen.

Inwieweit hat Sie die Arbeit an diesem Buch verändert?

Das hat nicht wenig gewirkt. Meine Gedanken, meine politischen Ideen, sind viel klarer geworden. Mir ist auch deutlich geworden, daß man sehr schnell wirken und die Situation verändern muß. Ich habe gelernt, daß ich zu meinen Ideen und Positionen stehen muß, obwohl ich dafür auch einen Preis zahlen muß, manchmal einen sehr hohen Preis. Ich glaube, das Richtige zu tun, und wenn ich das tue, fühle ich auch, daß ich keinen Verrat mir gegenüber begangen habe. Deshalb spüre ich, was das alles wert ist. Und dieses Gefühl ist ein sehr stärkendes Gefühl.

Ich glaube nicht, daß meine Haltung aus Gleichgültigkeit oder einer stereotypen Sicht der Dinge herrührt, eher aus der Verzweiflung. Ich kann eigentlich nichts verwirklichen von dem, was ich denke verwirklichen zu müssen. Ich bin dazu erzogen worden, ein humaner, ein den Frieden suchender Mensch zu sein, jemand, der seinen Nachbarn eher liebt als sich selbst. Ich bin mit dem westlichen Humanismus aufgewachsen. Dagegen ist die Realität in Israel und im Nahen Osten eine gewalttätige und grausame Realität. Diese Konfrontation ist daher für mich sehr hart. Es ist im Nahen Osten äußerst schwer, ohne Waffen zu leben. Das ist die eigentliche Tragödie dort. Ich glaube, die beste Lösung ist ein palästinensischer Staat ohne Waffen, wobei die Sicherheit Israels gewährleistet sein muß. Die Problematik der Palästinenser ist die wichtigste in der Öffentlichkeit Israels – das war so, das ist so und das wird so sein, bis es zu einer Lösung kommt. Es gibt Zeiten, in denen die Menschen gleichgültig sind, aber auch Zeiten, in denen immer wieder gekämpft wird. Es gibt immer mehr Leute, die bereit sind, die West-Gebiete zurückzugeben, um zum Frieden zu gelangen.

Lassen Sie uns über ein anderes Ihrer Bücher sprechen: Ihr Roman Sei du mir das Messer[172] *erinnert an ein Zitat von Franz Kafka aus dessen Briefen an seine Freundin Milena. Inwiefern war Kafka für Sie ein Prophet des 20. Jahrhunderts?*

Kafka war immer jemand, der über das Leben so schrieb, als ob er auf der anderen Seite des Lebens stünde. Er schrieb mit solchem Ernst und solcher Grausamkeit gegen sich selbst, daß er auf diese Art imstande war, uns die dunkelsten und verzweifeltsten Seiten unserer Seele zu zeigen. Manchmal scheint mir, das einzige Gute, woran ich denken kann, wenn ich an die Shoah denke, ist die Tatsache, daß Kafka diese nicht erleben mußte, sondern vorher gestorben ist. Können Sie sich vorstellen, was das für eine Person wie ihn bedeutet hätte? So empfindsam, eine Person, so dünnhäutig; wenn er alle diese Entsetzlichkeit der Ausgrenzung aus der menschlichen Gesellschaft hätte miterleben müssen. Wenn man seine Geschichten liest, empfindet man natürlich, daß alles, was während des Zweiten Weltkriegs geschah, nur eine Manifestation seiner Alpträume gewesen ist. Das ist es, was ihn so einmalig macht, daß er beides beschreibt: Das Entsetzen, und gleichzeitig spendet er uns Trost. Wenn man ihn liest – plötzlich, ich weiß es von mir selbst, als ich ihn in schwierigen Zeiten las, machte es das Leben wieder lebenswert.

Beide Hauptfiguren in Sei du mir das Messer *haben Schwierigkeiten, im Alltag Liebe zu empfinden, das Gefühl zu leben. Beide brauchen Distanz und die Vorstellung von einer großen Liebe. Welche Gründe gibt es dafür?*

Nicht bei allen ist das so, bei der Figur Jair besonders. Ich denke, es gibt eine große Lebensangst bei einigen meiner Protagonisten und gleichzeitig ein Sehnen nach Leben. Manchmal bringen wir uns selbst dazu, gerade da zu versagen, wo es besonders wichtig für uns ist. Dieses geschieht einigen meiner Charaktere.

In Ihrem Buch hat Jairs Geliebte Miriam einen behinderten Sohn; Jair selbst ist verzweifelt, weil sich sein Junge wie ein kleiner Tyrann aufführt. Beide Figuren fühlen sich als Eltern enttäuscht. Wie erleben Sie heute die Beziehungen zwischen Eltern und Kindern in Israel bzw. weltweit?

Zunächst einmal: Ich bin anderer Meinung. Ich denke nicht, daß die beiden als Eltern enttäuscht sind, ganz im Gegenteil. Sowohl Jair als auch Miriam machen als Eltern die wichtigsten Erfahrungen ihres Lebens. Manchmal

---

172 David Grossman, *Sei du mir das Messer*, München, Wien 1998.

wissen sie nicht, wie sie handeln sollen – aber machen wir nicht alle als Eltern Fehler, wieder und wieder und wieder?

Heute Eltern zu sein ist anders, als es das früher war, zu meiner Kindheit. Ich kann darüber nicht allgemein sprechen, ich spreche von meinen Erfahrungen. Heute ist die Affinität sehr viel größer, es ist viel weniger Distanz vorhanden als früher. Da ist nicht mehr dieses Aufschauen, diese Autorität der Eltern über die Kinder. Statt dessen versuchen wir, die Kinder mehr als Partner zu behandeln, soweit das möglich ist. Vielleicht tun wir ihnen damit unrecht, vielleicht erlauben wir ihnen damit nicht, ihrem inneren Tempo entsprechend aufzuwachsen. Aber ich denke, heute ist es eine bessere Erfahrung, Eltern zu sein, und auch, ein Kind zu sein. Die Welt heute gibt mehr acht auf die Bedürfnisse der Kinder, weil die Welt heute auch mehr auf die Bedürfnisse jeder Minderheit und jeder Gemeinschaft achtet. Und die Kindheit ist eine andere Gemeinschaft.

Wie wichtig war die Shoah im Hinblick darauf, die Beziehung der Menschen untereinander nachhaltig zu zerstören, bzw. wie wirkte sie sich auf das Verständnis zwischen den Generationen aus?

Die Shoah hat für uns alle die Möglichkeit des letztgültigen Bösen formuliert. Das bürdet den Menschen einen Verlust an Vertrauen auf, die Furcht vor anderen Menschen und das Mißtrauen. Ich empfinde manchmal als unsere heutige Aufgabe – wenn wir das wirklich hinter uns lassen wollen –, daß wir diese Lehre aus der Shoah überwinden. Wir können die Shoah nicht vergessen, wir sollten das nicht. Wie könnten wir, sie ist in unsere DNA eingraviert, aber da ist etwas: Wenn wir nicht wollen, daß die Shoah wiederkehrt, sich nicht selbst wiederholt, dann müssen wir gegen unsere Instinkte von Furcht und Mißtrauen handeln.

Die Kinder der Überlebenden der Shoah sind heute selbst Eltern. Inwiefern sind sie anders als Erzieher, machen besondere Fehler in der Partnerschaft oder suchen nach einem eigenen Weg im Leben?

Bei allem und jedem. Ich gehöre strenggenommen nicht zu dieser Generation, weil meine Eltern keine Überlebenden sind. Aber wir sind in Israel alle in irgendeiner Weise Kinder von Überlebenden, weil wir in dieser besonderen Atmosphäre, dieser Furcht, diesen fürchterlichen Erinnerungen und den Gefühlen von Entwurzelung aufwachsen – unsere Eltern wurden von ihren Ländern, ihren Heimatgegenden entwurzelt. Und ich denke, wir übertragen diese Gefühle auf eine bestimmte Art und Weise auf unsere Kinder: Wir sind sehr viel besorgtere Eltern, wir kümmern uns sehr um unsere Kinder, wir sind übermäßig beschützend. Tief in unseren Herzen glauben wir jetzt eigentlich nicht, daß wir eine Zukunft haben. Das ist wieder etwas, was der Behandlung bedarf, was verändert werden muß.

Um ein normales Leben führen zu können, muß unsere Generation große Anstrengungen unternehmen, um sich selbst auf Leben zu programmieren, um Leben zu wählen. Das gelingt uns nicht ganz natürlich und nicht selbstverständlich. Selbstverständlich strahlt dies aus auf unsere Art und Weise, Kinder zu bekommen, zu lieben, diese Kinder zu unterrichten. Unser politisches Handeln unterscheidet sich dadurch. Israel im ganzen ist durch diese Mentalität der Überlebenden und ihrer Söhne beschädigt. Das ist der Grund, weshalb wir Chancen nicht wahrnehmen, weshalb wir uns nicht einmal ein bißchen trauen. Das ist auch der Grund, warum wir Angst haben, die Sprache des Friedens zu sprechen, weil wir nur auf Überleben, auf Kämpfen, auf Wachsamkeit eingestellt sind.

Gibt es ein besonderes Profil dieser zweiten Generation nach der Shoah?

Sie ist geprägt durch diese besondere Atmosphäre, dieses mangelnde Vertrauen in die Möglichkeit des Lebens, diese Haltung, Leben als hinausgezögerten Tod zu erleben: Da ist dieses alles überschattende Ereignis Tod in dem Leben unserer Generation.

Marcel Möring

(geb. 1957 in Enschede, Niederlande)

Der Begriff Familie hat für den niederländischen Schriftsteller Marcel Möring absolut mythischen Charakter. Es gebe da für ihn ein permanentes Mangelgefühl, das ihn immer neu antreibe, dieses Thema zu drehen und zu wenden. Ein Mangelgefühl, das, so Möring, daher rühre, daß der größte Teil seiner Familie im Zweiten Weltkrieg von Nazis umgebracht worden sei. Sämtliche Tanten und Onkel hat er in der Shoah verloren. Deshalb gäbe es bei ihm diesen, wie er sagt, „manischen Erinnerungszwang, wie ihn viele Juden haben, die sich geschworen haben, ihre Geschichte und das damit verbundene Schicksal nie mehr zu vergessen". So faßt er seine Bücher *Mendels Erbe, Das große Verlangen* oder *In Babylon*[173], die ihm bei Publikum und Kritikern in den Niederlanden und Belgien gleichermaßen großen Erfolg zuteil werden ließen, als eine Art Inventarisierung der eigenen Familiengeschichte auf. Denn da die Familie Möring weder geerbtes Silber, Gemälde noch Fotoalben oder dergleichen besäße und deren neuere Geschichte erst 1957 beginne – dem Jahr seiner Geburt und der Heirat seiner Eltern –, habe sich in ihm ein starkes Entdeckerverlangen herausgebildet.

Marcel Möring, den ich bei einem Besuch in dessen Rotterdamer Wohnung 1993 kennenlernte, gilt als einer der bedeutendsten niederländischen Erzähler seiner Generation: In seinen Büchern reist er durch Jahrzehnte jüdisch-niederländischer Geschichte, denkt nach über jüdische Identität, über Emigration und Heimat, über Schuld und Verantwortung, Verlust und Liebe. „Wer sich nicht erinnern kann", sagt Möring, „ist eine verlorene Seele. Aber wer sich erinnert, lebt länger – und gesünder."

David Dambitsch: *Sie schildern in Ihrem Roman* Mendels Erbe *die Liebesbeziehung zwischen einem jungen Mann und einer jungen Frau. Beide sind jeweils von ihrer persönlichen Familiengeschichte geprägt – er trägt die jüdische Erfahrung des 20. Jahrhunderts in sich, nämlich die des Shoah-Opfers, sie wurde in einem nationalsozialistisch geprägten Umfeld erzogen. Was war für Sie der Auslöser dafür, sich in Romanform mit dieser Thematik zu beschäftigen?*

Marcel Möring: Das war kein im voraus aufgesetzter, fester Plan. Ich wollte ein Buch schreiben über einen jungen Mann, der die Geschichte des 20. Jahrhunderts in sich trägt. Und irgendwie ist er eine jüdische Figur ge-

---

[173] Marcel Möring, *Mendels erfenis (Mendels Erbe)*, Amsterdam 1990; ders., *Das große Verlangen*, Frankfurt/M. 1994; ders., *In Babylon*, München 1998.

worden, vielleicht weil ich selbst ein Jude bin, aber ich wollte nicht unbedingt über die Shoah oder die zweite Generation oder über jüdische Probleme schreiben. Ich bin kein „jüdischer Schriftsteller" wie Isaac Bashevis Singer oder in Holland Gerhard Durlacher oder in Italien Primo Levi. Aber es kam an mich heran, es war unvermeidlich. Und es hat sich entwickelt und entwickelt, und später habe ich erst verstanden, daß es für mich vielleicht nicht möglich war, ein Buch zu schreiben über einen jungen Mann, der die Geschichte des 20. Jahrhunderts in sich trägt, der nicht jüdisch ist. Aber es war für mich während des Schreibens vielleicht notwendig zu entdecken, daß Mendel ein Jude ist.

Was unterscheidet Ihrer Meinung nach die Erziehung, die die Täter ihren Kindern angedeihen ließen, von derjenigen der Opfer?

Ich weiß nicht genau; in *Mendels Erbe* ist das ein ganz delikates Problem. Mendel weigert sich, Anna oder ihre Familie nur als Täter zu sehen. Und er weigert sich ebenso, sich selbst und seine Familie nur als Opfer zu sehen. Aber er entdeckt – und das ist unvermeidlich –, daß Anna ein Täter ist und er ein Opfer. Ich glaube, das ist die Geschichte der zweiten Hälfte des 20. Jahrhunderts: Manche Leute weigern sich Täter zu sein, zum Beispiel die jungen Deutschen, und manche Leute verweigern sich, Opfer zu sein, zum Beispiel junge Juden. Aber die Geschichte ist so stark und so groß, daß sie die Leute ändert. Und Mendel entdeckt, daß er nicht nur er selbst ist, sondern auch ein Teil der Geschichte. Er ist verändert worden durch das, was sein Großvater, sein Vater und seine Mutter mitgemacht haben, er ist ein Opfer geworden, obwohl er es nicht wollte; und Anna ist eine Täterin geworden, obwohl sie es nicht wollte. Es gibt ein zweites Problem: Mendel liebt Anna sehr, und Anna liebt Mendel sehr, und die zwei kommen nicht aneinander heran. Mendel sagt im Buch so etwas wie: Es ist ein Flachland zwischen uns, wo keine Blumen sind und keine Bäume, das ist ein totes Land, und wenn ich zu Anna gehen möchte, muß ich das Flachland betreten.

Meint dieser Begriff Flachland vielleicht doch im übertragenen Sinne die Strukturen in der Erziehung zwischen Tätern und Opfern? Meistens war da ja das große Schweigen: Die Opfer wie die Täter, das erzählen alle Zeitzeugen, haben über ihre Erfahrungen im sogenannten „Dritten Reich" geschwiegen. War das das große Problem für die zweite Generation?

Ja, das ist das Flachland. Und in *Mendels Erbe* ist es ja so, daß Mendel in einem bestimmten Moment wirklich schweigt und nicht mehr spricht, und Anna schweigt auch. Das ist in der Erziehung von Menschen wie Anna und in der Erziehung von Menschen wie Mendel gleich. Es ist zu viel und zu groß und zu schwer – man kann darüber nicht sprechen, es ist, wie Wittgenstein gesagt hat: „Das, worüber man nicht sprechen kann, darüber soll man schweigen."

Erleben Sie unsere europäische Gesellschaft heute als von dem gebrochenen Erbe durchzogen, das von nationalsozialistischen Greueltaten ausging?

Ich glaube nicht, daß das so ein gebrochenes Erbe ist. Ich glaube, etwas wie der Zweite Weltkrieg gehört zu unserer Geschichte. Das ist, was der Mensch macht. Es ist geschehen, und es wird immer wieder geschehen. Es gab nur einen Unterschied: Das war der instrumentelle Charakter des Holocaust, der Shoah – es war nicht ein Völkermord wie in Jugoslawien oder wie in Kambodscha. Es war ein Plan und ist planmäßig ausgeführt worden. Das ist der Unterschied. Aber ein Krieg wie der Zweite Weltkrieg, das ist nichts Besonderes. Die ganze Geschichte ist ein Mosaik von Krieg und Frieden und kleineren Kriegen und größeren Kriegen. Vielleicht ist etwas wie der Zweite Weltkrieg unser Erbe – das ist unsere Geschichte. Wir werden das immer mit uns herumtragen.

Aber wie wirksam ist dieses Erbe heute noch in der europäischen Gesellschaft?

Schauen Sie Jugoslawien an. Die meisten Leute reden über Jugoslawien, als ob man das mit dem Zweiten Weltkrieg vergleichen kann, was nicht der Fall ist. Aber der Zweite Weltkrieg war so stark, der hat die dreißig, vierzig oder fünfzig Jahre derart beeinflußt, daß wir so etwas wie Jugoslawien nur beurteilen mit allen diesen Werten, die der Zweite Weltkrieg uns gegeben hat. Man redet über die Friedensgespräche zwischen Bosnien und Kroatien und Serbien, als ob es die Friedensgespräche in München[174] sind. Ist David Owen[175] ein neuer Chamberlain? Gewissermaßen, aber der Zweite Weltkrieg ist Teil unserer Kultur, und das war ein größerer Krieg und ist nicht so lange her. Aber der Erste Weltkrieg ist viel mehr Teil der belgischen und der französischen Kultur, viel stärker als der Zweite Weltkrieg.

Welche konkreten Auswirkungen dieses Erbes haben Sie – außer den Kriegen – in der europäischen Kultur an Kontinuitäten in der Erziehung, in der Gesellschaft festgestellt?

Ich glaube, ein gewisser Teil der Auswirkungen ist nicht permanent. Zum Beispiel haben die meisten Holländer etwas gegen die Deutschen. Das hat

---

174 Die im Zeichen des „Appeasement" stehende Außenpolitik Englands unter Chamberlain nahm den „Anschluß" Österreichs an Nazi-Deutschland im März 1938 hin und führte im September 1938 zum Abschluß des Münchner Abkommens durch Italien, Deutschland, Großbritannien und Frankreich; das Sudetenland wurde durch Deutschland annektiert, die demokratische, dem Westen verbundene Tschechoslowakei zerschlagen. Im März 1939 annektierte Hitler den tschechischen Rest-Staat.

175 Der damalige Außenminister Großbritanniens, David Owen, vermittelte bei Friedensgesprächen in Ex-Jugoslawien Mitte der neunziger Jahre.

mit dem Zweiten Weltkrieg zu tun. Aber darum geht es nicht. Ich glaube, es gibt keine kulturellen Auswirkungen; wenn wir eine sehen, dann nur, weil wir in dieser Zeit leben. Im Jahr 2050 werden wir zurückblicken: Vielleicht bleibt dann nicht mehr als nach dem achtzigjährigen Krieg zwischen Holland und Spanien, nicht mehr als nach dem Ersten Weltkrieg. Es war nur ein Krieg; für die Deutschen und für die Juden war es nicht nur ein Krieg, aber für alle anderen Menschen in Europa war es nur ein Krieg. Das ist das große Problem. Das große Problem ist die Vergangenheitsbewältigung der Deutschen und die der Juden. Auch die Holländer sprechen immer über den Krieg, aber warum? Es war bestimmt keine fröhliche Periode, dennoch waren es nur fünf Jahre, und es ist keine große Zahl von Holländern getötet worden. Schauen Sie, warum ist der Erste Weltkrieg etwas, das nie vergessen wird in Belgien oder in Frankreich? Weil eine ganze Menge Leute während des Ersten Weltkriegs in Belgien und Frankreich gestorben sind. Der Zweite Weltkrieg ist für die meisten Belgier und Franzosen nur ein Krieg, nicht so groß wie der Erste Weltkrieg. Der Zweite war groß für die Deutschen und die Juden, vielleicht auch für Leute in Polen.

Der israelische Schriftsteller David Grossman hat in seinem Roman Stichwort: Liebe[176] *dem Trauma eines Kindes von Shoah-Überlebenden nachzuspüren versucht. Inwieweit fühlen Sie sich ihm verbunden?*

Ich habe das Buch erst gelesen, nachdem *Mendels Erbe* veröffentlicht war. Es ist ein ganz, ganz schönes Buch. Was mich an ihm interessiert, ist die Art und Weise, wie Nazis und der Nazismus beschrieben sind: Es ist ein Ungeheuer, die Nazi-Bestie, es ist nicht mehr ein Land oder ein Volk oder eine politische Bewegung, es ist eine abstrakte Bestie, ein abstrakter Begriff geworden. Und ich glaube, das zeigt uns, wie sehr sich die Dinge verändern. Für die Generation meiner Eltern ist alles ganz klar gewesen: Das waren die Nazis, und das haben sie gemacht da und da und dann und dann – aber für meine Generation und für die Generation meines Sohnes ist alles nicht so klar; es ist ein großer, dunkler, abstrakter Begriff geworden. In *Mendels Erbe* wird nie über „den Deutschen" gesprochen, sondern nur über das, was die Leute tun. Für Mendel oder für seinen Großvater ist es viel wichtiger, daß er an einem Tag aus seinem Haus geholt worden ist, und seine Nachbarn standen da und haben nichts gemacht. Was ist härter für einen Mann, der sich so sehr verbunden gefühlt hat mit einem Land: daß jemand von Nazis aus seinem Haus geholt wird oder daß seine Nachbarn nur dabei gestanden und nicht mal gesagt haben: „Hör auf, er ist mein Nachbar"? Für Mendel ist es nicht „das deutsche Volk", das etwas getan hat, nur im Abstraktum. Es ist der Mensch, der vielleicht immer diese Sachen macht. Und das ist eine

Übereinstimmung zwischen David Grossmans Buch und meinem Buch. Er spricht über die Deutschen, über Rassismus oder über die Nazi-Bestie – aber es ist abstrakt geworden. Deutschland ist nicht ein Land in der Wirklichkeit, es ist ein mythisches Land, irgendwo.

Gibt es neben den literarischen auch biographische Übereinstimmungen zwischen David Grossman und Ihnen?

Meine Mutter war ja während des Krieges untergetaucht; ihre Mutter ist in Sobibor ermordet worden, und ihr Vater war in Norwegen, als der Krieg ausgebrochen war und er nicht zurückkommen konnte. In meiner Familie sind es fünfundzwanzig oder dreißig Leute, die nicht zurückgekommen sind. Aber die habe ich nicht gekannt, nur meine Großmutter ist wirklich nah.

Wenn Sie heute über die Grenzen Deutschlands in Richtung Deutschland schauen: Leben Ihrer Meinung nach die Enkel der Täter von einst heute die Träume ihrer Großväter erneut aus – wie es in Hoyerswerda, in Solingen, in Mölln oder in Rostock-Lichtenhagen geschehen ist?

Nein, das glaube ich nicht. Deutschland hat viel mehr Flüchtlinge aufgenommen als alle anderen europäischen Länder. Ein Teil des Problems liegt darin begründet, daß Deutschland vielleicht – gerade weil es einen großen Krieg gegeben hat und weil die Deutschen sich kollektiv belastet fühlen – so viele Flüchtlinge aufgenommen hat. Aber ich glaube nicht, daß es eine neue faschistische Generation gibt. Junge Leute wie in Rostock oder Mölln oder Hoyerswerda gibt es überall in Europa, und sie machen überall schreckliche Sachen. Es ist etwas stärker und deutlicher in Deutschland im Moment, weil die Probleme größer sind, vielleicht, weil die Jugend in den kleinen Städten eine neue Art Freiheit suchen. Aber diese Leute gibt es auch in Frankreich und Schweden und Holland. Es ist zu leicht zu sagen: Es sind wieder die Deutschen.

Aber spielen die Träume der Großväter eine Rolle dabei – und es ist ja nun einmal in Deutschland gewesen ...

Ja, vielleicht. Aber es sind junge Leute, siebzehn, achtzehn, neunzehn Jahre alt, vielleicht jünger. Sie möchten ihre Eltern und Großeltern schockieren. Ich denke, das ist viel wichtiger, denn sie haben keine klare Vorstellungen von Faschismus, Politik und Kultur. Es gibt gewisse Leute, die so etwas haben, die Ideen haben, das sind richtige Faschisten. Leute wie Schönhuber und Le Pen gibt es auch in Holland und Belgien, der „Vlaams Blok" wird vielleicht die größte Partei werden in Antwerpen, das ist kein Unterschied zu Deutschland. Es ist gefährlich, immer die Deutschen anhand des Zweiten Weltkriegs zu beurteilen. In gewissem Maße tut man das mit Deutschen und mit Juden. Bei den Deutschen wird alles, was sie tun, strikt beurteilt: Es ist gut oder es ist falsch. Wie in Holland jedermann weiß, ob einer während des Zweiten Weltkriegs gut war oder böse. Damit zwingt man dann Leute beinahe dazu, zu rebellieren; man macht falsche Sachen, weil man immer beurteilt wird. Und in gewissem Maße ist es so auch mit den Juden. Ich arbeitete bei einer Zeitung – es ist schon lange her –, und das war die Zeit, als Israel Unterstützung von der libanesischen „Falange" verlangte, die geflüchtete palästinensische Kämpfer ermordet haben. Da hat der Chefredakteur dieser Zeitung einen Kommentar verfaßt – wie die Juden so etwas tun können, nach allem, was sie während des Zweiten Weltkriegs mitgemacht haben. Ich habe ihm einen Brief geschrieben und gefragt, ob er gedacht hat, daß der Zweite Weltkrieg oder Auschwitz eine geplante Psychoanalyse gewesen sei, um dem jüdischen Volk beizubringen, daß man nett sein sollte. Solange, wie der Staat Israel existiert, hat man die Juden immer in Bezug auf den Zweiten Weltkrieg beurteilt – wenn die Juden etwas falsch machen, dann ist es fast unbegreiflich: Sie haben so viel gelitten und nun tun sie das! Das ist unmöglich. In gewissem Maße kann man das vergleichen mit der Art, wie die Deutschen beurteilt werden.

Wie bewerten Sie die Rolle der Eltern der zweiten Generation nach der Shoah, die Sie in Mendels Erbe *in diesem Zusammenhang beschreiben?*

Die Eltern sind verwundet, und die Wunden sind nie geheilt. Es ist unmöglich, ein Kind zu erziehen, ohne etwas von den Verwundungen weiterzugeben. Mendels Großvater und seine Großmutter und seine Mutter – er hat keinen Vater – sind verwundet, und Mendel ist ein wenig verwundet. Sie sind nicht die Leute, die sie sein sollten; sie hätten glücklich sein können, und sie sind es nicht, nicht so glücklich wie sie sein sollten. Sie haben sich als Teil der europäischen Geschichte gefühlt – Mendels Großvater liebte Bach, er liebte Goethe –, und diese Liebe für die europäische Geschichte ist verneint worden. Das sind, wenn ich an meine eigene Mutter denke, ganz normale Leute. Sie haben Wunden, und es gibt Zeiten, da sie die Wunden fühlen. Und es ist fast unmöglich, daß man als Kind nicht etwas von den Verwundungen fühlt oder bemerkt. Aber es ist mir deutlich geworden, daß eine ganze Menge von diesen Eltern nicht so antideutsch sind wie die Holländer oder die Engländer oder die Belgier oder die Franzosen.

Denken Sie, Ihr Sohn wird noch etwas von dieser Wunde spüren?

Ich glaube es nicht. Das ist in gewissem Maße eine Frage der holländischen Identität. Wenn Holland sich selbst eine Identität gibt, die zum größten Teil nicht mit dem Zweiten Weltkrieg zu tun hat, dann wird es besser sein; wenn ihm nicht immer als einem Juden begegnet wird. Aber das ist ein Problem, das nicht nur mit diesem Zeitalter zu tun hat. Das war so im Jahre 1500 oder 1600 oder 1700. Das ist vielleicht das jüdische Problem: Man ist ein Jude, weil die anderen Leute das finden, nicht weil man selbst findet, ein Jude zu sein.

Leon de Winter

(geb. 1954 in 's-Hertogenbosch, Niederlande)

Der Vater überlebte als einziger seiner Familie die Shoah; die Mutter und die Tante waren ebenfalls die einzigen aus ihrer Familie, die der Deportation ins KZ entgangen waren, sie mit Hilfe katholischer Nonnen.

Der junge Leon de Winter wuchs in den sechziger Jahren in einer Stadt heran, in der es fast keine Juden mehr gab – von rund sechshundert vor dem Krieg lebten nachher nur noch etwa dreißig bis vierzig. Man sprach dennoch zu Hause Jiddisch, der orthodoxen Tradition entsprechend. Der Vater handelte wie viele andere mit Altwaren. Leon de Winter fühlte sich in der Schule so sehr als Außenseiter, daß er nur eine Chance für sich sah: „Ich mußte der Beste sein!" Er studierte an der Filmakademie in Amsterdam, gründete eine Produktionsfirma. 1976 begann der Filmemacher, Bücher zu schreiben – mit großem Erfolg innerhalb und außerhalb der Niederlande: Zehn Romane, fünf Bände mit Erzählungen, zwölf Drehbücher und ein Theaterstück sind es bislang.

In *Hoffmanns Hunger* etwa schildert er das Gefühl der Schuld des Überlebens seiner jüdischen Figuren; in *Zionoco*, wie ihnen Gott abhanden gekommen ist; in *Serenade*[177] setzt er sich vor dem Hintergrund des Bosnien-Krieges mit dem Sterben seiner Mutter Annie de Winter-Zeldenrust auseinander.

1998 zog Leon de Winter nach Santa Monica in Kalifornien, um dort als Produzent mit dem Aufbau einer „europäischen Alternative zu Hollywood" zu beginnen, die er so begründet: „Tatsächlich fehlt im europäischen Film eine jüdische Ironie, eine Distanz, die leichter international zu verstehen ist als der deutsche Humor." Sein Vorbild ist sein Urahne Abraham de Winter, ein Entertainer, der Mitte des 19. Jahrhunderts lebte. Anläßlich der Vorstellungen seiner Bücher in Berlin ergab sich mehrfach die Gelegenheit zu einem Gespräch, zunächst 1996 im Angesicht der Bürgerkriege im zerfallenden ehemaligen Jugoslawien.

David Dambitsch: *In einem Artikel des Nachrichtenmagazins* Der Spiegel *werden Sie im Hinblick auf Ihr Lebensgefühl und Ihre Kindheit und Jugend mit den Worten zitiert: „Genug Scham für verschiedene Leben". Scham gegenüber dem Schicksal der Eltern, Scham gegenüber der Gesellschaft wegen des Schicksals der Eltern – viele Angehörige der zweiten Generation nach der Shoah beschreiben ähnliche Empfindungen. Wie ent-*

---

[177] Leon de Winter, *Hoffmanns Hunger*, Zürich 1994; ders., *Zionoco*, Zürich 1997; ders., *Serenade*, Zürich 1996.

stehen, offenbar immer wieder, zwischen Eltern und Kindern in den Familien der Opfer Strukturen, in denen Scham die beherrschende Empfindung der Jungen wird?

Leon de Winter: Scham, zunächst einmal bei den Eltern, weil sie nicht imstande gewesen sind, sich ausreichend – in einer gewissen Weise natürlich – zu wehren, zu wenig zu retten. Und Scham bei den Kindern, weil sie nicht imstande gewesen sind, die Eltern zu schützen – in den meisten Fällen waren sie noch gar nicht auf der Welt, aber man hat trotzdem das Gefühl, man hätte die Eltern schützen müssen. Und Scham, weil man nicht imstande ist zu trösten, weil man angesichts der Geschichten und der Trauer, die man dann kennenlernt, diese Schmerzen nicht lindern konnte. Und da gibt es Scham – das sind alles Dinge, die ich selbst und in meinem Umfeld erlebt habe.

Welche Bedeutung hat die Scham für Ihre schriftstellerische Arbeit?

Das Gefühl von Scham war schon vorhanden, als ich anfing zu schreiben. Mit zwölf Jahren, nach dem Tod meines Vaters, gab es sogar noch zusätzliche Scham: Ich erinnere mich, daß ich es spannend fand, als er auf einmal nicht mehr da war und das Leben sich veränderte. Es war traurig, und zugleich spürte ich eine sehr düstere Aufregung, weil es auf einmal diese Figur nicht mehr gab. In bestimmten Momenten schämte ich mich dafür, diese Situation spannend zu finden, und hatte Angst, daß mein Vater zurückkommt, in der Phantasie natürlich. Ich habe dann angefangen, so intuitiv und unheimlich jung wie ich war, zu schreiben. Meine Geschichten sind dann sicherlich von dieser Scham bestimmt worden. Einmal erzählte mir einer meiner Lehrer von einem Schriftsteller, den ich lesen sollte, und der hieß Kafka. Ob ich je von diesem Schriftsteller gehört hätte, fragte er mich. Nein, antwortete ich, denn meine Eltern lasen keine Bücher. Ich hatte nie von Kafka gehört; und die Lektüre war für mich sehr überraschend, weil er natürlich der Meister der Scham ist. Damals entdeckte ich – auch wenn ich mich dann in eine andere Richtung entwickelt habe – etwas Unglaubliches: Das war das Gefühl, daß es auch jemanden gab wie mich, diesen Kafka, der einmal gelebt hatte. Scham war also für mich ein ganz wichtiger Begriff.

Und heute?

Heute ist er wichtig beim Nachdenken über diese Vergangenheit. So stellt sich etwa die Frage: Was erfahre ich über die Ereignisse in Bosnien, schäme ich mich? Ich schäme mich, aber anders als früher. Diese Scham ist viel bewußter und lähmt mich nicht so, wie diese frühere Scham, die ich bei meinen Eltern erfuhr. Aber ich kann mir kaum vorstellen, ohne Scham zu leben – ein wunderliches Gefühl.

Die zweite und dritte Generation im Schatten der Shoah – gibt es so etwas wie ein gemeinsames Lebensgefühl?

Ja, ich denke schon. Ich denke, für die zweite Generation gilt, daß wir alle das Gefühl haben, viel älter zu sein, als wir sind, daß unser Leben nicht anfing mit unserer Geburt, sondern weit davor bei unseren Eltern oder noch früher. Diese Erfahrung, die sehr tief geht, haben wir alle viel zu früh gemacht, durch diese Unmöglichkeit zu trösten. Das beschränkt sich nicht nur auf das Verhältnis zu den Eltern, das stört auch die Beziehungen, wenn wir heiraten und im Zusammenleben. Denn viele von uns haben noch immer diese Angst, jetzt nicht mehr gegenüber den Eltern, sondern gegenüber dem Partner, oder eine große Angst, Kinder zu bekommen, eine neue Generation zu gründen. Wir haben offenbar das Gefühl, daß wir noch immer nicht fertig sind mit unseren Eltern und noch viel darum kämpfen müssen. Ich glaube, es gibt noch einige solcher Gründe. Das sind alles Merkmale einer Generation. Am Anfang habe ich lange gedacht, daß das nur für mich gelten würde, weil ich mit anderen Juden darüber nicht geredet habe, denn ich kannte keine Juden, mit denen ich darüber hätte reden können. Bis ich sechs-, siebenundzwanzig Jahre alt war, habe ich geglaubt, ich sei der einzige, der mit solchen Phänomenen kämpfte. Und auf einmal erfuhr ich, daß das vielen anderen auch so ging.

Was trennt in der zweiten Generation die Nachkommen von Opfern und von Tätern?

Ist das nicht eigentlich eine doppelte Frage? Auch das ist sehr komplex. Ich bin aufgewachsen mit einer Familie, die es nicht mehr gab: Meine Großeltern, alle meine Onkel und Tanten und Neffen – nichts mehr, alles war weg. Ich bin nur mit Gerüchten und Geschichten aufgewachsen. Deshalb habe ich auch eine sehr starke Phantasie. Es gab keine Erfahrungen, keine persönlichen Erfahrungen, sondern ausschließlich Geschichte. Dennoch ist Hören der eigenen Geschichte ein sehr starkes Erlebnis gewesen. In meinem Fall erzählte bei uns zu Hause meine Mutter davon. Das war nicht die Regel, bei den meisten meiner Freunden, die die gleiche Jugenderfahrung hatten, wurde dazu geschwiegen, wurde darüber überhaupt nichts gesagt; bei uns zu Hause aber erzählte meine Mutter viel darüber. Das Paradoxe ist, daß ich jetzt – nachdem meine Mutter gestorben ist und ich keine Eltern mehr habe – dieser Geschichte, diesen Ereignissen auf einmal nähergekommen bin. Ich habe das Gefühl, als ob ich jetzt eine Art Auftrag habe, weiter davon zu erzählen, was ja eine jüdische Verrücktheit ist, das Erinnern und das Weitererzählen. Wir haben gerade Pessach gefeiert, und dabei müssen wir über etwas reden, das schon lange her ist, aber wir müssen darüber weiterreden.[178] Und jetzt habe ich das Gefühl, daß ich jetzt dran bin, daß es jetzt mein Auftrag ist. Und doch sind es nicht meine Erlebnisse, nicht meine Erfahrungen! Dieser Umstand hat lange Zeit meinen Blick auf das Judentum gewissermaßen verdüstert, weil für mich Judentum und Trauer nicht das gleiche waren. Es ist auch nicht das gleiche, es ist auch noch etwas anderes.

Worin unterscheidet sich diese Form von Identitätsbewußtsein von dem der Täter? Ich habe mich als Schriftsteller zum Beispiel nie identifizieren können mit Autoren und deren Umgang mit der Vergangenheit wie etwa mit dem französischen Schriftsteller Patrick Morianeau, der Bücher geschrieben hat, in denen er sich, wie in monströsen Gedankenspielen, mit Tätern identifizieren konnte. Vielleicht war es für Morianeau in seiner Jugend abstrakter, aber ich kannte die nackte Trauer meiner Mutter und war nie imstande, damit zu spielen, Abstand zu halten von dieser Trauer. Und ich glaube weiterhin, daß ich – nicht immer, aber auch – schreibe, um diese Ohnmacht zu überwinden, um jetzt laut weiterzuerzählen, was ich damals hörte, und auch, um jetzt laut zu sagen, daß ich damals ohnmächtig war. Vielleicht ändert sich das jetzt, hoffentlich.

Über Ihre Eltern haben Sie einmal geschrieben, sie ließen in ihren Kindern das tief verwurzelte Bewußtsein entstehen, keinen fest verankerten Platz in der Umgebung zu haben, in der sie aufwachsen mußten. Selbst gewählt, bezeichnen Sie ihr Selbstgefühl: Emotional staatenlos zu sein. Wo gibt es für Sie eine geistige Heimat?

Mein eigentliches Heim ist eine Welt, die es nicht mehr gibt. Wenn ich diese Welt, das mitteleuropäische Judentum, wirklich hätte kennenlernen können, hätte ich es vielleicht – und auch das ist schrecklich – nicht geliebt, das weiß ich nicht. Ich kenne es ja nur aus diesen Geschichten. Und die Emotionalität, diese jüdische Sentimentalität, nach der ich mich sehr sehne, das ist wie eine Melancholie, die ich da erfahre, weil ich ohne diese lebe. Hin und wieder glaube ich sie zu spüren, wenn ich etwa in Israel oder New York bin. Dann habe ich das Gefühl: Ha, das ist es, das ist ein Benehmen, das ich kenne, das sind Seelen mit einer Sensibilität, die mir sehr nahe ist. Solch ein Wiedererkennen habe ich nicht in Holland. Wo ich mich zu Hause fühle in meinem Kopf, das ist in der Welt der Literatur, weil sie, jedenfalls für mich, eine Welt ohne konkrete Landschaft ist; sie existiert überall für mich, weil sie in meinem Kopf ist. Ich spüre auch eine starke Verwandtschaft mit den großen amerikanischen Schriftstellern wie Saul Bellow und Philip Roth, sogar Paul Auster – also den jüdischen Geschichtenerzählern.

178 Pessach („Passach", wörtlich: Vorübergehen): Fest, an dem der Auszug aus Ägypten gefeiert wird. Seder-Feier am ersten und zweiten Abend mit Verlesung der Pessach-Haggada. Leon de Winter meint hier vor allem den Wert der immer wieder aufs neue geschärften Erinnerung im Judentum als Identitätsstiftung für die Gegenwart.

In Ihrem Roman Serenade *ranken sich nach meinem Eindruck die Beziehungsprobleme der Hauptperson um den Grundsatz: Verschweige die Wahrheit nicht, um jemanden zu schonen. Wie stehen Sie denn zu diesem Grundsatz?*

Es gibt Situationen, wo man schweigen soll, natürlich nicht immer. Aber wo soll man reden? Die Mutter hat geschwiegen, um ihren Sohn zu schonen, ihn nicht mit diesen Erfahrungen zu belasten. Damit hat sie ihn jedoch schrecklich belastet, denn diese Wahrheit gibt es doch, auch ohne daß sie ausgesprochen wird. Wir sehen dann, daß dieser Sohn vielleicht den gleichen Fehler macht, er schont, er schweigt, auch gegenüber seiner Mutter. Ich bin nicht imstande gewesen, darauf eine Antwort zu finden. In der Wirklichkeit habe ich auch geschwiegen, meiner Mutter gegenüber, und habe auch zu anderen gesagt: Ihr sollt schweigen. Ich weiß nicht, ob das eine gute Entscheidung war. Jedenfalls sind wir während der Krankheit meiner Mutter imstande gewesen, auf eine mehr oder weniger normale Art und Weise beieinander zu sein, ohne über diese schreckliche Wahrheit zu reden. Dennoch war sie die ganze Zeit über vorhanden, obwohl wir nicht darüber redeten. Ich weiß es nicht. Meine Unfähigkeit, darauf eine Antwort zu geben, die gibt es auch im Buch.

Serenade *ist ein Abgesang des Ich-Erzählers auf die letzte Zeit, die er mit seiner Mutter erlebte. Am Schluß des Buches widmen Sie den Roman dem Gedenken an Ihre eigene Mutter. Was verstehen Sie eigentlich unter dem Gattungsbegriff* Roman, *inwieweit ist die Fiktion für Sie das Instrument, Wahrheit darzustellen?*

In der Fiktion hat man die Möglichkeit, das, was unter der Oberfläche liegt, an die Oberfläche zu heben, um es klar zu beschreiben. In einem normalen Leben gibt es auch viele, wie sagt man das, unauffällige Momente, es gibt ganz vieles, was die großen Linien eines Lebens ausmacht. Wenn man schreibt, kann man sich Figuren ausdenken, die wie Repräsentanten von einem selbst gleichwertige Erfahrungen machen. Man hat dann jedoch die Möglichkeit, alles, was nebensächlich ist, wegzulassen. Und man hat die Möglichkeit, Sachen, die man in der Wirklichkeit bedauert oder vernachlässigt hat, besser zu tun oder die Fehler aufs neue zu wiederholen, dann aber bewußt. Es ist ein Spiel mit der Wirklichkeit. Am Anfang steht natürlich immer die persönliche Erfahrung, und man schreibt immer über persönliche Gefühle; man kann nicht über Gefühle schreiben, die man nicht kennt, die man sich nicht vorstellen kann. Für mich ist ein Roman eigentlich eine Welt der zweiten Möglichkeiten. So etwas gibt es in der Wirklichkeit ganz selten. Aber auf dem Papier ist das immer möglich.

Anneke Weiss, die Mutter des Ich-Erzählers in Serenade, *erkennt ihr persönliches Schicksal als Opfer der Shoah in dem eines Kriegsopfers aus Sarajewo wieder. Es ist ein zutiefst menschliches, unmittelbares Wiedererkennen, das zu konsequenter Hilfe führt. Wo sind – nach Ihrer Meinung – die Vergleichspunkte zwischen dem, was in den Jahren zwischen 1933 und 1945 den Juden und Sinti und Roma im deutschen Herrschaftsgebiet geschah, und dem, was im ehemaligen Jugoslawien geschehen ist? Worin bestehen die Unterschiede?*

Das ist eine schwere Frage. Es gibt viel mehr Unterschiede als Übereinstimmungen. Was ich beschreiben wollte, ist: Das, was sich wiederholt, ist eine Weise des Überlebens. Die Mutter überlebt, weil jemand sich opfert, die Frau in Bosnien überlebt, weil jemand sich opfert. Das war für mich eine wichtige Parallele, die ich beschreiben wollte. Das sind Schrecken auf verschiedenen Ebenen: Was damals im Zweiten Weltkrieg passiert ist, kann und sollte man nicht vergleichen, und ich habe das auch nicht getan. Aber für mich ist das Phänomen vom Opfern wichtig, weil wir offenbar nicht mehr imstande sind, uns für bestimmte Menschen und für bestimmte Werte zu opfern. Wir hätten im ehemaligen Jugoslawien natürlich eingreifen müssen, das wissen wir auch alle, das ist klar; aber wir haben alle zugesehen, wie mehr als 200 000 Menschen getötet worden sind, unter unseren Augen, vor unseren Kameras. Die Frage nach dem Opfer – das war für mich das Wichtige. Und vergleichen möchte ich eigentlich überhaupt nicht.

Dennoch möchte ich Sie fragen: Die Reaktionen der Welt damals im Hinblick auf das NS-Regime und heute im Hinblick auf das, was im ehemaligen Jugoslawien bereits geschehen ist – wo sehen Sie Parallelen?

Da gibt es Parallelen. Etwas ist klargeworden, und das ist ein sehr wichtiges Beispiel, was da in Srebrenica passiert ist. Es gab dort niederländische Soldaten, die dabei zugeschaut haben, die sogar geholfen haben, nicht aktiv, aber passiv. Die sind nicht imstande gewesen, sich zu opfern, obwohl sie Berufsmilitärs waren. Sie haben sich nicht gewehrt, haben sich nicht verteidigt, haben mitgeholfen, 8 000 Männer auf den Transport zu bringen, und haben dann gesagt, wir fahren mit, wir schauen zu, was da passiert. Wir wissen heute, daß sie alles wußten an dem Tag, als alles geschah, was die Konsequenzen waren. Als diese Berufsmilitärs nun nach Holland zurückkehrten, war es wie eine nationale Feier. Es gab ein großes Fest, es wurde Musik gespielt, Minister und der Ministerpäsident haben sie am Flughafen empfangen. Alles war fröhlich und glücklich, und ich saß vor dem Fernseher und dachte: Wer ist hier verrückt? Was machen die hier? Die haben doch dort zugeschaut, wie 8 000 Männer getötet worden sind, und jetzt kehren sie zurück, als ob sie Helden sind. Und was glauben Sie? Gab es in Holland eine Debatte über das Benehmen unserer Soldaten, über die Lügen unserer Politiker, unserer Minister, die darüber geschwiegen haben, obwohl sie die Fakten schon damals, am Tage, als das passierte, kannten? Nichts ist passiert. Man schweigt darüber. Diese Lügen, diese Fassaden, es existiert keine Scham, nichts. Diese komplette Indifferenz gegenüber anderen – ich denke, daß das damals während des Zweiten Weltkriegs auf einer anderen Ebene ähnlich gewesen ist: Da gab es auch diese Indifferenz, das Gefühl von „das ist nicht meine Sache", „das ist nicht mein Problem", obwohl es natürlich immer ein Problem für unsere gesamte Kultur ist und eine Gefahr für die Moralität und Ethik, wie wir miteinander umgehen und wie wir Menschen uns organisieren müssen. So langsam sieht man, wie sich das aufs neue wiederholen kann, daß es eine große Zahl von Menschen gibt, die einfach denken: Das ist nicht meine Sache, wir gehen weiter und fahren fort mit unseren alltäglichen kleinen Sorgen. Das ist ja schrecklich! Also ich glaube, das ist doch eine Art von Wiederholung.

Anneke Weiss in Serenade *macht das Schicksal der Bosnierin im wahrsten Sinne des Wortes betroffen, weil sie selbst ganz Ähnliches erlebt hat. Welche Chance haben denn die nach dem Zweiten Weltkrieg Geborenen, die in den satten, reichen, friedvollen Ländern Westeuropas zu Hause sind, bei den Begriffen Betroffenheit, Rührung, Mitgefühl nicht zu heucheln, wo uns selbst doch die Lebenserfahrung fehlt?*

Das ist eine schreckliche Frage. Es gibt eine einzige Lösung: Man muß dann politisch aktiv werden, sich organisieren, etwas tun. Man muß eine Meinung formulieren und diese in der Öffentlichkeit verteidigen – das ist das einzige, glaube ich, was man machen könnte. Wenn es nur bei Worten bleibt, dann ist es, wie Sie sagen, Heuchelei, dann ist es nur Fassade, nur Theater. Man muß etwas tun, jeder muß für sich selbst eine Ebene finden für etwas, was für einen selbst erreichbar ist, was man beherrschen könnte.

Sie haben als Schriftsteller auch Erfahrung mit dem Medium Film gesammelt. Wenn Sie schreiben, wie gestaltet sich dann das Verhältnis zwischen den Worten, die Sie wählten, und den Bildern im Kopf?

Das ändert sich bei den Fassungen, die ich mache. In der ersten Fassung sind die Worte nicht wichtig, da geht es nur darum, was ich erfahre, was ich sehe, was ich mir vorstellen kann. Dann, bei den späteren Fassungen, ist es wichtig, wie präzise die Worte sind. Das sind für mich also verschiedene Stufen. Am Anfang ist das Abenteuer des Sich-Vorstellens wichtig.

Könnten Sie sich vorstellen, Serenade *zu verfilmen oder es verfilmen zu lassen?*

Das könnte ich mir vorstellen. Ich möchte es selbst nicht tun, aber daß jemand das machen könnte, das ist vorstellbar.

Was macht Ihrer Meinung nach den besonderen jüdischen Humor aus, der überall auf der Welt verstanden wird?

Ich selbst bin noch relativ jung, doch denke ich, daß, obwohl es manchmal schlimm ist, es immer möglich ist, daß es noch schlimmer kommen könnte. Dieses Bedürfnis zu relativieren, ist eigentlich etwas, das die meisten Menschen kennen. Ich glaube, der jüdische Humor zeichnet sich dadurch aus, daß er nie oder fast nie vernichtend ist; es ist ein Humor, der milde ist, voll Vergebung. Er ist dazu da, um die scharfen Seiten fortzunehmen, um zu trösten und um zu versöhnen, nicht um zu schimpfen – obwohl das auch geschieht, das gebe ich zu. Aber überwiegend dient er dazu, eine Versöhnung zu erreichen zwischen Dingen, die eigentlich nie zu versöhnen wären.

Man spricht nicht umsonst im Hinblick auf den Humor eines Menschen davon, daß jemand so etwas hat wie Mutterwitz. „Das Leben ist schön", heißt der mit einem Oscar prämierte Film des italienischen Filmemachers Roberto Benigni über die Shoah. Welche Rolle spielte der Humor in der Geschichte Ihrer Familie, was prägt Sie davon bis heute?

Natürlich spielt er eine ganz große Rolle. Ich habe von meinem Vater gehört, daß er ein sehr guter Witze-Erzähler gewesen ist. Wir sind auch mit Witzen aufgewachsen. Das Bedürfnis zu relativieren war also sehr früh vorhanden, weil man ohne zu relativieren gar nicht weiterleben könnte, sicherlich nicht mit der Vergangenheit meiner Eltern. Es ist also für mich ganz eindeutig, daß ich dieses Vermögen – über das ich mir nicht bewußt bin und mit dem ich ganz technisch hantiere – geerbt habe und daß es ursprünglich von meinem Vater herstammt. Später habe ich gehört, daß er schon mit vierzehn Jahren als Verkäufer von Früchten und Gemüse auf den Märkten angefangen hat. Er hat es fertiggebracht, daß die Leute bei ihm stehengeblieben sind, weil er witzig war, weil er bereits auf den Märkten Witze erzählte. Er hat also auch sein Brot damit verdient. Es war immer ein wesentlicher Teil des Lebens zu Hause. Und auf eine gewisse Weise setze ich das fort.

Peter Finkelgruen

(geb. 1942 in Schanghai, China)

Als einer der allerjüngsten gehört er zu jenen zurückgekehrten Emigranten, die hierzulande so gern als Vertreter des „anderen Deutschland" bezeichnet werden. Peter Finkelgruens Lebensgeschichte ist untrennbar verbunden mit dem Widerstand gegen den Nationalsozialismus und mit seiner Weigerung, die durch den braunen Terror entstandene, „eindeutige" Rollenverteilung zwischen jüdischen Opfern und deutschen Tätern zu akzeptieren. Peter Finkelgruen hat bei seiner Erinnerungsarbeit statt dessen Grauzonen entdeckt. Das Grauen wird dabei nicht kollektiv oder strukturell beschrieben, sondern es hat Namen, Adressen und Geburtsdaten.

Peter Finkelgruen ist im Ghetto in Schanghai auf die Welt gekommen, wohin seine Eltern 1939 aus Prag geflohen waren. Nach dem Ende des Krieges besuchte er zunächst in Prag, später im israelischen Haifa die Schule. Die Großmutter, die selbst drei Konzentrationslager überlebt hatte, erzog den früh Verwaisten und gab ihm Halt. 1959 kehrte er nach Deutschland zurück. Doch die Öffentlichkeit in Deutschland war zu jener Zeit noch nicht bereit, einem wie ihm zuzuhören.

Wenn einer Finkelgruen heißt, fällt er auf im Lande der Meiers und Schulzes. Der Nachname des Vaters, den er nie kennengelernt hatte, hat immer Distanz geschaffen. So fühlt sich Peter Finkelgruen auch nach über dreißig Jahren in Deutschland keiner gesellschaftlichen Gruppierung wirklich verbunden, auch nicht den jüdischen Gemeinden. Denn nach religiösen Grundsätzen ist er nicht einmal Jude. Seine Mutter gehörte einer Familie an, die sich seit Generationen zu den Christen zählte. Sie galt den Nazis als eine „Volksdeutsche". Nach orthodoxer jüdischer Glaubenslehre gilt aber bis heute nur der als Jude, dessen Mutter Jüdin ist. Peter Finkelgruens Mutter hatte statt dessen einen Bruder, der 1945 als Angehöriger der Waffen-SS in Böhmen erschossen wurde.

Von 1963 bis 1988 arbeitete Peter Finkelgruen als Redakteur bei der „Deutschen Welle", seit 1981 als deren Korrespondent in Jerusalem. Er veröffentlichte mehrere Bücher: Dem im KZ Theresienstadt umgekommenen Großvater setzt er in *Haus Deutschland oder die Geschichte eines ungesühnten Mordes*[179] ein Denkmal; in *Erlkönigs Reich – Die Geschichte einer Täuschung*[180] ruft er Opfer und Täter dazu auf, eigene Familienidentitäten im Hinblick auf bis

---

179 Peter Finkelgruen, *Haus Deutschland oder Die Geschichte eines ungesühnten Mordes*, Berlin 1992.
180 Peter Finkelgruen, *Erlkönigs Reich – Die Geschichte einer Täuschung*, Berlin 1997.

heute fortwirkende Täuschungen, auf „Legenden", zu überprüfen, um Nachgeborenen ein Leben in Wahrheit zu ermöglichen. Im Studio der „Deutschen Welle" kam es 1997 anläßlich der Veröffentlichung von *Erlkönigs Reich* zu einem nachdenklich stimmenden Gespräch.

David Dambitsch: *Sie haben Ihr erstes Buch, worin Sie die ungesühnte Ermordung Ihres jüdischen Großvaters durch einen SS-Mann dokumentieren,* Haus Deutschland *genannt. Ihrem zweiten Buch, worin die Täuschungen Ihrer Kindheit beschrieben sind, haben Sie den Titel* Erlkönigs Reich *gegeben. Inwiefern ist das „Haus Deutschland" für Sie denn das Reich des Erlkönigs geblieben, in dem die Kinder das Grauen wahrnehmen und die Eltern durch Lügen beruhigen?*

Peter Finkelgruen: Das ist genau richtig gesehen. Als ich das Manuskript von *Erlkönigs Reich* beendet hatte, geschah in den folgenden zehn Tagen etwas, was gelegentlich passiert: Nachts rufen einen irgendwelche entfernten Bekannten, die man irgendwann einmal kennengelernt hat, an, um zwei Uhr morgens, nachdem sie ein wenig zu tief ins Glas geschaut hatten, und meinen, sie müssen einem unbedingt irgend etwas Wichtiges mitteilen. Und in allen drei Fällen bekam ich eben unter diesen Umständen folgendes zu hören: Ich habe die Tagebücher meines Onkels gefunden, ich habe die Briefe meines Vaters gefunden, ich habe die Familienchronik usw. gefunden – und alles war ganz anders, als es mir erzählt worden ist. Da ist mir sozusagen wie in einem Schlaglicht noch einmal bestätigt worden, daß eben nicht nur ich als Individuum getäuscht wurde, sondern auch viele andere meiner Generation in diesem Land. Ich denke, daß Deutschland sich in den Jahrzehnten nach 1945 – also die berühmten fünfziger und sechziger Jahre – dadurch auszeichnete, daß die nachfolgende Generation getäuscht wurde. Das berühmte Schweigen, das berühmte Nicht Reden, das berühmte Bauen von Legenden – das ist Erlkönigs Reich.

Wie sind Sie selbst als Vater mit Ihren Kindern umgegangen? Ihr Sohn Peter Martin wurde 1968, im Jahr der Studentenunruhen in Deutschland, geboren; Sie haben auch noch eine Tochter, Anne-Elisabeth.

Ich schreibe an einer Stelle, daß auch ich mit dieser Täuschung begonnen habe, das heißt, auch ich habe jahrelang nicht von dem gesprochen, was mir wichtig war, sozusagen die eigene Biographie erzählt. Das begann erst später. Ein Grund dafür, daß ich dieses Buches geschrieben habe, war der, eben genau das zu vermeiden: sich nicht nur selber damit zu beschäftigen, sondern auch den eigenen Kindern das Wissen verfügbar zu machen.

Ihren beiden Kindern haben Sie das Buch Erlkönigs Reich *mit den Worten gewidmet: „... da ist noch etwas, was ich Euch zu sagen vergessen habe." Wie konnten Sie das, was in dem Buch steht, vergessen – zum Beispiel die Kränkung des verschwiegenen Onkels, der in der SS war, wobei die Großmutter selbst doch KZ-Überlebende war?*

Das ist wirklich ein Phänomen, bei dem ich an der eigenen Person den Mechanismus des Verdrängens rückblickend beobachten konnte. Das Wissen um diesen Onkel, das erst sehr spät kam – 1967 hat sie mir das eröffnet –, habe ich tatsächlich sofort beiseite geschoben: Es war wirklich etwas Störendes. Nach etlichen Jahren kam es wieder hoch, und ich bin dann der Geschichte nachgegangen.

Der Schriftsteller Hans Sahl hat als nach Deutschland zurückgekehrter Emigrant eindringlich an die Jungen appelliert: „Wir sind die letzten, fragt uns aus!" Sie, Jahrgang 1942, mit frühesten Kindheitserinnerungen an das Ghetto in Schanghai, danach als Junge in einem Kibbuz im jungen Staat Israel, als Schüler in einem englischen Internat in Jerusalem, dann als Student im Adenauer-Deutschland, begleitet von Ihrer Großmutter, die wegen Ihrer Liebe zu Ihrem Großvater ins KZ nach Auschwitz deportiert worden war – Sie gehören als einer der allerjüngsten zu diesen zurückgekehrten Emigranten, die hierzulande so gern als Vertreter des „anderen Deutschland" bezeichnet werden. Wieviel Antworten wollte man von Ihnen hören bisher, wieviel Gewicht hatte das „andere Deutschland" in der Nachkriegsgeschichte?

Ich denke, die Nachkriegsgeschichte war eher gekennzeichnet vom Nicht-Wissen-Wollen. Die Fragen wurden nicht wirklich gestellt. Ich sage schon im Buch *Haus Deutschland*: Den Ermordeten beim Namen nennen, heißt auch, den Mörder beim Namen nennen zu müssen. Das bedeutet: Wäre man neugierig gewesen, dann hätte man auch gewisse Auskünfte geben müssen, und das paßte nicht in die Landschaft. Es ist übrigens sehr bezeichnend, daß das Stichwort Schanghai erst jetzt aktuell wird. Sie ernten noch immer ungläubiges Staunen, wenn Sie den Begriff Ghetto und die Stadt Schanghai in einem Atemzug nennen. Wer weiß denn, daß es der deutschen Diplomatie damals gelungen ist, am anderen Ende der Welt die Alliierten dazu zu bewegen, für 20 000 Juden ein Ghetto zu errichten[181]; wer weiß denn, wer die

---

181 Schanghai war der Zufluchtsort für jüdische Flüchtlinge aus Deutschland, Österreich und Polen, weil die Stadt weltweit der einzige Ort war, zu dem man ohne Visum gelangen konnte. Japans projüdische Politik, verkündet am 6.12.1938, die zur Öffnung des militärisch kontrollierten Hafens für die Juden führte, war von noch größerer Bedeutung für die Emigranten. Als der Krieg am 7.12.1941 auch im Pazifik begann, verbot die US-Regierung die Überweisung privater Geldmittel. Die schlimmsten Befürchtungen der Flüchtlinge wurden am 18.2.1943 Wirklichkeit, als die Japaner unter nationalsozialistischem Druck ein Ghetto im neun Quadratkilometer großen, bewachten Gebiet von Hongkiu einrichteten (vgl. dazu: *Enzyklopädie des Holocaust*, hrsg. von Eberhard

deutschen Vertreter dort waren; wer weiß denn, daß es damals in den vierziger Jahren in Schanghai eine „HJ", einen „Gauleiter", die Gestapo, den *Ostasiatischen Beobachter* gab, daß es also alles, was es im „Reich" gab, auch woanders gab? Das sind natürlich alles Dinge, die man nicht wissen, die man gar nicht erst publik machen wollte, denn dann hätte man wiederum Namen nennen müssen.

Wo fanden Sie in unserer, der bundesdeutschen Gesellschaft, eine offene Aufnahme seit Ihrer Rückkehr 1959 – bei den jüdischen Gemeinden, den christlichen Kirchen, möglicherweise den 68ern oder den Friedensbewegten?

Ich würde sagen, in den Lücken zwischen allen. Ich fand offene Arme und Aufnahme von Individuen, von Menschen, von Freunden, die ich erwerben konnte über die Jahre. Ich fand gelegentlich – was sich später häufig als taktisch erwies – Sympathie bei der einen oder der anderen Gruppierung, je nachdem, was gerade en vogue war. Nur, das hat natürlich nichts mit offenen Armen zu tun.

Vom Alter her sind Sie den 68ern verbunden – Rudi Dutschke war zwei Jahre älter als Sie. Welche Bedeutung hatte diese Zeit für Sie?

Sie müssen sich vorstellen: Als ich 1959 nach Deutschland kam, wußte ich nichts über dieses Land, außer daß es eben den Zweiten Weltkrieg und daß es die Konzentrationslager gegeben hat. Ich mußte das alles erst langsam lernen. Die 68er-Zeit war eine Zeit, in der ich auch begann, Details zu erfahren, etwa wer die Elite dieses Landes war, was sich hinter bestimmten Namen verbarg usw.

Welche Auswirkungen hat 1968, die Studentenrevolte, heute noch?

Es war sicher eine Zäsur, die zum Bruch vieler – ich sage jetzt mal – eher gesellschaftlicher Tabus geführt hat. Das ist eigentlich weithin am wirksamsten. Gesellschaftliche Konventionen wurden teilweise über Bord geworfen, heute als selbstverständlich geltende individuelle Freiheiten begannen sich im täglichen Leben zu etablieren. Es war aber keine politische Veränderung, wie sie damals vielleicht von manchen erhofft wurde.

Im Moment läuft hier in Berlin eine Ausstellung unter dem Titel „Deutschlandbilder". Welche „Deutschlandbilder" haben Sie im Kopf – „... denk' ich an Deutschland in der Nacht..."?

Ein Deutschlandbild war für mich die Nacht, in der die Nachricht von der Ermordung Kennedys kam. Damals hatte ich in der „Deutschen Welle"

Jäckel, Peter Longerich und Julius H. Schoeps, Berlin 1993, Bd. III, S. 1279f.).

Spätdienst und bin noch schön langsam zum Dienst gegangen, als ich Jugendliche auf der Straße rufen hörte: „Die haben den Kennedy umgebracht." Ich erinnere mich noch, daß ich dachte: Darüber macht man nicht einmal Witze. Das ist so ein Bild, das mir haften geblieben ist. Aber natürlich gibt es auch andere Bilder, die mich persönlich betroffen haben – also ich nenne jetzt Stichworte wie „Deutscher Herbst" 1977. Was damals in Deutschland geschah, war schon zum Ängstigen, desgleichen die Atmosphäre und die offensichtliche Panik und Ratlosigkeit in der Zeit des Golfkrieges 1991. Und, wieder ein Sprung zurück: Schon sehr überraschend, zuerst beinahe unverständlich war die Euphorie, die man in Deutschland während des Sechstagekrieges 1967 wahrnehmen konnte, mit einem plötzlichen, proisraelischen Enthusiasmus, der sich damals Bahn brach. Und dann eben, sozusagen als Kontrapunkt, der Golfkrieg und die weißen Laken in den Fenstern. Das ganze Land schien kurz davor zu sein, sich irgendeinem Unbekannten zu ergeben, jedenfalls konnte man damals diesen Eindruck gewinnen.

Berlin, die ehemalige „Reichshauptstadt", kommt in Ihren Büchern immer wieder als Ort der Täter vor. Ihr Vater Hans hat in der Stadt allerdings auch eine Zeitlang vor dem aufkeimenden Antisemitismus in Deutschland Zuflucht gefunden. Immerhin von 1928 bis 1938 hatte Ihr Vater die preußische Staatszugehörigkeit. Was wissen Sie über diese Zeit? Was mag Ihren Vater damals in Richtung Berlin gezogen haben?

Sicherlich – das ist meine nachträgliche Interpretation – war es die Flucht vor dem kleinstädtischen Antisemitismus, dem Antisemitismus in der Provinz, hinein in die große Metropole. Das ist doch etwas, was man generell beobachten konnte. Es war natürlich auch die Stadt, in der er nach seinem Jurastudium sein Referendariat eben nicht absolvieren konnte, weil die Verfolgung schon das Stadium erreicht hatte, in dem die Berufswahl nicht mehr frei war.

Weggetrieben um die halbe Welt wurden Ihre Eltern dann von dem braunen Terror, dessen Machtzentrale sich einst hier in dieser Stadt befunden hat. Welche Gedanken und Gefühle begleiten Sie heute als ehemaliges Kind des Ghettos Schanghai hier auf den Straßen?

Ich habe vor einigen Wochen einige Menschen aufgesucht, die genauso wie ich in diesen Jahren in Schanghai geboren sind und die hier leben. In Berlin. Und ich denke, neben allen anderen Überlegungen, es gibt auch so etwas wie ein kleines Gefühl von – ja, nennen wir es doch ehrlich – Triumph. Triumph des Überlebthabens, Triumph des Daseins. Auch mich überrascht, wie stark dieses Gefühl ist. Da ist schon das Bewußtsein: Wir sollten auch vernichtet werden, aber wir haben überlebt – und da gibt es dann einen kleinen persönlichen Triumph, bei aller Trauer um die, die es nicht überlebt haben. Das setzt sich schon fest, das kann man nicht einfach wegkriegen. Das ist das eine. Dann gibt es eine zweite Ebene, die der aufmerksamen Beobachtung des gegenwärtigen Zustands, das Wahrnehmen von Details. Das ist beides relativ stark. Ansonsten, denke ich, fühle ich mich wie jeder normale Besucher in Berlin, registriere die hiesigen Baustellen und was sich sonst so alles an Veränderungen tut.

In dem Buch Erlkönigs Reich *widmen Sie sich der Aufarbeitung Ihrer Kindheitserlebnisse in der Obhut Ihrer Großmutter Anna. Ihre Schilderungen vermitteln eine große Nähe zwischen Enkel und Großmutter und zugleich eine große Distanz. Wie war Ihre Großmutter im Alltag, haben Sie zusammen viel gelacht, geschmust, war sie streng, ein eher melancholischer Mensch?*

Sie war ein strenger Mensch. Ich denke, daß sie, jedenfalls subjektiv, es auch sein mußte. Schmusen gab es auch ... Die Nähe, von der Sie gesprochen haben: Sie war ja die einzige Bezugsperson für mich von meinem siebten Lebensjahr an, weil meine Mutter doch weg war – da ist natürlich schon eine große Nähe. Im Rückblick kommt sicherlich auch ein Stück Distanz, ein Stück distanzierter Wahrnehmung der Person, ein Stück objektiver Bewunderung dazu, die ganz anders ist, als die Bewunderung des Kindes für diesen starken Menschen. Es ist die objektive Bewunderung für eine Frau, die für mich wirklich ein Frauenschicksal in der ersten Hälfte des 20. Jahrhunderts in Europa repräsentiert. Sie hat doch alles erlebt: die Endzeit der k. u. k-Monarchie; den Ersten Weltkrieg mit seinen Schrecken; die Zwischenkriegszeit mit ihren Höhen und Tiefen; dann die Barbarei des Jahrhunderts, die Konzentrationslager; dann die kommunistische Revolution in Prag – das alles durchlebt diese Frau und überlebt und wird dabei ihrer Verantwortung, so wie sie diese versteht, auch gerecht. Schließlich geht sie dann noch nach Israel, auf einen anderen Kontinent, in eine andere Welt. Es ist schon eine sehr bewunderungswürdige und eindrucksvolle Person. Sicherlich kann man auch Fragezeichen setzen, aber welcher Mensch wäre unbeschädigt durch so ein Leben gegangen.

Welche Fragezeichen würden Sie setzen?

Ich denke, es ist per se problematisch, wenn eine weibliche, ältere Person die einzige Bezugsperson für einen heranwachsenden Jungen ist. Schon in einer normalen Situation ist das problematisch, um so mehr, wenn sie eben auch ein geschädigter Mensch ist. Das alles habe ich natürlich mitbekommen, das alles kann ich erst heute einordnen, das alles kann ich erst heute sortieren. Und dabei ist sicherlich auch eine Menge zu verarbeiten. Nachdem ich in *Haus Deutschland* sozusagen meinen Großvater entdeckt hatte, der in der kleinen Festung Theresienstadt umgebracht wurde, und dieser Großvater, den ich ja nie kennengelernt habe, für mich ein konkreter, realer Mensch wurde – da war mir klar, daß ich nun der Lebensgeschichte meiner Großmutter, der Frau, die ihn versteckt hat, die mit ihm zusammen verhaftet wurde, nachgehen würde. Und dabei, denke ich, habe ich auch ein Stück Einsicht in alles das, was diese Frau geprägt hat, gewonnen.

Gab es eigentlich Reaktionen von Ihrem Vetter Walter auf das Buch?

Nein, aber da gibt es auch keinen Kontakt.

Auch nach dem Erscheinen des Buches nicht?

Nein, nein.

Mit der Beschneidung als Entreebillett für die israelische Gesellschaft sprechen Sie ja ein Politikum an, das ganz aktuell die russischen Juden betrifft. In der ehemaligen Sowjetunion war die Beschneidung als Zeichen des Bundes von Gott mit Abraham und seinen Nachkommen doch nicht erlaubt. Wie hat denn die israelische Verwandtschaft reagiert?

Von der israelischen Verwandtschaft habe ich positive Reaktionen erhalten, und das ist durchaus auch bezeichnend für eine Veränderung in der israelischen Gesellschaft. Es ist sehr merkwürdig: Obwohl heute der Konflikt zwischen religiöser Orthodoxie und, ich sage jetzt einmal: dem Rest der Bevölkerung immer schärfer wird, ist gleichzeitig in der israelischen Praxis eine viel größere Selbstverständlichkeit und Toleranz eingetreten. Die hat es in den fünfziger Jahren, in denen die Orthodoxie diese radikalen Positionen politisch nicht einnahm wie heute, so nicht gegeben. Das ist wirklich sehr auffällig. Aber die Zahl der Fälle war damals auch nicht so groß, während es sich heute mit der Einwanderung der osteuropäischen Juden schon um ein Massenproblem handelt.

Lassen Sie uns noch einmal zurückkehren zu Ihren Büchern, zu Deutschland: In Erlkönigs Reich *benutzen Sie das Bild des Koffers: Sie selbst haben diesen Koffer geöffnet und die darin enthaltenen Erinnerungsstücke zu sich sprechen lassen. Deutschland hingegen bezeichnen Sie als Land der verschlossenen Koffer. An wen richtet sich dieser Hinweis? Wer könnte die verschlossenen Koffer denn noch öffnen?*

Ich denke, daß es beinahe im wörtlichen Sinn sehr viele Koffer mit Dokumenten, Tagebüchern, Briefen, Fotografien in ganz, ganz vielen Haushalten gibt, die nicht geöffnet werden. Ich sage das so, weil ich konkret von einigen weiß und sogar schon gesagt bekommen habe: „Ich wage es nicht den Koffer zu öffnen, ich möchte meine Ruhe haben" usw., alle diese Entschuldigungen, die teilweise doch auch nachvollziehbar sind. Da können Bilder und liebgewonnene Vorstellungen zusammenbrechen, aber ich kann nur sagen: Es ist es wert, die Koffer zu öffnen. Manchmal ist man schockiert, man erschrickt, manchmal findet man auch einen neuen Zugang zu Eltern, Großeltern oder gar Urgroßeltern, lernt sie neu kennen, entdeckt auch liebenswerte Sachen. Also, es ist alles darin, und man sollte die Koffer öffnen!

Lassen Sie uns noch einmal einen Sprung fast in die Gegenwart wagen: Welche Erinnerungen haben Sie denn an den 9. November 1989?

[lacht] Es ist schon komisch: Ich war in den achtziger Jahren Korrespondent in Jerusalem. Der Nahe Osten und Israel sind eine sehr aufregende Gegend, also gab es keine Langeweile in den achtziger Jahren. Und wenn wir dort auf dem Balkon saßen, haben wir immer an Deutschland gedacht – neben allen anderen Dingen – als dem „Land, in dem geschnarcht wurde". Es passierte nichts, es gab nichts. Als wir dann auf dem Schiff waren, fiel auch der Satz: „Und jetzt kommt eine Periode der Ruhe und des Schnarchens." Und siehe da, der November brachte Aufregung zuhauf. Ich erinnere mich wirklich der Anspannung angesichts all dessen, was uns bevorstand. Und ich erinnere mich, in welche Situation Günter Grass geriet, als er seinen mahnenden Finger erhob, und ich mich wunderte, warum so viele auf ihn einprügelten, weil das durchaus Gedanken waren, die ich auch hatte.

Inwiefern hat sich das Land danach verändert, zum Beispiel in seiner Einstellung gegenüber den Fremden?

Ich denke, wenn man es mit empirischen Kriterien messen würde, würde man feststellen, daß das Maß von Antisemitismus und Fremdenhaß gleich geblieben ist. Der Unterschied ist, daß er sich offen zeigt. Und es kommt noch etwas anderes hinzu: Ich denke, daß besonders jene Jugendlichen oft wahrgenommen werden, als ob sie durch ihr Handeln nur deutlich machen, was die anderen auch denken, ohne es auszusprechen – so kommt es jedenfalls mir vor. Sie haben ein gutes Gespür dafür, was Trend ist, was gesellschaftlich gedeckt ist. Vergessen wir nicht, ehe das alles losging, gab es den Generalsekretär einer der großen Parteien, der sehr detailliert schon ein Konzept gegen „Asylanten", gegen Flüchtlinge zum Wahlkampfthema machte, noch ehe überhaupt irgend etwas passiert ist. Das geschah alles nachher. Man muß also schon die Frage stellen, was von wo angeregt wird.

Das Verhältnis zu Fremden hat Günter Grass, den Sie gerade in anderem Zusammenhang erwähnt haben, bei der Verleihung des „Friedenspreises des Deutschen Buchhandels" in seiner Laudatio wieder zum Ausdruck gebracht, wenn auch in anderer Form.

Mir fällt es auch ein, und ich bin mir schon bewußt, daß ich hier wunde Punkte berühre. Es gibt, und es gibt sie zu Recht, die Prozesse gegen die Mauerschützen. Auch heute stehen bewaffnete Soldaten an den Grenzen, die im

Zweifelsfall auch schießen müssen, wenn die Grenze verletzt wird, nur diesmal in eine andere Richtung. Wir sind hier mit ganz großen Zweideutigkeiten, Schwierigkeiten konfrontiert, und ich glaube, eines zeichnet dieses vereinte Deutschland aus: Die Fragen und Probleme, die die Gesellschaft wirklich existentiell berühren – das heißt ihr Selbstverständnis, ihre Werte –, diese Dinge werden nicht diskutiert und auch nicht entschieden. Bezeichnenderweise fand bei der Vereinigung keine Verfassungsdiskussion statt, etwas, was man aus unserer Verfassung als einen Imperativ hätte herausinterpretieren können müssen.

Warum, glauben Sie, ist das nicht geschehen?

Ich glaube, es gibt eine Angst und eine Unfähigkeit in dieser Gesellschaft, Konflikte auszutragen. Es gibt eine Tradition des Ausklammerns, und dann häuft sich sehr viel an, auch Spannungen.

Hanno Loewy

(geb. 1961 in Frankfurt am Main, Deutschland)

Woher kommt die Faszination für nationalsozialistisches Gedankengut? Wie wird sie ausgelöst? Etwa durch wohlmeinende Lehrer, die jene vernichtende Kraft der blonden, blauäugigen SS-Schergen so anschaulich schildern, daß es den halbwüchsigen Schülern kalt den Rücken herunterläuft? Nicht nur die Pädagogen wissen längst um die Probleme bei der Aufklärung über die Shoah. Lösungsansätze nicht nur in Bezug auf pädagogische Fragen wollen wohl durchdacht sein.

Am 15. Januar 1995 wurde in Frankfurt am Main das Fritz-Bauer-Institut gegründet, in dem interdisziplinär sowohl über die Geschichte als auch über die Wirkung der Shoah nachgedacht wird. Nicht nur die verschiedenen Deutungsversuche im Hinblick auf den Nationalsozialismus und vor allem die NS-Vernichtungspolitik stehen dort im Zentrum des Interesses, sondern auch die Voraussetzungen, wie es zu diesen Deutungen kam. Die Positionen der urteilenden Forscher werden also auch hinterfragt.

Das Fritz-Bauer-Institut ist offen für alle, nicht im Elfenbeinturm wird geforscht, sondern am konkreten Objekt: So können Firmen ihre Geschichte erforschen lassen – beispielsweise, um sich am Fonds für ehemalige Zwangsarbeiter zu beteiligen. Benannt ist das Institut nach dem früheren hessischen Generalstaatsanwalt Fritz Bauer, der maßgeblich an der Vorbereitung der Frankfurter Auschwitz-Prozesse Anfang der sechziger Jahre beteiligt war. Gründungsdirektor der Einrichtung war bis zum Sommer 2000 Hanno Loewy, von Hause aus Literaturwissenschaftler, dessen Eltern 1935 die Emigration ins damalige britische Mandatsgebiet Palästina geglückt war. In den fünfziger Jahren kehrten sie zurück nach Deutschland und bauten sich hier eine Existenz auf. Als einer von siebzehn Wissenschaftlern hat Hanno Loewy auch an der Konzeption der Dauerausstellung in Berlins neuem Jüdischem Museum mitgewirkt.

Um das Frankfurter Institut einer breiteren Öffentlichkeit bekannt zu machen, habe ich in den vergangenen Jahren mehrmals Gespräche mit Hanno Loewy aufgezeichnet; das folgende ist eine Zusammenfassung aus diesen Gesprächen.

David Dambitsch: *Das Fritz-Bauer-Institut hat es sich zur Aufgabe gemacht, endlich auch im Land der Täter an zentraler Stelle die Vernichtungspolitik der Nazis und die Opfer des Holocaust zu erforschen. Welche Aufgaben hat das – wie es korrekt heißt – „Fritz-Bauer-Institut: Studien- und Dokumentationszentrum zur Geschichte und Wirkung des Holocaust" im einzelnen?*

Hanno Loewy: Wenn man dies in generelle Worte fassen will, dann soll das Fritz-Bauer-Institut ein Ort gesellschaftlicher Selbstverständigung über die Geschichte und ihre Folgen sein, das heißt ein Ort der Auseinandersetzung, nicht in Form von Ritualen des Gedenkens, sondern eher in Form einer lebendigen Auseinandersetzung über das, was diese Geschichte für uns heute bedeutet. Es soll ein Ort sein der Verständigung über die traumatischen Folgen dieser Geschichte für die nächsten Generationen und auch ein Ort, an dem wir uns darüber streiten können, welche Lehren wir aus diesen Ereignissen ziehen können – oder vielleicht auch nicht ziehen können –, wie schwer es eigentlich ist, positive Lehren aus diesem sinnlosesten aller Ereignisse zu ziehen und dies eben auch nicht immer mit dem übermächtigen Wunsch zu tun, solche positiven Lehren ziehen zu müssen, sondern eher, die Sinnlosigkeit ertragen zu lernen. Das ist sicherlich das eine. Das andere ist, daß wir uns darüber verständigen müssen, welche schrecklichen und traumatischen Folgen dieses Ereignis noch in unserer Gegenwart hat; daß wir verstehen lernen, wie sehr diese Geschichte unsere Konflikte heute noch auflädt, wie stark wir immer noch in den Bildern der Vergangenheit gefangen sind, wie wenig wir eigentlich über dieses Ereignis selber wirklich wissen, wie sehr wir uns eigentlich immer mit Folien, mit Phantasien über dieses Ereignis begnügen – ideologischen, oft national gesteuerten, religiös geformten Bildern dieser Vergangenheit –, meistens vor dem Hintergrund, daß wir diese Bilder eigentlich mehr als Waffe in unserer Gegenwart einsetzen, als daß wir wirklich verstehen wollen, was geschehen ist. Natürlich müssen wir davon ausgehen, daß es ein wirkliches Gedenken an diese Vergangenheit nur als ein zweckfreies geben kann, nur als ein Gedenken um des Gedenkens willen, um der Toten willen, und daß man sozusagen den ganzen ideologischen Müll, der darüber liegt, die ganzen Instrumentalisierungen und Funktionalisierungen der Vergangenheit, eigentlich erst einmal wegräumen muß. Das ist sehr schwer. Das ist eine Gratwanderung. Es ist natürlich auch ein Prozeß, in den wir uns einschalten müssen, ein Prozeß, der in dieser Gesellschaft ohnehin läuft. Für unsere Arbeit bedeutet dies natürlich einen starken Praxisbezug. Wir warten hier nicht darauf, daß Leute zu uns kommen, sondern wir gehen mit unserer Arbeit an die Orte in dieser Gesellschaft, wo so etwas wie kollektives Gedächtnis, kollektive Identitäten herausgebildet werden, wo Identifikationen stattfinden.

Können Sie ein paar konkrete Beispiele nennen?

Einer der wichtigsten Orte in der Gesellschaft, wo das passiert, sind natürlich die Schulen. Wir stehen dort vor einer ganz paradoxen Situation: Die Lehrer weichen der Auseinandersetzung mit den Tätern in der eigenen Familie eigentlich auch aus; das sind oft Lehrer, die aus der Generation stammen, die vor vielen Jahren im Konflikt mit der Tätergeneration angefangen hat, ein Bewußtsein über diese Zeit herauszubilden, ein Bewußtsein, das oft von dem Versuch geprägt war, sich selbst in irgendeine positive Kontinuität eines „anderen Deutschlands", des Widerstands oder in die Identifikation mit den Opfern zu stellen. Diese Lehrer stehen nun vor Schülern, denen sie glauben, die Wichtigkeit dieses Themas beweisen zu müssen. Sie tun dies oft mit hochgradig moralischen Argumenten und merken oftmals gar nicht, daß dieses Thema für ihre Schüler längst wichtig ist, daß ihre Schüler dieses Thema durchaus beschäftigt, aber genauso – wenn man will – mit einer verschobenen Wahrnehmung, mit Abwehr durchsetzt, wie ihnen das selber gegangen ist. Das Paradoxe ist also, daß die Lehrer gar nicht merken, daß ihre Schüler vor genau denselben Problemen stehen, vor denen sie gestanden haben, nämlich sich in Konfrontation mit einer vorherigen Generation ein Bild von dieser Geschichte machen zu müssen.

Wir leben nun heute in einer Welt, die sich sehr verändert hat, in der ethnische Zugehörigkeit und damit auch kollektive Erinnerungen und Geschichte eine viel größere Rolle spielen, als das noch vor zwanzig Jahren der Fall war. Es gibt gegenwärtig sehr viel mehr Konflikte zwischen unterschiedlichen solcher Geschichtsbilder und Identitäten, ganz einfach deshalb, weil wir in einer multiethnischen Gesellschaft leben, in der nur noch ein Teil der Schüler, die die Lehrer vor sich haben, aus deutschen Familien stammt und in diese Geschichte unmittelbar involviert sind. Andere Schüler der gleichen Klasse sind Flüchtlinge aus Krisenregionen; andere stammen aus Familien, die nach Deutschland gekommen sind und die sich hier integrieren wollen, oder aus Familien, die vielleicht als Spätaussiedler hierher gekommen sind oder einen anderen Hintergrund haben, der vielleicht mit der Geschichte auch viel zu tun hat. Das hat sich also in sehr viele unterschiedliche Perspektiven aufgelöst.

Jetzt passiert Folgendes: Diese Geschichte wird in ganz hohem Maße auch zu einem Konflikt und – wenn man so will – zu einem Kampfmittel zwischen den Gruppen. Diese unterschiedlichen Identitäten und unterschiedlichen Geschichtsbilder werden auch zu einem Mittel der Abgrenzung untereinander, zu einem Mittel, sich gegenüber der jeweils anderen Gruppe ins Recht zu setzen. Im größeren Maßstab haben wir das im ehemaligen Jugoslawien als mörderischen Ausdruck dieses Phänomens erlebt. Dort haben die Serben gegen die Kroaten mit dem Argument gekämpft, die Kroaten seien die Nazis, und damit sollte sozusagen die Erinnerung an die kroatische und nationalsozialistische Vernichtungspolitik in Serbien im Zweiten Weltkrieg wachgehalten werden. Auf der anderen Seite die Kroaten, und erst recht die Bosnier, die sich, sozusagen, in die Rolle der Juden von heute hineinphan-tasieren, was, wenn man wirklich schaut, was da passiert ist, natürlich nicht stimmt, was aber den Konflikt auflädt. So ist etwa die Selbstwahrnehmung Sarajewos als das Warschauer Ghetto historisch natürlich völlig unhaltbar. Aber es gibt selbstverständlich Gründe dafür, daß sich Menschen in diese Phantasien hineinbegeben, damit Politik machen und versuchen, entweder – wie die Serben es tun – die eigene Bevölkerung monolithisch hinter die aggressive eigene Politik zu schweißen, oder – wie die Bosnier es versucht haben – mit diesem Argument die Weltöffentlichkeit auf ihre Seite zu ziehen. Es wird Politik gemacht mit dieser Erinnerung. Im Kleinen findet das heute in jedem deutschen Klassenzimmer statt.

Wo setzt an diesem Punkt jetzt Ihre Arbeit an?

Wenn wir mit Lehrern und Schülern arbeiten, versuchen wir zunächst einmal, überhaupt ein Bewußtsein dafür zu schaffen, wie unterschiedlich diese Geschichtsbilder sind. Das ist ein ganz mühevoller Prozeß, dafür gibt es keine Patentrezepte. Dabei muß man sich auf eine bestimmte Situation einstellen und erst einmal deutlich machen, wie wenig diese Geschichtsbilder wiederum mit der wirklichen Geschichte zu tun haben. Das heißt, es gilt einen Differenzierungsprozeß einzuleiten, Widersprüche, die vorhanden sind, zu thematisieren, Möglichkeiten zum Aussprechen und zum Diskutieren zu eröffnen, so daß deutlich wird, daß es „die Geschichte" und „die Lehre aus der Vergangenheit" nicht gibt, sondern daß jede Lehre aus dieser Vergangenheit diese Vergangenheit eigentlich schon zudeckt und instrumentalisiert. Das ist ein Prozeß, sehr reich an Konflikten.

Was machen wir konkret: Wir gehen in Schulklassen; wir beraten Lehrer – es kommen sehr viele Lehrer zu uns, die sich von unseren Pädagogen beraten lassen; wir erarbeiten Unterrichtsmaterialien in Arbeitsgruppen mit Leuten aus Berlin, Hamburg, Frankfurt, die konkrete historische Situationen rekonstruieren und diskutabel machen und damit auch eine Differenzierung einleiten, indem diese Spanne zwischen Vergangenheit und Gegenwart auch für die Schüler diskutabel und erfahrbar wird. Wir machen Ausstellungen, die sich mit der Gegenwart der Konzentrationslager beschäftigen, sprich mit dem, was wir heute dort vorfinden, die sich beschäftigen mit den Symbolen, mit denen wir versuchen, uns die Vergangenheit irgendwie sinnvoll, tröstlich oder sonstwie verständlich zu machen. Wir arbeiten mit

Museen zusammen, die sich mit diesem Thema beschäftigen; wir arbeiten mit Unternehmen zusammen, die sich der eigenen Vergangenheit stellen, die ein Interesse daran haben, endlich dieses schwarze Loch in ihrer eigenen Geschichte anzugehen und zu erforschen, was mit ihren eigenen jüdischen Mitarbeitern passiert ist. Da gibt es jetzt endlich einen langsamen Prozeß, daß auch verschiedene gesellschaftliche Institutionen, die nicht dezidiert einen Bildungsauftrag haben, anfangen, sich mit ihrer eigenen Geschichte zu beschäftigen, und wir geben dort die vielfältigsten Hilfeleistungen. Die können darin bestehen, daß wir mit einem Frankfurter Variété eine Benefizveranstaltung machen, die sich mit der Geschichte jüdischer Kabarettisten, dem „Jüdischen Kulturbund"[182], ihrem späteren Aufenthalt in den Lagern beschäftigt und ein sozusagen komplett aus der eigenen Geschichte ausgeblendetes Kapitel deutscher Variétékunst, Kabarettkunst, thematisiert. Das kann bedeuten, daß wir mit einer Versicherung zusammenarbeiten, um deren Gedenkveranstaltung für die eigenen jüdischen Mitarbeiter zu organisieren. Das kann bedeuten, daß wir Kommunen, wie zum Beispiel die Stadt Wiesbaden oder andere, beraten, wie sie Ausschreibungen für Denkmäler planen oder wie sie sich überhaupt diesem Thema Gedenken stellen können.

Fritz Bauer, nach dem das Institut benannt worden ist, war im Kreise der sogenannten „furchtbaren Juristen" während der Nazi-Zeit die rühmliche Ausnahme. Inwiefern will denn das Fritz-Bauer-Institut die Gedanken des Namenspatrons fortführen?

Fritz Bauer konnte in der Nazi-Zeit nicht als Jurist tätig sein, denn er ist 1933 sofort des Amtes enthoben worden. Er war zusammen mit Kurt Schumacher im KZ, ist dann nach Dänemark und nach Schweden emigriert und erst nach dem Krieg, 1949, zurückgekehrt. Fritz Bauer ist eine ganz einsame Lichtgestalt der deutschen Nachkriegsgeschichte. Er war einer der ganz wenigen Juristen, die sehr früh und offensiv darangegangen sind, zu sagen: Die deutsche Gesellschaft muß sich selbst über diese Verbrechen aufklären. Er hat diese Prozesse auch als so etwas wie einen öffentlichen Aufklärungs- und Lernprozeß verstanden hat, denn er stand vor einem Problem. Fritz Bauer war nun ohnehin jemand, der sich in hohem Maße für Strafrechtsreform, für Strafvollzugsreform, für ein demokratisches Recht engagiert hat, für das

---

182 Der „Kulturbund deutscher Juden", gegründet im Sommer 1933, formierte sich als Selbsthilfeorganisation, um die bedrohte kulturelle Identität des deutschen Judentums zu bewahren. Geleitet von Kurt Singer, entfaltete die Vereinigung von ihrer Berliner Zentrale aus Aktivitäten in allen künstlerischen Genres – Oper, Konzerte, Schauspiel, Kabarett, Ausstellungen. Rigide kontrollierten die Nazis alle Veranstaltungen. 1941 ordnete die Gestapo die Auflösung des nunmehr „Jüdischen Kulturbunds in Deutschland" an. Es folgten Massendeportationen in Ghettos und Vernichtungslager.

Prinzip der Resozialisierung statt Strafe. Seine Grundthese war, daß ein Verbrecher ein Problem hat, und die Gesellschaft kann sich selbst nur helfen, indem sie dem Verbrecher hilft, sein Problem zu lösen. So ist Fritz Bauer grundsätzlich an das Problem von Strafvollzug und Resozialisierung herangegangen.

Nun stand er vor dem Problem, daß im Nationalsozialismus die deutsche Gesellschaft – wenn man so will – als Ganze kriminell geworden ist, nicht wegen einer Kollektivschuld, sondern wegen der allgemeinen Verstrickung in die Verbrechen und der Identifikation der Gesellschaft mit den Verbrechern. Auf der einen Seite war es ihm immer ganz wichtig, auf den Widerstand hinzuweisen und zu sagen: Es gab auch eine andere Option. Damit versucht er klar zu machen, daß die deutschen „Volksgenossen" nicht mitmachen mußten, sondern, wenn sie es taten, mitmachen wollten. Das zeigte er natürlich auch, indem er deutlich machte, daß es andere gab, die es nicht taten. Aber er stand vor dem Problem, daß er es mit Verbrechern zu tun hatte, die sich eben nicht außerhalb des Rahmens der Gesellschaft gestellt hatten, sondern die sich, mit der Rückendeckung ihrer Gesellschaft, außerhalb des Rahmens der Zivilisation gestellt haben. Er hatte immer die Hoffnung, ihm könnte es doch gelingen, diese Nazi-Verbrecher zu resozialisieren, das heißt so etwas wie Reue in ihnen zu wecken, ihnen ein Bewußtsein davon zu vermitteln, daß das, was sie taten, ein Verbrechen war. Das wollte Bauer schon. Und er ist damit gescheitert. Im Auschwitz-Prozeß, den er dann in Frankfurt durchgesetzt hat und der damals das größte Verfahren der bundesdeutschen Justiz überhaupt war, der große Anstoß für die deutsche Gesellschaft Anfang der sechziger Jahre, sich überhaupt einmal mit diesem Thema zu konfrontieren – in diesem Prozeß mußte er erleben, daß keiner der Angeklagten es fertigbrachte, seine Schuld zu bekennen. Das heißt, keiner dieser Angeklagten brachte es fertig, zu erkennen, daß das, was er tat, außerhalb der Zivilisation stattfand. Das war für Fritz Bauer die schmerzlichste Erfahrung und zugleich eine wichtige Lernerfahrung: zu sehen, wie sehr sich diese Täter eins fühlten mit der Gesellschaft, in der sie damals gelebt und gehandelt haben. Für Bauer war es deswegen, letzten Endes, wichtiger, daß die deutsche Gesellschaft als Ganzes – wenn man so will – im Gerichtssaal als Zuschauer anwesend ist und etwas über die Verbrechen durch den Prozeß erfährt. Das war ein gigantischer Prozeß, mit Hunderten von Zeugen. Hunderte von Überlebenden von Auschwitz-Birkenau sind damals zum Teil zum ersten Mal wieder in Deutschland gewesen – was ungeheuer schwer für viele von diesen Menschen gewesen ist –, um vor einem deutschen Gericht, vor einer deutschen Öffentlichkeit über ihre Leiden und die Verbrechen, die ihnen angetan worden sind, zu berichten. In den Zeitungen standen nicht nur die Meldungen über das, was im Prozeß verhandelt wurde, sondern auch die Berichte dieser Zeugen; so hat zum Beispiel die *Frankfurter Allgemeine Zeitung* jeden Prozeßtag mit großen Berichten dokumentiert – 185 Tage lang. Natürlich sind dadurch viele Kontakte hergestellt worden. Es sind auch ganz merkwürdige Dinge passiert: Es gab Überlebende von Auschwitz, die in Deutschland geblieben sind, weil sie in Deutschland nicht nur auf die Täter stießen, sondern auch auf ein paar Menschen, die etwas anderes wollten, die sich doch ernsthaft mit ihrem Schicksal beschäftigen wollten. Es sind Ehen geschlossen worden, es gab eine Welle von Kontakten zu diesen Menschen, die durch das Land ging, das hat sehr viel angestoßen. Auf der anderen Seite muß man sagen, daß sehr viel von dem, was angestoßen worden ist, völlig im Sande verlaufen ist; daß die Politisierung, die Mitte der sechziger Jahre dann – nicht als Produkt des Prozesses, das stand sowieso an – nach dem Prozeß in Gang kam, eigentlich diesen Blick, der auf Auschwitz im Prozeß geworfen worden ist, wieder zugedeckt hat – plötzlich kamen die politischen Konzepte, mit denen sich die kritischen Menschen in Deutschland wieder in eine positive Tradition stellen wollten und sich eigentlich mit Auschwitz 1968 nicht mehr beschäftigt haben.

Fritz Bauer hatte vor seinem Tod einen Prozeß gegen zwanzig hohe und höchste Juristen – unter anderem gegen den Justizstaatssekretär Hitlers, Schlegelberger – vorbereitet, der dann von Bauers Nachfolgern immer wieder niedergeschlagen worden ist. Was bedeutete das für Fritz Bauer, ich meine, er wußte doch, in welchem Land er lebte?

Der Prozeß, den Bauer nach dem Auschwitz-Prozeß versuchte durchzusetzen, war vielleicht sogar der für ihn wichtigere, nämlich ein Prozeß gegen diejenigen aus seiner eigenen Zunft, die Massenverbrechen möglich, begünstigt und im Prinzip mit durchgeführt haben. Das hat eine lange Geschichte. Das begann im Prinzip zur selben Zeit, als auch der Auschwitz-Prozeß seinen Weg nahm, daß erste Ermittlungen gegen Täter der Euthanasie-Verbrechen angestellt worden sind. Ein zentrales Ereignis in der Geschichte der Euthanasie-Verbrechen, das diese noch einmal stark vom Holocaust unterscheidet, war, daß es in Bezug auf die Euthanasie keinen schriftlichen Befehl, aber eine schriftliche Ermächtigung von Hitler für die Verbrecher gab. Es ist überhaupt ein völlig irrtümliches Bild, zu glauben, daß Hitler im wesentlichen Befehle erteilte – der hat vor allem Ermächtigungen für Leute erteilt, die etwas tun wollten und sozusagen auf „grünes Licht" von ihm warteten. Seine Macht bestand darin, dieses Licht geben zu können, Freibriefe für ein Handeln außerhalb aller zivilisatorischen Maßstäbe ermöglichen zu können. Es gab, was die Euthanasie betrifft, eine schriftliche Ermächtigung des „Führers", die das ominöse Datum des 1. September 1939 trägt und den „Gnadentod für psychisch Kranke" erlaubt. Zweitens gab es eine Konferenz, zu der sämtliche Generalstaatsanwälte – sozusagen Inhaber der Position, die Bauer nach dem Krieg dann selber innehatte – und die Oberlandesgerichtspräsidenten vom Justizstaatssekretär Schlegelberger, der den abgetretenen Justizminister vertrat, einberufen wurden. Und auf dieser Konferenz wurden sie alle minutiös über das vorbereitete Machtprogramm informiert; ihnen wurde empfohlen oder angeraten –es ging mit Sicherheit sehr höflich zu –, sich in bestimmter Weise an diesem Prozeß zu beteiligen. Und das war nötig. Natürlich war die Euthanasie nichts, was ganz im geheimen stattfinden konnte, denn sie betraf schließlich Mitglieder von deutschen Familien. Die wußten, daß ihre Angehörigen in Anstalten sind, die wurden vom Tod dieser Angehörigen auch irgendwie informiert. Da sind Gerüchte in Umlauf gekommen. Schließlich wußten die Leute, was in den Anstalten passiert. Das heißt, daß natürlich – da das Mord war – viele Leute schlicht Anklage erhoben, Klage eingereicht, Eingaben gemacht haben bei den verschiedensten Polizeibehörden, Staatsanwaltschaften etc. Eigentlich – auch nach dem damals geltenden Recht – hätten die Justizbehörden gegen die Euthanasie-Verbrecher auch 1941 ermitteln müssen. Statt dessen haben sie, den Ergebnissen dieser Konferenz 1941 folgend, diese Eingaben erstens niedergeschlagen und zweitens nach Berlin gemeldet. Damit wurde den Behörden in Berlin, der Gestapo, eine Handhabe gegeben, die Menschen, die sich gegen die Euthanasie gewehrt haben, zu verfolgen, Druck auf sie auszuüben, ihnen zu drohen, daß, wenn sie noch einmal eine Eingabe machen, sie selbst mit Konsequenzen zu rechnen haben. Das heißt, auch das, was die Justizbehörden selbst taten, führte noch einmal zur unmittelbaren Bedrohung von Menschen. Und natürlich sorgten die Justizbehörden damit dafür – entgegen ihres eigentlichen Auftrags, der darin besteht, das Recht zu schützen –, daß das Recht ungesühnt gebrochen werden konnte. Das erfüllte für Fritz Bauer den Tatbestand der Beihilfe zum Mord.

Dementsprechend hat er eine Anklageschrift verfaßt. Das war damals noch komplizierter als heute, denn diese Ermittlungen mußten dann von einem Gericht übernommen werden. Er hat es schließlich geschafft, wegen der Euthanasieanstalt „Hadamar"[183], das Ganze beim Landgericht Limburg anzusiedeln und es damit in seinen eigenen Zuständigkeitsbereich in Hessen zu holen. Er hat diesen Prozeß mit großer Anstrengung vorangetrieben, gegen ungeheure Widerstände, ungeheure Drohungen, denn natürlich lebten diese Leute größtenteils noch; sie waren zum Teil noch immer irgendwo Richter, nicht mehr in hohen Positionen, aber als Amtsrichter waren diese

---

183 Zentrum des Euthanasieprogramms der Nazis;. vgl. dazu: Ernst Klee, *Auschwitz, die NS-Medizin und ihre Opfer*, Frankfurt/M. 1997.

furchtbaren Juristen noch an vielen Stellen beschäftigt; die hatten gute Kontakte untereinander, die haben gegen Fritz Bauer auch massive Drohungen ausgesprochen. Bauer ist 1968 unter verhältnismäßig ungeklärten Umständen gestorben, an einem Herzinfarkt, aber einem Herzinfarkt, der auch – wenn man so will – einem Mord gleichkam: Denn er ist so bedroht und gehetzt worden, daß sein Gesundheitszustand ungeheuer in die Krise geraten war. Es hat dann noch zwei Jahre gedauert, in denen nicht viel passiert ist, bis der Generalstaatsanwalt, sein Nachfolger Dr. Horst Gauf, bei dem zuständigen Gericht in Limburg mit verhältnismäßig windelweichen Argumenten die Einstellung des Verfahrens beantragt hat. Wir haben dies auf einer Tagung[184] mit dem heute amtierenden Generalstaatsanwalt diskutiert. Das war ein wichtiges Ereignis der hessischen Justizgeschichte, daß auch der jetzige Generalstaatsanwalt zugegeben hat, daß die Einstellung des Verfahrens damals – wenn man es höflich formuliert – ein schwerer Fehler war und daß das Erbe von Fritz Bauer mit Füßen getreten wird.

Fritz Bauer war immer klar, daß nach ihm niemand den Mut besitzen würde, weiter mit diesem Engagement solche Prozesse zu führen. Ich meine, es gab andere Prozesse wie den Majdanek-Prozeß, große Prozesse vor anderen Gerichten gegen die unmittelbaren Täter in den Lagern. Das ist etwas, auf das sich die deutsche Gesellschaft verständigen konnte: diejenigen zu verfolgen, die sich wirklich die Hände blutig gemacht haben. Aber einen wirklichen Prozeß gegen die echten Schreibtischtäter hat es in Deutschland nicht gegeben. Fritz Bauer hat versucht, das am Beispiel seiner eigenen Zunft, seines eigenen Standes zu machen, und ist letztlich gescheitert.

---

184 Vgl. dazu Hanno Loewy, Bettina Winter (Hrsg.), *NS-„Euthanasie" vor Gericht – Fritz Bauer und die Grenzen juristischer Bewältigung*, Frankfurt/M., New York 1996.

Daniel Jonah Goldhagen

(geb. 1959 in Boston, Massachusetts, USA)

Sein Vater Erich Goldhagen überlebte die Shoah im jüdischen Ghetto im damals rumänischen Czernovitz (Bukowina), der heutigen Ukraine. In demselben Ghetto befand sich auch der Dichter Paul Celan, der später sein berühmtes Gedicht *Der Tod ist ein Meister aus Deutschland*[185] schrieb. In den USA dozierte Erich Goldhagen 25 Jahre an der Harvard-Universität über den Völkermord an den Juden. Einer seiner Studenten war sein eigener Sohn, Daniel Jonah Goldhagen. Er widmete sein berühmtes Buch *Hitlers willige Vollstrecker*[186], das 1996 einen Historikerstreit auslöste, deshalb „meinem Vater, meinem Lehrer". Heftig umstritten ist bis heute die darin vorgetragene These vom „eliminatorischen Antisemitismus", der Deutschen inhärent sein soll.

Daniel J. Goldhagen wuchs als zweitältestes von vier Kindern in Newton, Massachusetts auf. Bereits als Student hielt er sich über ein Jahr in Deutschland auf, um Material für seine Dissertation zu sichten, die als Grundlage für den späteren Welterfolg diente. Heute ist er selbst Professor für Politik und Sozialwissenschaften an der Harvard University.

Im Trubel der unterschiedlichen Veranstaltungen aus Anlaß der Veröffentlichung seines umstrittenen Werkes in Deutschland traf ich 1996 in einem Berliner Hotel auf den selbstbewußten und von Teilen der deutschen Zeitgeschichtler heftig kritisierten Sozialwissenschaftler.

David Dambitsch: *Sie haben sich der Kritik in Hamburg und Berlin gestellt. Was ist Ihr Eindruck von den Veranstaltungen, die sich mit Ihrem Buch* Hitlers willige Vollstrecker *beschäftigt haben – können „die Deutschen" Kritik vertragen?*

Daniel Jonah Goldhagen: Natürlich können die Deutschen Kritik vertragen und akzeptieren. Vielleicht kann ich es einmal anders sagen: Die Deutschen werden in diesem Sinne nicht pauschal kritisiert. Wir sprechen hier über eine historische Periode, und ich hoffe, daß die Menschen in der Lage sind, sich diese historische Periode anzusehen und sich darüber im klaren zu sein, daß nicht das heutige Deutschland kritisiert wird. Natürlich ist es ein heikles Thema, weil viele dieser Menschen heute noch leben. Aber wir sprechen über historische Ereignisse, nicht über das heutige Deutschland, wir sprechen

---

185 Paul Celan, *Todesfuge*, Wien 1948.
186 Daniel J. Goldhagen, *Hitlers willige Vollstrecker – Ganz gewöhnliche Deutsche und der Holocaust*, Berlin 1996.

nicht über das Leben derjenigen, die nach dem Krieg geboren wurden. Ich kritisiere damit also nicht das Deutschland von heute, sondern es handelt sich um eine historische Diskussion.

Im Rückblick auf das, was Ihnen bisher an Kritik zu Ohren gekommen ist – wo liegen die besonderen Empfindlichkeiten in Deutschland bezüglich des Umgangs mit der historischen Tatsache Shoah?

Es ist klar, daß sich die Forschung über den Holocaust und auch die öffentliche Diskussion bis heute nicht auf die Menschen konzentriert hat, die tatsächlich diese Taten ausführten. In meinem Buch versuche ich, diesen Blick von den abstrakten Strukturen und Institutionen – die oft die Teilnehmer gerne diskutieren, also die abstrakten Dinge – auf die Menschen zu verschieben: auf die Menschen, die Juden töteten, die sie deportierten, die sie in Lagern zusammentrieben, und auch auf die Menschen innerhalb der deutschen Gesellschaft, die doch offenbar wußten, was vorging, die Vorstellungen davon hatten, was vorging, die daran auch teilnahmen. Darüber möchte ich sprechen. Viele der Kritiker wollen das nicht. Bei der Diskussion in Berlin habe ich diese ernsten Fragen gestellt: Was dachten die Täter über das, was sie taten? Was dachten sie über Juden? Was brachte sie zu dieser Position, wenn sie der Meinung waren, daß es richtig war, zu morden? Es war ganz offensichtlich, daß – zwei der Kritiker waren gegen das Buch, einer war dafür – niemand auf diese Fragen einging. Wenn Sie die Kritiken lesen, die in den Zeitungen erschienen sind in Deutschland, ist es so, daß keiner der Kritiker, ich glaube, kein einziger, diese Fragen beantwortet, obwohl das doch offenbar zentrale Fragen sind. Ich glaube, der Grund dafür, weshalb diese Leute diese Fragen nicht beantworten, ist, daß sie keine anderen Antworten haben als ich. Sie müssen doch wohl auch zugeben, daß die Täter dachten, sie hätten das Recht, ihre Taten auszuführen; und dann müssen die Kritiker eine Antwort dafür geben, warum die Täter das dachten.

Wo liegen Ihrer Meinung nach die Wissenslücken, die Tabus in Deutschland im Umgang mit dem Phänomen Antisemitismus?

Es gibt viele Mythen über den Holocaust. Eine davon besagt, daß es zwar einen Antisemitismus in Deutschland gab, aber daß dieser in seiner virulenten oder radikalen Form auf die Führung beschränkt gewesen wäre, auf eine bestimmte Gruppe von Menschen, die der Nazi-Führung folgten. Aber das ist eindeutig nicht der Fall gewesen. Es gab, ganz deutlich, eine starke Verbreitung des Antisemitismus in Deutschland – zum Teil auch sehr virulent. Die Belege dafür sind in meinem Buch ausgebreitet und auch bei vielen anderen Autoren, obwohl viele, die über den Holocaust schreiben, nie etwas davon sagen – sie beziehen sich nie auf diese riesige Literatur über den Antisemitismus in Deutschland. Wir müssen also anerkennen, daß es Antisemitismus gab, und dann müssen wir ganz kühl und analytisch klären, wieviel Antisemitismus es gab und welcher Natur er war. Ich werde jetzt nicht die technischen Details erörtern, aber wir brauchen hier wirklich ein neues, anspruchsvolles Rahmenwerk, innerhalb dessen wir den Antisemitismus analysieren. Ich möchte außerdem sagen, daß die Kritiker, die meine Art der Beschreibung des Antisemitismus angreifen – viele andere tun das überhaupt nicht, viele sind auch meiner Meinung –, keine anspruchsvollen analytischen Rahmenbedingungen für solche Beschreibungen anbieten.

Ist ein spezifisch deutscher Antisemitismus für Sie bei Ihrem Besuch noch spürbar geworden, bzw. wo sehen Sie Reste davon?

Nein, ich glaube wirklich nicht, daß sich irgendeine Form speziellen deutschen Antisemitismus hier gezeigt hat. Ich glaube, es sollte ganz klar gesagt werden, daß die Diskussion über mein Buch im wesentlichen eine Diskussion über den Inhalt des Buches war, von verschiedenen Perspektiven aus. In vielen Fällen ist der Inhalt völlig verzerrt worden, es sind Dinge über das Buch gesagt worden, die eindeutig nicht gestimmt haben. So wird mir etwa unterstellt, daß ich den Deutschen die Kollektivschuld aufgebürdet hätte, was ich absolut nicht tue, ganz im Gegenteil: In meinem Buch geht es um die persönliche Verantwortung. Und damit widerspreche ich einem Großteil der Literatur über den Holocaust, weil ich sage, daß die Menschen wußten, was sie machten, sie konnten Entscheidungen treffen; in meinem Buch geht es also um die persönliche Verantwortung. Es sind zwar viele Dinge über das Buch geschrieben worden, die eigentlich nicht stimmen, aber das hängt nicht mit Antisemitismus, mit antijüdischen Gefühlen zusammen. Es gibt andere Gründe für diese Kritik.

Ich sollte allerdings hinzufügen, daß einige Kritiker auch ganz unberechtigt und in illegitimer Weise über mein Buch gesprochen haben, indem sie ständig auf meinen jüdischen Hintergrund, auf meine jüdische Familie Bezug nehmen. Einige sagen und andere implizieren, daß ich nicht objektiv über den Holocaust forschen und schreiben kann, weil ich Jude bin und aufgrund meiner Familiengeschichte. Das ist natürlich eine vollkommen ungerechtfertigte und illegitime Art und Weise, meine Ansichten zu kritisieren. Meine Herkunft hat nichts mit meinen Ansichten über dieses Thema zu tun. Ich habe meine Methoden, meinen analytischen Rahmen, meine Annahmen, die Art der Daten, die Art des Designs meiner Forschung und die meiner Schlußfolgerungen ganz offen dargestellt. Soziologen schreiben Bücher, in denen sie alle dies darlegen, damit andere ganz genau wissen, wovon sie ausgegangen sind, und wenn sie mit irgendeinem Aspekt dieser Arbeit nicht einverstanden sind, können sie sich daran halten. Ich möchte hinzufügen, daß die Arbeiten anderer nicht so offen geschrieben sind; wenn Sie deren Bücher lesen, wissen Sie oft gar nicht, wie sie die Forschungen durchgeführt haben, wie sie zu ihren Schlußfolgerungen gekommen sind. Mein Hintergrund hat damit also gar nichts zu tun. Wenn ich über den Hintergrund anderer Forscher oder Wissenschaftler in Deutschland sprechen wollte, die selbst noch während der Nazi-Periode gelebt haben oder deren Eltern oder Großeltern in dieser Zeit gelebt haben und vielleicht in der NSDAP waren oder Dinge verbrochen haben – dann würde das in Deutschland zu einem empörten Aufschrei führen. Aber was die Kritiker mir antun, die sagen, daß meine Forschungen mit meinem Hintergrund als Jude zu tun haben, darüber regt sich niemand auf. Meiner Meinung nach ist das skandalös, und das sollte man auch sagen. Jeder, der hier meinen Hintergrund anspricht oder meine vorgestellten oder angenommenen Motivationen, disqualifiziert sich selbst als Wissenschaftler oder als einer, der an dieser Diskussion teilnehmen darf.

Wie haben Sie den Kontakt zu den in Deutschland lebenden Juden erlebt?

Ich habe nicht so viel Kontakt mit Juden gehabt, die heute in Deutschland leben. Ich war im Haus der Jüdischen Gemeinde und glaube, alle waren sehr zufrieden damit, diese Veranstaltung dort zu haben, weil es sich um Dinge handelt, die für die jüdische Gemeinschaft in Deutschland sehr bedeutend sind, auch für viele andere Deutsche, die ein sehr großes Interesse an diesen Fragen haben. Lassen Sie mich an diesem Punkt hinzufügen: Ich glaube, es gibt viele Menschen in Deutschland – natürlich nicht alle –, die ganz stark an den Diskussionen über diese Fragen interessiert sind, die in meinem Buch aufgeworfen werden, und auch an den Diskussionen über dieses Buch – insbesondere junge Menschen in Deutschland, die gerne Antworten auf ihre Fragen hätten. Man kann darüber uneins sein, welches die richtigen Antworten sind, und man kann auch einige meiner Antworten nicht akzeptieren. Aber die Fragen, die ich auf den Tisch gelegt habe über die Identität und über die Motive der Täter, über Deutschland in den dreißiger Jahren und was die Deutschen jener Zeit wußten und glaubten über die Vorgänge – das sind Fragen, von denen Menschen sich darüber im klaren sind, daß diese in der deutschen Gesellschaft nicht genügend diskutiert wurden. Sie wurden nie so klar auf den Tisch gelegt, und deshalb, glaube ich, gibt es so ein großes Interesse an diesem Buch; ganz abgesehen davon, daß so viele neue Belege in diesem Buch enthalten sind, insbesondere über die Täter; es bringt so viele neue Informationen und neue Perspektiven über die Täter, daß viele Menschen das Gefühl haben, das Buch zwinge sie, diese Fragen zu stellen oder neu zu durchdenken. Deswegen sollten wir anerkennen, daß es nicht nur die gibt, die sagen: „Das ist furchtbar, und wir möchten darüber überhaupt nichts mehr hören", sondern viel mehr Menschen sagen: „Das ist etwas, das diskutiert werden muß, und ich glaube, das ist auch gut so". Ob die Menschen meinen Antworten nun zustimmen oder nicht: Letzten Endes wird sich diese Diskussion als sehr wohltuend und nützlich erweisen dafür, daß die Menschen in Deutschland ein besseres Verständnis der Vergangenheit gewinnen, was auch sehr viel Bedeutung hat für ihr eigenes, heutiges Leben.

Wie stehen Sie überhaupt als Verfasser eines Buches über die – ich sage es jetzt einmal verkürzt – antisemitische Mentalität der Deutschen dazu, daß nach dem Krieg jüdische Verfolgte des Nazi-Regimes in Deutschland geblieben sind?

Menschen entscheiden selbst, wo sie leben möchten. Ich weiß nicht, was es bedeutet, als Jude in Deutschland zu leben. Ich habe hier für etwa ein Jahr, vielleicht noch ein bißchen länger, gelebt, aber wenn man hier nur als Besucher lebt – und ich war nichts anderes –, ist das etwas ganz anderes, als ob man hier sein Leben einrichtet. In den letzten Jahren sind eine Reihe von Büchern und Artikeln geschrieben worden über das Leben der Juden in Deutschland nach dem Krieg, einiges davon habe ich gelesen, nicht alles. Natürlich stellt das die Menschen vor existentielle Fragen, vor allem direkt nach dem Krieg, aber sicherlich auch noch heute. Wenn wir jetzt die heutige Zeit betrachten, so ist es wohl ein Vorteil, daß es jetzt fünfzig Jahre her ist, daß es Geschichte ist. Das bedeutet nicht, daß es nicht noch ein lebendiges Erbe dieser Geschichte gibt, aber es ist nicht mehr so aktuell. Es wird also immer leichter, und ich finde das richtig, daß man in Deutschland leben kann und nicht ständig über die Vergangenheit nachdenken muß. Heute ist Deutschland ein ganz anderes Land: Natürlich hat es noch seine Probleme, natürlich gibt es noch Antisemitismus, und jüdische Gemeinden müssen 24 Stunden rund um die Uhr von der Polizei geschützt werden. Das ist sehr beunruhigend, das kann man nicht einfach ignorieren. Aber Deutschland ist heute ein ganz anderes Land. Ich habe keinen Zweifel daran, daß Juden heute hier leben können, gut und in Harmonie mit der übrigen Gesellschaft hier leben können, selbst wenn es von Zeit zu Zeit Probleme geben sollte. Ich kann darüber eigentlich nichts sagen, aber ich glaube, es muß trotzdem schwierig sein für jeden Juden, in einem Land zu leben, in dem diese Dinge geschehen sind, auch wenn es lange her ist.

Sie schreiben in Ihrem Buch, daß der deutsche Widerstand gegen den Nationalsozialismus verschwindend gering war. Wie beurteilen Sie denn den jüdischen Widerstand gegen den Nationalsozialismus?

Das sind vielleicht zwei Fragen. Die eine bezieht sich auf den jüdischen Widerstand im allgemeinen, in den Lagern und im Osten, die andere auf Juden in Deutschland, die ja in einer anderen Situation waren, denn sie hatten damit seit 1933 zu tun. Wenn wir vom Widerstand im Osten in den Lagern und Ghettos sprechen, hört man oft, die Juden ließen sich wie „Tiere zur Schlachtbank" treiben. Das ist eine problematische Formulierung; denn die Menschen, die so etwas sagen, zeigen absolut kein Verständnis für die Situation der osteuropäischen Juden während des Holocaust.

Wenn man effektiv Widerstand leisten will, braucht man ganz bestimmte Bedingungen, die einfach nicht vorhanden waren. Um nur ein vergleichbares Beispiel zu erwähnen: Die Juden hatten erstens einmal überhaupt keine Armee, sie hatten keinerlei militärische Geschichte, sie hatten praktisch keine Waffen. Vor allen Dingen bestanden die jüdischen Gemeinschaften nicht aus jungen Männern, die militärisch ausgebildet waren, sondern es waren Menschen, die ihre Familien hatten, bei denen sie lebten. Diese Familien waren in Ghettos eingesperrt und konnten nicht flüchten, weil die Bevölkerung, die sie umgab, oft feindselig ihnen gegenüber eingestellt war. Es waren also Gemeinschaften ohne Waffen, die sich nicht verstecken konnten, und die einem Feind von überwältigender Übermacht gegenüberstanden. Nur einzelne konnten überhaupt den Entschluß fassen, Widerstand zu leisten im militärischen Sinn, was im Grunde genommen ein Entschluß zum Selbstmord bedeutete. Es war hoffnungslos, und deswegen haben die Menschen bis zum Schluß ausgehalten in der Hoffnung, daß sie ihre Familien und ihre Nachbarn vielleicht überleben könnten. Die Nutzlosigkeit von Widerstand unter diesen Bedingungen wird ganz klar, wenn man an Widerstand im Krieg denkt. Da hat man es mit jungen Männern zu tun, die militärisch ausgebildet sind, mit einer Organisation, die hinter ihnen steht, wenn sie zum Beispiel in Deutschland in Gefangenschaft geraten sind. Trotzdem haben sie praktisch nichts getan, um sich zu verteidigen, und sind in den Lagern gestorben – zweieinhalb Millionen Gefangene sind in deutschen Lagern entweder verhungert oder erschossen worden, ohne Widerstand zu leisten. Diese Männer ohne Familie, die militärisch ausgebildet waren, haben keinen Widerstand geleistet! Wie wollen Sie dann erwarten, daß osteuropäische Juden, die so viel weniger Möglichkeiten und Ressourcen hatten, Widerstand leisten sollen? Der Widerstand gegen die Deutschen hat sich in Europa überhaupt erst sehr spät entwickelt und für andere Europäer unter sehr viel günstigeren Umständen. Deswegen von den Juden zu erwarten, daß sie sehr viel mehr hätten tun sollen, als sie getan haben, ist ein grobes Mißverständnis der Bedingungen in Osteuropa.

Für die Juden in Deutschland nun gilt: In den dreißiger Jahren hatten sie auch sehr wenige Möglichkeiten zum Widerstand. Sie lebten in einer vollkommen feindlichen Gesellschaft, in der es für sie äußerst schwierig war – aus den gleichen Gründen, die ich erwähnt habe – mehr zu tun als auszuhalten oder das Land zu verlassen. Immerhin hatten die Juden in Deutschland in den dreißiger Jahren die Möglichkeit, Deutschland zu verlassen. Das war die beste Möglichkeit, und die Mehrheit hat diese Möglichkeit ergriffen. Nach 1938 wären sicher noch viel mehr Juden ausgereist, wenn es ihnen noch möglich gewesen wäre.

Auschwitz ist 1943 von US-Bombern aus der Luft fotografiert worden – aber ohne Konsequenzen. Unter dem Gesichtspunkt der Wahrung der Menschenrechte: War ein KZ für die Westalliierten nicht von so strategischem Interesse, um zum Beispiel die Schienen ins Visier zu nehmen? Welches gesellschaftliche Klima in Amerika hat diese Entscheidung mit getragen?

Ich weiß nicht, ob es richtig ist, von einer gesellschaftlichen Atmosphäre zu sprechen. Das waren Entscheidungen, die von einigen Leuten in der Regierung getroffen wurden, die vielleicht auch durch Druck bis zu einem gewissen Grad hätten beeinflußt werden können. Aber allgemein möchte ich sagen: Wenn man heute die Welt und die Regierungen, insbesondere die amerikanische, betrachtet, die hier die größte Möglichkeit hätte, in bestimmten Ländern zu intervenieren, tun die meisten Regierungen doch nichts. Die Entscheidungen werden im allgemeinen von denen getroffen, die sich bestenfalls Gedanken über Leute in ihrem eigenen Land machen. Diese Entscheidungen reflektieren nicht unbedingt die öffentliche Meinung als Ganze. Das bedeutet natürlich, daß wir die Führungen unserer Länder unter Druck setzen müssen, mehr zu unternehmen, wenn Menschen irgendwo in der Welt andere Menschen in ihrem Land abschlachten. Jeder einzelne hat diese Verantwortung, zu versuchen, in dieser Hinsicht etwas zu unternehmen. Aber letzten Endes treffen Regierungen diese Entscheidungen; das war auch der Fall während des Zweiten Weltkriegs, während des Holocaust.

Es ist nicht ganz klar, was hinter diesen Entscheidungen stand, die von der amerikanischen und von der britischen Regierung getroffen worden sind. Diese traurige Tatsache, daß Genozid und Massenmord im Zweiten Weltkrieg geschahen, hängt doch sehr stark damit zusammen, daß sich Regierungen keine Gedanken darüber machen und es ihnen egal ist. In den Nachkriegsjahren hat es in dieser Beziehung auch nicht sehr viel an Interventionen gegeben. Im Zweiten Weltkrieg haben sich die Menschen wenig Gedanken über das Schicksal der Juden gemacht. Das ist wirklich ein sehr großer Fleck auf der Ehre der Alliierten. Aber ich möchte noch etwas hinzufügen: Hätte man Auschwitz bombardiert, hätte man natürlich die Straßen und die Gleise bombardieren müssen. Aber wenn man es getan hätte, hätte es wahrscheinlich keinen großen Unterschied ausgemacht. Trotzdem hätte man es natürlich tun sollen. Das Entscheidende für diesen ganzen Prozeß sind nicht die Gaskammern, sondern der Wille zu töten, zu morden. Die Deutschen begannen damit, Juden zu erschießen. Wenn sie die Gaskammern nicht erfunden hätten, hätten sie die Juden weiterhin erschossen, wie sie das auch getan haben. Sie haben Zehntausende von Juden erschossen, während die Gaskammern schon in Betrieb waren. Vierzig Prozent der Juden wurden von den Deutschen mit anderen Mitteln, als es die Gaskammern waren, ermordet. Wenn man also Auschwitz bombardiert hätte, hätte das den Holocaust nicht gestoppt. Vielleicht hätte es einige Leben retten können, vielleicht hätten dadurch einige Mitglieder der ungarischen jüdischen Gemeinschaft gerettet werden können. Aber die Nazis hätten weiter gemordet. Wenn man über den Holocaust spricht, dann darf man nicht vergessen, daß es nicht um einzelne Morde geht. Vor kurzer Zeit wurden 800 000 Tutsis von Hutus in Ruanda ermordet. Das war ein sehr viel intensiveres Morden als während des Holocaust, mit absolut primitiven Mitteln: Die meisten Menschen wurden einfach mit Macheten auseinandergehackt, einige wurden erschossen, es gab keine Gaskammern. Es ist also der Wille, die Motivation, die von Bedeutung ist. Die Konzentration auf die Gaskammern hat, glaube ich, die Aufmerksamkeit abgelenkt von den wirklichen analytischen Fragen, die dazu führen, daß wir verstehen, was die Mörder motivierte.

Amerika hat durch den Zweiten Weltkrieg seine Stellung als Großmacht errungen. Es hat in der Nachkriegszeit das Trauma von Vietnam gegeben. Auf welches gesellschaftliche Klima ist Ihr Buch in Ihrem Land gestoßen?

Ich glaube kaum, daß Vietnam auch nur einem einzigen Menschen in Amerika in den Sinn kommt, wenn sie mein Buch lesen. Etwas, was mir große Befriedigung gebracht hat in den Vereinigten Staaten, ist – ich sage das auch, weil ich das gehört habe –, daß es in den Vereinigten Staaten wohl viele Menschen gibt, die ein sehr starkes Interesse haben an anderen Formen von Verfolgung oder Vorurteilen. Amerikanische Schwarze zum Beispiel lesen diese Bücher mit großem Interesse, weil es ihnen hilft, auch ihre eigene Situation zu verstehen. Insofern mein Buch Menschen dazu bringt, sich zu fragen, wie Ideen Handlungen von Menschen beeinflussen, wie Ideen Menschen dazu bringen können, andere Menschen zu verletzen, bin ich sehr glücklich darüber. Ich glaube, daß im allgemeinen die Sozialwissenschaften an der Universität oder allgemeiner, daß die Menschen sich zu wenig Gedanken machen über die Verbindung von Ideen und Handlungen – also den Glaubenssätzen von Menschen auf der einen Seite und ihrer Bereitschaft, anderen Menschen gegenüber etwas Schädliches zu tun.

Die ersten Kritiken, die über mein Buch in Deutschland geschrieben wurde, haben die Vereinigten Staaten oder Gruppen in den Vereinigten Staaten kritisiert, weil man dort diesem Buch so große Beachtung geschenkt hat; sie fanden das irgendwie illegitim und meinten, das sage vielleicht mehr über den Zustand der Politik oder über den Zustand der Juden in Amerika aus als über das Buch selbst. Diese Äußerungen implizierten, es handele sich um ein schreckliches Buch, das überhaupt niemand lesen sollte. Hätte man ihnen geglaubt, das Buch wäre vom Markt verschwunden. Man sollte diese frühen Kritiken noch einmal lesen – nicht nur, weil darin so viel Unsinn geschrieben steht und so viel Unehrliches über das Buch gesagt wird –, sondern auch wegen einiger Dinge, die sie über die politischen Interessen hinter diesem Buch mutmaßten. Im Rückblick betrachtet, war das ganz einfach falsch. Das Buch ist praktisch in jedem Land auf die gleiche Weise rezipiert worden, es hat sehr viel Aufmerksamkeit erregt und ist von vielen Menschen gekauft worden: In allen Ländern, in denen es erschienen ist – ich sage das jetzt nicht, um mir hier selber ein Kompliment auszusprechen –, ist es zu einem Bestseller geworden: in Belgien, in Großbritannien, in Südafrika, in den Vereinigten Staaten, in Deutschland. Dieses Buch erregt wirklich die Aufmerksamkeit der Menschen wegen seines Inhalts, weil es sich auf die menschliche Seite konzentriert, die vernachlässigt worden war. Das Buch hat zum Schluß sehr viel mehr Aufmerksamkeit bekommen als vorher, und sein Verkauf ist in Deutschland, im Verhältnis zur Bevölkerung, größer als sonst irgendwo. Wenn sich Leute also die Frage stellten, ob der große Erfolg in Amerika auf – wie sie sagten – ungesunde Strömungen zurückzuführen sei, dann sind sie doch eindeutig falsch informiert und können diese Argumentation überhaupt nicht mehr aufrechterhalten, wenn überall das gleiche geschieht. Wenn jemand so etwas über ein Buch schreibt, sollte man die Fehler vielleicht nicht in Amerika suchen, sondern bei diesen deutschen Kritikern.

Inwiefern verstehen Sie sich als historischer Psychologe?

Wenn ich Ihre Frage richtig verstehe, fragen Sie mich, inwieweit ich mich als einen Psychologen der Vergangenheit betrachte, insbesondere von Dingen, die in Deutschland geschehen sind. Ich betrachte mich nicht als Psychologen in dem Sinne, wie Sie das vielleicht gemeint haben, ich spreche doch in einer sehr viel akademischeren Art und Weise darüber. In den Vereinigten Staaten sind viele Forscher oder Wissenschaftler nicht so eng an ihre spezielle Disziplin gebunden wie in Deutschland. Es gibt da doch eine sehr viel stärkere Tradition der interdisziplinären Arbeit, die Trennungslinien zwischen den einzelnen Disziplinen sind sehr viel durchlässiger, als dies in Deutschland der Fall ist. Mein Buch ist ein sozialwissenschaftliches Buch, es benutzt die analytischen Methoden der Sozialwissenschaften, was für viele Historiker in diesem Land eigentlich ganz fremd ist. Daher rühren vielleicht auch einige der Mißverständnisse, die aufgekommen sind, nicht so sehr bei dem Publikum, sondern bei einigen der professionellen Historiker in Deutschland. Außerdem nutze ich in diesem Buch auch Theorien und Modelle vieler unterschiedlicher Gebiete: Ich benutze die Anthropologie, die Linguistik, ich arbeite als Soziologe. In diesem Sinne ist das Buch eine Frucht vieler intellektueller Traditionen und akademischer Ausrichtungen. Das ist eine Arbeit der Sozialpsychologie, in der ich die Frage stelle: Wie hat das Denken der Menschen ihre Handlungen beeinflußt, und wie betrachteten sie die Dinge, die sie getan haben? In diesem Sinn ist es wirklich eine sozialpsychologische Frage. Um diese Periode zu verstehen, muß man, glaube ich, sozialpsychologisch vorgehen im weitesten Sinne des Wortes. Menschen, die über diese Periode schreiben – wie es sehr viele tun – und sehr wenig von der Sozialpsychologie verstehen, können diese Periode mit ihrer Gewalt, mit ihren enormen Aggressionen, mit den komplexen Vorstellungen, die existierten, und den komplexen Beziehungen dieser Vorstellungen zu den Handlungen einfach nicht verstehen. Daher hoffe ich, daß in Zukunft andere ebenfalls diese Theorien, diese Ergebnisse anderer Disziplinen heranziehen werden und sich nicht nur eng an die traditionellen Methoden der Historiker halten werden.

Tom Segev

(geb. 1945 in Jerusalem, Israel)

Seine Eltern flohen 1935 aus Nazi-Deutschland nach Palästina, wo Tom Segev nach dem Ende des Zweiten Weltkriegs geboren wurde. Er gilt heute als einer der wichtigsten Historiker und Journalisten Israels, die sich mit den Auswirkungen der Shoah beschäftigen. Einige Jahre arbeitete er in der früheren deutschen Bundeshauptstadt Bonn als Korrespondent von *Maariv*. Heute schreibt er als Kolumnist vor allem für die israelische Zeitung *Haaretz*.

Tom Segev ist einer Gruppe von israelischen Historikern um Dinah Porat, Yoav Gelber, Avi Shlaim und Benny Morris zuzurechnen, die den Legenden aus der Frühzeit des 1948 als Israel konstituierten Staates nachspürt. In seinem 1995 auch in deutscher Übersetzung veröffentlichten Buch *Die siebte Million*[187] demontiert Segev Mythen der zionistischen Geschichte. Der jüdischen Führung im damaligen britischen Mandatsgebiet Palästina, vor allem der „Jewish Agency", wirft er vor, nur wenig Interesse an einer Rettung der Juden in der europäischen Diaspora gehabt zu haben. Er fragt, ob die jüdische Siedlungsgemeinschaft – der „Jischuw" – wirklich alles getan hat, um Europas Juden vor den Gaskammern Hitlers zu retten? Segev wirft Israels erstem Premierminister David Ben Gurion Gleichgültigkeit vor: Dieser habe, so der Historiker, primär nur daran gedacht, die Vernichtung der europäischen Juden als Hebel für die Gründung des Staates Israel zu benutzen.

Darüber hinaus analysiert Segev die späteren innen- und parteipolitischen Versuche, die Shoah zu instrumentalisieren: So habe der Zionismus in seiner Frühzeit den „neuen Juden" proklamiert, der das Gegenbild zum „Diaspora-Juden" sein sollte; diese Ideologie gipfelte in dem Vorwurf, Europas Juden hätten sich wie „Schafe zur Schlachtbank" führen lassen. Diese Ideologie ist nach Segev gescheitert, weil die Israeli sich auf ihre jüdischen Wurzeln besinnen würden, „und Auschwitz ist ein wesentlicher Teil davon".

Der in Israel teilweise heftig umstrittene Historiker besucht immer wieder Deutschland. 1995 ergab sich im Berliner „Literaturhaus", am Rande der Vorstellung der deutschen Ausgabe von *Die siebte Million*, ein Gespräch mit ihm über Israels Vergangenheit, Gegenwart und Zukunft. Tom Segev stand noch ganz unter dem Eindruck der Hoffnung auf Frieden, wie sie die internationalen Konferenzen von Madrid und Oslo geweckt hatten. Aufgrund

---

[187] Tom Segev, *Die siebte Million – Der Holocaust und Israels Politik der Erinnerung*, Reinbek 1995.

des seit 2001 anhaltenden, neuen schweren Konflikts im Nahen Osten scheint diese Hoffnung in weite Ferne gerückt zu sein. Für Tom Segev „herrscht in Israel ein Kulturkampf im Sinne eines Konflikts zwischen Grundwerten der Gesellschaft".

David Dambitsch: *Sie sind als Sohn deutscher Einwanderer in Israel geboren. Die „Jekkes" sind – wenn man das salopp sagen will – eine vom Aussterben bedrohte Spezies in Israel, es gibt nicht mehr sehr viele von ihnen. Es existiert, glaube ich, noch eine einzige deutschsprachige Zeitung, die* Israel Nachrichten, *mit einer sehr kleinen Auflage. Was denken Sie: Die israelische Gesellschaft, die sich jetzt stark verändert – wie wird sie aussehen ohne dieses deutsche Element, Sie sind ja ein Teil dieses Elements?*

Tom Segev: Meine Eltern kamen 1935 aus Deutschland nach Palästina. Sie waren damals beide Studenten am „Bauhaus" in Dessau gewesen. Wie viele andere „Jekkes" wollten sie eigentlich gar nicht in das ferne Land in Asien, das Palästina heißt, sie wären viel lieber in Deutschland geblieben. Die „Jekkes" – das ist eine traurige Geschichte. Es waren Flüchtlinge. Sie haben sich große Mühe gegeben, ihre Kultur mitzubringen. Daß ich Ihnen dieses Interview auf deutsch geben kann, verdanken wir eben dieser Tatsache, daß meine Eltern mit ihren Kindern Deutsch gesprochen haben. Sie haben niemals Hebräisch gelernt. Und dadurch sind sie immer Immigranten geblieben. Wenn man in ein Land emigriert und sich die Sprache nicht aneignet, gehört man dort nicht hin. Sie haben sich die Sprache nicht angeeignet, weil sie eigentlich dort nicht hingehören wollten. Und ich glaube, daß deshalb auch der Einfluß, den sie auf die israelische Gesellschaft hatten, viel geringer ist als der Einfluß, den sie gehabt haben könnten, wenn sie sich dort mehr zu Hause gefühlt hätten. Es gab die Ärzte und die Professoren, es gab Industrie, Kultur, Kunst, Musik – auf vielen Gebieten gab es maßgebende „Jekkes". Es ist interessant, daß sehr wenige von ihnen in der Politik waren. Und das kommt daher, daß sie sich dort niemals wirklich zu Hause gefühlt haben. Sie haben ihre Kultur importiert.

Heute geschieht etwas, das dem ein wenig ähnelt, mit den Einwanderern aus Rußland. Das sind auch Menschen, die eigentlich lieber in Amerika leben würden als in Israel und die einen ziemlich hohen Grad an westlicher Kultur und akademischer Bildung mitbringen.

Israel ohne „Jekkes" – wie wird das aussehen? Es kommt eine Zeit, in der Emigrantengruppen überhaupt keine große Rolle mehr spielen werden. Israel wird, hoffentlich, einmal normal werden und keine Gesellschaft von Immigranten mehr sein. Irgendwo bleibt etwas hängen – die Kinder der „Jekkes" sind oft an unterschiedlichen Eigenschaften zu erkennen –, aber Israel bleibt nicht nur ohne „Jekkes", Israel bleibt überhaupt ohne große

Einwanderungsgruppen. Es wird eine normale Gesellschaft werden, in der die meisten Menschen der zweiten oder der dritten Generation dort geboren sind.

Wird Israel später eine weniger westlich orientierte Gesellschaft sein?

Zweifellos eine weniger westlich orientierte Gesellschaft. Im Moment wird sie immer mehr „amerikanisiert", und manches von dieser „Amerikanisierung" ist sehr gut und manches ist natürlich schlecht. Ich weiß, wenn man in Europa etwas Gutes über die „Amerikanisierung" sagt, dann hat man sich schon schlecht benommen. Aber es gibt, glaube ich, manches Gute, das aus Amerika kommt: konstitutionelle Veränderungen, weniger Ideologie, weniger kollektive Indoktrination und anders mehr. Letzten Endes wird Israel hoffentlich ein ganz normales Volk, das irgendwo am Mittelmeer lebt, schön am Strand und frei von so furchtbar schweren Problemen.

Mit Ihrem Buch Die siebte Million *haben Sie die Mythen der zionistischen Geschichte, das heißt die Mythen der Staatsgründung des modernen Staates Israel, demontiert. Welche Bedeutung hat für Sie die Zerstörung dieser Mythen im Zusammenhang mit dem Friedensprozeß zwischen Palästinensern und Israeli heute?*

Es gibt ein neues Israel, ein Israel, das umdenkt, das neue Archive hat, das neue Historiker hat – und in der Tat –, das eine neue Politik hat. Diese Dinge sind alle miteinander verbunden. Die jetzige Friedenspolitik wäre nicht möglich gewesen, wenn nicht ganz tiefe gesellschaftliche Veränderungen stattgefunden hätten. Israeli sind heute weniger ideologisch, weniger dogmatisch. Sie denken nicht mehr kollektiv, sie leben nicht mehr für die Geschichte, sie leben nicht für die Zukunft, sie leben für das Leben selber. Tel Aviv ist ein „mittelmeerisches" New York geworden. Alles das kommt und ist Teil der „Amerikanisierung" der israelischen Gesellschaft, eben auch das individuelle Denken. In diesem Sinne ist auch das eigentlich Überraschende, fast Unglaubliche passiert, daß Israeli der Regierung erlaubt haben, Frieden zu schließen mit dem Mann, der bis vor zwei Jahren [1993] für sie noch „Adolf Hitler" war, nämlich der Arafat. Es gibt also ganz tiefe Veränderungen in der Gesellschaft und in diesem Kontext eben auch neue Betrachtungen der bisher sehr, sehr ideologisierten und mythologisierten Geschichte.

Welche Anteile an der israelischen Politik gegenüber den Palästinensern sind Ihrer Meinung nach denn immer noch Folgen der Verklärung des Zionismus?

Israeli haben immer noch Angst. Israeli leben immer noch unter dem Eindruck des Holocaust. In der Tat: immer mehr. Der Holocaust rückt immer weiter vorwärts in unserer kollektiven Gesinnung. 85 Prozent aller israelischen Schulkinder betrachten sich selber als Holocaust-Überlebende. Terrorismus wird sehr oft verglichen mit den Zeiten, in denen die Juden im Holocaust waren, weil man nämlich dagegen hilflos ist und weil das eine Bedrohung der persönlichen Sicherheit ist. Heute hat man nicht mehr das Gefühl, daß die Sicherheit oder die Existenz des Staates Israel in Gefahr ist, man selber und viele Israeli sind in Gefahr, aber nicht mehr Israel. Man hat Angst vor Palästinensern. Wir haben 25 Jahre hinter uns, in denen wir gelernt haben, die Palästinenser offen zu hassen. Haß galt vor vielen Jahren als etwas, was man verdrängte. Wir haben unseren eigenen Rassismus in Israel. Und wir haben gleichzeitig auch ein sehr starkes Gefühl, daß man den ganzen Komplex loswerden will. Deshalb wird nicht von Rückzug gesprochen, sondern von Trennung. Man will sich trennen von den Palästinensern, aber vor allem von dem palästinensischen Problem.

Israel hat aufgeatmet, als es plötzlich Gaza los war – endlich waren wir es los. Gleichzeitig gibt es natürlich eine ziemlich lautstarke und auch beträchtliche Minderheit, die gegen den Friedensprozeß ist. Sie konnten vor einer Woche [Anfang Oktober 1995] in Jerusalem eine Demonstration gegen den Frieden beobachten, bei der die Demonstranten ein großes Plakat trugen, auf dem man den Ministerpräsidenten Yitzchak Rabin in SS-Uniform sah.[188] Daran sehen Sie wieder, daß der Holocaust in Israel lebendig ist, in diesem Fall als Argument, aber er ist auch lebendig als Emotion, sehr authentische Emotion. Die Schwierigkeit, Israel zu verstehen, liegt darin, daß es so schwer ist zu unterscheiden, wann es authentische Holocaust-Emotionen sind und wann manipulierte Holocaust-Argumente. Beides lebt sehr stark in Israel.

In den Nachrichten in Deutschland erscheinen die Probleme im Friedensprozeß vor allem als Probleme im Zusammenhang mit den Fanatikern auf beiden Seiten – den jüdischen Siedlern und der palästinensischen „Hamas"-Bewegung. Wo sehen Sie das Hauptproblem zwischen Israeli und Palästinensern?

Ich glaube, daß der wirkliche Frieden zwischen Israeli und Palästinensern erst dann herrschen kann, wenn Israeli die palästinensische Tragödie von 1948 als Teil ihrer geschichtlichen Verantwortung in sich aufnehmen und wenn Palästinenser verstehen, was der Holocaust für Israeli bedeutet. Ich glaube, daß es mehr Israeli gibt, welche die Tragödie der Palästinenser verstehen, als umgekehrt. Die Palästinenser haben absolut kein Verständnis für den Holocaust, sie wissen nichts über den Holocaust, sie wollen es nicht wissen. Es gibt kein ernsthaftes Buch über den Holocaust auf arabisch, der Film „Schindlers Liste" ist verboten in arabischen Ländern. Der ägyptische

---

188 Drei Wochen nach diesem Gespräch mit Tom Segev wurde Yitzchak Rabin am 4. November 1995 von einem israelischen Fanatiker ermordet.

Außenminister hat fast einen Staatsbesuch in Israel abgesagt, weil er nicht nach Yad Vashem[189] wollte; für die Palästinenser ist der Holocaust Teil der zionistischen Propaganda. Und solange die Palästinenser ihren Feind – nämlich Israel – nicht verstehen, können sie auch keinen Frieden mit ihm schließen. Ich meine, man kann Israel nicht verstehen, wenn man die Bedeutung des Holocaust nicht versteht. Deshalb bin ich sehr für die Abkommen, ich denke mir nur, daß wir zur Zeit noch über einen Frieden zwischen zwei Staatsmännern sprechen, nicht über einen Frieden zwischen Völkern. Das dauert, glaube ich, viel, viel länger. Für mich ist die Voraussetzung dafür die Fähigkeit des gegenseitigen Verständnisses für die beiden Tragödien.

Ihr Buch Die siebte Million *ist 1991 in Israel erschienen. Inwiefern ist denn die israelische Gesellschaft reif für die Erkenntnis gewesen, daß zum Beispiel der Übervater und erste Premierminister David Ben Gurion im Hinblick auf das Schicksal der deutschen Juden eher gleichgültig gewesen ist?*

Ich glaube, sie ist reif, was die Leser betrifft. Das Buch wurde gut verkauft und viel gelesen; es wurde in Israel geschrieben von einem Autor, der in Israel aufgewachsen ist. Die Gesellschaft ist insofern nicht reif, wenn man die Diskussion über dieses Buch betrachtet. Sie war teilweise absolut hysterisch. In den letzten Wochen hat das israelische Fernsehen einen zweiteiligen Film ausgestrahlt, der auf dem Buch basiert, und danach gab es eine Diskussion im Fernsehen, zweimal, tief in der Nacht. Am nächsten Tag waren die Quoten ziemlich hoch und die Reaktionen waren absolut hysterisch. Die Leute sind nicht rational, wenn sie Ben Gurion verteidigen oder wenn sie ihn angreifen. Daran konnte man wieder einmal sehen, wie tief diese Wunde noch ist, wie sehr dieses Thema noch nicht ein Teil unserer Geschichte geworden ist, sondern noch immer ein Teil unserer Biographien, ein Teil unseres jetzigen Lebens, unserer Identität. Der Holocaust ist eben ein so wichtiger, ein so wesentlicher Teil unserer Identität, daß jedes Rütteln daran mehr als irritiert und einfach irrationale Reaktionen hervorruft. Die einen haben mich als neuen Propheten beschrieben, die anderen haben mich als Verräter bezeichnet – und beides fand ich irgendwie peinlich.

---

189 Yad Vashem, („Denkmal und Name", nach einem Satz des Propheten Jesaja). Israels zentrale „Gedenkstätte für Holocaust und Heldentum" ist weltweit einer der bedeutendsten Orte für Juden und Nichtjuden, wenn der Opfer der Shoah und dem Widerstand gegen das NS-Regime gedacht wird.

Edward van Voolen

(geb. 1948 in Utrecht, Niederlande)

Sein Großvater war im Vorstand der Haarlemer Synagoge. Seine Eltern betraten aber keine Synagoge mehr – „keinen Schritt", wie sie sagten. Sie wollten überhaupt nicht mehr zu einer jüdischen Gemeinde gehören. Denn sich registrieren zu lassen, hatte für sie den Anfang vom Ende bedeutet – die Deportation. Edward van Voolen wuchs auf, ohne etwas von seiner jüdischen Herkunft zu erfahren. Erst in der Schule hörte er, wie man ihn als „Brillenjude" beschimpfte.

Er studierte dann in den Jahren 1966 bis 1972 Kunstgeschichte und Geschichte an der Universität Amsterdam. Damals diskutierten die Niederlande heftig über die Freilassung deutscher Kriegsverbrecher in Holland, genannt die „Drei von Breda". Edward van Voolen engagierte sich mit Freunden dagegen. Es kam zu Demonstrationen, in deren Folge die niederländische Regierung sich ihrer eigenen Verantwortung für die Opfer stellte. Die Studentenunruhen 1968 konfrontierten Edward van Voolen zum ersten Mal – „auf psychischer Ebene" – mit den Begriffen Gewalt und Polizei. Diese Situation erinnerte ihn an das, was die Familie während des NS-Regimes erlebt hatte. Er begann sich zu fragen, was es bedeutet, jüdisch zu sein. So fand er seine Lebensaufgabe: Edward van Voolen wurde 1973 Rabbiner am Leo-Baeck-College in London – einem Nachfolge-Institut der weltberühmten Berliner „Hochschule für die Wissenschaft des Judentums", aus der zwischen 1870 und 1942 die liberale Strömung des Judentums hervorging. Es folgte ein weiteres Jahr am Hebrew-Union-College in New York. Durch einen Zufall traf er bei seiner Rückkehr in die Niederlande 1978 die Gründungsdirektorin des Jüdisch Historischen Museums, Judith Belinfante, die van Voolens besondere Studienkombination zum Anlaß nahm, ihn als Kustos in das 1987 offiziell eröffnete Haus zu holen. Edward van Voolen stellte eine Bedingung: Er wollte weiterhin nebenberuflich auch als Rabbiner in liberalen Jüdischen Gemeinden amtieren.

In Deutschland half er als wissenschaftlicher Berater bei der vielbeachteten, großen Ausstellung „Jüdische Lebenswelten" in Berlin, war Herausgeber des Katalogs und des Essaybandes dazu.[190] Gemeinsam mit Carel ter Haar gab er das Buch *Jüdisches Städtebild Amsterdam*[191] heraus; in den Nieder-

---

190 *Jüdische Lebenswelten*, Katalog, hrsg. von Andreas Nachama und Gereon Sievernich, Berlin 1991; *Jüdische Lebenswelten*, Essays, hrsg. von Andreas Nachama, Julius H. Schoeps und Edward van Voolen, Berlin 1991.
191 *Jüdisches Städtebild Amsterdam*, hrsg. von Carel ter Haar und Edward van Voolen, Frankfurt/M. 1993.

landen publizierte er Bücher über Synagogen in den Niederlanden und war Mitherausgeber von *Pinkas – Jüdische Gemeinden in den Niederlanden*[192].

Bei mehreren Besuchen im altehrwürdigen, 1987 von Königin Beatrix feierlich eröffneten Synagogenkomplex am Daniel Jonas Meijerplan in Amsterdam kam es zu intensiven Gesprächen mit Edward van Voolen. Gleich vier ehemalige Synagogen der aschkenasischen[193] jüdischem Gemeinde wurden zum Jüdisch Historischen Museum zusammengefaßt. Mit der Spannung zwischen religiöser Tradition und säkularem jüdischem Selbstverständnis wird dort bewußt so offen und tolerant umgegangen wie nirgendwo sonst. In der benachbarten Portugiesischen Synagoge der sephardischen jüdischen Gemeinde finden auch heute noch Gottesdienste statt.

David Dambitsch: *Das Amsterdamer Jüdische Museum gilt von seiner Konzeption her als beispielhaft dafür, wie man Judentum in seiner Gesamtheit darstellen kann, ohne den Blick nur in die Vergangenheit zu richten. Welche Grundgedanken tragen die Arbeit des Museums bis heute?*

Edward van Voolen: Der Grundgedanke ist, daß wir auch angesichts der Vernichtung der holländischen Juden zeigen wollen, daß eine kleine Gruppe von Juden in Holland überlebt hat und daß es noch immer jüdisches Leben in den Niederlanden gibt, auch nach 1945. Es war zwar schwierig, wieder ein neues Leben anzufangen, aber es ist passiert. Gemeinden wurden gegründet, und jüdisches, soziales und kulturelles Leben, hat 1945 wieder einen Neuanfang gefunden. Es ist jetzt – kann man wohl fast sagen – blühend, mit einer Gruppe von etwa 35 000 Juden. Eine Vielfalt von Richtungen ist vertreten: Liberale und orthodoxe nebeneinander, homosexuelle Juden haben sich organisiert, feministisch interessierte. Es gibt kulturelle Veranstaltungen nicht nur von Juden für Juden, sondern auch in der breiten Öffentlichkeit, Theater und Konzerte, und wie in Deutschland werden viele Bücher über jüdische Themen und Biographien publiziert, die ebenfalls die Geschichte von Einzelschicksalen erzählen, und einfach moderne, jüdische Literatur.

Es wurden bei der Gründung des Museums 1987 fünf verschiedene Aspekte jüdischer Identität formuliert ...

---

192 *Pinkas – Jüdische Gemeinden in den Niederlanden*, hrsg. von Edward van Voolen u.a., Amsterdam 1999.
193 In der jüdischen Gemeinschaft werden aufgrund ihrer Herkunft seit jeher zwei Gruppen unterschieden: die portugiesischen („sephardischen") und die hochdeutschen („aschkenasischen") Juden.

Das Museum wurde eigentlich 1932 gegründet, 1956 neu eröffnet und zog dann 1987 – das war an und für sich revolutionär – in die verlassenen, ehemaligen aschkenasischen Synagogen um, das verlassene jüdische Zentrum, das Zentrum des jüdischen Lebens in Amsterdam. Man kann sich vorstellen, daß das damals schon ein großer Schritt war, zu sagen: „Wir machen das jetzt in einem Museum, wo wir nicht nur die Vergangenheit thematisieren, sondern auch jüdische Zukunft." Die Tatsache, daß wir in diesen Synagogen sind, ist für sich ein Zeichen, daß wir jüdisches Leben neu gestalten wollen – zwar jetzt nicht mehr religiös, das war nicht mehr möglich in diesen großen Gebäuden, denn diese waren mittlerweile aufgrund des Massenmords zu groß dafür, aber kulturell. Genau für dieses Ziel haben wir uns ein Konzept ausgedacht, das sozusagen die Vielfalt des Judentums bezeugt. Das ist einmal, natürlich, die religiöse Identität; zweitens die Liebe für Zion und Israel, die für sehr viele von uns eine große Rolle spielt; drittens die Verfolgung, die in der jüdischen Geschichte eine Rolle gespielt hat – in Holland bis 1940/1945[194] –, auch für andere Länder, und gleichzeitig, wie wir immer wieder betonen, der Wille zum Überleben, der jedesmal geholfen hat, daß es mit jüdischen Gemeinden weitergegangen ist und Juden, individuell, wieder den Draht zur Identität, zur Gemeinschaft gefunden haben. Viertens die Wechselbeziehung zwischen eigenen jüdischen Inhalten und der Umgebungskultur – da entsteht nicht nur, zum Beispiel, ein eigener Wortschatz, sondern auch eigene Bräuche, die von Holländern übernommen werden und umgekehrt. So entsteht eine holländisch-jüdische Identität, eine Spezies „hollandia judaica" sozusagen, wie es auch typisch deutsche Juden gibt. Fünftens noch ein persönlicher Aspekt, wonach man auch in seiner persönlichen Lebensgeschichte geprägt sein und das auch in einer jüdischen Richtung gestalten kann. Die ersten vier Aspekte sind also sozusagen eher sozial und soziologisch, der fünfte Aspekt ist sehr individuell bestimmt. Alle fünf Aspekte zusammen gestalten jüdische Identität, wobei es dann so ist, daß für den einen vielleicht Religion eine größere Rolle spielt, für den anderen die Erinnerung an die Verfolgung; für eine dritte Person ist es diese Wechselbeziehung zwischen Holland und Judentum, die wollen nie aus den Niederlanden fortgehen, würden sich nie überlegen, nach Israel auszuwandern, wobei für andere Israel eine so große Rolle spielt, daß sie dort leben wollen, und wenn sie das nicht tun, sich immer mit Israel beschäftigen – für oder gegen die Politik, die in diesem Land stattfindet. Genauso, wie Identität dynamisch ist, entwickeln sich die Menschen hoffentlich: Was man in der Jugend wichtig fand, kann später in eine andere Richtung fortgeführt werden.

---

194 Die Okkupation der Niederlande durch das nationalsozialistische Deutschland und die Befreiung.

So entwickelt sich auch das Jüdische Museum.

Derzeit planen wir eine Änderung des Konzepts: Das ganze Thema der vielschichtigen, jüdischen Identität wollen wir nun in einem Einführungsfilm zeigen und nicht mehr in einer Ausstellung. In der Ausstellung dagegen wollen wir uns auf die Religion in allen ihren vielen Schichten konzentrieren, wie wir es bereits jetzt tun. Diese vielschichtige Sicht auf die Religion wollen wir nun versuchen darzustellen, aber ein wenig lebendiger und vielleicht moderner, zeitgemäßer und so eine historische Linie aufzeigen: die Geschichte der Juden in den Niederlanden. Das ist derzeit nicht der Fall, man muß suchen; man kann die verschiedenen Themen zwar finden, meistens aber nicht im Zusammenhang. Das Interesse für die eigene Geschichte hat zugenommen, und das werden wir in unserem neuen, umgebauten Museum zeigen.

Welche der fünf Aspekte haben die Arbeit bis jetzt vor allen Dingen bestimmt, welche waren am tragfähigsten?

Am tragfähigsten war, denke ich, genau diese vielschichtige Sichtweise – die haben wir auch in unseren Ausstellungen thematisiert. Abwechselnd haben wir einerseits kulturhistorische, kunsthistorische und historische Ausstellungen gezeigt, andererseits moderne Themen angeboten. Ich denke, eine unserer wichtigsten Entwicklungen in den letzten Jahren war, daß wir eine Kinderabteilung vorbereitet haben. Diese Kinderabteilung ist schon jetzt so erfolgreich, daß wir uns entschieden haben, diese in der Neukonzeption als einen festen Bestandteil des Museums zu integrieren. Das Interessante an dieser Kinderabteilung ist schon jetzt, daß auch Erwachsene ihre Fragen dort leichter beantwortet finden, manche Dinge also, von denen sie denken, „vielleicht zu blöd zu sein", das zu fragen. Sie entdecken, daß im Kindermuseum diese Dinge sehr einfach, locker, fröhlich und vor allem humoristisch angesprochen werden.

Inwiefern haben sich Spannungsfelder aufgetan? Bedenkt man nur einmal die alte Streitfrage, wer sich eigentlich Jude nennen darf, könnte man im Hinblick auf die verschiedenen Aspekte jüdischer Identität zu unterschiedlichen Ergebnissen kommen: Religiös betrachtet ist nur der Jude, dessen Mutter Jüdin oder der zum Judentum konvertiert ist. Von den Nazis als Juden verfolgt wurden aber auch Europäer jüdischer Herkunft, die Katholiken, Protestanten oder Kommunisten waren. Wie also geht man im Museum mit solchen Spannungsfeldern um?

Das Jüdische Museum hat – genau wie die jüdischen Sozialeinrichtungen in den Niederlanden – entschieden, dazu keine Stellungnahme abzugeben. Wir sind nicht dazu da, zu beurteilen, wer jüdisch ist. Bei uns sind alle Menschen willkommen, ihre jüdische Identität oder ihren jüdischen Hintergrund zu thematisieren. Wir bestimmen nicht, wer jüdisch ist. Das bestimmt nur die Jüdische Gemeinde. Es existieren darüber verschiedene Auffassungen innerhalb der orthodoxen und der liberalen Gemeinden. Im Museum aber sagen wir: Das ist eine religiöse Sache und nicht unsere. Unsere Sache ist es, eine Offenheit darzustellen und den Menschen eine Möglichkeit anzubieten, sich selbst kennenzulernen und zu entdecken. Wenn das zu irgendwelchen Schritten in Richtung Judentum führt, dann sind andere Organisationen vorhanden, um das weiterzubehandeln.

Wo finden Sie sich denn selber wieder – welche Aspekte jüdischer Identität haben Sie am meisten geprägt?

Mich hat anfangs am meisten die Shoah geprägt, die Erinnerung an die Verfolgung. Ich wurde 1948 geboren, habe selbst also glücklicherweise persönlich nichts erlebt, es hat aber einen Teil meiner Jugend geprägt: Das Stillschweigen meiner Eltern gegenüber den Jahren 1940/1945 – wie es in den Niederlanden heißt. Es war, als ob diese Periode der Geschichte nicht vorhanden war: Als Kinder durften wir nicht darüber sprechen, weil wir entdeckten, daß es, wenn wir sie danach fragten, für unsere Eltern zu schwierig und zu peinlich war. Fragen über Großeltern und andere Verwandte wurden kurz abgetan: „Die sind nicht mehr zurückgekommen." Und woher, das war dann unklar. „Die sind verschwunden", und wohin verschwunden, war auch nicht so deutlich. Aber deutlich genug war, daß es nicht akzeptiert wurde, wenn wir davon sprachen. Gleichzeitig war auch noch – kurz nach dem Krieg, in der Grundschule – der Zweite Weltkrieg kein Thema. Vielleicht, habe ich mir gedacht, hat das auch damit zu tun, daß natürlich auch einige Kinder von Eltern, die mit Deutschen kollaboriert hatten, mit in der Klasse saßen: Das Thema wäre also zu persönlich geworden. Merkwürdigerweise wurde also im Geschichtsunterricht nie irgend etwas vom Zweiten Weltkrieg erwähnt, obwohl der 5. Mai, der Tag der Befreiung, groß gefeiert wurde. Zunächst einmal wurde ich also vom Stillschweigen um die Shoah geprägt und mußte allmählich entdecken, wer überlebt hatte und geflüchtet war, und wer genau ermordet wurde.

Ich habe mich dann mit dem Thema beschäftigt und im Laufe der Jahre – Jahrzehnte, muß ich sagen – allmählich auch die Orte der Vernichtung besucht. Als Teenager waren wir nie in Deutschland. Als ich dann studierte und zum erstenmal selbständig wohnte, hatte ich 1971 die Gelegenheit, zufällig einer Konferenz über jüdische Identität in Berlin beizuwohnen; das war für mich die erste Reise nach Deutschland. Das habe ich meinen Eltern vorher nicht gesagt, denn sie hätten das als Hochverrat angesehen. Langsam habe ich dann diese Stadt kennengelernt, wußte also, wo die Vernichtung geplant wurde. Zehn Jahre später bin ich an der „Wannsee-Villa"[195] vorbeigegangen, damals existierte darin noch keine Gedenkstätte; so wußte ich, wo dieser Ort war. Noch viel später, 1986, habe ich das erste Mal die ehemaligen KZs Sobibor und Auschwitz besucht, wo ein Teil meiner Familie ermordet wurde. Diese Reise war emotional sehr beeindruckend und anrührend, weil ich einigen Überlebenden von Sobibor und Auschwitz begegnete. In Sobibor wurden 34 313 Juden aus Holland ermordet, das ist ein Drittel der ermordeten Juden Hollands; es gab sechzehn Überlebende. Einen dieser Überlebenden, Jules Schelvis, traf ich auf dieser Reise, und er erzählte mir davon, wie es damals war und was er erlebt hatte. Wir beide sind dann auch um den Hügel mit der Asche der Ermordeten herumgegangen und haben dort geweint.

Das Merkwürdige ist: Von den Orten hat man gehört, man weiß jedoch kaum, wo sie liegen, etwas über die Geographie oder wie die Züge liefen – das entdeckt man dann später. Vieles war so unbestimmt und so diffus im Gegensatz zu der Generation der Verfolgten, die genau wußte, wo was stattfand und wer wo was getan hat an den einzelnen Orten. Das ist doch an bestimmte Orte und Personen gebunden. Für mich, nach dem Krieg geboren, war alles diffus und eigentlich schwierig. Ich mußte die Orte genau benennen und genau herausfinden, wo was war: Damit ist dann alles konkreter, aber auch erschreckender geworden. Ich stellte es mir vor und habe mich damit identifiziert – das war schwierig. Ich preise mich selbst glücklich, daß ich mich gleichzeitig zunehmend damit beschäftigt habe, was ich aus meiner eigentlichen Kenntnis des Judentums als für mich wichtig betrachte – und das ist eher die jüdische Religion und Tradition. Darin habe ich dann auch vieles gefunden, was mir die Fragen ermöglicht, etwa, wie man mit dem Bösen umgeht, wie das Böse im Judentum thematisiert wird, wie der Umgang mit Tod und Trauer zu bewerten ist. Diese Themen haben für mich eine wichtige Rolle erfüllen können, auch um meiner eigenen Trauer und meinem eigenen Umgang mit der Vergangenheit einen Platz in meinem Bewußtsein zu geben. Ob es gelungen ist, weiß ich nicht, aber es ist viel besser geworden.

Mit welchen Familienerinnerungen können Sie für sich diese Aspekte, die Sie eben genannt haben – Shoah, Judentum und Religiosität – verbinden?

Das kann ich an einem Beispiel erklären: Ich wußte, daß mein Großvater, nachdem meine Großmutter verstorben war, zum zweiten Mal verheiratet war mit einer Frau, die Tony Götz hieß und aus Chemnitz stammte. Mein Vater hat erzählt, daß sein Vater Israel van Voolen diese Frau, die auch ver-

---

195 Heute „Gedenkstätte Haus der Wannseekonferenz".

witwet war, aus Deutschland nach Holland geholt hat, weil nach der „Machtübernahme" und der Pogromnacht Emigration aus Deutschland sehr schwierig geworden und eine Ehe somit die einzige Möglichkeit war, diese Frau zu retten. Nur weil mein Großvater diese Frau anscheinend geliebt hat und das Gefühl von ihr erwidert wurde, war das möglich. Sie ist nach Holland gekommen, gemeinsam mit ihrem Sohn Ralph Götz. Eine Tochter von ihr war, so hat es mein Vater erzählt, schon nach Amerika geflüchtet. Mein Großvater und seine zweite Frau wurden beide am 5. November 1942 in Auschwitz ermordet. Ralph Götz, er war untergetaucht, wurde verraten und am 31. März 1944 in Auschwitz ermordet. Das einzige, was davon dann zu Hause noch übrig war, waren das Tafelsilber und zwei Gebetbücher – das Tafelsilber mit einem eingravierten „G". Wir haben uns zunächst gefragt, ob das „G" mit meiner Mutter zu tun hatte, die Georgine heißt. Dann aber erzählte mein Vater, daß es mit Götz zusammenhing und erzählte auch die Geschichte dazu, daß nämlich seine Stiefschwester vermutlich noch in Amerika lebt, daß er aber keine Ahnung hatte, wo, und daß kein Kontakt zu ihr bestand. Im Alter von 25 Jahren war ich zum ersten Mal in den Vereinigten Staaten, suchte im Telefonbuch von New York den Namen Götz, was sich als vergeblich herausstellte, denn die Namen Götz, Getz und andere Varianten sind darin seitenlang vertreten. Ich dachte dann, daß diese Frau vermutlich sowieso verheiratet ist und einen anderen Namen angenommen hat. Auf diese Art und Weise war das Ganze schließlich aus meinem Bewußtsein verschwunden.

Im September 1996 war ich – zusammen mit einem Schweizer Professor – im Rahmen eines internationalen kunsthistorischen Kongresses mit dem Thema „Erinnerung und Vergessen" verantwortlich für die Sektion Monumente der Erinnerung, „Moderne Mahnmale – Überwinder und Opfer des Krieges". Wir hatten dafür über neunzig Vorschläge erhalten, konnten aber für die Konferenz nur sieben Leute für Referate, verteilt über das ganze 20. Jahrhundert – Erster Weltkrieg, Shoah, Vietnamkrieg, Kriege im ehemaligen Jugoslawien usw. –, einladen. Den unterschiedlichen Referenten, die wir ausgewählt hatten, hatte ich zuvor ein Fax geschickt, um sie kurz nach ihren persönlichen Einzelheiten für die Vorstellung bei der Konferenz zu fragen. Von allen hatte ich eine Antwort bekommen, nur von einer Person nicht, und das war Harriet Senie. Einen Tag vor Beginn der Konferenz rief sie mich an und fragte mich, ob ich ein Verwandter von Israel van Voolen wäre. Ich bejahte erstaunt, weil mir eigentlich niemand diese Frage stellt, denn mein Großvater wurde 1942 ermordet, und wer weiß schon davon, noch dazu in Amerika. Daraufhin erklärte sie: „Oh, dann war dein Großvater mit meiner Großmutter verheiratet." Sie war die Enkeltochter von Tony Götz;

es war ihre Mutter, Gerda Freitag, die mit ihrem Mann nach Amerika geflüchtet war; das wußten wir nicht. Ihre einzige Tochter war Harriet, die mit einem Herrn Senie verheiratet war. Als ich damals die Auswahl eines Denkmals für das Vietnam-Memorial von Harriet Senie getroffen habe, hatte ich keine Ahnung, welche Beziehung dahinter verborgen war, ich hatte es einfach als Thema und als eine interessante Person mit einem interessanten Vortrag beurteilt. Und dann stellte sich heraus, daß unsere Großeltern miteinander verheiratet waren. Als sie am nächsten Tag erschien, war das eine große Überraschung und eine sehr emotionale Begegnung, denn über einige Verwandte hatte im Suchverzeichnis des Roten Kreuzes gestanden: „Verschollen". Als ich jünger war, hatte ich noch gedacht, daß diese verschollenen Personen vielleicht irgendwann noch einmal auftauchen würden, daß sie aufgrund dieser Ereignisse nicht mehr so gut bei Verstand waren und daß ich ihnen dann dabei helfen müßte, sie in die Realität zurückzubringen. Ich stellte mir das so vor: Ich phantasierte, sie hätten vielleicht das KZ überlebt, wären von den Sowjets befreit worden und seien nun in Rußland, von wo aus sie dann doch noch auf Umwegen nach Holland zurückkehren würden.

Solche Dinge sind tatsächlich geschehen, es ist also keine große Phantasie, aber ich dachte, daß es mit meinen Verwandten, den einzigen, auch noch passieren könnte, was natürlich nicht geschah. Nun konnte ich mich innerhalb kürzester Zeit auf sie freuen und dankbar dafür sein, daß es sie gab, daß sie da waren. Darüber hinaus stellte sich auch folgendes heraus: Mein Vater hatte immer von seinem Vater und seiner Stiefmutter erzählt, daß sie sich nicht versteckten, sondern daß sie ihr Schicksal nach dem Aufruf zum Transport akzeptieren und mitgehen wollten. Er selbst habe seinen Eltern noch einen Unterschlupf angeboten, sie hätten dieses jedoch nicht mehr gewollt. Mein Vater erzählte auch, Kleidung von seinem Vater erhalten zu haben, er habe diese jedoch fortgeworfen, da ein großer „Davidstern" daraufgenäht gewesen sei. Dadurch sei diese für ihn zu gefährlich gewesen, denn er selbst befand sich schon im Versteck. Das war die Geschichte, die wir kannten. Harriet kam später mit Kopien von Briefen nach Holland, die mein Großvater und ihre Großmutter nach Amerika geschickt hatten und aus denen hervorging, daß sie seit Anfang 1940 alles versucht hatten, um aus Holland wegzukommen nach Südamerika, nach China, nach Nordamerika. Das alles war nicht gelungen. Die Geschichte änderte sich dann auch. Während ich zunächst akzeptierte, daß mein Großvater diese Solidarität empfunden hatte – „Ich will mit meinen Menschen zusammen bleiben" –, hat sich das dann geändert. Diese Solidarität blieb und ist geblieben, weil er als sehr sozialer Mensch im Vorstand der Jüdischen Gemeinde Haarlem und auch Mitgestalter und -organisator eines jüdischen Spitals in Haarlem war. Das ist geblieben, das ist nicht weggenommen worden. Ich bewundere ihn jetzt aber auch, daß er im Alter von über 65 Jahren noch probiert hat, auszuwandern und wegzukommen, was wohl kaum möglich war, denn seine zweite Frau konnte kein Geld mehr aus Deutschland mitnehmen, und alles Geld, das beide gemeinsam besaßen, ist für Visaanträge draufgegangen. Auf der anderen Seite des Ozeans gab es niemand, der genug Geld besaß, um ihnen zu einem Affidavit[196] zu verhelfen. Das alles entdeckte ich fünfzig Jahre nach dem Krieg. Wenn man darüber nachdenkt, ist diese Periode eigentlich sehr prägend geblieben. Ich versuche seit Jahren, dieser Geschichte einen Platz zu geben. Ich beschäftige mich als Rabbiner mit jüdischer Religion, ich bilde Kinder aus – was für mich sehr wichtig ist, denn sie sind ein Schaufenster in die Zukunft. Ich bin als Rabbiner auch in Deutschland tätig gewesen: Ich habe ein paar Monate in Berlin und Düsseldorf gastiert und war fast drei Jahre in der liberalen Gemeinde in München.

Lassen Sie uns noch einmal einen Blick zurückwerfen: Wie haben Sie sich als jüdisches Kind erfahren? Wann kam zu dem Geborgenheitsgefühl, das durch die Religion doch vermittelt wird, das langsame Gewahrwerden dazu, daß es ein jüdisches Trauma gibt?

Ich war mir eigentlich zunächst des Traumas bewußt und erst später der Geborgenheit. Geborgenheit war etwas, was mir auch als Kind nicht vermittelt wurde. Als Kinder mußten wir stark sein, durften nicht über bestimmte Dinge reden, mußten sehr bald Verantwortung übernehmen, weil wir es den Eltern ersparen mußten. Bestimmte Erinnerungen durften nicht hochkommen. Geborgenheit ist ein Begriff, der nicht das erste ist, woran ich denke, wenn ich mich an meine Jugend erinnere.

Geborgenheit finden – das muß man später selbst zustande bringen, denke ich. Geborgenheit geben, Vertrauen geben – es hat sich mir eingeprägt, daß es wichtig ist für die Menschen in meiner Umgebung. Daß ich Verantwortung übernehmen muß, das war mir schon von Anfang an klar. Ich habe zum Beispiel dafür gesorgt, daß mein Vater einen Antrag auf eine Pension für Verfolgte gestellt hat. Die haben meine Eltern dann beide erhalten. Aber es war nicht leicht, sie zu überzeugen, daß es wichtig war, diese zu beantragen. Sie sagten: „Das wollen wir nicht, weil wir sonst erzählen müssen, was war, und das fällt uns zu schwer." Und ich sagte: Es ist doch wichtig, es zu tun, denn ihr könnt es jetzt alleine nicht mehr schaffen. Ihr braucht Unterstützung, auch finanziell. Ich weiß, daß es schwer ist, das alles mit einem Sozialarbeiter zu besprechen, aber ich denke, auf die Dauer

---

196 „Affidavit", nach angelsächsischem Verfahrensrecht Bürgschaftserklärung eines Staatsbürgers im Zielland, für den Unterhalt des Einwanderers aufzukommen.

ist es wichtig. Ich wurde von meinen Eltern fast beschimpft und beschuldigt, wie ich es wagen kann, diese Themen wieder aus der Vergangenheit emporzuholen. Aber schließlich haben sie es dann doch getan und sind mir später dafür dankbar gewesen. Sie konnten es nicht, weil alle die Erinnerungen zu peinlich und zu schwierig waren. Auch die wenigen anderen Überlebenden meiner Familie – es gab zwei, einen in Holland und eine in Amerika – habe ich wieder zusammengebracht, denn sie wollten alle nicht mehr miteinander reden, sie hatten alle unterschiedliche Versionen davon, was in der Familie passiert war. Die persönlichen Auseinandersetzungen der Familienmitglieder untereinander waren derart geprägt von der eigenen Verfolgung, daß sie sich nicht über persönliche Differenzen hinwegsetzen konnten. Ich habe sie noch kurz vor ihrem Tod zusammengebracht. Das war dann doch sehr schön für meinen Vater, für seinen Cousin und für die Witwe eines anderen Cousins. Sie alle gehörten einer Generation an, hatten seit 1939 nicht mehr miteinander geredet und haben dann 1988 – fünfzig Jahre später – noch einmal miteinander gesprochen. Das wurde mir erst auch übelgenommen, daß ich das tun und organisieren wollte. Dann habe ich gesagt: Es ist für mich wichtig, und vielleicht ist es auch für euch, weil ihr alle alt seid, wichtig, euch noch einmal zu sehen, voneinander zu hören und vielleicht miteinander zu sprechen. Das ist dann passiert. Eigentlich ist das gut gelaufen.

Sie sind liberaler Rabbiner. Wenn man heute als Außenstehender das ungeheure Spektrum jüdisch religiöser Weltanschauungen betrachtet, von den ultraorthodoxen bis hin zu den – man kann fast sagen – ultrareformierten Gemeinden in Amerika: Was hält alle zusammen, oder geht jede Gemeinde bereits ihre eigenen Wege?

Für Amerika kann ich das schwer sagen, weil ich dort nicht wohne. Ich kann aber für Deutschland und die Niederlande sagen, daß sehr vieles nah beieinander liegt. Das Problem sind nicht die Differenzen zwischen den unterschiedlichen Strömungen, sondern es besteht eigentlich darin, daß sehr viele Juden überhaupt nichts über ihre Religion wissen, daß sie uninteressiert sind und davon keine Kenntnisse haben. Nicht die wechselseitigen religiösen Differenzen sind das Thema, sondern die Uninteressiertheit, die Apathie, ist das Hauptproblem. Nur ein Bruchteil der Mitglieder der jüdischen Einheitsgemeinden in Deutschland besucht die Synagoge. Die große Herausforderung besteht also in erster Linie darin, die Leute mit dem Judentum, mit der jüdischen Tradition bekannt zu machen. Dabei sind die Strömungen als sekundär anzusehen.

Welche Bedeutung hat in diesem Zusammenhang die gemeinsame Erinnerung der Shoah?

Die gemeinsame Erinnerung muß langsam ihren Platz finden – es gibt einen Yom-ha-Shoah[197], am 9. November finden jedes Jahr Veranstaltungen statt, es gibt bei allen drei Pilgerfesten, Pessach [Ostern], Wochenfest [Pfingsten], Sukkot [Laubhüttenfest] und an Yom Kippur [Versöhnungstag] Jiskor, eine „Seelengedächtnisfeier", wie es offiziell auf deutsch heißt. So versucht man allmählich, auch in den jüdischen Gemeinden, diese Erinnerung zu gestalten, wobei ich sagen will, daß langsam auch die Erinnerungen russischer Einwanderer gleichzeitig thematisiert werden müssen. Denn auch die haben in den jeweiligen ehemaligen Sowjetstaaten – Ukraine, Baltikum, Rußland selbst, Weißrußland – Schreckliches erlebt. Wir dürfen das ganze Thema also nicht nur auf Westeuropa beziehen, sondern müssen es auf Osteuropa erweitern und betonen, daß auch nachher unter Stalin sehr viel Furchtbares stattgefunden hat. Das finde ich ganz wichtig, daß das ebenfalls erwähnt und daß darüber auch getrauert wird.

Sie sind Niederländer. Die Niederlande kennen – im Gegensatz zu Deutschland – keinen tradierten Antisemitismus. In Holland lassen sich bei uns höchst besetzte Fragestellungen also etwas leichter erörtern. Deshalb stelle ich Ihnen diese Frage: Inwiefern ist „Jude sein" ein Nationalgefühl – auch in den Niederlanden?

„Jude sein" ist für mich als Niederländer ein Sein mit einer eigenen Prägung, einer Prägung, die aus einem Stück eigener, jüdischer Geschichte hervorkommt. Ich definiere mich also als niederländischer Staatsbürger, ich bin auch stolz auf diese Staatsbürgerschaft, und ich habe eine eigene Geschichte, einen eigenen Hintergrund. Etwa wie eine Person, die von Hugenotten abstammt, oder wie ein Katholik das auch als Prägung hat – so ist das auch bei mir, vielleicht etwas stärker. Das ist für mich die Hauptsache: Ich bin jüdisch, und das erfüllt mich mit Freude und Stolz.

Die israelische Historikerin Leni Yahil spricht in ihrem Standardwerk zur Judenverfolgung, Die Shoah[198], *von einer ungeheuren Niederlage des jüdischen Volkes. Wie sehen Sie das?*

Natürlich ist es eine Niederlage, weil wir so viele Menschen in einem Massenmord verloren haben. Aber wir sind nicht überwunden. Wir sind noch da, wir leben, wir gestalten uns neu. Die Erinnerung an die Vergangenheit und die Verfolgung ist Teil unserer Existenz, aber nicht der einzige Teil. Jüdische Geschichte ist viel länger, die jüdische Erfahrung ist viel länger, und

---

197 Tag der Erinnerung an die Ermordung der Juden: In Israel wird der offizielle Feiertag nach dem jüdischen Kalender am 27. des Monats Nissan (April) mit staatlichen Feiern in der Gedenkstätte Yad Vashem und Treffen der Überlebenden begangen.
198 Leni Yahil, *Die Shoah*, München 1998.

die Shoah ist nicht das einzig prägende Element im Judentum. Obwohl es eine sehr große Rolle für die Generation spielt, die Verfolgung an Leib und Seele miterlebt haben, ist es aber für die Nachkriegs-Geborenen nicht das einzige Element, glücklicherweise. Für mich persönlich bietet die Religion ein breites Spektrum, das mich immer mit neuen Themen und Fragen konfrontiert und das mich herausfordert, über meine eigenen Grenzen und Beschränkungen hinauszuschauen.

Danksagung

Mein besonderer Dank gilt in erster Linie den Überlebenden und ihren Nachkommen. Sie vertrauten mir ihre Erinnerungen, Erfahrungen und ihr Wissen „im Schatten der Shoah" an, obwohl das für sie sicher nicht immer einfach gewesen sein mag. Ich habe versucht, behutsam mit dem mir gewährten Vertrauen umzugehen.

Dank schulde ich darüber hinaus meinen Verlegern Frau Irmela Rütters und Herrn Axel Rütters, die sich für das Erscheinen dieses Buches engagiert eingesetzt haben, sowie Herrn Dr. Stephan Lahrem, der es aufmerksam und – wo nötig – die Verständlichkeit der Texte fördernd lektoriert hat.

Ohne die Hilfe von Herrn Prof. Dr. Wolfgang Dittmann wäre das gesamte Projekt am PC nicht realisierbar gewesen. Ihm gebührt daher ein gesonderter Dank.

Danken möchte ich vor allem auch meiner Familie: Ohne die Geduld meiner Frau Silke und unserer Töchter Sophie und Hannah wäre dieses Buch nicht möglich gewesen. Wenn die Shoah-Überlebenden und deren Nachkommen von ihrer Kindheit erzählten, mußte ich oft an meine eigenen Kinder denken. Es erfüllt mich mit großer Dankbarkeit, daß meine beiden Töchter sich in Demokratie und Freiheit entwickeln und unbeschadet aufwachsen dürfen. Meiner Frau Silke Dambitsch mit ihrem umfänglichen Wissen danke ich darüber hinaus für ihre einfühlsame, umsichtige Redaktion des Manuskripts. Ihre Freundschaft hat das Buch erst ermöglicht.

Auch im Philo Verlag erschienen:

Oskar Singer
„Im Eilschritt durch den Gettotag ..."
Reportagen und Essays aus dem
Getto Lodz (1942-1944)
Hrsg. von Sascha Feuchert,
Erwin Leibfried und Jörg Riecke,
in Zusammenarbeit mit
Julian Baranowski, Krystyna Radziszewska
und Krzystof Wozniak
2002, 280 S., brosch.
ISBN 3-8257-0281-2

»Ein Fremdling in Europa ist der Tod von Litzmannstadt-Getto. Vielleicht haben unsere Vorfahren Ähnliches erlebt. Der neuzeitliche Mensch aber hat solch einen Tod nicht gekannt, nicht gesehen, nicht erlebt. ... Schon jetzt hört man immer wieder die dumpfe Frage: Wird je ein Mensch der Nachwelt sagen können, wie wir hier gelebt haben und gestorben sind?
...
Der Tod von Litzmannstadt-Getto ist ein fremder, hässlicher Tod. Ihn will ich zeichnen, wie er ist. Keine Novellen, keine erdachten Geschichten.«
Oskar Singer

Oskar Singer wurde am 24. Februar 1893 geboren und in Auschwitz-Birkenau 1944 ermordet. Vor seiner Deportation in das Getto Lodz gehörte er als Schriftsteller und Journalist zu den führenden Persönlichkeiten des Prager jüdischen Lebens. Zu seinen wichtigsten Werken gehört das Anti-Nazi-Stück „Herren der Welt" (1935).

In Lodz war Oskar Singer Mitarbeiter in der „Statistischen Abteilung des Judenältesten" und dort einer der Hauptautoren der „Lodzer Gettochronik". Der Band versammelt all jene Texte, die er im Umkreis der Chronik zwischen 1942 und 1944 verfasste. Es ist eine irritierende Vielfalt von Textarten, in denen Singer seine Sicht auf das „Leben" im Getto präsentiert.

Auch im Philo Verlag erschienen:

Vincent von Wroblewsky
**Eine unheimliche Liebe
Juden in der DDR**
2001, 165 S., kt.
ISBN 3-8257-0192-1

Jüdische Retrospektive auf die DDR:
Kurz nach dem Fall der Mauer fragt Vincent von Wroblewsky acht Frauen und Männer – Juden aus der DDR wie er – nach ihren Erfahrungen und Erlebnissen.

»Unheimlich war die Liebe zwischen Juden ... und der offiziellen DDR nicht primär in der umgangssprachlichen Bedeutung von ‚besonders groß', so wie man von ‚unheimlichem Glück' spricht. Es geht mir eher um die Bedeutung von ‚unheimlich' als ‚unerwartet', ‚beunruhigend', auch als ‚undurchschaubar', ‚nicht zu trauen', so wie man von einem unheimlichen Menschen spricht, oder einer Landschaft, in der man nicht heimisch ist. ...«

Besser, als die Vergangenheit zu verleugnen und zu verdrängen, ist es, sich lachend von ihr zu verabschieden – auch und gerade dann, wenn man die Anlässe für Scham und Verbitterung, die selbst verursachten und erlittenen Enttäuschungen und Demütigungen nicht vergißt.
Meine Interviewpartner waren fast alle – mehr oder weniger – mit dem Alternativversuch DDR solidarisch. Sie verkörpern typische Züge der Akteure und Opfer dieses nach – oder in – vierzig Jahren mißlungenen Experiments. Als Juden gehören sie einer Minderheit in Deutschland an, die nur nach Tausenden zählt, innerhalb dieser Minderheit gehören sie zu den wenigen Hunderten, die selbst oder deren Vorfahren in Deutschland überlebten oder in die gerade gegründete DDR kamen, weil ihr politisches Engagement ihre Entscheidungen bestimmte. Die meisten Juden im Westen Deutschlands entschieden sich dagegen nicht aus politischen Gründen für Deutschland. ... In der DDR waren dagegen viele in erster Linie Kommunisten und fern von den Gemeinden, die sie als Religionsgemeinschaften ansahen.
Für ihre Kinder, für die zweite Generation der Überlebenden, wurde jedoch im Laufe der Geschichte der DDR das Selbstverständnis der Elterngeneration brüchig, die – nicht mal dialektische – Aufhebung des besonderen Jüdischen im allgemeinen Menschlichen erwies sich als Täuschung wie vieles andere auch. Deshalb ist es zwar eine Einseitigkeit dieser Auswahl – nicht die einzige, man denke nur an das Mißverhältnis der Geschlechter –, daß keine gläubigen Juden hier vertreten sind, doch macht dieser Mangel auf der anderen Seite das Besondere, Einmalige der ausgewählten Gruppe besonders deutlich.
Vincent von Wroblewsky

Auch im Philo Verlag erschienen:

**Der Denkmalstreit – das Denkmal?
Die Debatte um das
»Denkmal für die ermordeten Juden Europas«**
Eine Dokumentation
Hrsg. von Ute Heimrod, Günter Schlusche, Horst Seferens
1999, 1297 S., kt./ geb.
ISBN 3-8257-0184-0 kt.
ISBN 3-9257-0099-2 geb.

»Seit dem Anstoß, den der ›Förderkreis zur Errichtung eines Denkmals für die ermordeten Juden Europas‹ vor elf Jahren gab, hat dieses Vorhaben die Gemüter quer durch alle politischen Lager und sozialen Schichten bewegt wie kaum ein zweites gesellschafts- und geschichtspolitisches Ereignis in der Bundesrepublik. ... Im Rückblick wird die Debatte um die Konzeption und die Gestaltung eines Denkmals für die ermordeten Juden Europas vermutlich einmal als Zäsur im Umgang der Deutschen mit ihrer Geschichte nach Auschwitz und in der Neubestimmung ihrer Rolle in Europa und in der Welt an der Schwelle eines neuen Jahrhunderts wahrgenommen werden.«
Aus der Vorbemerkung der Autoren

Diese umfangreiche Dokumentation unternimmt etwas scheinbar Aussichtsloses: Die Wiedergabe einer seit über einem Jahrzehnt andauernden, kaum mehr überschaubaren und äußerst kontroversen Debatte. Diese Debatte ist durch einen enormen Reichtum an Argumentationsebenen, durch eine große publizistische Intensität und eine die üblichen Fachkreise sprengendes intellektuelles Engagement gekennzeichnet.

Anspruch der Dokumentation ist es, die gesamte Debatte, ihre Vorgeschichte und ihren Verlauf, die Wettbewerbsverfahren sowie die öffentliche Auseinandersetzung um das Projekt sicherlich nicht vollständig und lückenlos, aber doch in repräsentativem Umfang darzustellen, und zwar durch die authentischen Dokumente selbst.

Erster Aufruf der Bürgerinitiative ›Perspektive Berlin‹ vom 30.01.1989:
»Ein halbes Jahrhundert ist seit der Machtübernahme der Nazis und dem Mord an den Juden Europas vergangen. Aber auf deutschem Boden, im Land der Täter, gibt es bis heute keine zentrale Gedenkstätte, die an diesen einmaligen Völkermord, und kein Mahnmal, das an die Opfer erinnert.
  Das ist eine Schande.
  Deshalb fordern wir, endlich für die Millionen ermordeter Juden ein sichtbares Mahnmal in Berlin zu errichten. Und zwar auf dem ehemaligen GESTAPO-Gelände, dem Sitz des Reichssicherheitshauptamtes, der Mordzentrale in der Reichshauptstadt. Die Errichtung dieses Mahnmals ist eine Verpflichtung für alle Deutschen in Ost und West.«